構造用教材

2014 改

日本建築学会

ご案内
本書の著作権・出版権は(一社)日本建築学会にあります．本書より著書・論文等への引用・転載にあたっては必ず本会の許諾を得てください．

R〈学術著作権協会委託出版物・特別扱い〉
本書の無断複写は，著作権法上での例外を除き禁じられています．本書は，学術著作権協会への特別委託出版物ですので，包括許諾の対象となっていません．本書を複写される場合は，学術著作権協会（03-3475-5618）を通してその都度本会の許諾を得てください．

一般社団法人　日本建築学会

は し が き

「現在の深刻な教材難は，教える者・教えられる者の双方にとって，実に大きな悩みの一つである。これを作成するためには，用紙・印刷・資金等の幾多の隘路を克服せねばならず，作成出来たとしても，非常な高価となり，この面だけでも学生の経済負担は相当莫大なものとなる。然しこれが必要は余りにも切実明白で，その早急解決は，一日も速に成し遂げられねばならない。」

昭和23年3月に発刊された「構造用教材Ⅰ」，「構造用教材Ⅱ」の「はしがき」冒頭の文章であるが，現在の経済状況や印刷事情からみて誠に隔世の感が深い。「構造用教材」はその後，昭和34年，昭和53年の改訂を経て多数の版が重ねられ，大学・高等専門学校・工業高等学校等の教科書として建築教育の面で活用されている。

「構造用教材Ⅰ・Ⅱ」は初版当時とはまったく事情の異なる現在でも毎年3万部程発行されているのであるが，このことは本教材が「建築工法」，「建築構造」，「おさまり」などを教える教材として，内容が適切で優れたものであること，また学会の出版物であるということから比較的安価であったことなどによるものであろう。

初版の企画と発刊にあたられた関係委員の方々の卓見と努力，以降の関係委員の協力に対し深甚なる謝意を申し上げたい。

このたび，初版発刊以来30数年を経，その価値はまだ失われてはいない「構造用教材Ⅰ，Ⅱ」ではあるが，建築教材や構法の多様化，関連学会基準や指針の整備の進展などを機に，抜本的な見直しによる改訂を行うことになり，昭和58年9月に「構造用教材改定特別小委員会」が設置された。

委員会での慎重な審議の結果，今回の改訂では，力学，荷重をはじめ各種構造の構造計算の基準や指針を内容とする「構造用教材Ⅱ」は，学会基準や指針がほぼ整備された現在では教材としては必要ないのではないかと判断し，「構造用教材Ⅰ」も，現在の目で全面的に再検討を行い，この際「構造用教材Ⅱ」の力学原理・構法原理的なものを簡潔な形で取り入れ，書名も「構造用教材」とし，内容も豊富にし，充実させるため，B5判をA4判に改めることとした。

歴史的な意味を持つ「構造用教材Ⅰ」，「構造用教材Ⅱ」の「内容」と「初心」は新しい「構造用教材」に受け継がれてはいるが，委員会での作業の結果は，ほぼ全面的な改訂となり，内容は一新され，この間における学術・技術の進歩をあらためて感じさせる充実した内容のものとなっている。

新訂版とも言える「構造用教材」がこのような短期間で完成できたのは，関係委員の精力的な作業によっているが，特に編集幹事会と各章ワーキンググループの献身的な努力によるところが大きい。ここに各委員に深く感謝の意を表する次第である。

また，現在までの「構造用教材Ⅰ」，「構造用教材Ⅱ」の利用者各位のご理解とご協力に感謝し，さらに今後のご協力とご支援をお願いする次第である。

昭和60年4月

日本建築学会

作成，編集の方針

1. 資料は主として，大学・高等専門学校・工業高等学校・各種専門学校程度の「教材」を目標とする。初学者を主要な対象とすることは従来どおりであるが，判型変更を機会に内容の充実を図る。
2. わが国において現在，実際に行われている構造の中から基本的かつ一般的なものを選び，特殊なものは原則として除く。
3. 各種構造とも，構造形式から始まり代表的な構造の全貌図，その各部詳細図，そして派生的な構造の順に掲載し，総合的把握を容易にする。
4. 図面はアイソメ表示などわかりやすくし，文章説明は原則としてつけない。また教室で簡単に図示説明できる程度の図面は掲載しない。

各校の講義にはそれぞれ特色のあることでもあり，特殊なものは適当に補ってもらうこととして，本書は上記のような方針で編集したものである。したがって，実際教育に用いられた場合の経験や委員の今後の検討の結果をまって，版を重ねるごとに，逐次改訂を行って万全を期することとする。

1985. 4

改訂1995年版について

　1985年の大改訂以来，約7年が経過したところで，以下のような理由をもとに改訂提案があった．
　1）　教材使用者・利用者からの意見を反映することの必要性
　2）　建築界における学術・技術の進歩の成果を取り入れることの必要性
　今回は小改訂にとどめるということから，組織上もほぼ1985年版を継続するものとし，まず，教材使用者・利用者へのアンケート調査から作業が始まった．この調査結果と小委員会での議論をもとに各章別に定められた改訂方針を，各WGに提示し調整するという手順を繰り返しつつ改訂作業が進められた．今回の改訂は以下の範囲で，最小限にとどめるという方針であったが，分野によっては頁全体を書き直している．
　1）　教材使用者・利用者アンケートなどに応える．
　2）　この間に変更された法規，基準など（学術用語集も含む）へ対応する．
　3）　図番号を付けるなど見やすく，分かりやすいものにする．
　4）　校正ミスなどの誤りを修正する．
　　1995年2月

　　　　　　　　　　　　　　　　　　　　　　　　　　　　　　　　　　　　　日本建築学会

改訂2014年版について

　1995年の改訂から20年を迎え、以下のような教材の使用実態についてのアンケートや積極的に寄せられた読者の声などを参考に改訂方針を議論・検討した。
　1）　図版に説明や解説を付加してほしい
　2）　内容が古くなっている箇所や間違いがあるので更新してほしい
　3）　現在用いられている技術や構造に対応してほしい
　4）　図版のデジタルデータを供給してほしい
上記のような教材使用者・利用者の意見・要望にもとづき、以下のような改訂作業を行った。
　1）　これまでの図版を活用しつつも学術・技術の進展の成果を反映する
　2）　校正ミスなどの不具合を改正する
　3）　構造編と構法編についてそれぞれの部会で改訂方針を定め改訂作業を行う
　4）　構造編では空間構造、免震・制震構造の章立てを行う
　5）　構造編では図版の理解を促進するために教材使用者・利用者から求めのあった解説をつける
　6）　現代の建築構法を理解するために必要な構法の事例を増補する
　7）　講義・授業の便を考え、本書に掲載した図版についての電子データを別途頒布する
本書は毎年の販売数も多く他書からの引用も多い。今後に向けて読者諸氏からの意見や提案をお寄せいただきたい。
　　2014年3月

　　　　　　　　　　　　　　　　　　　　　　　　　　　　　　　　　　　　　日本建築学会

構造用教材作成関係委員

(2014年改訂版)

教材委員会
- 委員長　石川孝重
- 委　員　(省略)

構造用教材改訂版編集委員会

構造部会
- 主査　石川孝重
- 委員　安達俊夫　五十嵐泉　和泉信之
　　　　井戸田秀樹　岡田章　河合直人
　　　　倉本洋　高橋徹　西山峰広

第1章　ワーキンググループ（荷重外力・構造原理）
- 主査　高橋徹
- 委員　久木章江　片田匡貴　由井茜
　　　　渡邊陽彦

第2章　ワーキンググループ（地盤・基礎）
- 主査　安達俊夫
- 委員　伊藤淳志　田中実　田村修次
　　　　畑中宗憲　藤井衛

第3章　ワーキンググループ（木質構造）
- 主査　河合直人

第4章　ワーキンググループ（鉄骨構造）
- 主査　井戸田秀樹
- 委員　佐藤篤志　高山秀勝　竹内徹
　　　　田島将光　村上博昭

第5章　ワーキンググループ（鉄筋コンクリート構造）
- 主査　和泉信之
- 委員　秋田知芳　市之瀬敏勝　衣笠秀行
　　　　楠浩一　北山和宏　蛯川利彦

第6章　ワーキンググループ（PC構造）
- 主査　西山峰広
- 委員　岸本一蔵　真田靖士　福井剛

第7章　ワーキンググループ（合成構造）
- 主査　倉本洋
- 委員　鈴木英之　福元敏之　藤本利昭
　　　　依田博基　瀧正哉　小林秀雄

第8章　ワーキンググループ（組積構造・プレキャスト組立床　※p.55も含む）
- 主査　五十嵐泉
- 委員　川村敏規　菊池健児　黒木正幸
　　　　西野広滋　西山光昭　花里利一

第9章　ワーキンググループ（シェル・空間構造）
- 主査　岡田章
- 委員　宮里直也　廣石秀造

第10章　ワーキンググループ（免震・制震構造）
- 主査　岡田章
- 委員　秦一平

構法部会
- 主査　野城智也
- 委員　江口亨　岡路明良　小見康夫
　　　　門脇耕三　信太洋行　角田誠
　　　　名取発　福濱嘉宏　村上心
- 協力委員　石井久史　尾関昌弘　笠井市造

第11章　（屋根）
- 福濱嘉宏

第12章　（床）
- 小見康夫

第14章　（天井）
- 角田誠

第15章　（階段・手すり）
- 岡路明良　村上心

第16章　（建具）
- 信太洋行

第18章　（設備と建築）
- 信太洋行

第21章　（改修構法）
- 江口亨

第22章　（スケルトン・インフィル構法）
- 門脇耕三

(1995年改訂版)

教材委員会

委員長	渡辺史夫	(1995〜)
	斎藤公男	(1993〜1994)
幹　事	稲葉武司	
委　員	(省略)	

構造用教材改訂小委員会

主　査	大野隆司
幹　事	西川孝夫　真鍋恒博
委　員	野口弘行　平野道勝　深尾精一
	野城智也　若山　滋

第1章　ワーキンググループ（荷重外力・構造原理）

主　査	川股重也
幹　事	三橋博三　野村希晶　斎藤公男
専門委員	池田昭男　小堀好之　柴田明徳
	鈴谷二郎　山田雄司

（シェル・空間構造）

主　査	川口　衛
専門委員	阿部　優　神薗勝彦　斎藤公男
	西村敏雄　和田　章

第2章　ワーキンググループ（地盤・基礎）

主　査	岸田英明
専門委員	安達俊夫　風間　了　桑原文夫
	阪口　理　富永晃司

第3章　ワーキンググループ（木質構造）

主　査	坂本　功
幹　事	大橋好光
専門委員	石坂　明　河合直人　後藤　治
	杉山英男　永井紀夫　野口弘行
	福浜嘉宏　藤井　毅　藤井良隆
	源　愛日児

第4章　ワーキンググループ（鉄骨構造）

主　査	平野道勝
専門委員	石川孝重　古賀昌之　久保寺　勲
	田島将光　富田昭夫　中込忠男
	丸川比佐夫

第5章　ワーキンググループ（鉄筋コンクリート構造）

主　査	望月　重
専門委員	大川　潤　北島哲男　高橋春蘭
	永坂具也　松崎育弘　松本智夫
	堀越喜与志

第6章　ワーキンググループ（鉄骨鉄筋コンクリート構造,合成構造）

主　査	南　宏一
専門委員	内田直樹　大和田精一　金沢正明
	渋谷雄三　椿　英顕　二宮利治
	樋口元一　久徳敏治　丸岡義臣
	山口　猛

第7章　ワーキンググループ（壁構造・組立コンクリート造）

主　査	松村　晃
専門委員	井口隆弘　五十嵐　泉　加藤一雄
	西山光昭　信澤宏由

第8章　ワーキンググループ（PC構造）

主　査	鈴木計夫
専門委員	青木基輔　倉内　実　須賀好富
	関口恭子　土居健二　徳永雄一郎
	松井克俊　松谷輝雄

第9章　ワーキンググループ（屋根）

主　査	中島正夫
専門委員	入江正之　松留慎一郎　藤村　正

第10章　ワーキンググループ（床）

主　査	大野隆造
専門委員	中村安志　三上貴正

第11章　ワーキンググループ（壁）

主　査	深尾精一
専門委員	野城智也　松原和彦

第12章　ワーキンググループ（天井）

主　査	吉田倬郎
専門委員	松村秀一

第13章　ワーキンググループ（階段・手すり）

主　査	森下清子
専門委員	岩下　肇　直井英雄

第14章　ワーキンググループ（建具）

主　査	真鍋恒博
専門委員	小松幸夫　野平　修

第15章　ワーキンググループ（建具金物）

主　査	若山　滋
専門委員	上出利裕

第16章　ワーキンググループ（設備部品）

主　査	河野好伸
専門委員	中村善行　見本光雄

第17章　ワーキンググループ（工業化住宅）

主　査	安藤正雄

第18章　ワーキンググループ（外構）

主　査	小西敏正
専門委員	遠藤　剛

（索引）	大野隆司
（装丁）	瀬川康秀

(1985年改訂版作成当時)

構造用教材改訂特別小委員会

主　査	藤本盛久				
幹　事	大沢　胖	狩野芳一			
専門委員	青木　繁	和泉正哲	内田祥哉		
	宇野英隆	大野隆司	加藤一雄		
	加藤　勉	岸田英明	杉山英男		
	谷　資信	十代田知三	西村敏雄		
	堀越喜与志	六車　煕	望月　重		
	吉見吉昭	若林　実	若山　滋		

構造用教材改訂特別小委員会編集幹事会

主　査	大野隆司			
専門委員	大沢　胖	狩野芳一	野口弘行	
	藤本盛久	平野道勝	望月　重	
	野城智也	若山　滋		

第1章 ワーキンググループ（荷重外力・構造原理）

主　査	和泉正哲			
幹　事	三橋博三	野村希晶		
専門委員	池田昭男	川股重也	小堀好之	
	柴田明徳	鈴谷二郎	山田雄司	

（シェル・空間構造）

主　査	西村敏雄			
専門委員	神薗勝彦	新宮清志	登坂宣好	

第2章 ワーキンググループ（地盤・基礎）

主　査	岸田英明			
専門委員	安達俊夫	神田　順	風間　了	
	桑原文夫	阪口　理	富永晃司	

第3章 ワーキンググループ（木構造）

主　査	杉山英男			
専門委員	石坂　明	河合直人	後藤　治	
	坂本　功	永井紀夫	野口弘行	
	福浜嘉宏	藤井　毅	藤井良隆	
	源　愛日児			

第4章 ワーキンググループ（鉄骨構造）

主　査	平野道勝			
専門委員	石川孝重	大熊武司	古賀昌之	
	久保寺勲	田島将光	富田昭夫	
	丸川比佐夫			

第5章 ワーキンググループ（鉄筋コンクリート構造）

主　査	望月　重			
専門委員	大川　潤	北島哲男	高橋春蘭	
	永坂具也	松崎育弘	松本智夫	
	堀越喜与志			

第6章 ワーキンググループ（鉄骨鉄筋コンクリート構造）

主　査	南　宏一			
専門委員	内田直樹	大和田精一	金沢正明	
	渋谷雄三	椿　英顕	樋口元一	
	久徳敏治	丸岡義臣	山口　猛	

第7章 ワーキンググループ（特殊コンクリート構造）

主　査	加藤一雄			
専門委員	井口隆弘	五十嵐泉	遠藤利根穂	
	西山光昭	松村　晃		

第8章 ワーキンググループ（PC構造）

主　査	六車　煕			
専門委員	青木基輔	倉内　実	須賀好富	
	鈴木計夫	関口恭子	土居健二	
	徳永雄一郎	松井克俊	松谷輝雄	

第9章 ワーキンググループ（屋根）

主　査	中島正夫		
専門委員	入江正之	藤村　正	

第10章 ワーキンググループ（床）

主　査	大野隆造		
専門委員	中村安志	三上貴正	

第11章 ワーキンググループ（壁）

主　査	深尾精一		
専門委員	野城智也	松原和彦	

第12章 ワーキンググループ（天井）

主　査	吉田倬郎
専門委員	松村秀一

第13章 ワーキンググループ（階段・手すり）

主　査	森下清子		
専門委員	岩下　肇	直井英雄	

第14章 ワーキンググループ（建具）

主　査	真鍋恒博		
専門委員	小松幸夫	野平　修	

第15章 ワーキンググループ（建具金物）

主　査	若山　滋
専門委員	上出利裕

第16章 ワーキンググループ（設備部品）

主　査	河野好伸		
専門委員	中村善行	見本光雄	

第17章 ワーキンググループ（工業化住宅）

主　査	安藤正雄
専門委員	崔　民権

第18章 ワーキンググループ（外構）

主　査	小西敏正
専門委員	遠藤　剛

目　次

1章　荷重外力・構造原理
1　荷重の分類とモデル化
2　構造物のモデル化と伝達機構
3　安定原理・部位の抵抗機構

2章　地盤・基礎
4　地形と地層
5　地盤調査
6　土の分類
7　土質試験
8　土の動的性質
9　基礎構造計画
10　土圧・基礎の支持力と沈下
11　杭基礎の種別
12　杭基礎の支持機構
13　根切り・山留め
14　山留め壁・擁壁
15　地盤改良

3章　木質構造
16　木材の性質と強度特性
17　従来軸組構法・枠組壁工法の架構
18　木造の小屋組概要
20　木造の小屋組詳細
22　木造の軸組詳細―2階床―
24　木造の軸組詳細―壁―
25　木造の軸組詳細―1階床―
26　基礎
27　継手仕口・接合金物
28　洋風（真束）小屋組・丸太組構造
29　木質系プレハブ住宅
30　集成材構造
31　集成材等を用いた架構
32　住宅設計図例（従来軸組構法）

4章　鉄骨構造
34　鉄骨構造の実例・骨組型式
36　鋼材の性質・部材の挙動
38　形鋼などの種類・接合
39　鋼材の種類・接合
40　中層骨組・両方向ラーメン
41　中層骨組・一方向ブレース
42　低層山形骨組・山形ラーメン
43　低層山形骨組・山形トラス
44　継手・仕口
45　筋かい・柱脚

5章　鉄筋コンクリート
46　実例とラーメン構造
47　構造原理
48　共通事項
49　基礎梁・基礎スラブ・柱の配筋
50　柱・梁・柱梁接合部の配筋
51　柱梁接合部の配筋
52　梁・壁の配筋
53　床および階段の配筋
54　壁式鉄筋コンクリート造
55　壁式プレキャスト鉄筋コンクリート造・リブ付薄肉中型コンクリートパネル造

6章　PC構造
56　構造原理・素材と力学的性状
57　定着・部材製作・変形
58　場所打ちPC構造
60　プレキャストPC構造

7章　合成構造
62　合成構造の分類・合成構造の実例
63　構造概念
64　柱・梁の形式
65　各部の詳細
67　コンクリート充填鋼管（CFT）構造
68　その他の合成構造

8章　組積構造・プレキャスト組立床
70　れんが造
71　補強れんがブロック造・補強セラミックブロック造・石造・補強石造
72　補強コンクリートブロック造
73　型枠コンクリートブロック造
74　鉄筋コンクリート組積造
75　プレキャストコンクリート組立床・コンクリートブロック堀・石堀

9章　シェル・空間構造
76　シェル・空間構造

10 章　免震・制震(振)構造

78　免震構造
79　制震（振）構造

11 章　屋根

80　屋根の形状・部位名称・勾配
81　屋根葺
82　とい
83　ろく屋根の防水

12 章　床

84　構造
85　仕上げ
87　特殊床の例

13 章　壁

88　湿式
89　乾式
90　タイル・石
91　板壁・間仕切
92　和風造作
93　帳壁・ALC 板
94　カーテンウォール
95　カーテンウォール詳細

14 章　天井

96　天井の形状・天井の吊り方
97　各種天井
98　回り縁
99　システム天井

15 章　階段・手すり

100　階段形状
101　階段詳細
103　手すり詳細

16 章　建具

104　木製建具
105　枠付建具・木製建具
106　名称・金属製建具の種類
107　サッシの基本納まり
108　サッシ・ドアの納まり
109　シャッター・特殊サッシドア

17 章　建具金物

110　動作円滑・動作制御金物
111　締り・操作・位置制御金物

18 章　設備と建築

112　空調・昇降
113　発電・衛生

19 章　工業化住宅

114　戸建て
115　集合

20 章　外溝

116　路面・部品
117　へい・門

21 章　改修構法

118　改修構法

22 章　スケルトン・インフィル構法

119　スケルトン・インフィル構法

122　構造編（1～10 章）解説
214　引用文献
215　索引

荷重外力・構造原理

荷重の分類とモデル化

作用方向による分類	原因による分類	作用期間による分類
鉛直荷重 （重力による力）	固定荷重	常時荷重 （長期）
	積載荷重	
	雪荷重	
主に水平荷重 （空気・地盤の 作用による力）	風荷重	非常時荷重 （短期）
	地震荷重	
	土圧・水圧	常時荷重
その他	振動・衝撃・熱・強制変位	実況による

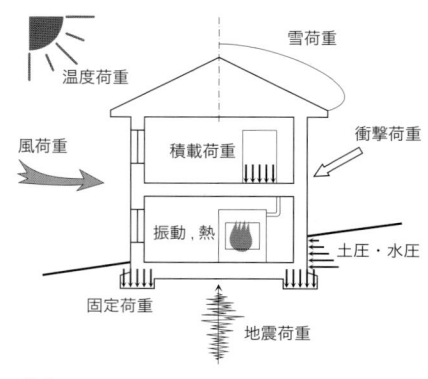

① 各種荷重・外力の分類

② 建築物に作用する各種荷重の概念

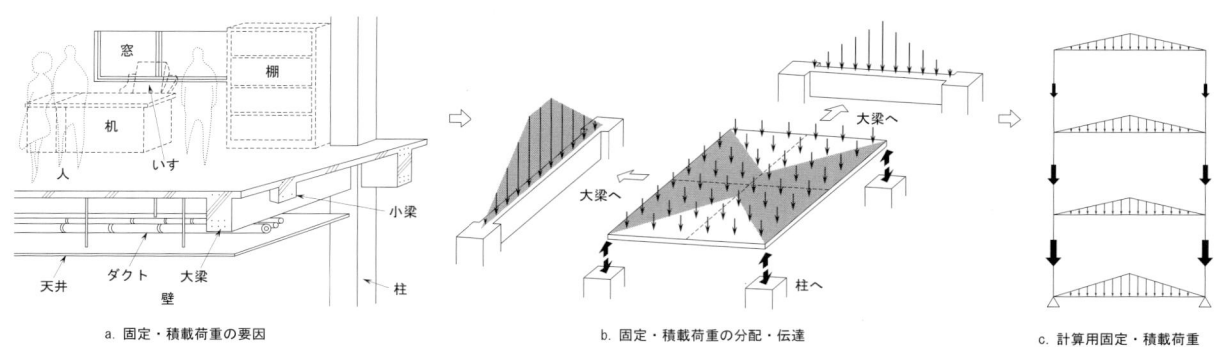

a. 固定・積載荷重の要因　　b. 固定・積載荷重の分配・伝達　　c. 計算用固定・積載荷重

③ 固定荷重・積載荷重

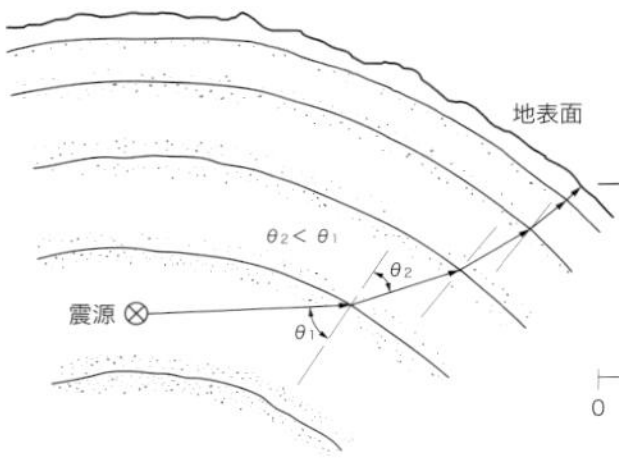

a. 地震波の伝播経路 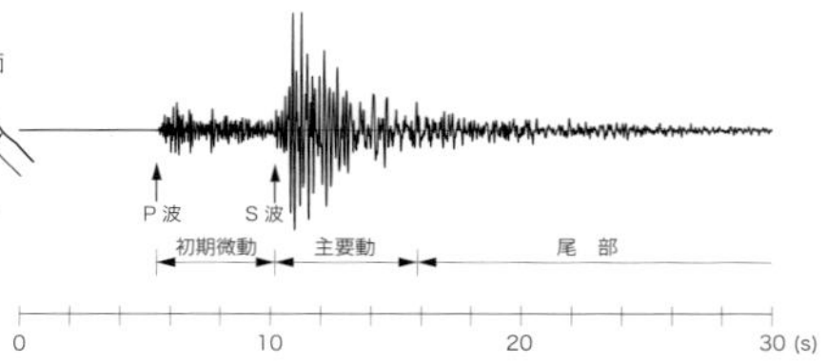　　b. 地震動波形 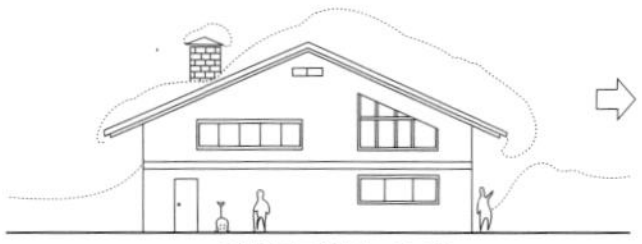　　a. 建物に積もる雪 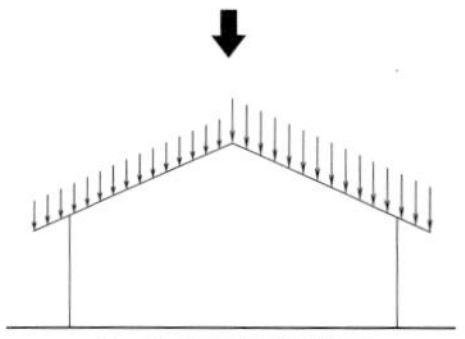　　b. 計算用積雪荷重

④ 積雪荷重

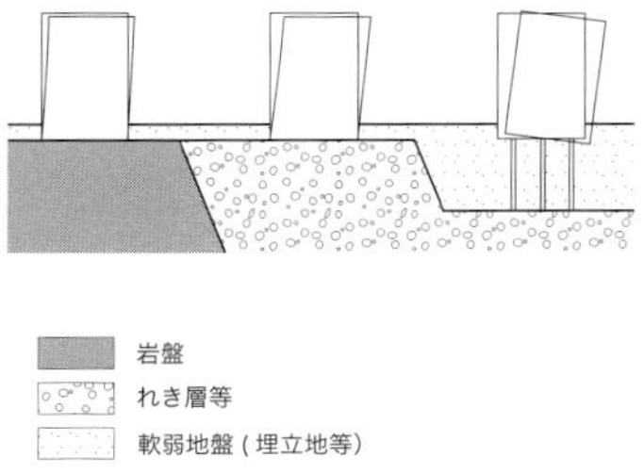

c. 地盤による振動の性質 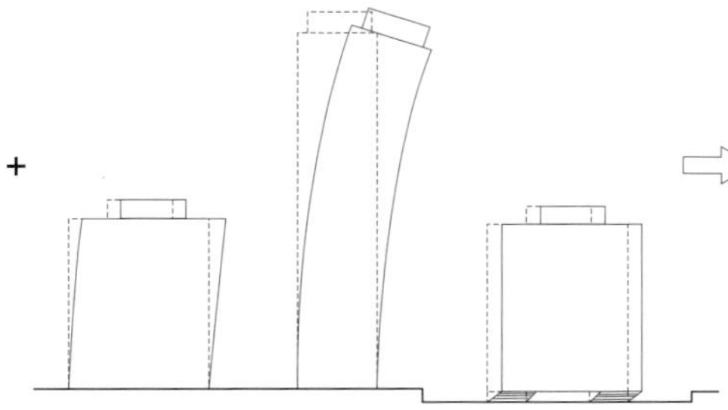　　d. 建物の振動の性質 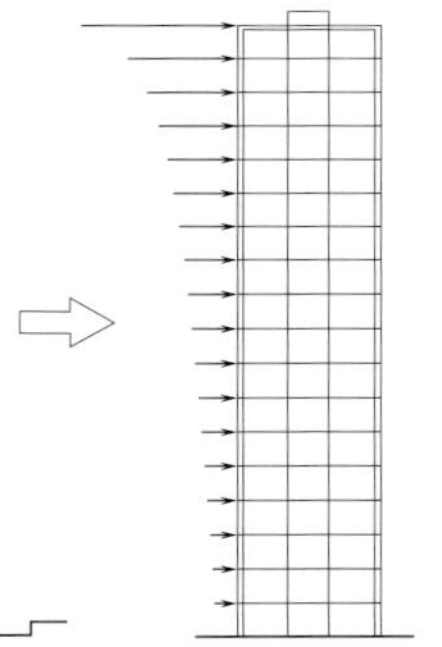　　e. 計算用地震荷重

⑤ 地震荷重　　⑥ 土圧・水圧

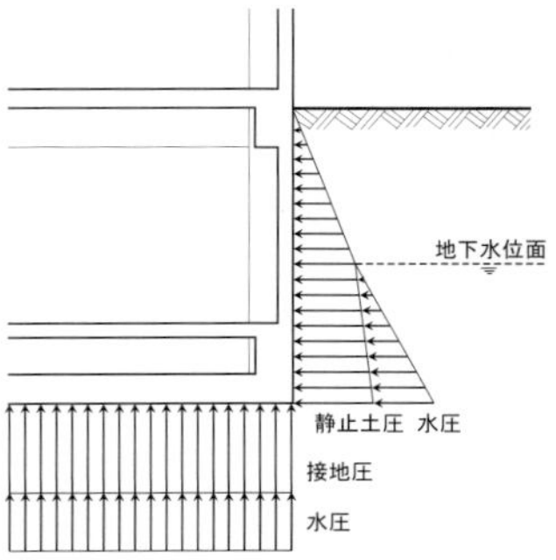

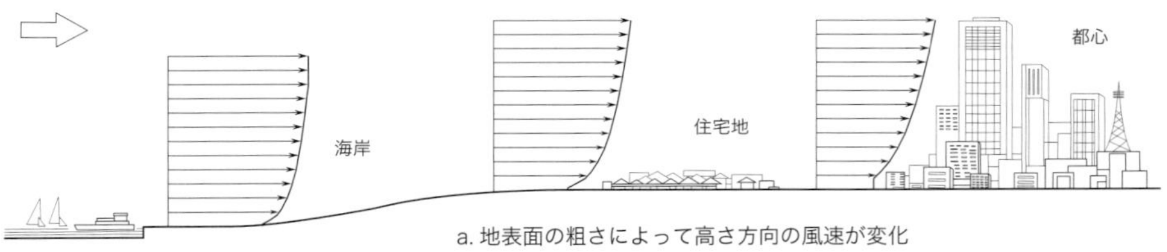

a. 地表面の粗さによって高さ方向の風速が変化

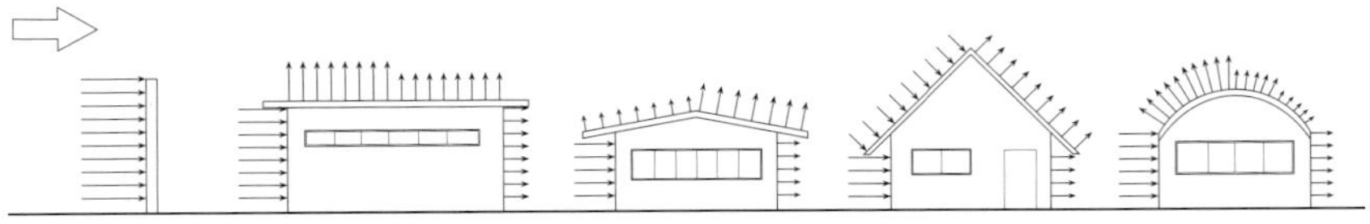

b. 建物形状・屋根勾配によって受ける風圧が変化 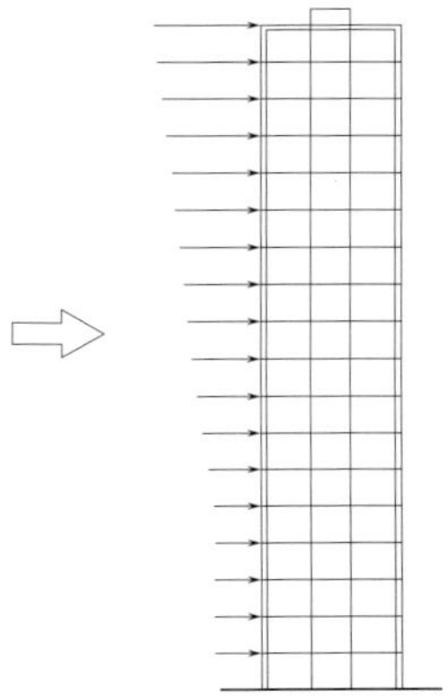　　c. 計算用風荷重

⑦ 風荷重

2 荷重外力・構造原理　　構造物のモデル化と伝達機構

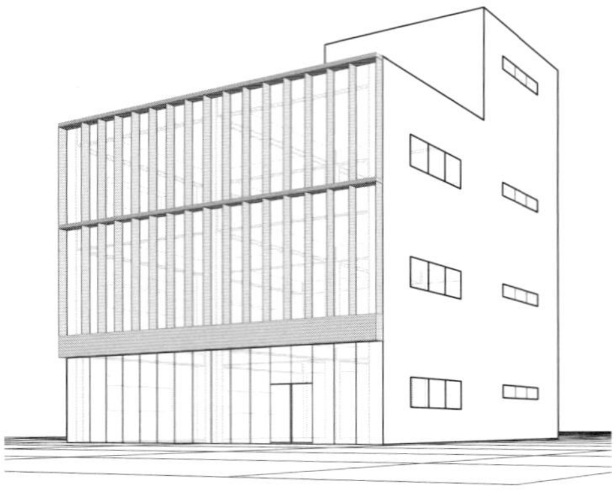

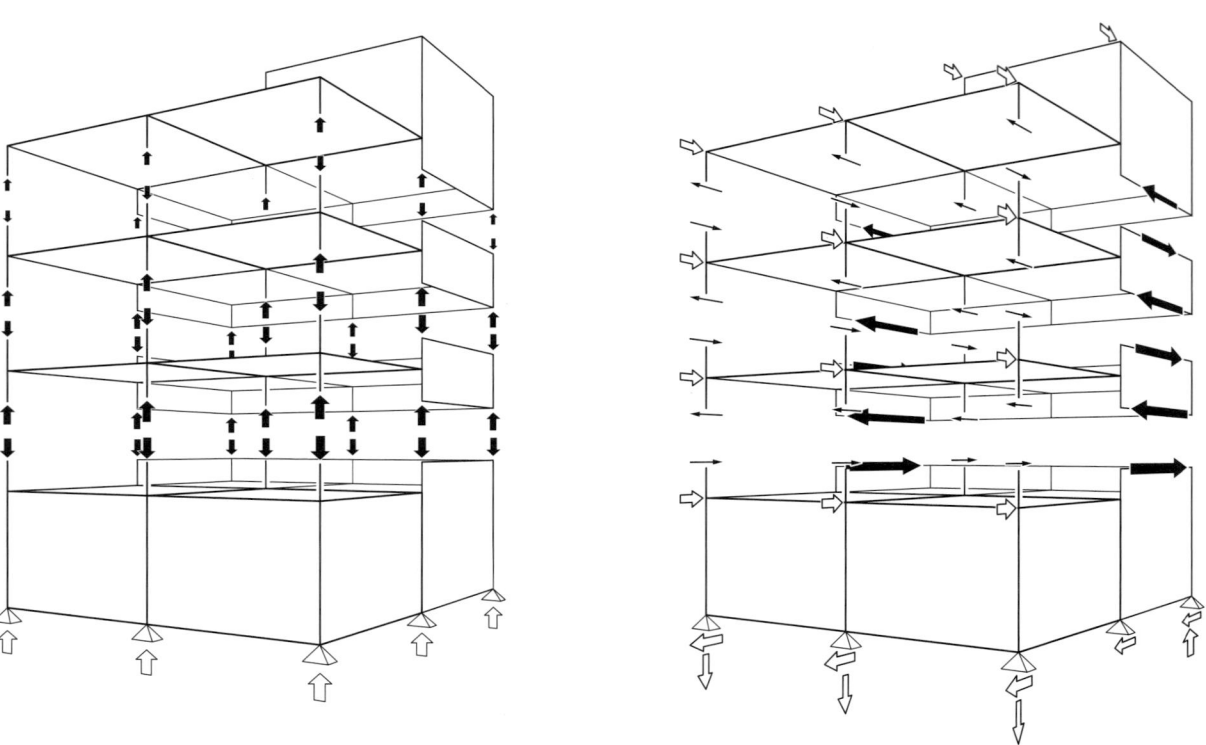

a. 実際の構造物

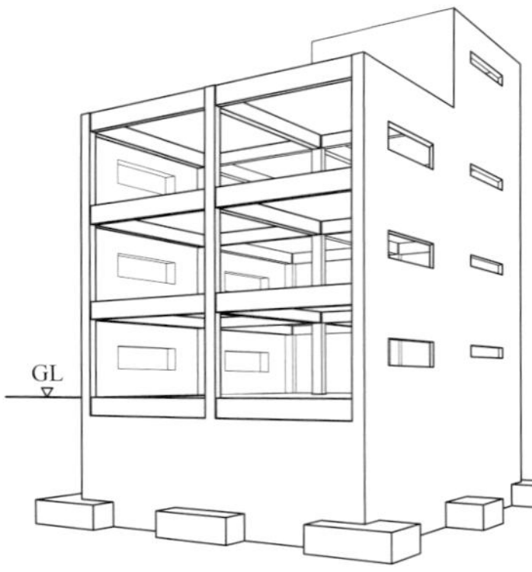

b. 建築構造物を構造部材（柱, 梁, 壁, 床, 基礎など）の集まりと考える

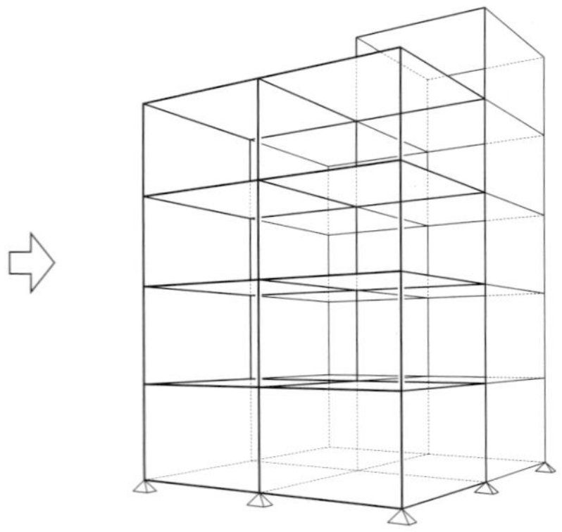

c. ねじれなどの立体変形をも考慮できる立体モデル

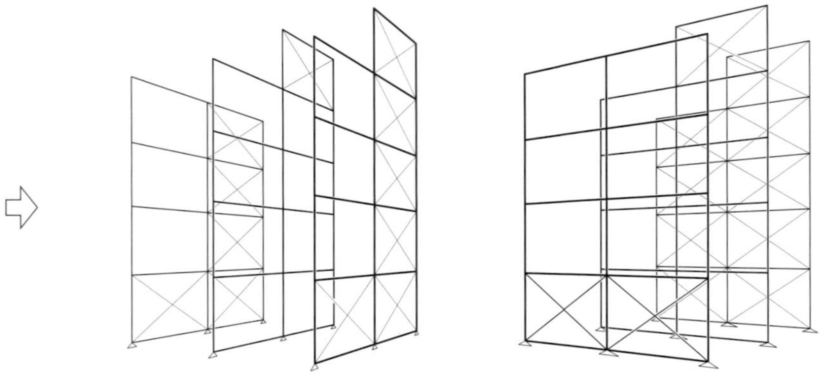

d. 建物から切り出された平面架構モデル（もっとも多く使用されているモデル）

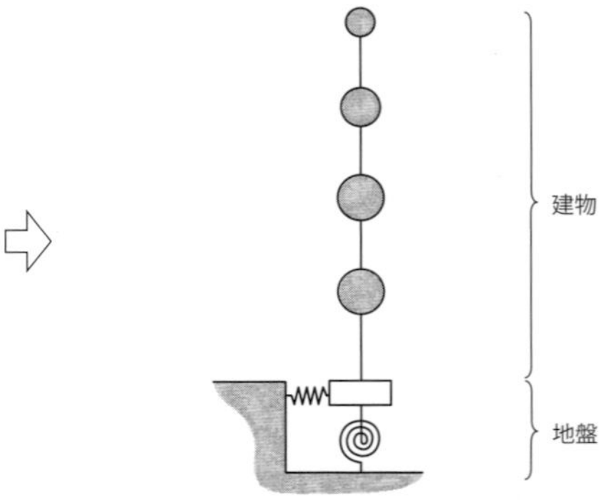

e. 建物と地盤の振動解析用モデル

1 構造物のモデル化

2 鉛直荷重の伝達機構

3 水平荷重の伝達機構

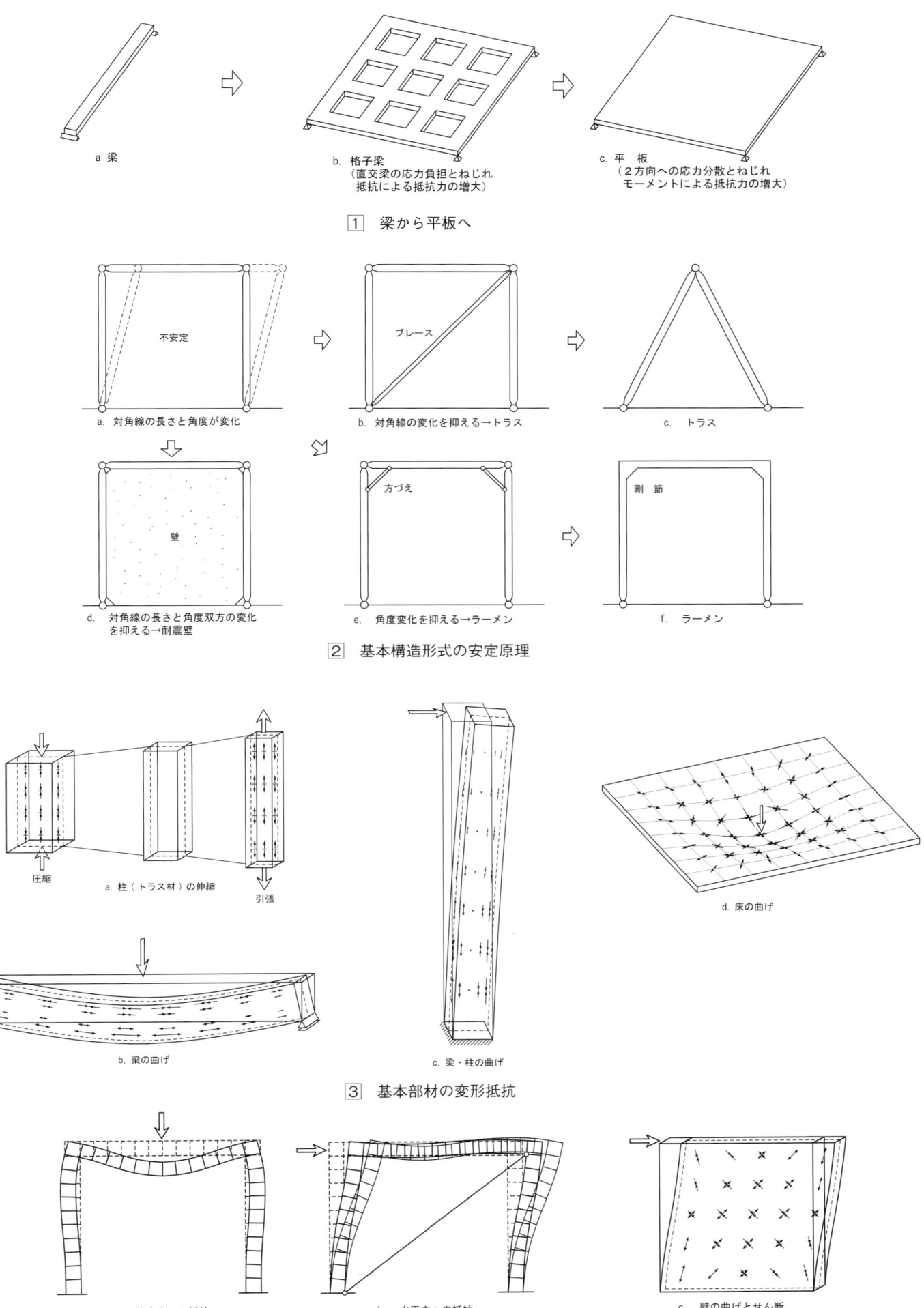

4　地盤・基礎　　地形と地層

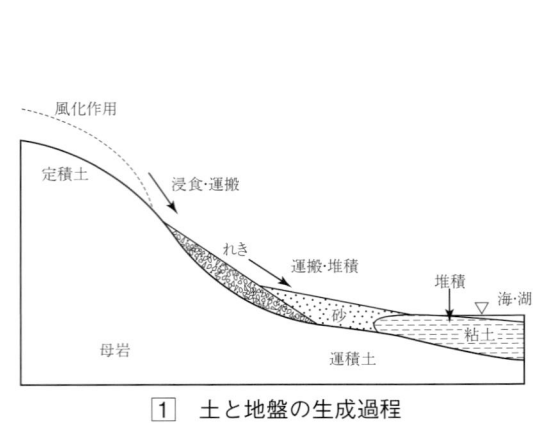

[1] 土と地盤の生成過程

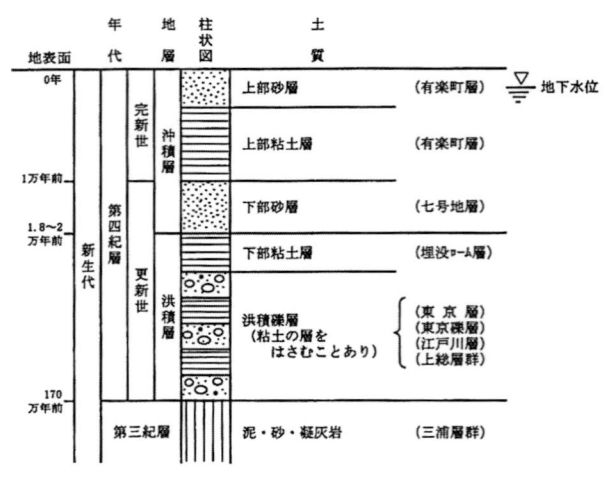

[2] 地質年代と地層区分（東京低地の例）

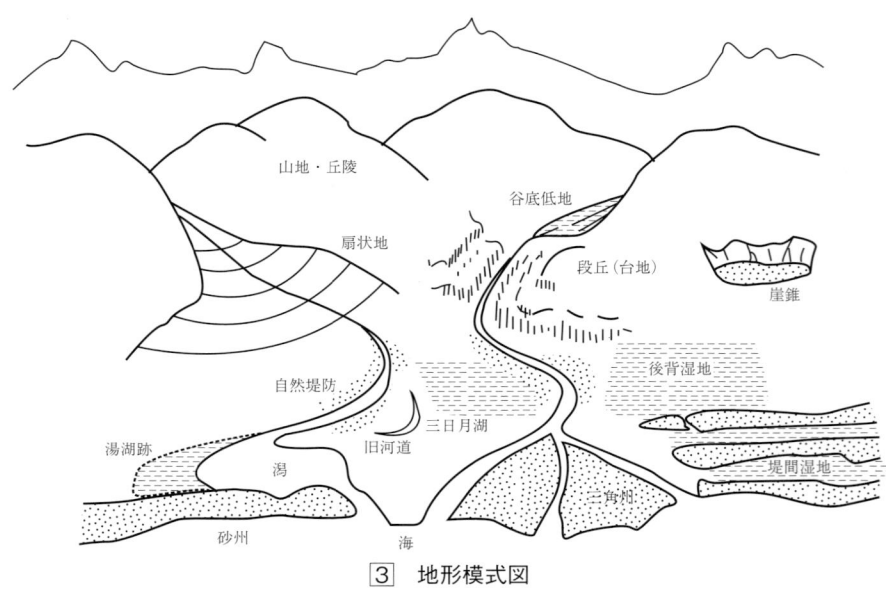

[3] 地形模式図

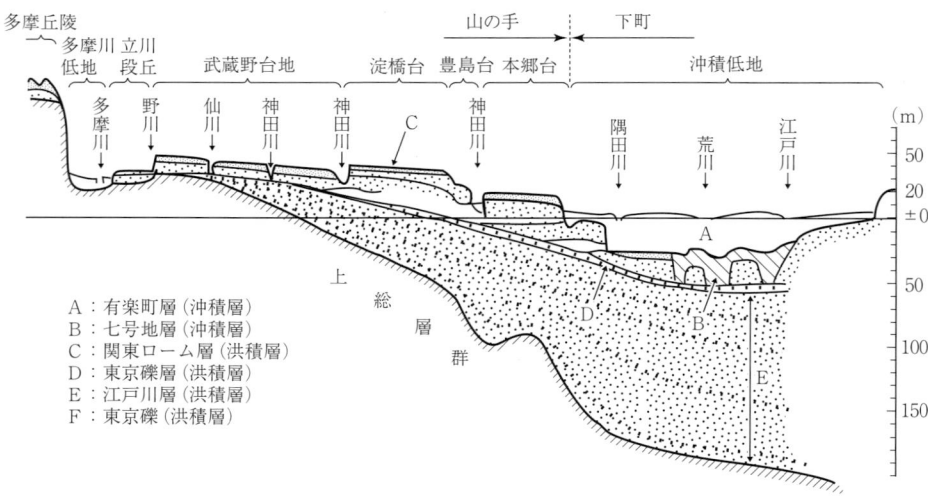

A：有楽町層（沖積層）
B：七号地層（沖積層）
C：関東ローム層（洪積層）
D：東京礫層（洪積層）
E：江戸川層（洪積層）
F：東京礫（洪積層）

[4] 東京の地層断面図（東西断面）

地盤調査　地盤・基礎

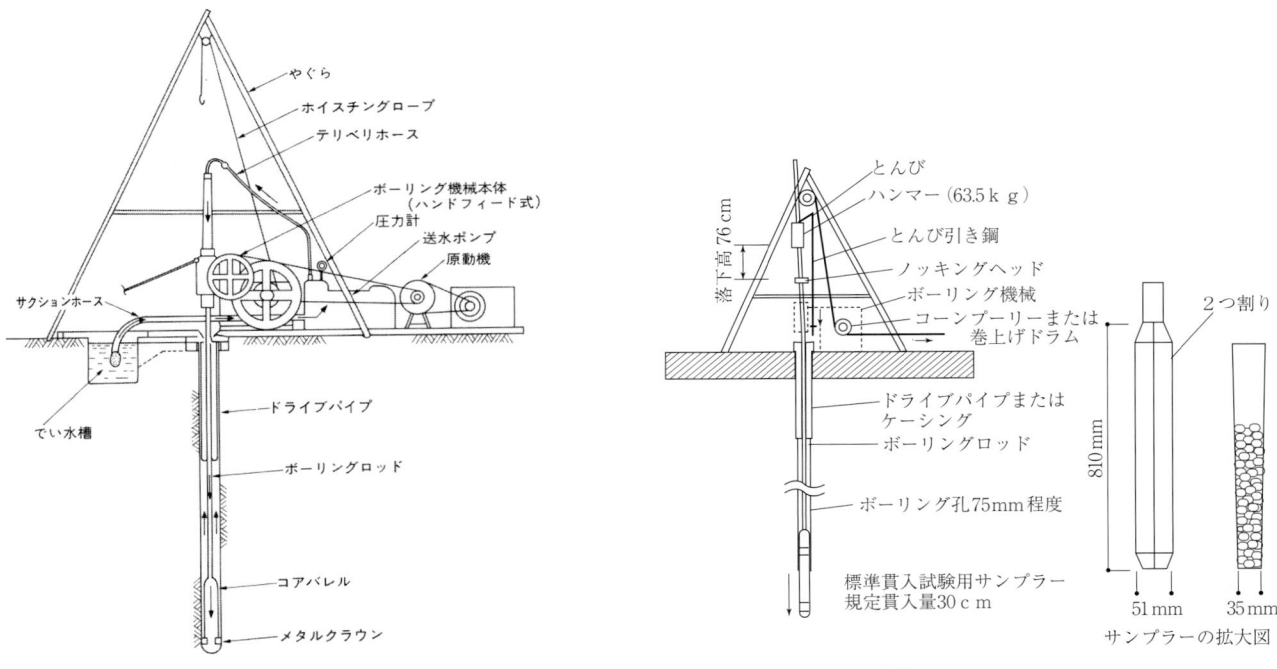

1 調査ボーリング（ロータリー式ボーリング）

2 標準貫入試験

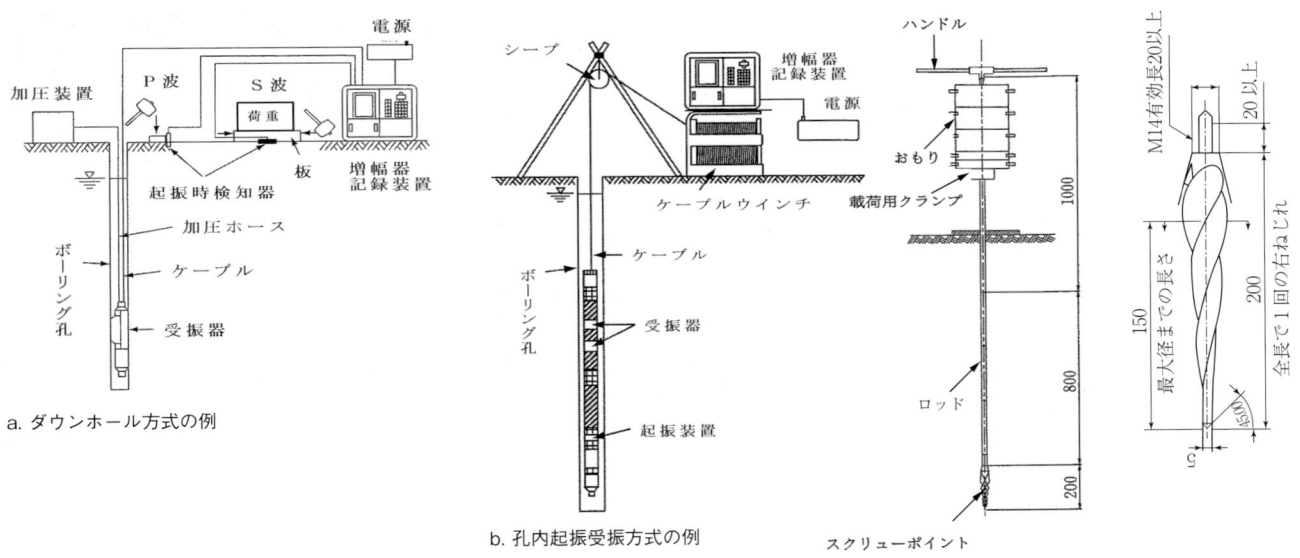

a. ダウンホール方式の例

b. 孔内起振受振方式の例

3 速度検層（PS検層）[2.1]

4 スウェーデン式サウンディング試験（手動式）

5 土質柱状図の例

6　地盤・基礎　土の分類

		粒径（mm）							
	0.005	0.075	0.25	0.85	2	4.75	19	75	300
粘土	シルト	細砂	中砂	粗砂	細礫	中礫	粗礫	粗石	巨石
		砂			礫			石	
細粒分		粗粒分						石分	

1　地盤材料の粒径区分とその呼び名

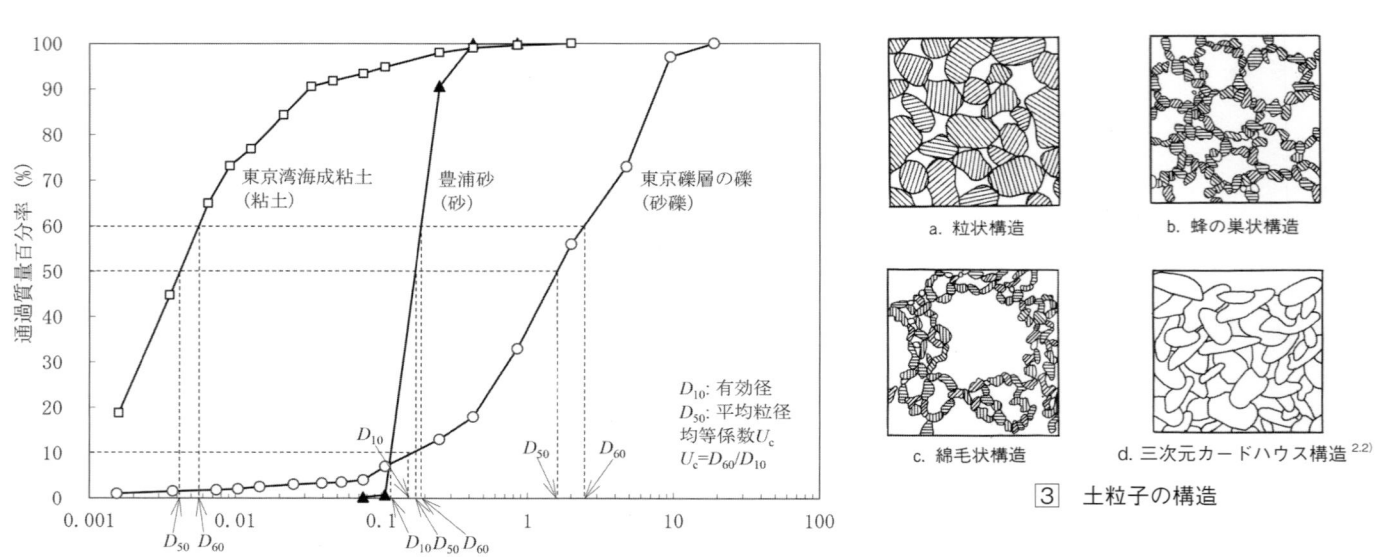

2　粒径加積曲線

3　土粒子の構造

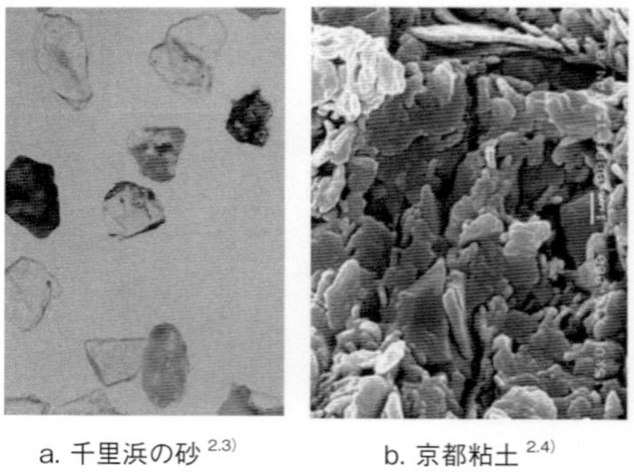

4　土粒子の顕微鏡写真

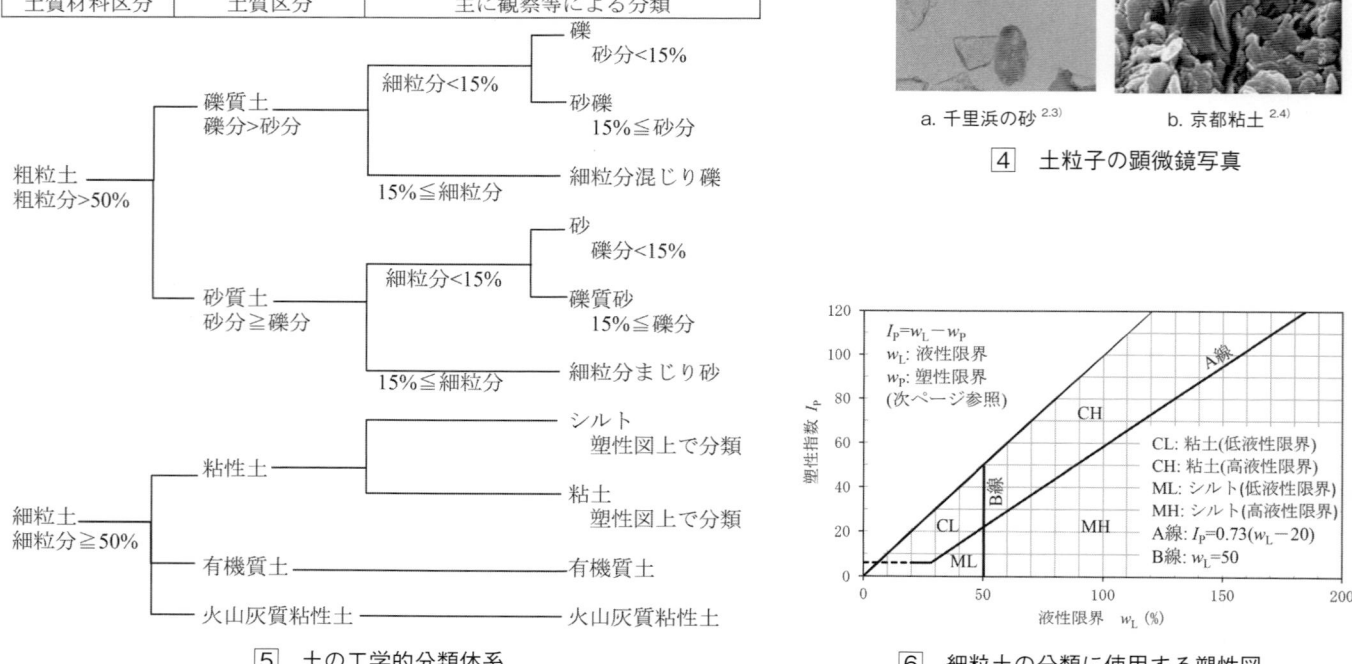

5　土の工学的分類体系

6　細粒土の分類に使用する塑性図

土質試験　地盤・基礎

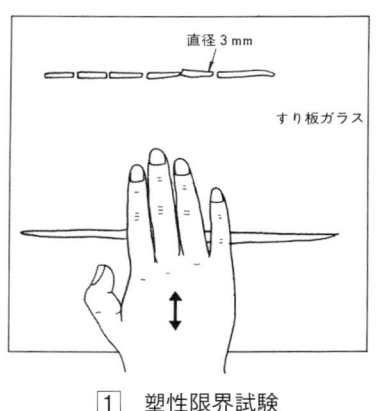

1　塑性限界試験

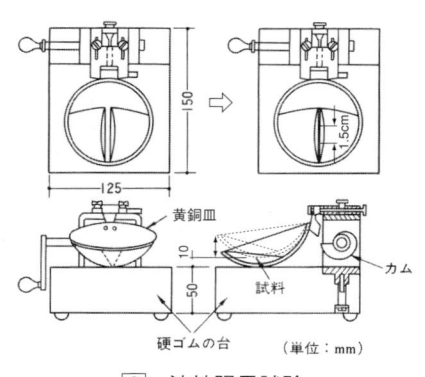

2　液性限界試験

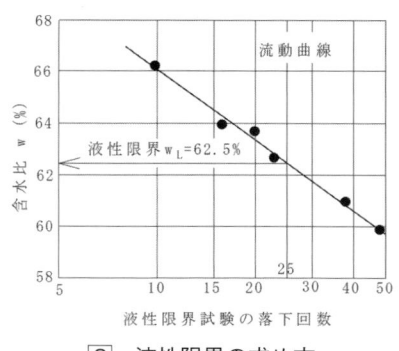

3　液性限界の求め方

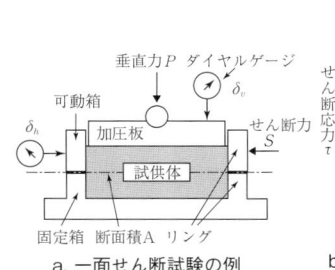

a. 一面せん断試験の例

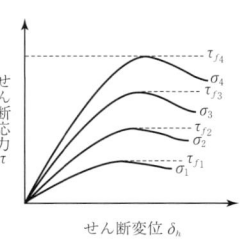

b. せん断応力－せん断変位関係に及ぼす垂直応力の影響

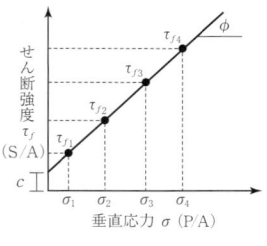

c. クーロンの破壊規準

4　一面せん断試験と破壊規準

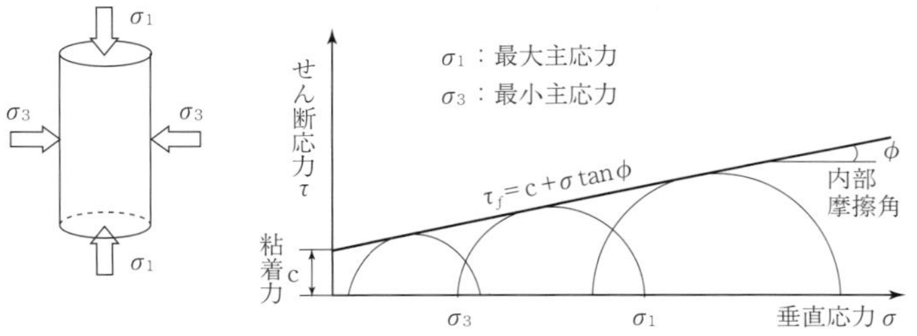

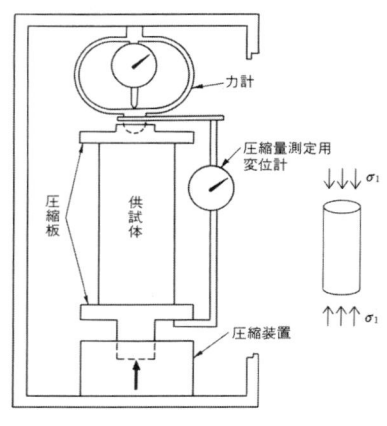

6　一軸圧縮試験

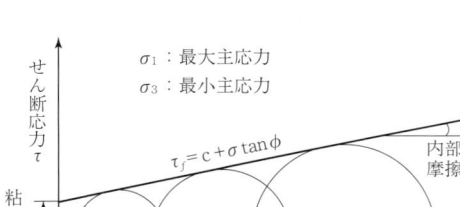

5　モール・クーロンの破壊規準

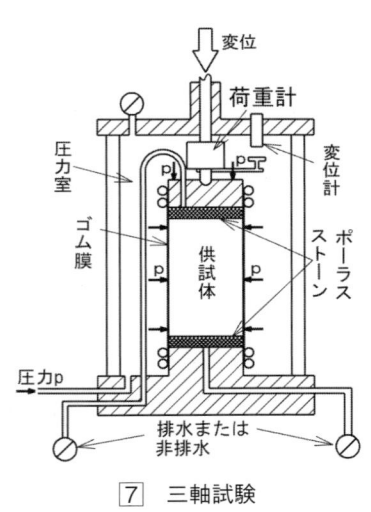

7　三軸試験

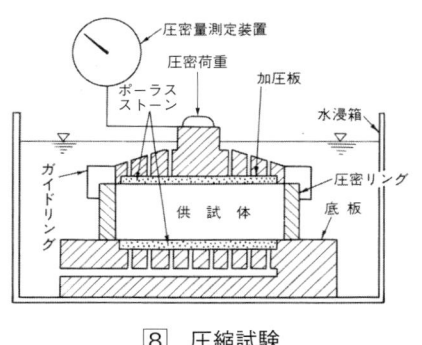

8　圧密試験

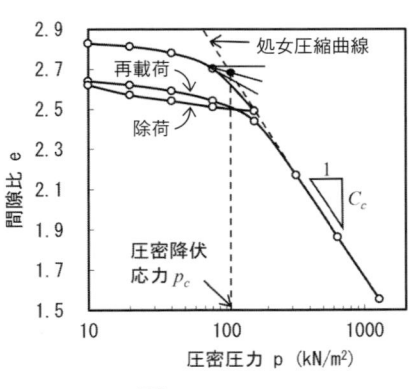

9　圧縮曲線

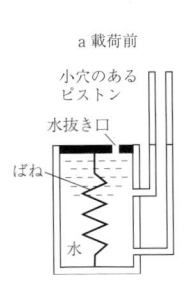
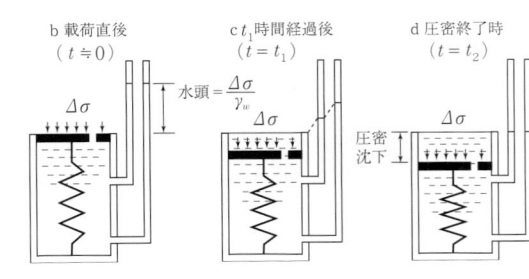

10　地盤の圧密過程での応力変化

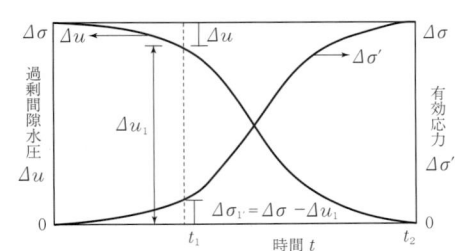

11　圧密過程における過剰間隙水圧(Δu)と有効応力($\Delta \sigma'$)の経過変化の模式図

8　地盤・基礎　　土の動的性質

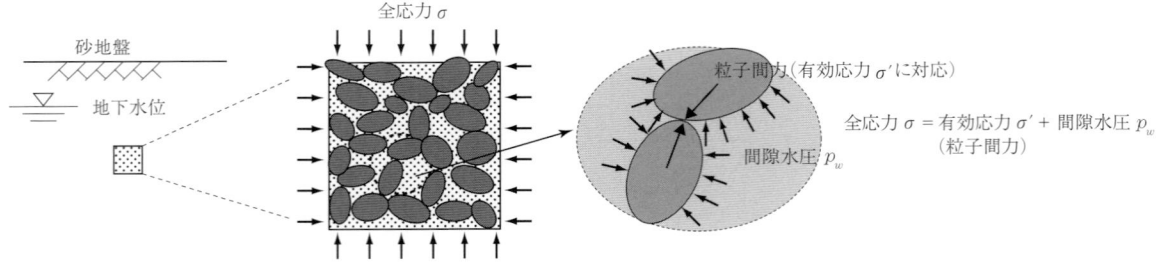

[1]　有効応力，全応力，水圧

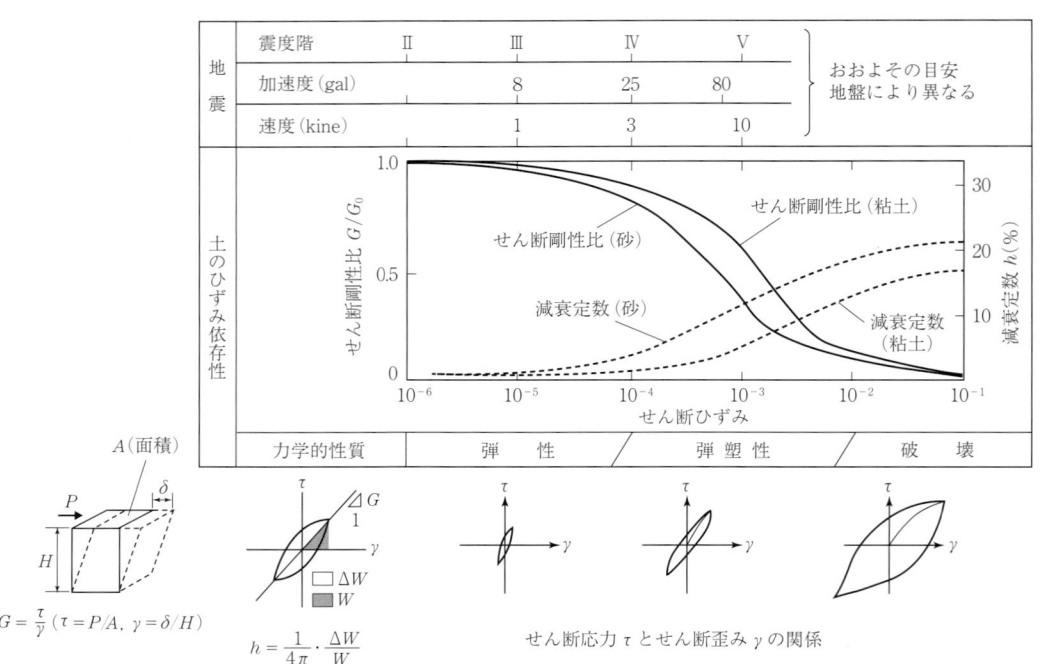

[2]　せん断剛性比と減衰定数ひずみ依存性の例（$G \sim \gamma$，$h \sim \gamma$関係）

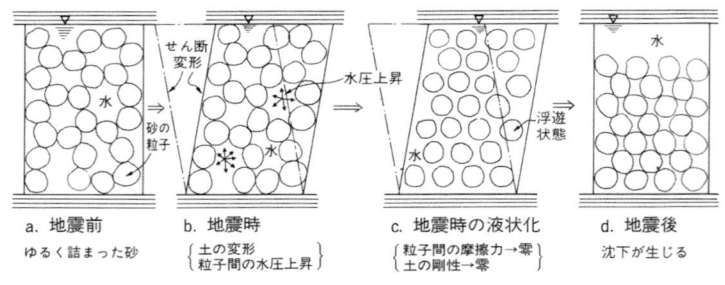

[3]　地震時における砂の液状化

a. 県営川岸町アパートの転倒（1964年新潟地震）

b. マンホールの浮上り（2011年東北地方太平洋沖地震）

[4]　液状化による被害

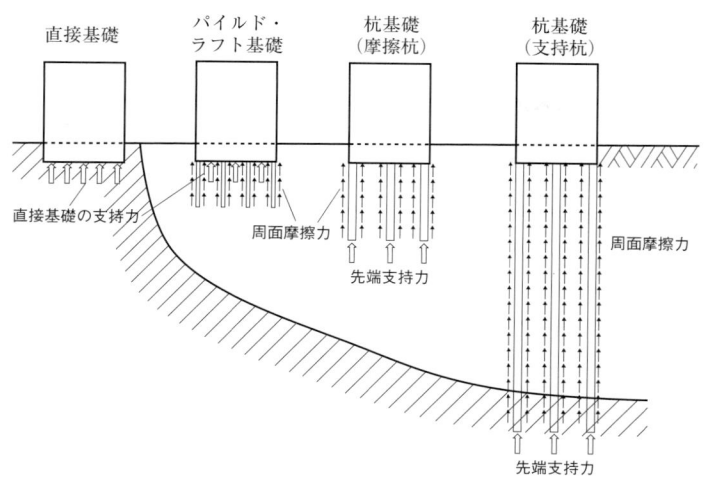

1 基礎の種類

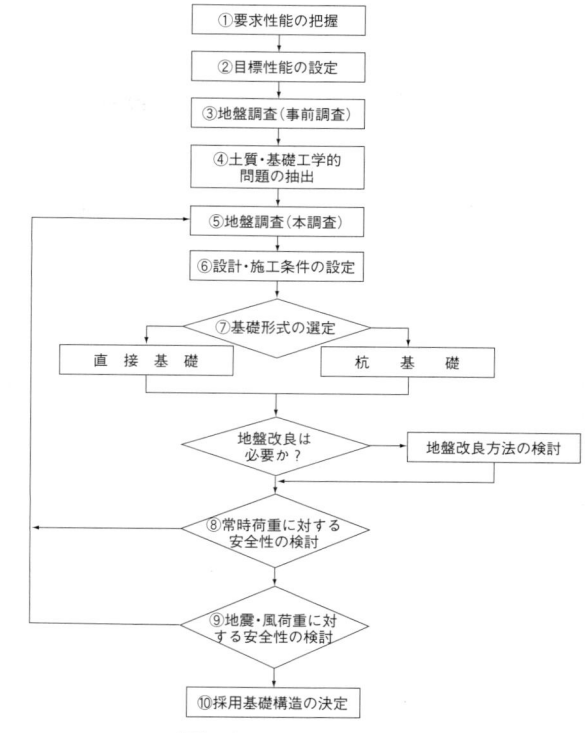

2 基礎構造計画の手順

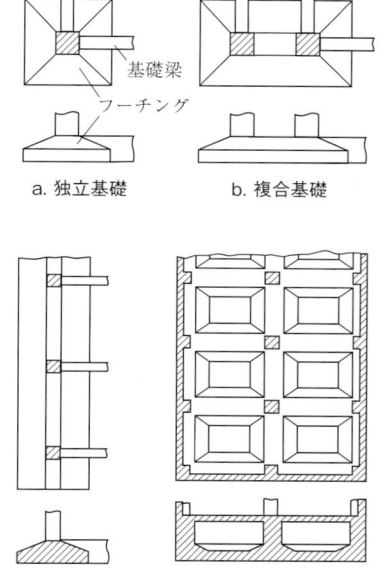

3 直接基礎の種類

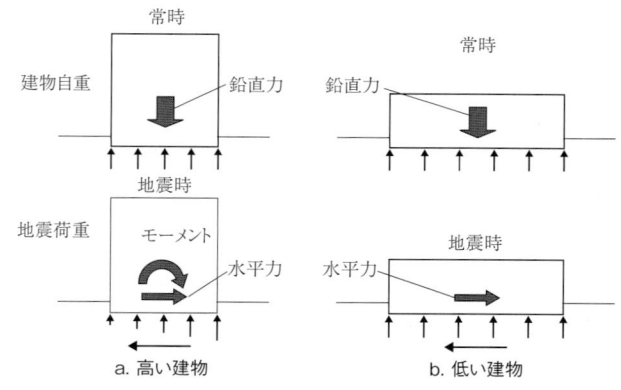

4 直接基礎に作用する荷重と地盤からの反力

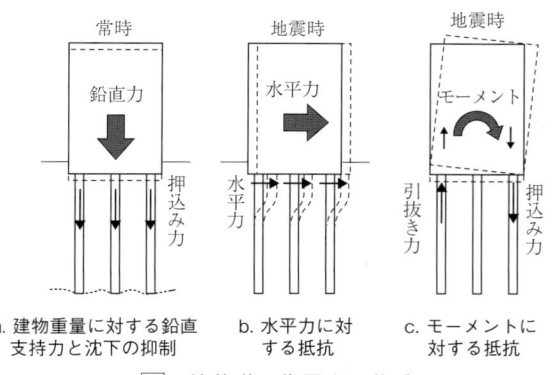

5 杭基礎に作用する荷重

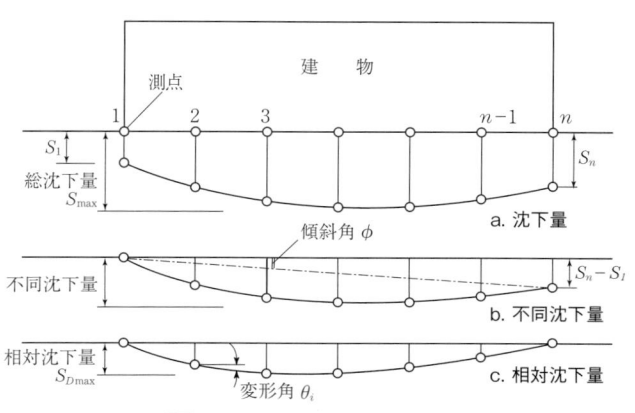

6 建物沈下量分布の模式図

10　地盤・基礎　　土圧・基礎の支持力と沈下

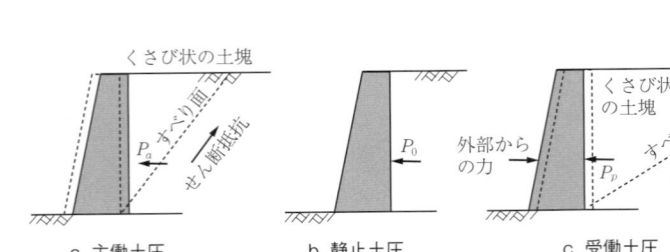

1　土圧とすべり面

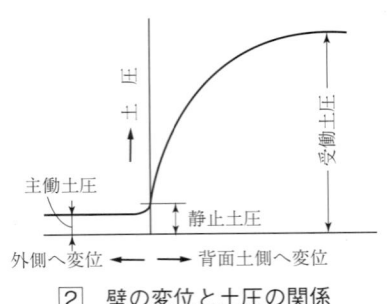

2　壁の変位と土圧の関係

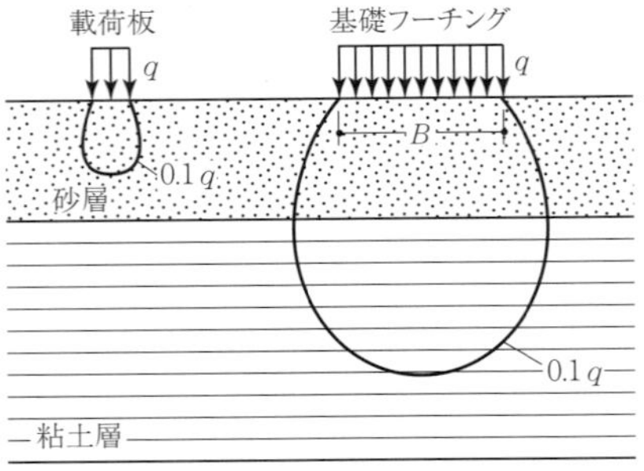

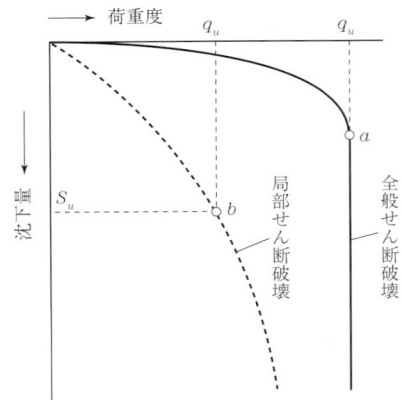

3　応力影響範囲

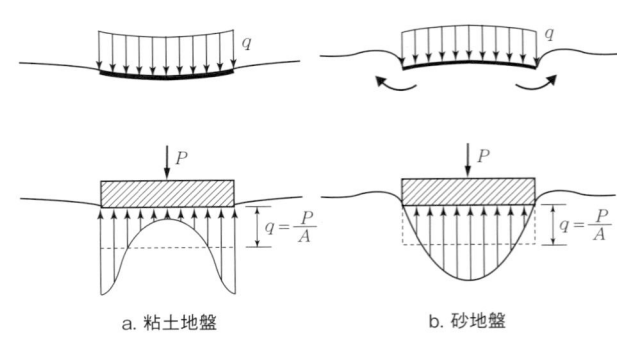

4　基礎と剛性と沈下および接地圧分布

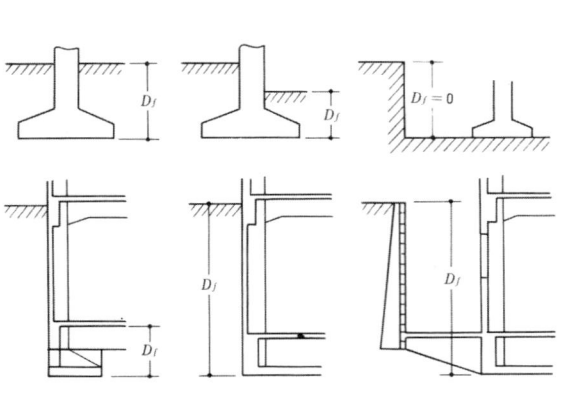

5　直接基礎の荷重～沈下量関係

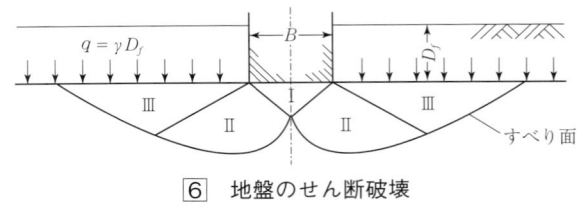

6　地盤のせん断破壊

7　直接基礎における根入れ深さ D_f の取り方

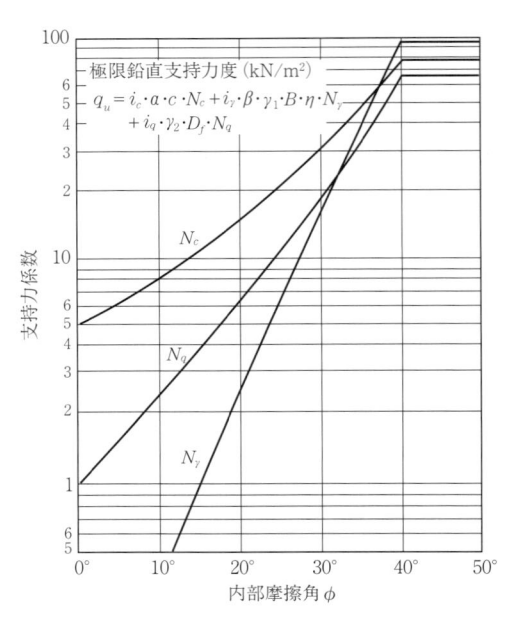

8　支持力算定用の支持力係数

杭基礎の種別　地盤・基礎

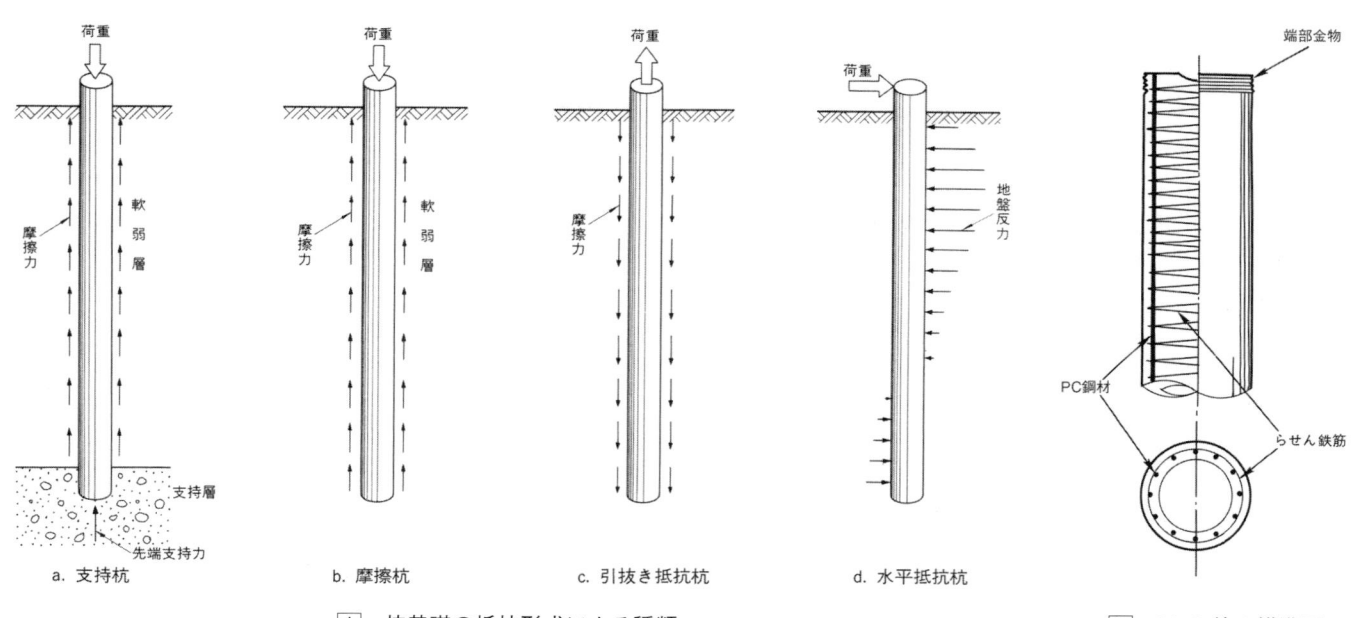

1 杭基礎の抵抗形式による種類

2 PHC杭の構造図

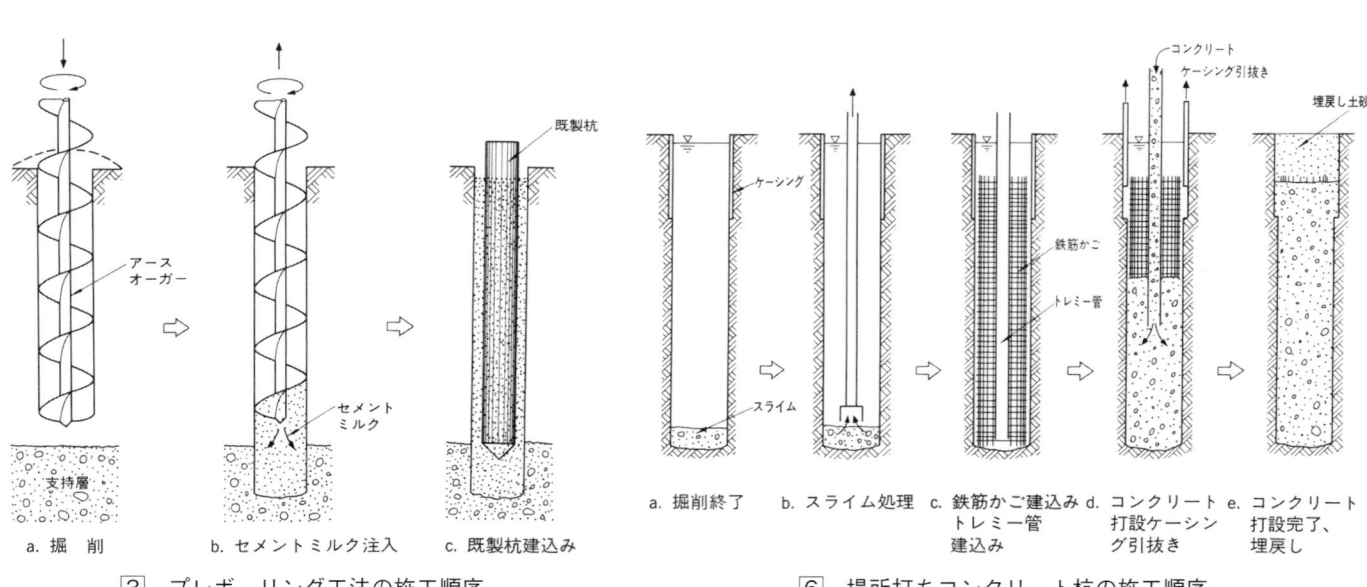

3 プレボーリング工法の施工順序

6 場所打ちコンクリート杭の施工順序

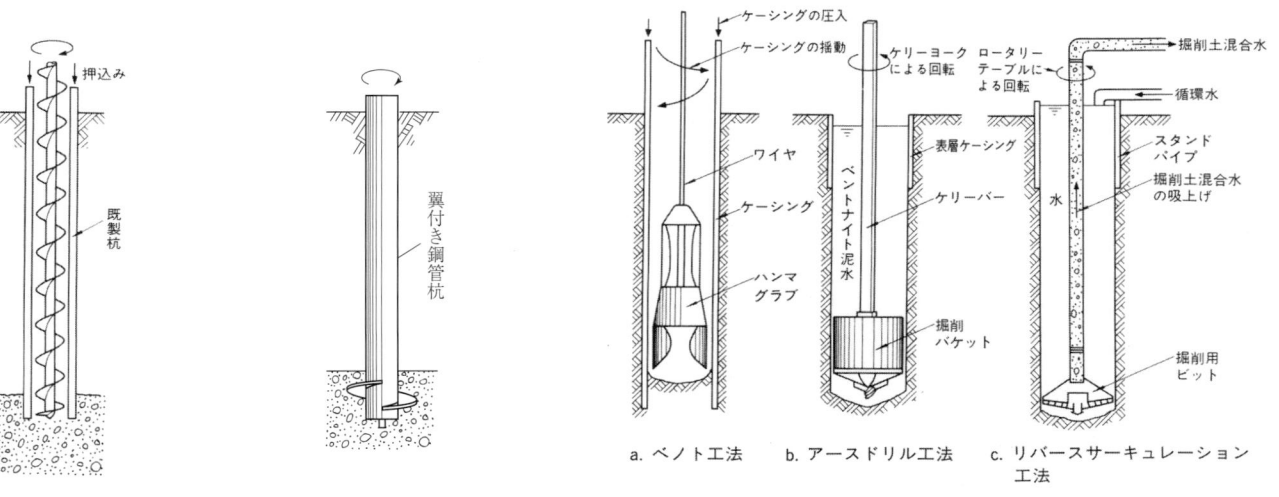

4 中掘り工法の一例

5 回転貫入工法の一例

7 場所打ちコンクリート杭の各種施工法

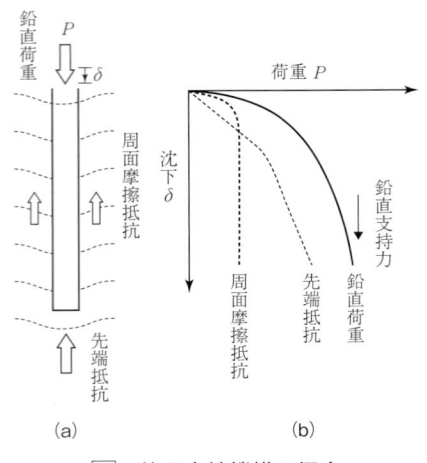

1　杭の支持機構の概念

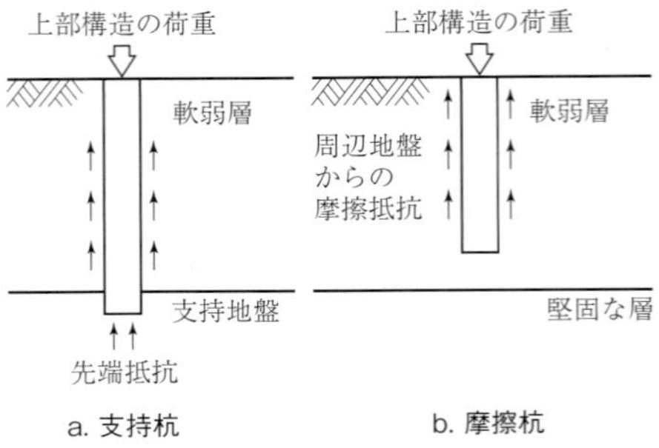

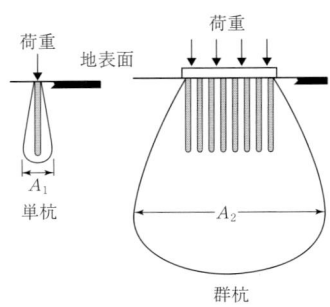

2　支持杭と摩擦杭

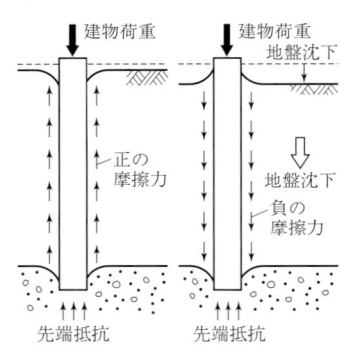

3　単杭と群杭での等地中応力分布範囲

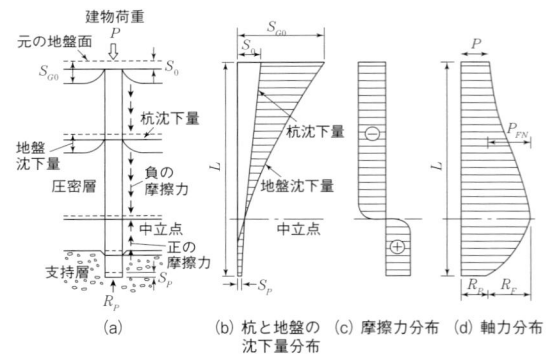

4　正の摩擦力と負の摩擦力

S_{G0}：地面における地盤沈下量　S_0：杭頭の沈下量　S_p：杭生端の沈下量
R_p：杭の先端支持力　P_{FN}：負の摩擦力　R_F：正の摩擦力（中立点以下の）

5　地盤沈下と杭の軸力

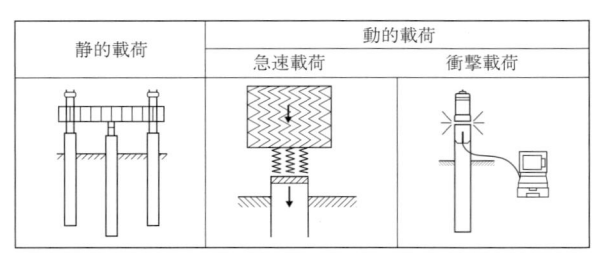

6　鉛直載荷試験の種類

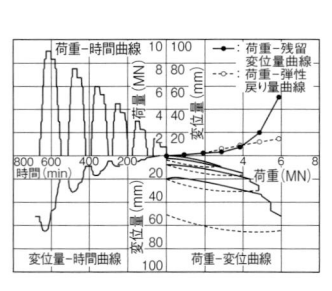

7　段階載荷試験結果

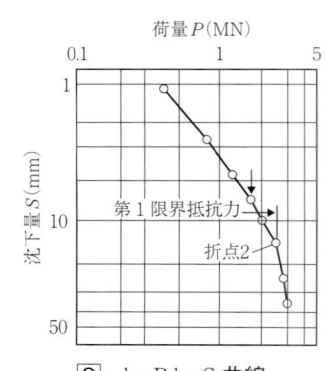

8　logP-logS 曲線

根切り・山留め　地盤・基礎

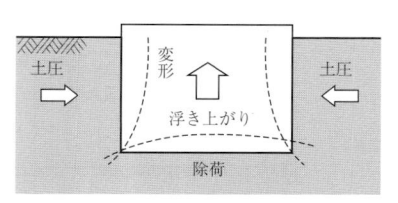

1 掘削に伴う土圧の変動と地盤の変形

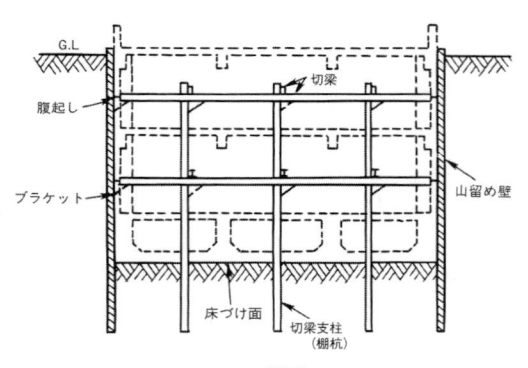

a. 断面

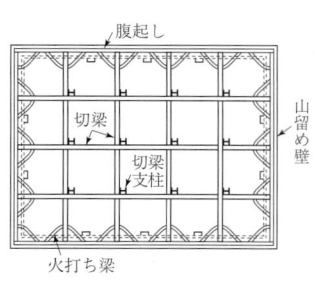

b. 平面

2 切梁工法の支保工の詳細

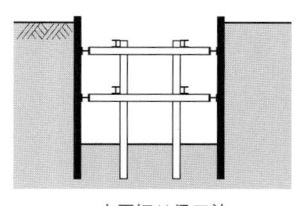

a. 水平切り梁工法

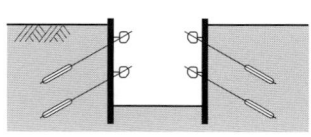

b. アースアンカー工法

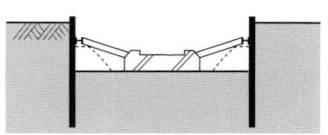

c. アイランド工法

3 根切り山留めの工法

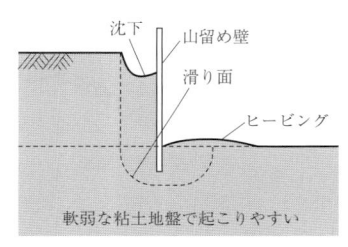

a. ヒービング現象

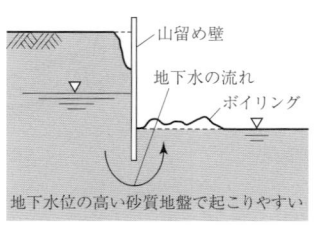

b. ボイリング現象

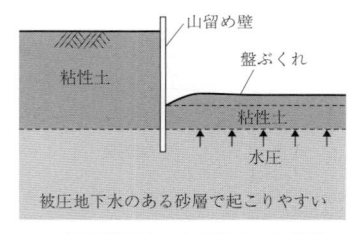

c. 被圧地下水による盤ぶくれ現象

4 地下掘削で注意すべき問題

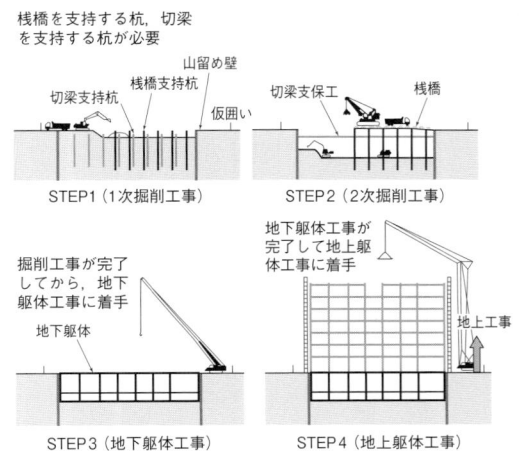

5 順打ち工法

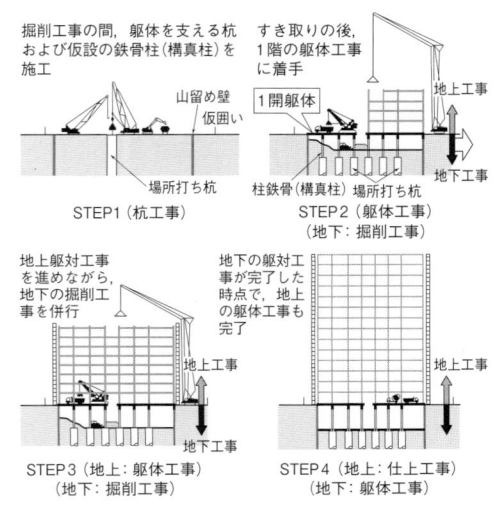

6 逆打ち工法

14 地盤・基礎　山留め壁・擁壁

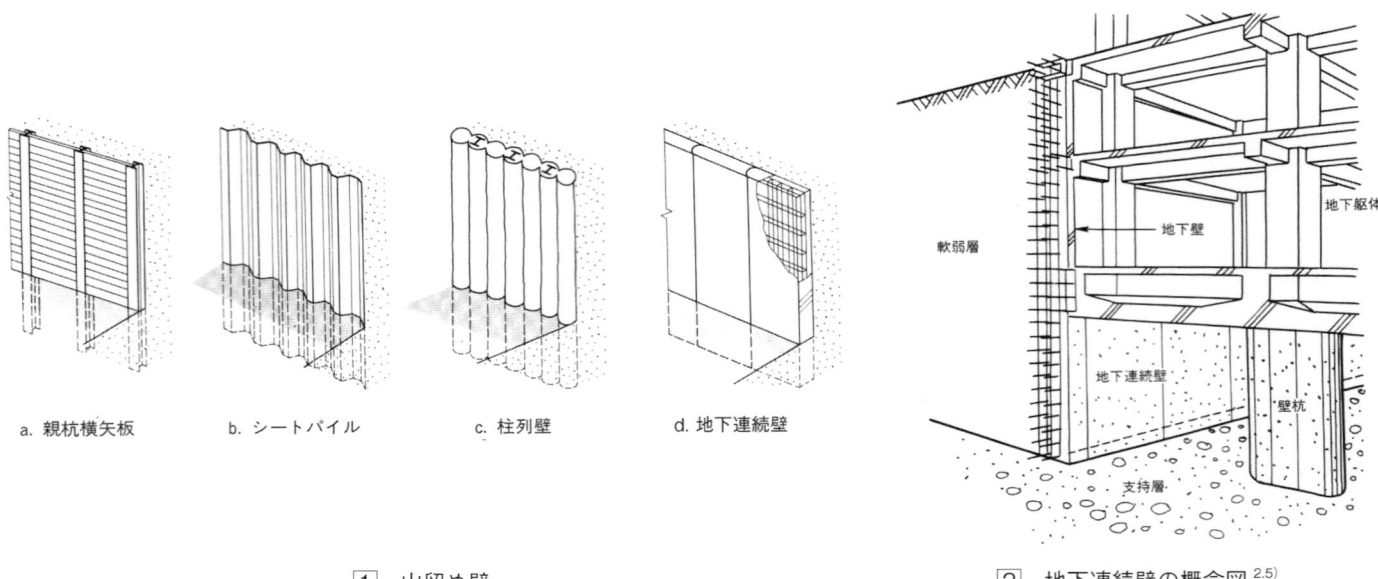

1 山留め壁

a. 親杭横矢板　b. シートパイル　c. 柱列壁　d. 地下連続壁

2 地下連続壁の概念図 2.5)

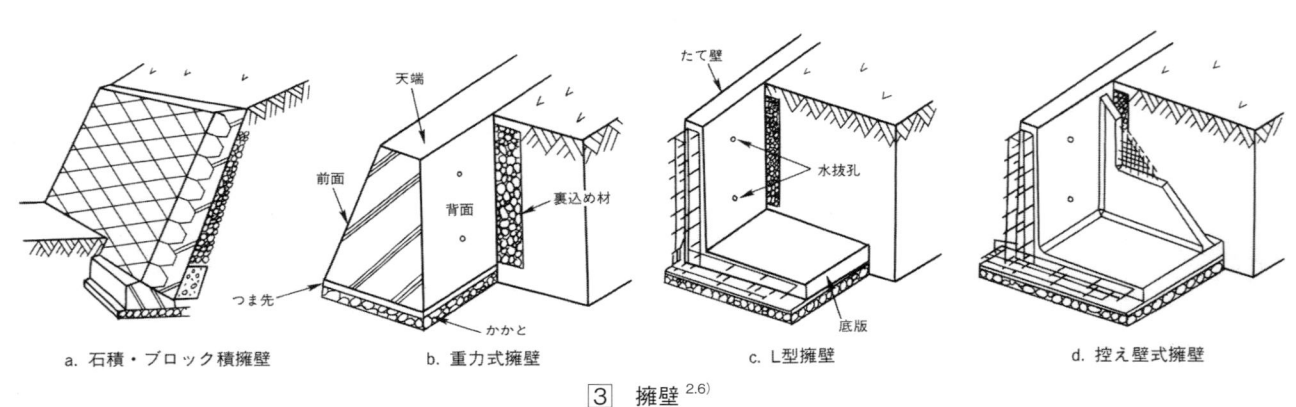

a. 石積・ブロック積擁壁　b. 重力式擁壁　c. L型擁壁　d. 控え壁式擁壁

3 擁壁 2.6)

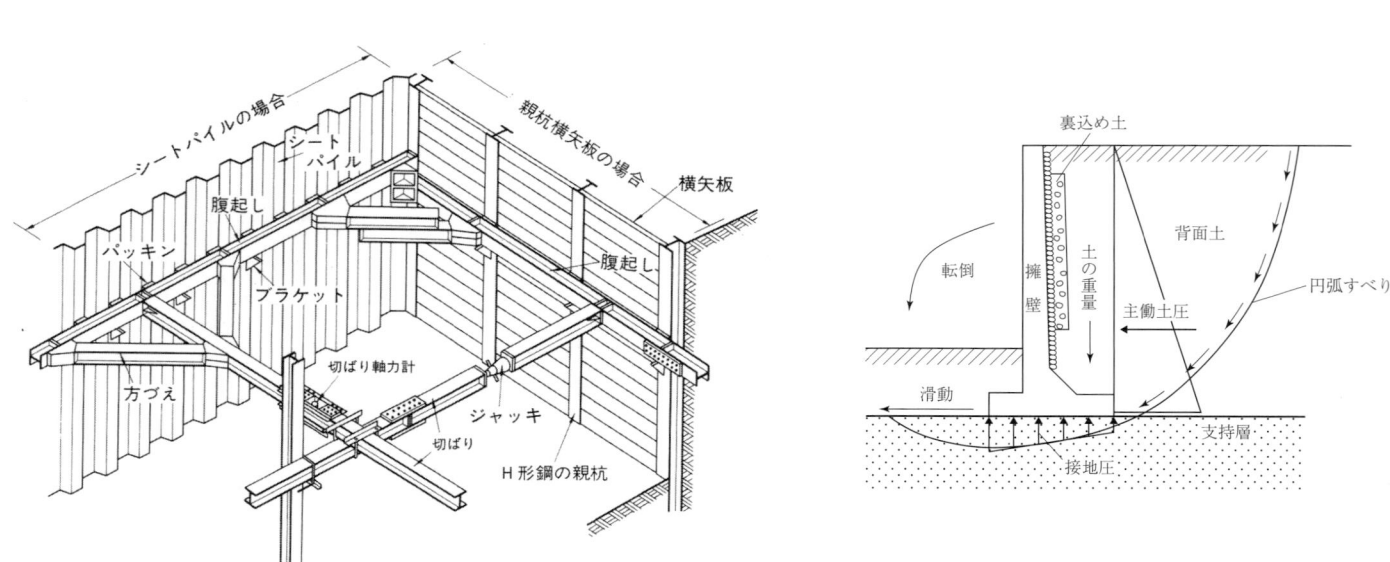

4 鋼製切ばりを使った山留めの例

5 擁壁の安定計算

地盤改良 **地盤・基礎**

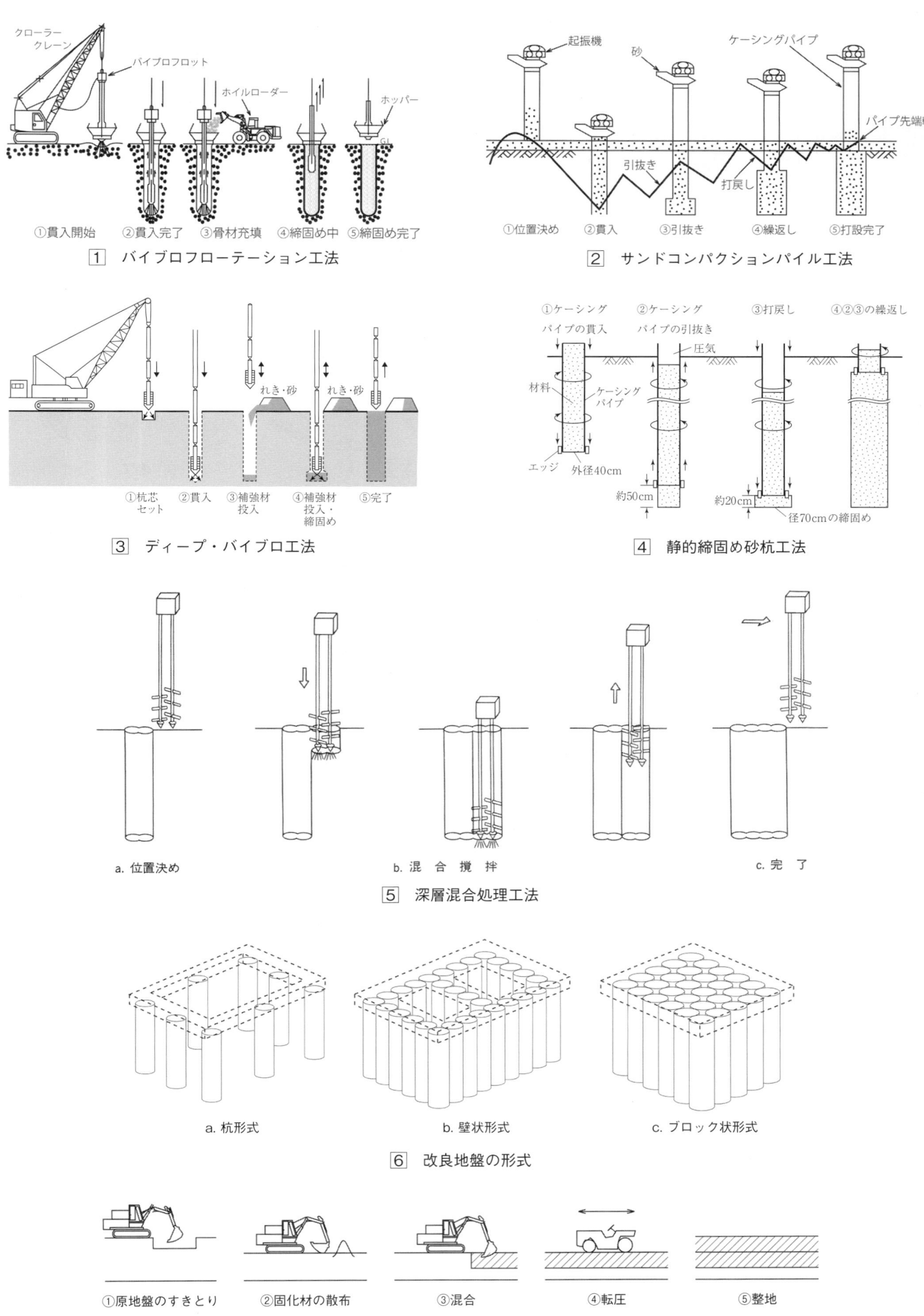

1 バイブロフローテーション工法
2 サンドコンパクションパイル工法
3 ディープ・バイブロ工法
4 静的締固め砂杭工法
5 深層混合処理工法
6 改良地盤の形式
7 浅層混合処理工法

木質構造　木材の性質と強度特性

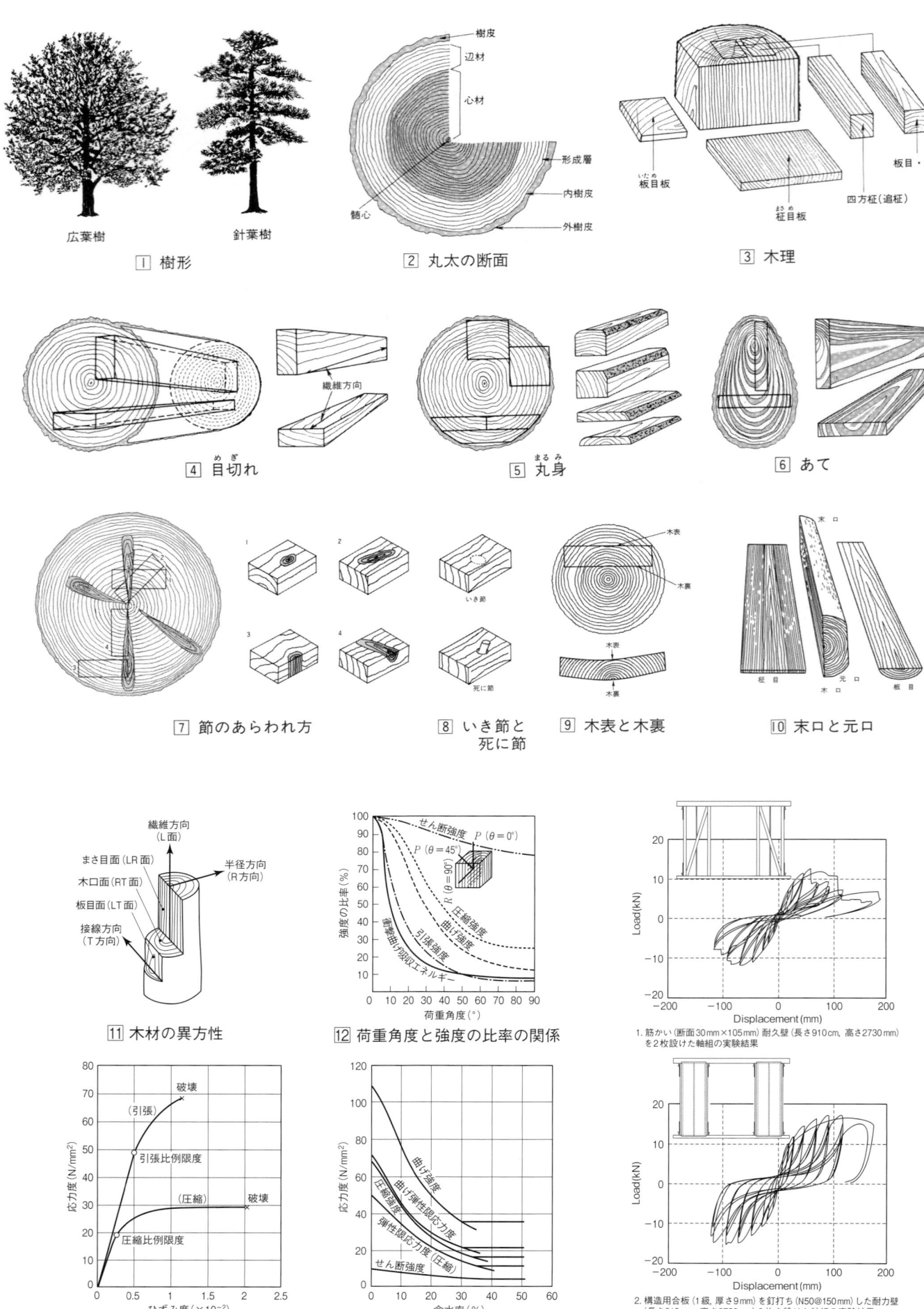

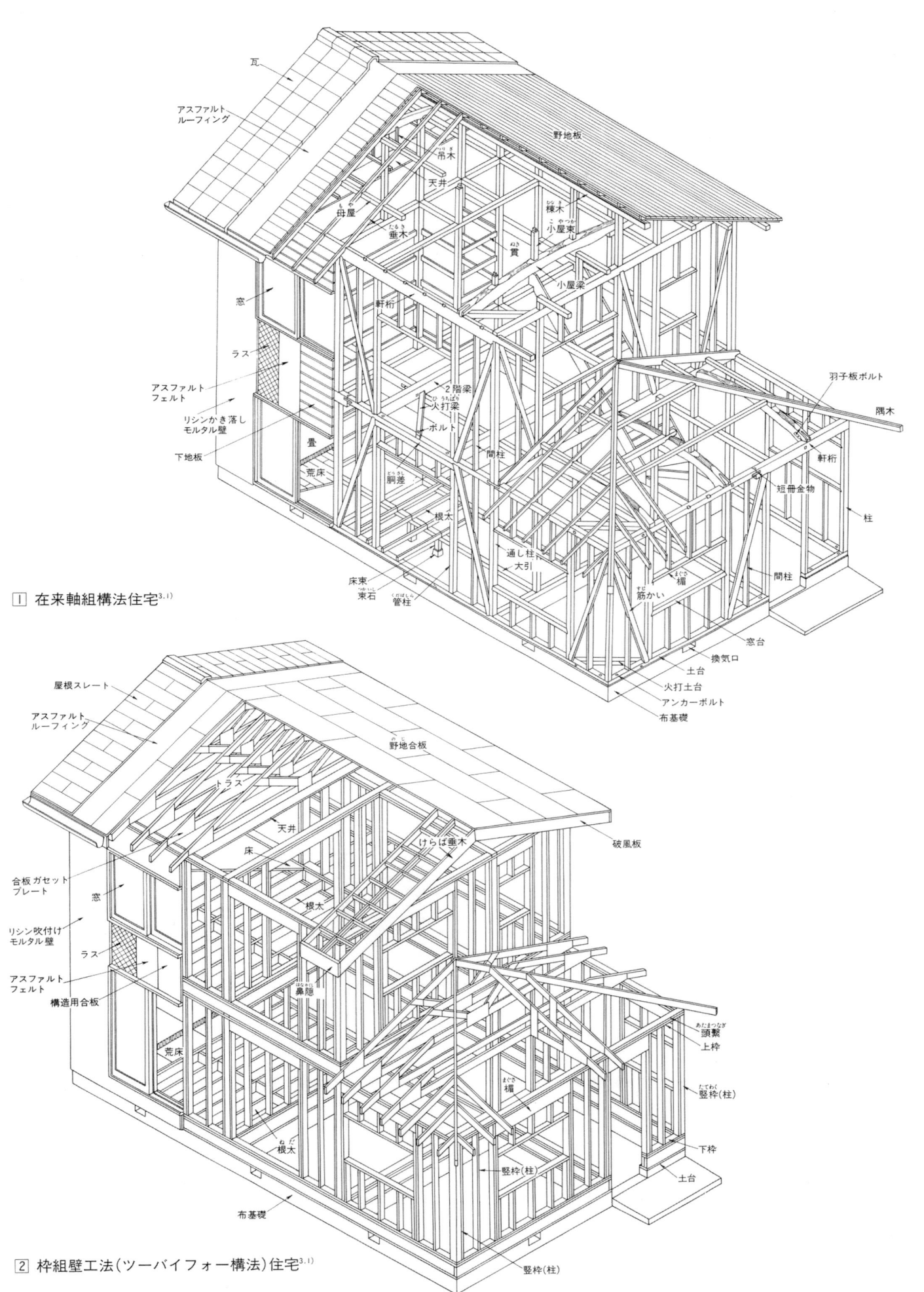

1 在来軸組構法住宅[3.1]

2 枠組壁工法（ツーバイフォー構法）住宅[3.1]

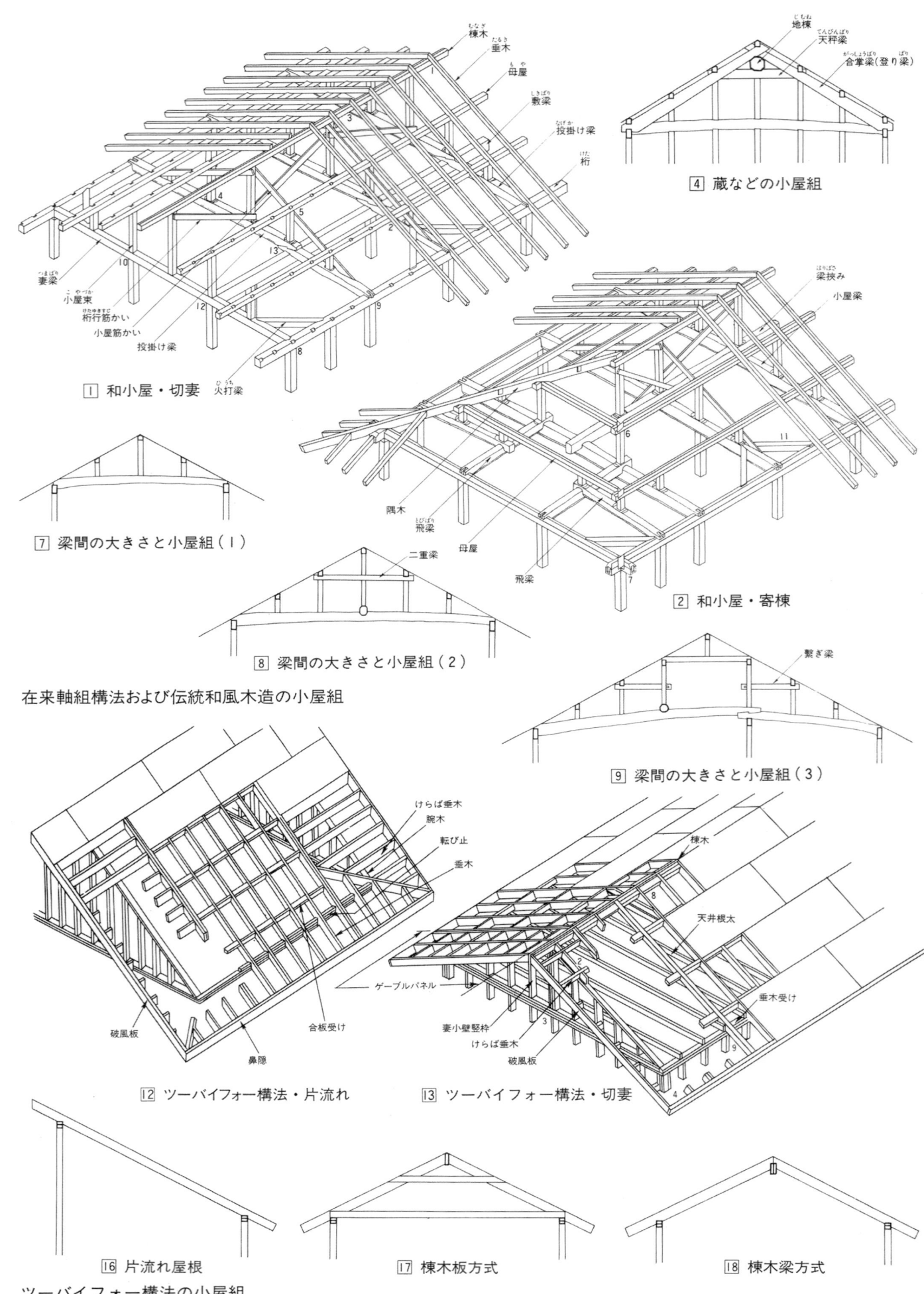

木造の小屋組概要　　木質構造

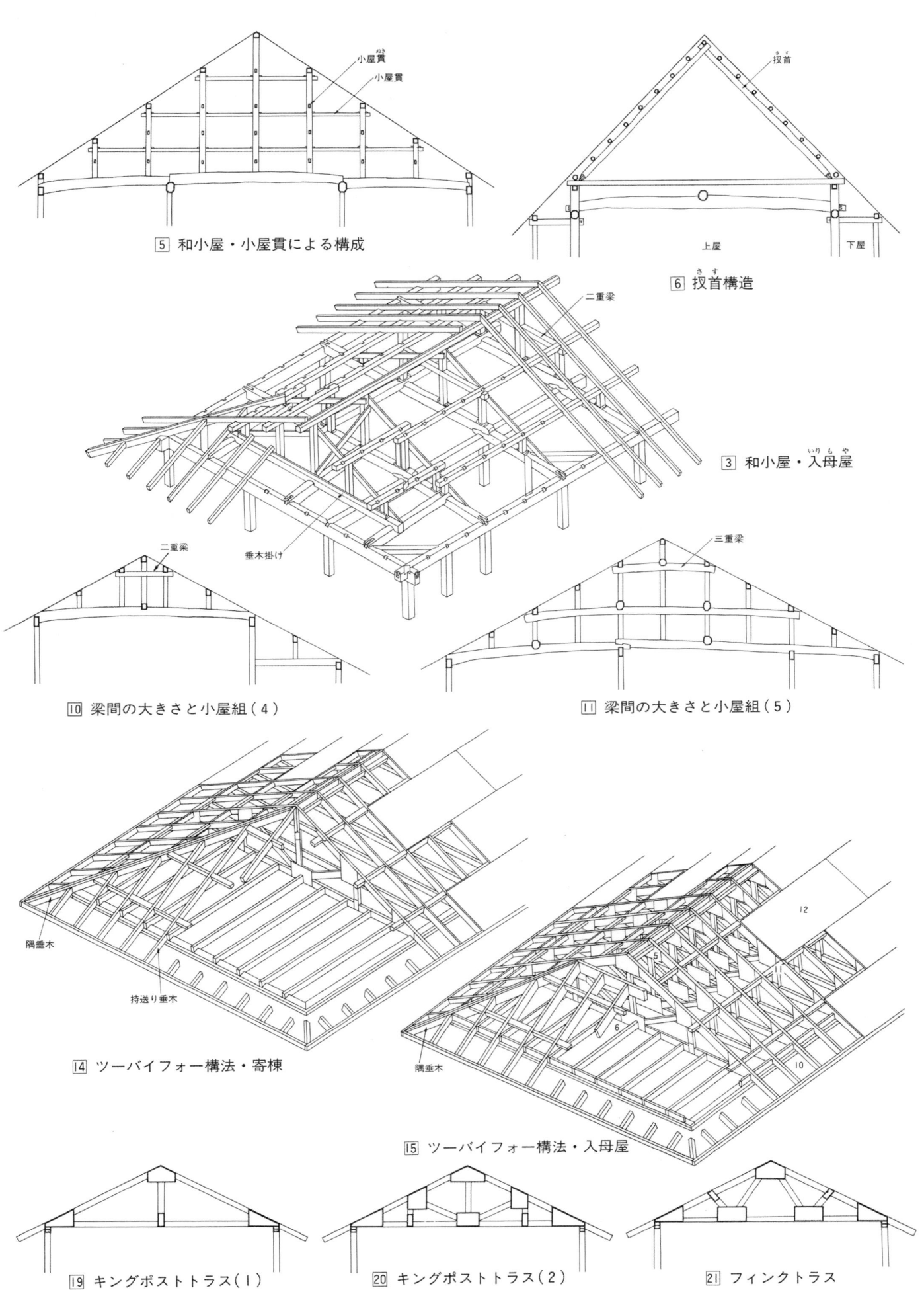

5 和小屋・小屋貫による構成

6 扠首構造

3 和小屋・入母屋

10 梁間の大きさと小屋組（4）

11 梁間の大きさと小屋組（5）

14 ツーバイフォー構法・寄棟

15 ツーバイフォー構法・入母屋

19 キングポストトラス（1）

20 キングポストトラス（2）

21 フィンクトラス

20　木質構造　　木造の小屋組詳細

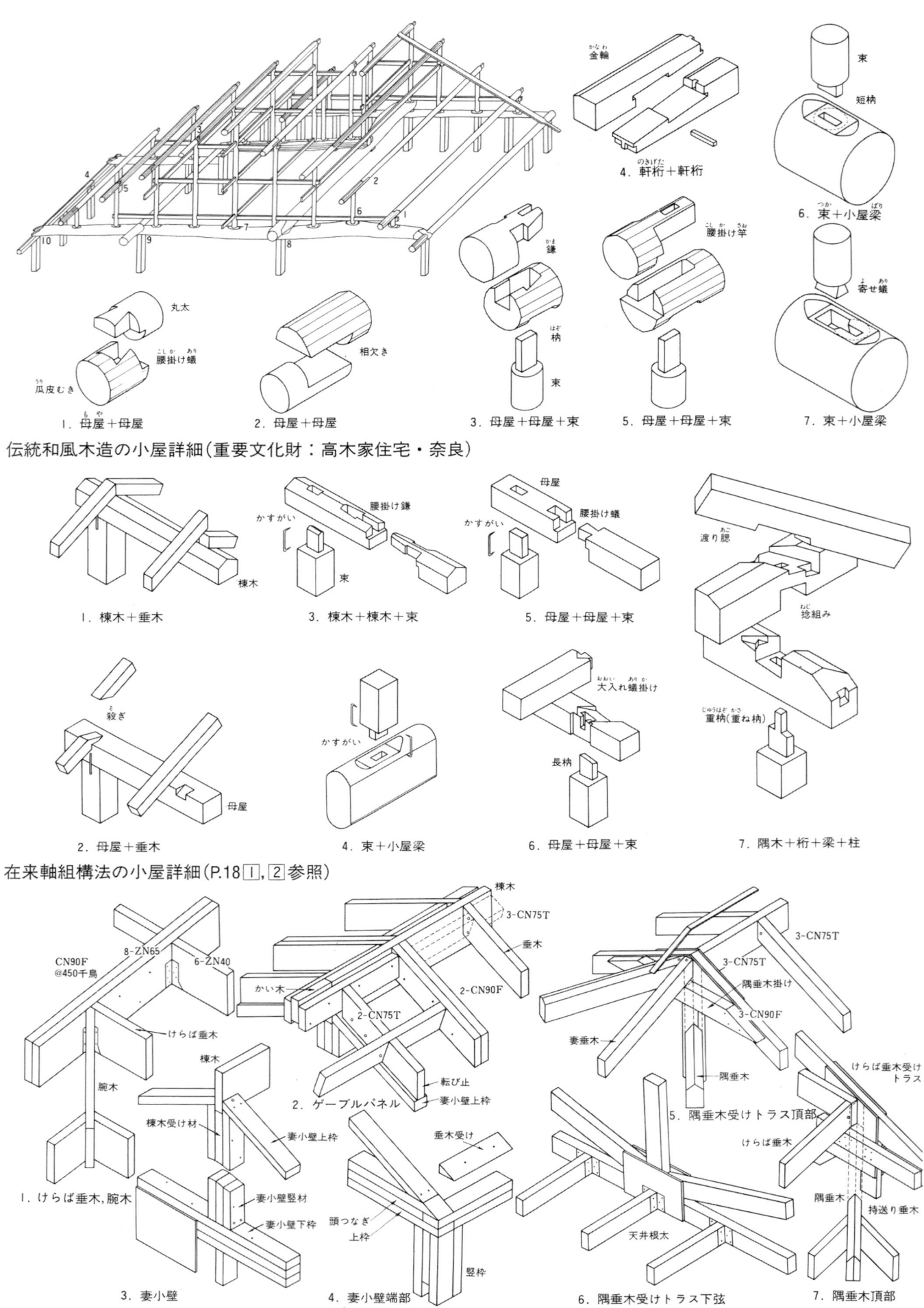

伝統和風木造の小屋詳細（重要文化財：高木家住宅・奈良）

在来軸組構法の小屋詳細（P.18 ①, ② 参照）

ツーバイフォー構法の小屋詳細（P.18 ⑫, ⑬, P.19 ⑭, ⑮ 参照）

木造の小屋組詳細　木質構造

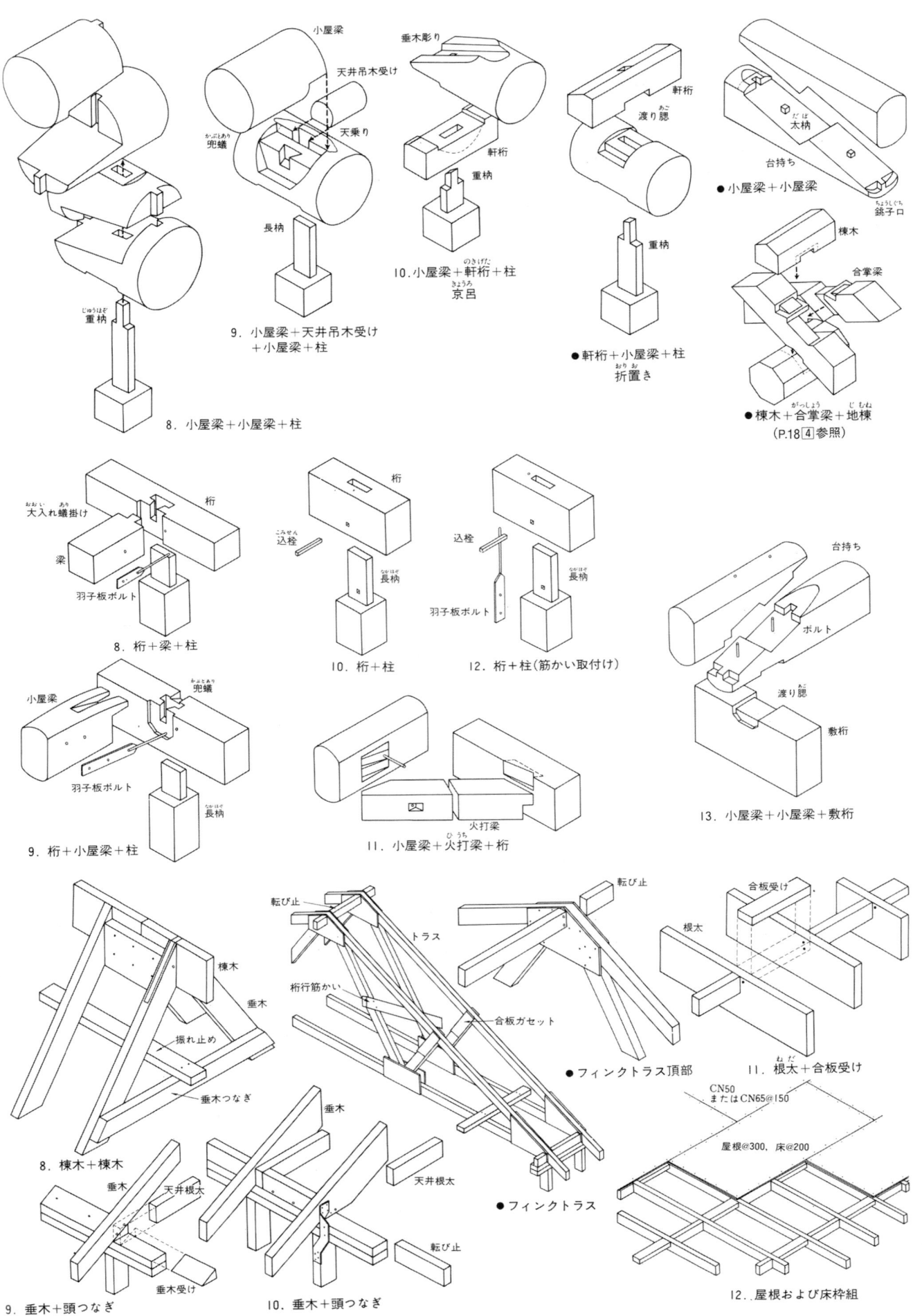

22　木質構造　　木造の軸組詳細―2階床―

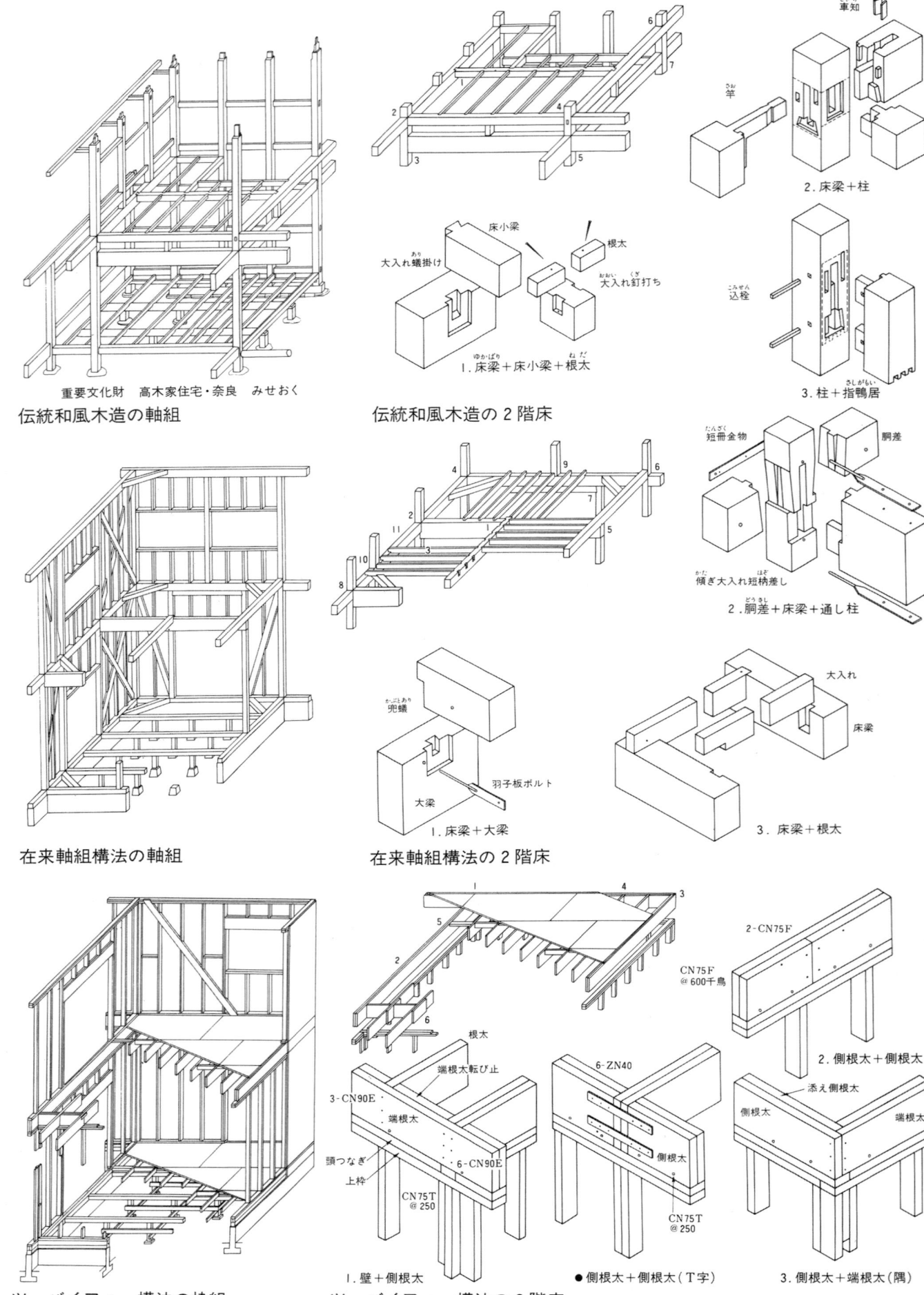

木造の軸組詳細―2階床― **木質構造** 23

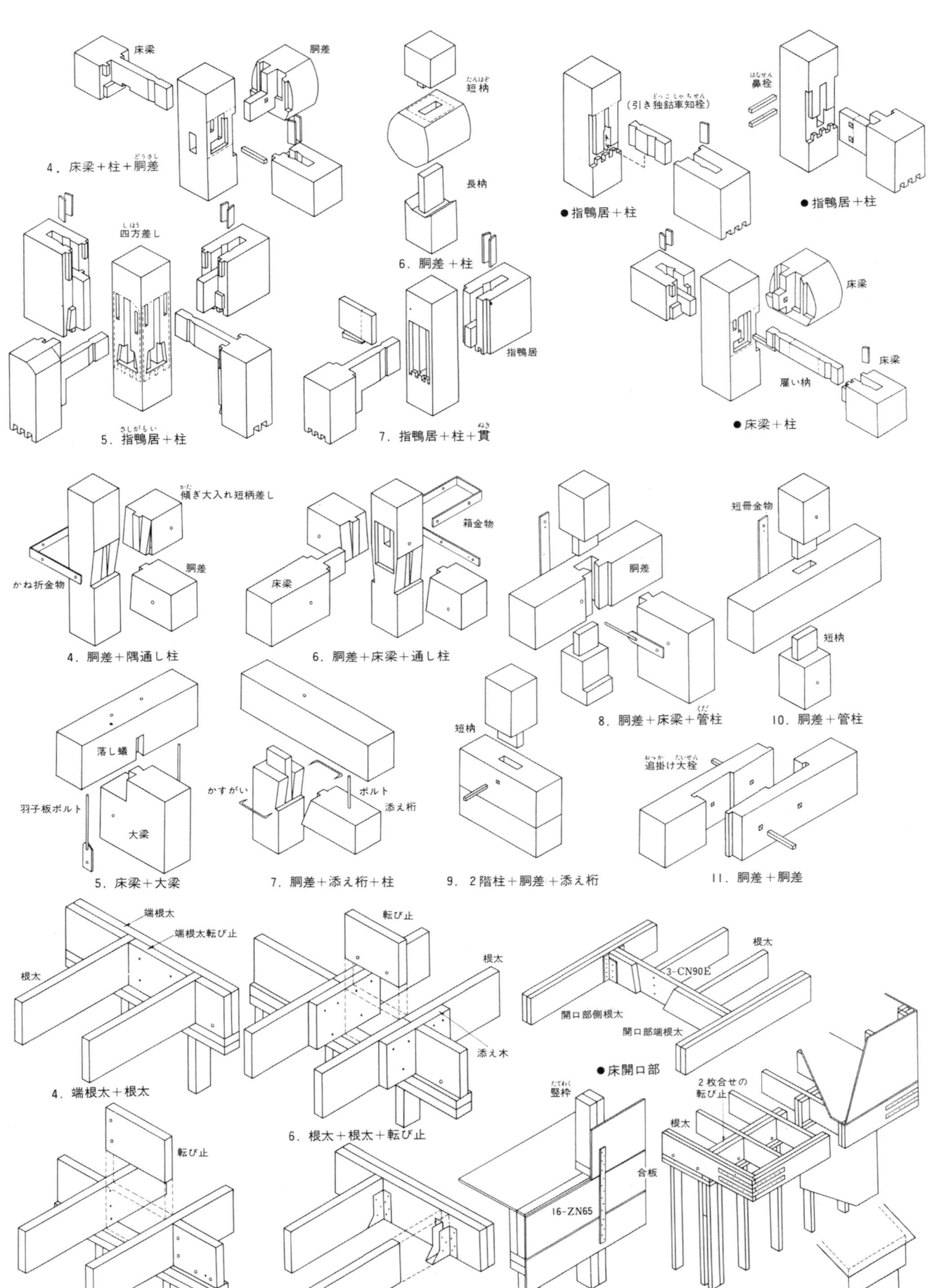

24 木質構造　木造の軸組詳細—壁—

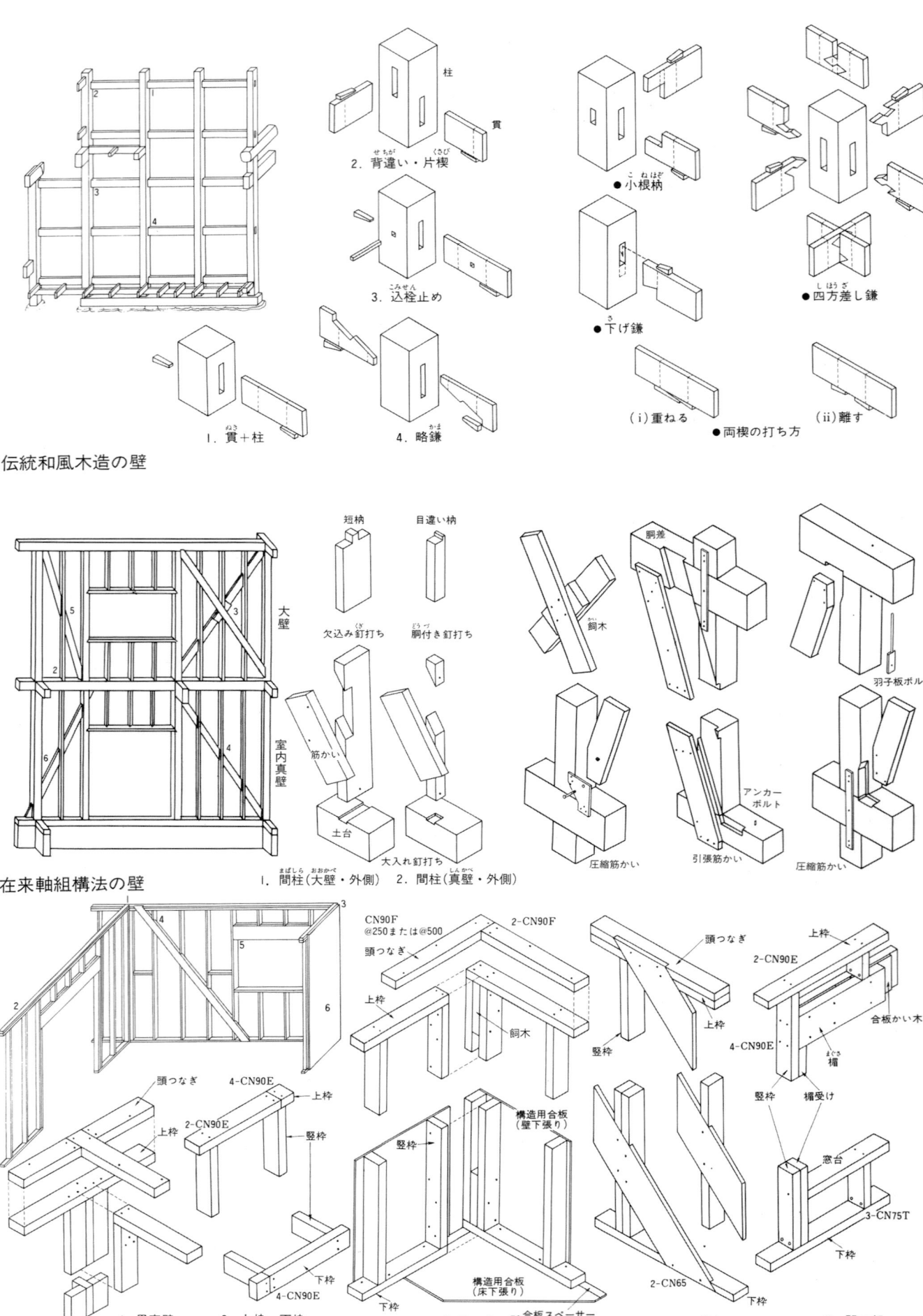

伝統和風木造の壁

在来軸組構法の壁

ツーバイフォー構法の壁

木造の軸組詳細—1階床— **木質構造** 25

伝統和風木造の1階床

3. 土台+柱
5. 土台+土台
● 足固め+大引+根太

1. 足固め+柱+大引+根太
2. 束+大引+根太
4. 大引+根太+根太
6. 柱+根太掛け+根太
● 柱+根太掛け+根太
● 柱+柱 根継ぎ

在来軸組構法の1階床

1. 布基礎+土台
2. 束+大引+根太
3. 土台+土台
4. 土台+隅柱
5. 土台+大引
6. 土台+柱
7. 火打土台
8. 土台+柱
9. 土台+柱（筋かい取付）

ツーバイフォー構法の1階床

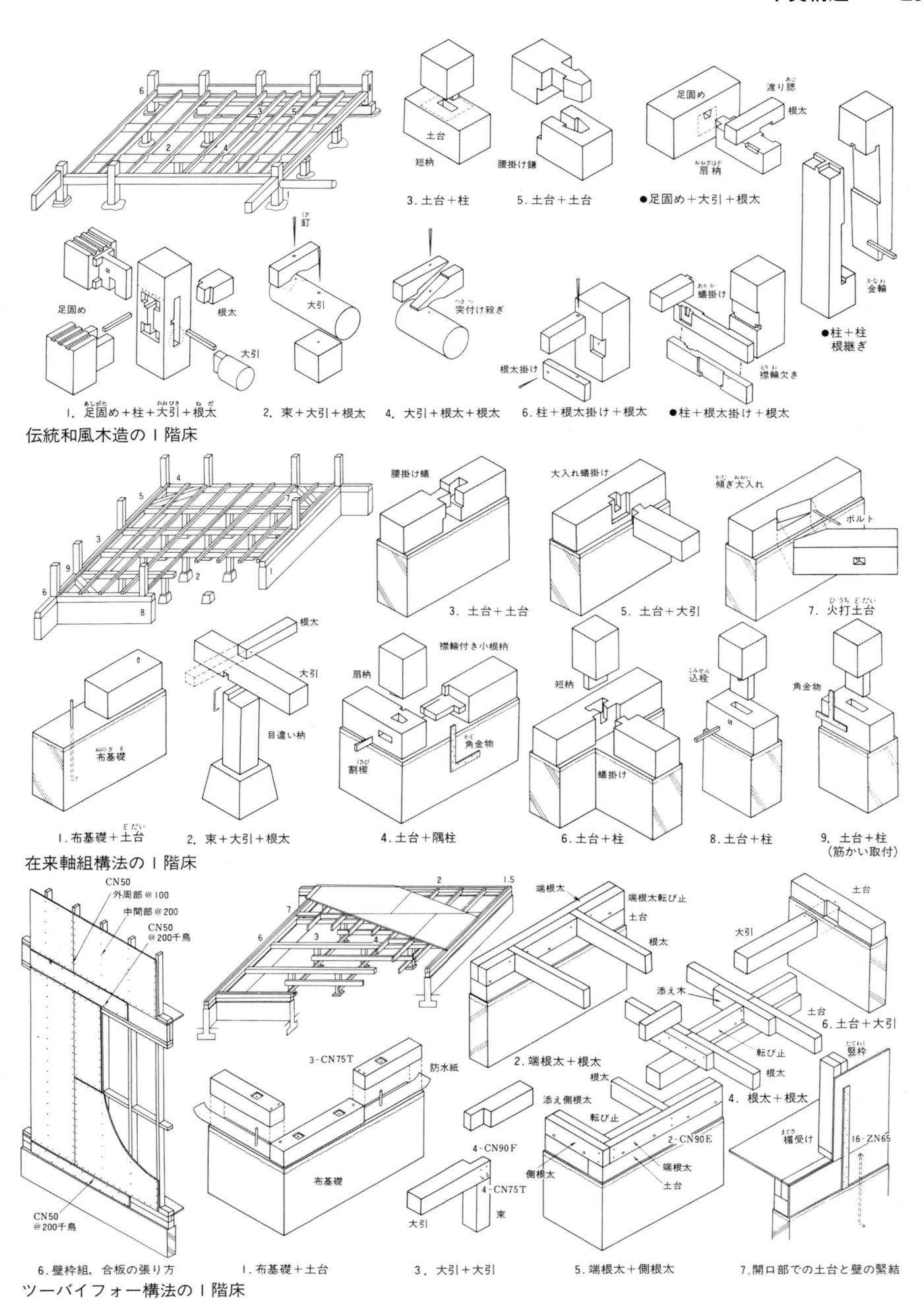

6. 壁枠組，合板の張り方
1. 布基礎+土台
2. 端根太+根太
3. 大引+大引
4. 根太+根太
5. 端根太+側根太
6. 土台+大引
7. 開口部での土台と壁の緊結

26　木質構造　基礎

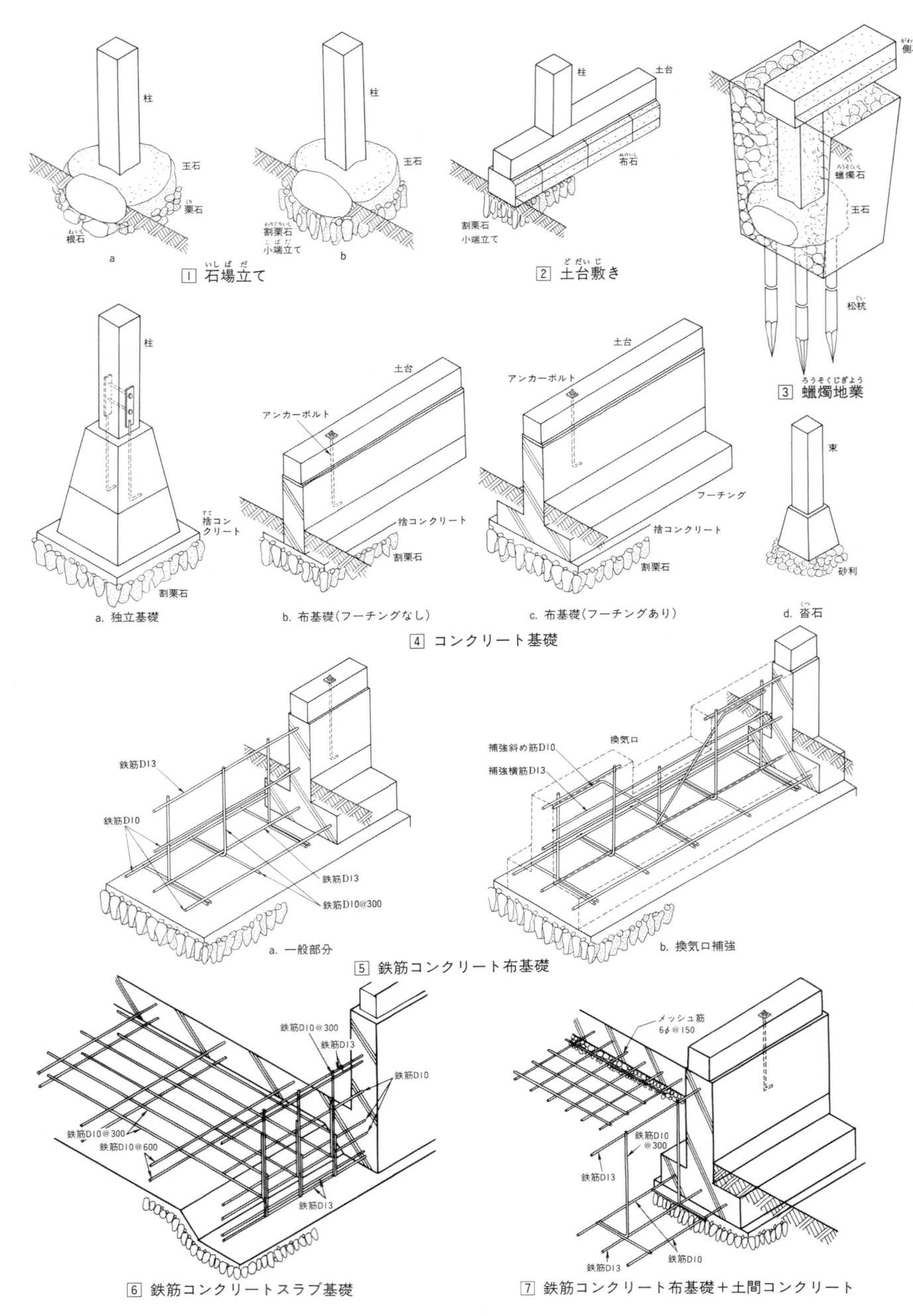

1 石場立て
- a: 柱、玉石、栗石、根石
- b: 柱、玉石、割栗石小端立て

2 土台敷き
柱、土台、布石、割栗石小端立て

3 蠟燭地業
側石、蠟燭石、玉石、松杭

4 コンクリート基礎
- a. 独立基礎（柱、捨コンクリート、割栗石）
- b. 布基礎（フーチングなし）（土台、アンカーボルト、捨コンクリート、割栗石）
- c. 布基礎（フーチングあり）（土台、アンカーボルト、フーチング、捨コンクリート、割栗石）
- d. 沓石（束、砂利）

5 鉄筋コンクリート布基礎
- a. 一般部分（鉄筋D13、鉄筋D10、鉄筋D10@300）
- b. 換気口補強（補強斜め筋D10、補強横筋D13、換気口）

6 鉄筋コンクリートスラブ基礎
鉄筋D10@300、鉄筋D10@600、鉄筋D13、鉄筋D10

7 鉄筋コンクリート布基礎＋土間コンクリート
メッシュ筋6φ@150、鉄筋D10@300、鉄筋D13、鉄筋D10

継手仕口・接合金物　**木質構造**

1 継手

a. 相欠き　b. 殺ぎ継ぎ　c. 目違継ぎ　d. 竿車知継ぎ　e. 腰掛け蟻継ぎ　f. 腰掛け鎌継ぎ
g. 略鎌　h. 台持ち継ぎ　i. 追掛け大栓継ぎ　j. 金輪継ぎ　k. 尻挟み継ぎ　l. 目違い大鎌継ぎ

2 仕口

a. 大留　b. 隅留枘差し　c. 割り楔（長枘差し割り楔締め）　d. 込栓　e. 鼻栓　f. 寄せ蟻　g. 蟻掛け　h. 相欠き
i. 台輪留　j. 蟻落し　k. 平枘・短枘　l. 平枘・長枘　m. 重枘　n. 小根枘　o. 扇枘　p. 抱え仕込み　q. 渡り腮

3 在来軸組構法用金物

a. 柱脚金物　b. 短冊金物　c. かね折金物　d. 角金物　e. 羽子板ボルト　f. 引寄せ金物
g. 平金物　h. 山形プレート　i. 折曲げ金物　j. 平釘
k. ひねり金物　l. くら金物　m. 筋かいプレート　n. 火打金物　o. アンカーボルト　p. 手違かすがい　q. かすがい

4 ツーバイフォー構法用金物

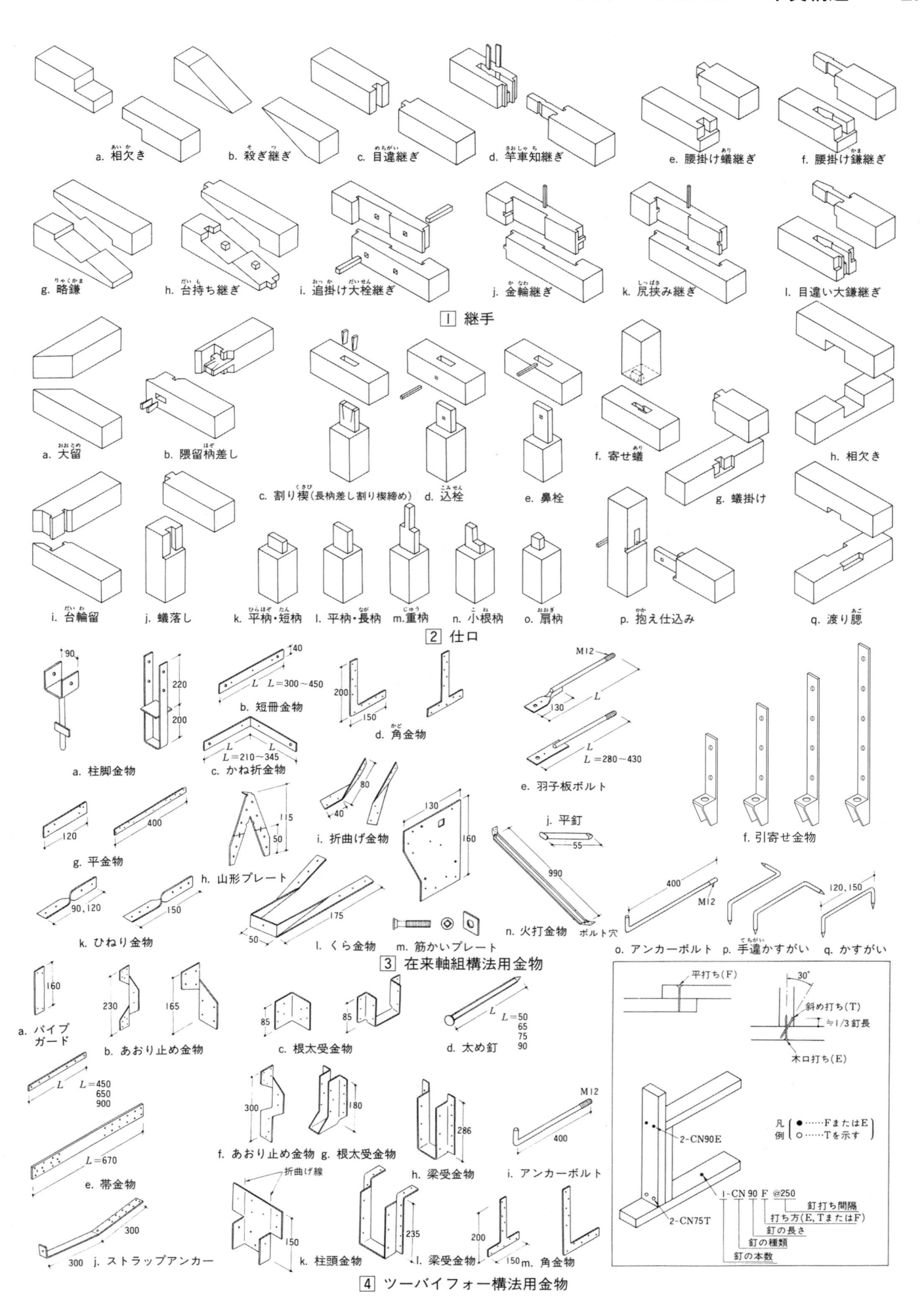

a. パイプガード　b. あおり止め金物　c. 根太受金物　d. 太め釘
e. 帯金物　f. あおり止め金物　g. 根太受金物　h. 梁受金物　i. アンカーボルト
j. ストラップアンカー　k. 柱頭金物　l. 梁受金物　m. 角金物

平打ち(F)　斜め打ち(T)　≒1/3釘長　木口打ち(E)

凡例 ●……FまたはE　○……Tを示す

2-CN90E
1-CN 90 F @250
2-CN75T

釘打ち間隔
打ち方(E, TまたはF)
釘の長さ
釘の種類
釘の本数

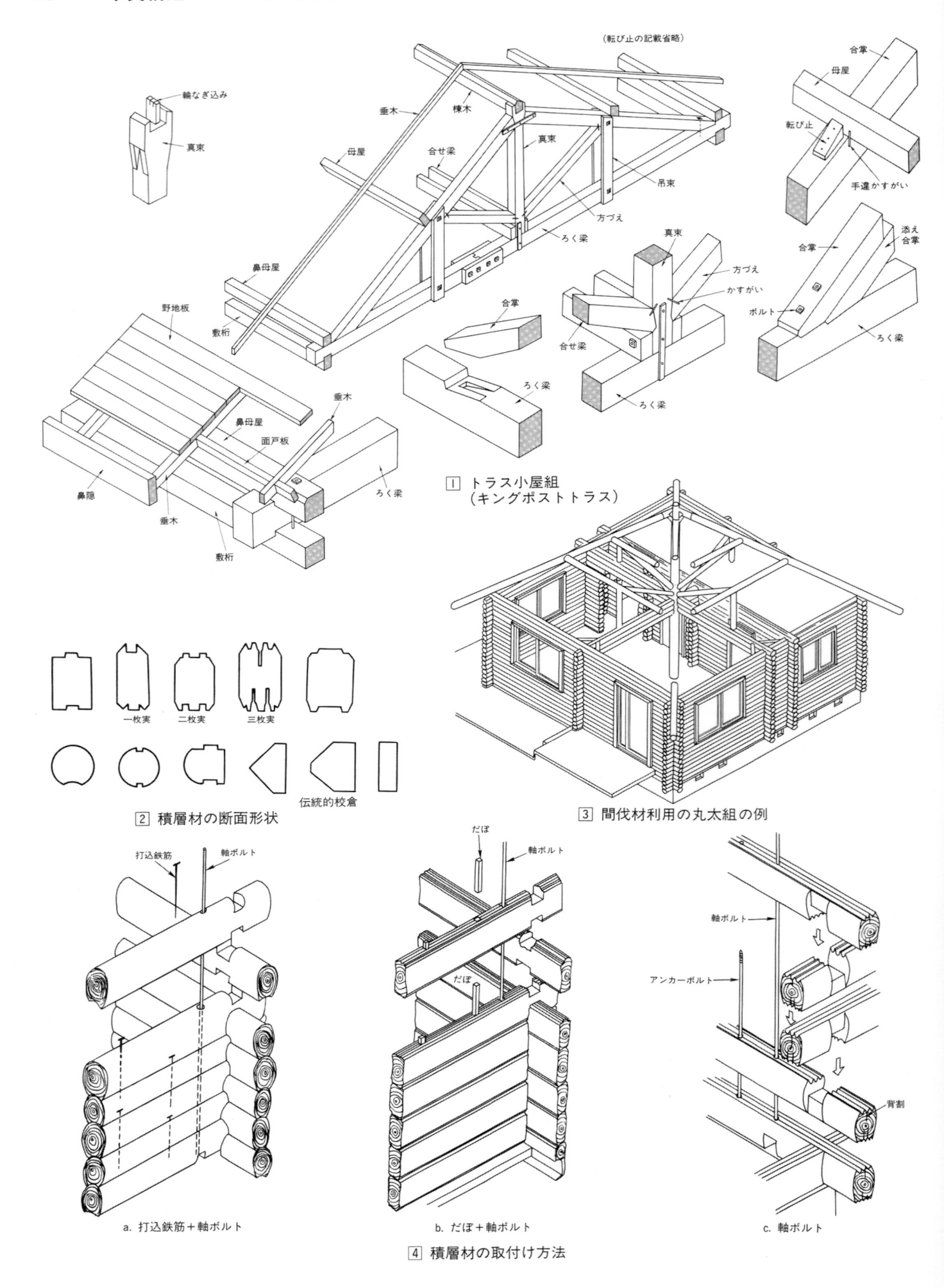

28 　木質構造　　洋風(真束)小屋組・丸太組構造

1 トラス小屋組（キングポストトラス）

2 積層材の断面形状

一枚実　二枚実　三枚実

伝統的校倉

3 間伐材利用の丸太組の例

a. 打込鉄筋＋軸ボルト　　b. だぼ＋軸ボルト　　c. 軸ボルト

4 積層材の取付け方法

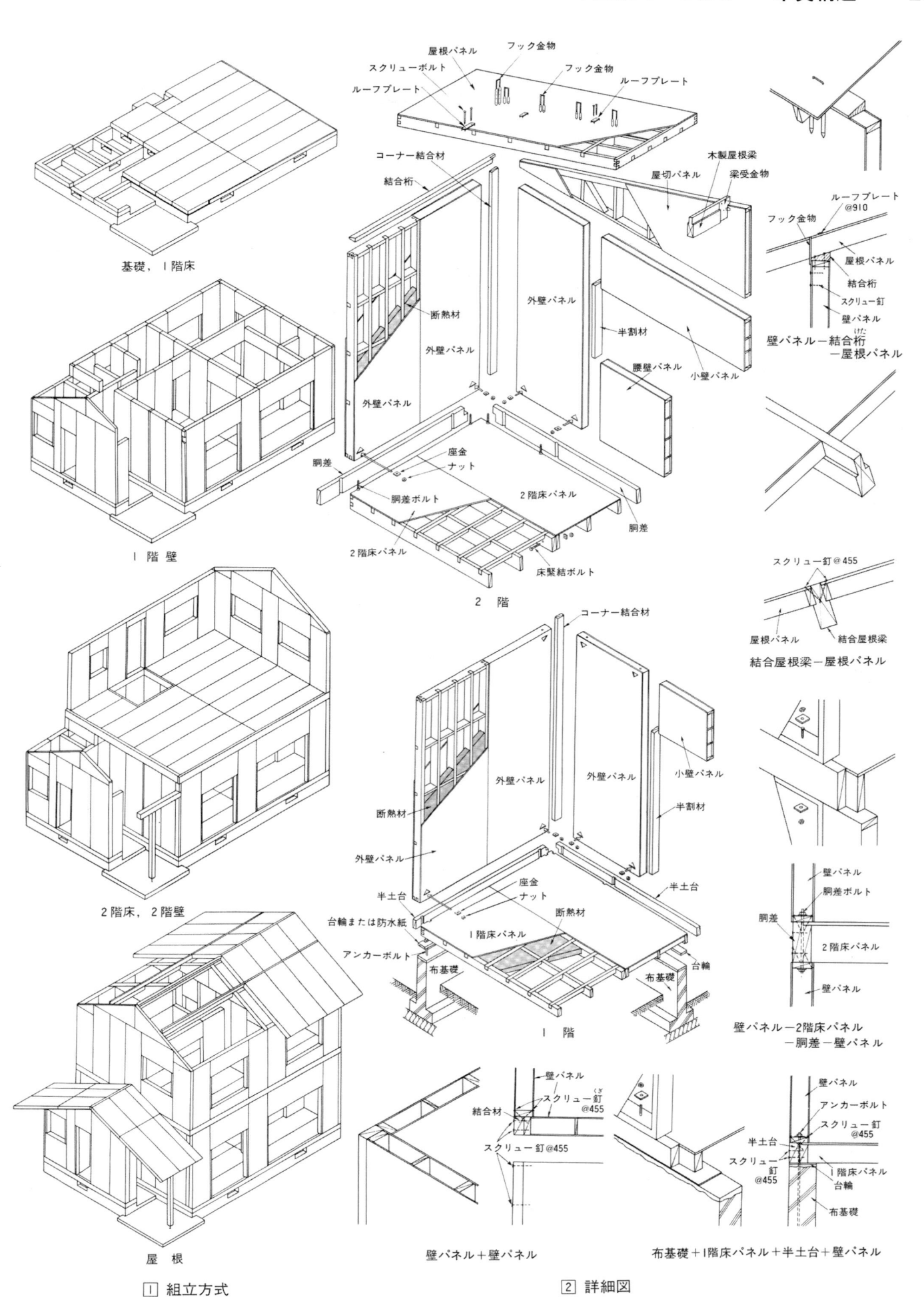

木質系プレハブ住宅　　**木質構造**　　29

基礎，1階床

1階壁

2階床，2階壁

屋根

① 組立方式

2階

1階

壁パネル＋壁パネル

布基礎＋1階床パネル＋半土台＋壁パネル

② 詳細図

壁パネル－結合桁－屋根パネル

結合屋根梁－屋根パネル

壁パネル－2階床パネル－胴差－壁パネル

30　木質構造　集成材構造

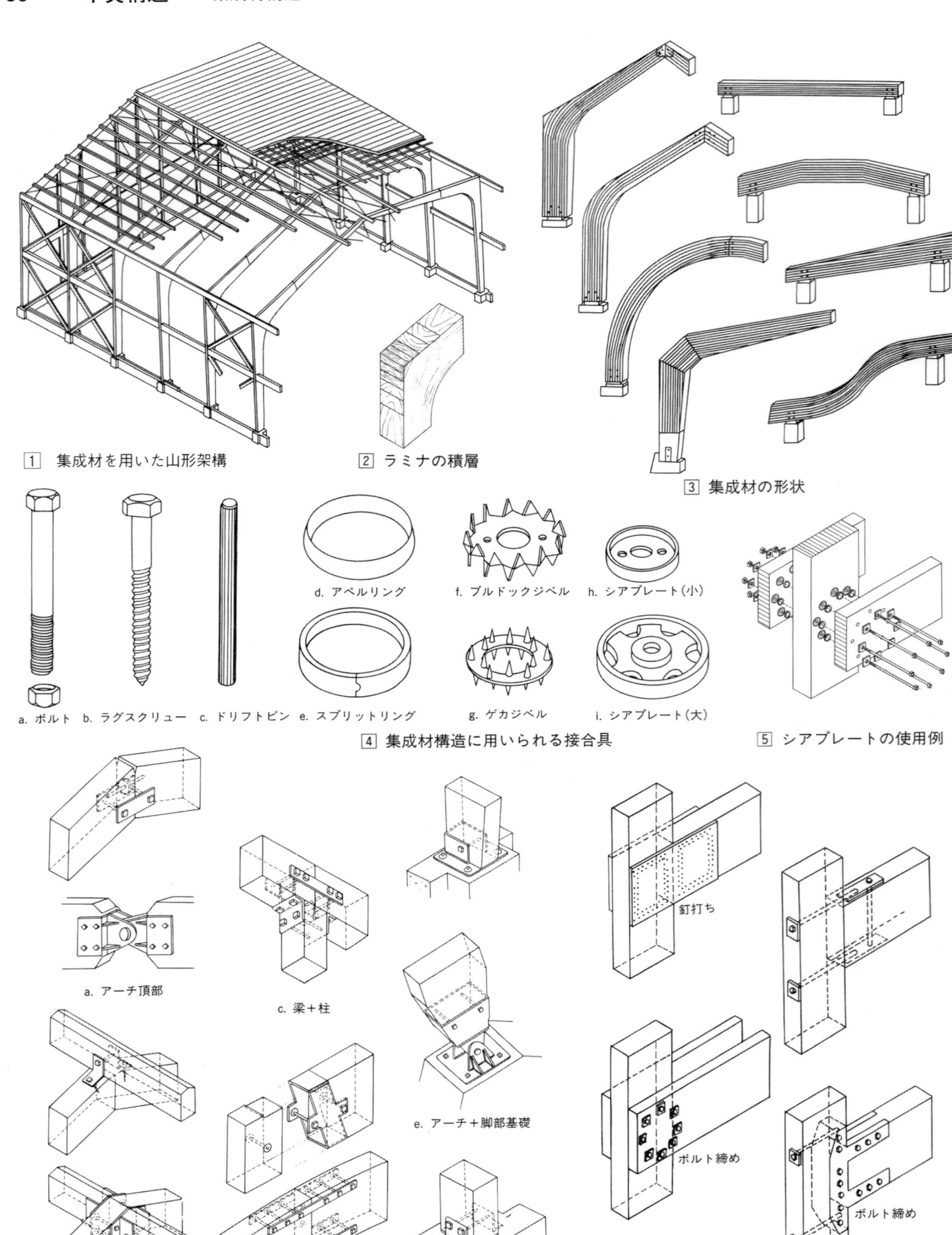

① 集成材を用いた山形架構

② ラミナの積層

③ 集成材の形状

④ 集成材構造に用いられる接合具
a. ボルト　b. ラグスクリュー　c. ドリフトピン　d. アペルリング　e. スプリットリング　f. ブルドッグジベル　g. ゲカジベル　h. シアプレート（小）　i. シアプレート（大）

⑤ シアプレートの使用例

⑥ 集成材構造の接合部[3.2)]
a. アーチ頂部
b. アーチ頂部＋棟木
c. 梁＋柱
d. 梁＋梁
e. アーチ＋脚部基礎
f. 柱＋基礎
g. 柱＋梁（モーメント抵抗接合）

釘打ち　ボルト締め　ボルト締め

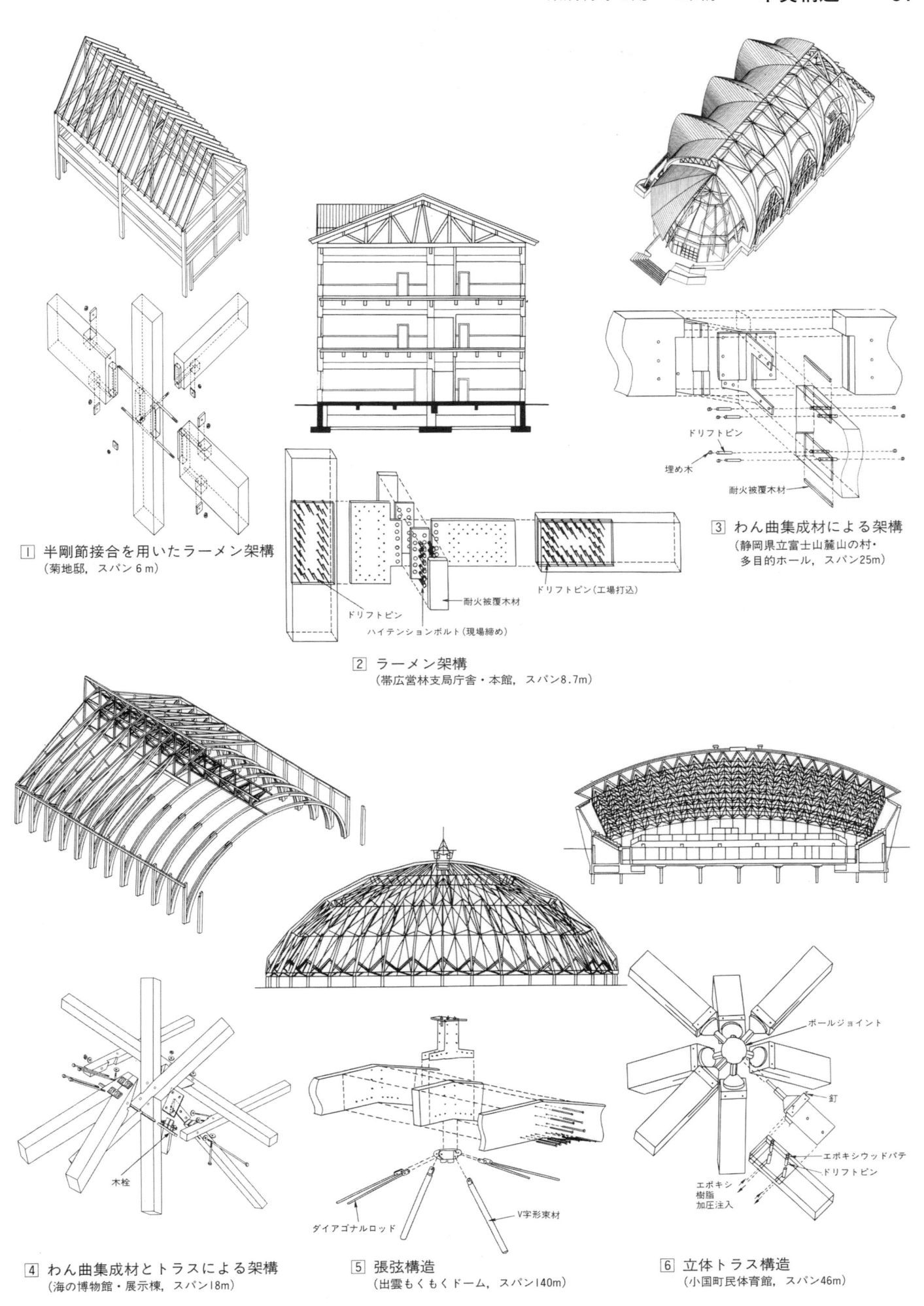

集成材等を用いた架構　**木質構造**　31

① 半剛節接合を用いたラーメン架構
（菊地邸，スパン6m）

② ラーメン架構
（帯広営林支局庁舎・本館，スパン8.7m）

ドリフトピン
ハイテンションボルト（現場締め）
耐火被覆木材
ドリフトピン（工場打込）

③ わん曲集成材による架構
（静岡県立富士山麓山の村・
多目的ホール，スパン25m）

ドリフトピン
埋め木
耐火被覆木材

④ わん曲集成材とトラスによる架構
（海の博物館・展示棟，スパン18m）

木栓

⑤ 張弦構造
（出雲もくもくドーム，スパン140m）

ダイアゴナルロッド
V字形束材

⑥ 立体トラス構造
（小国町民体育館，スパン46m）

ボールジョイント
釘
エポキシウッドパテ
ドリフトピン
エポキシ樹脂加圧注入

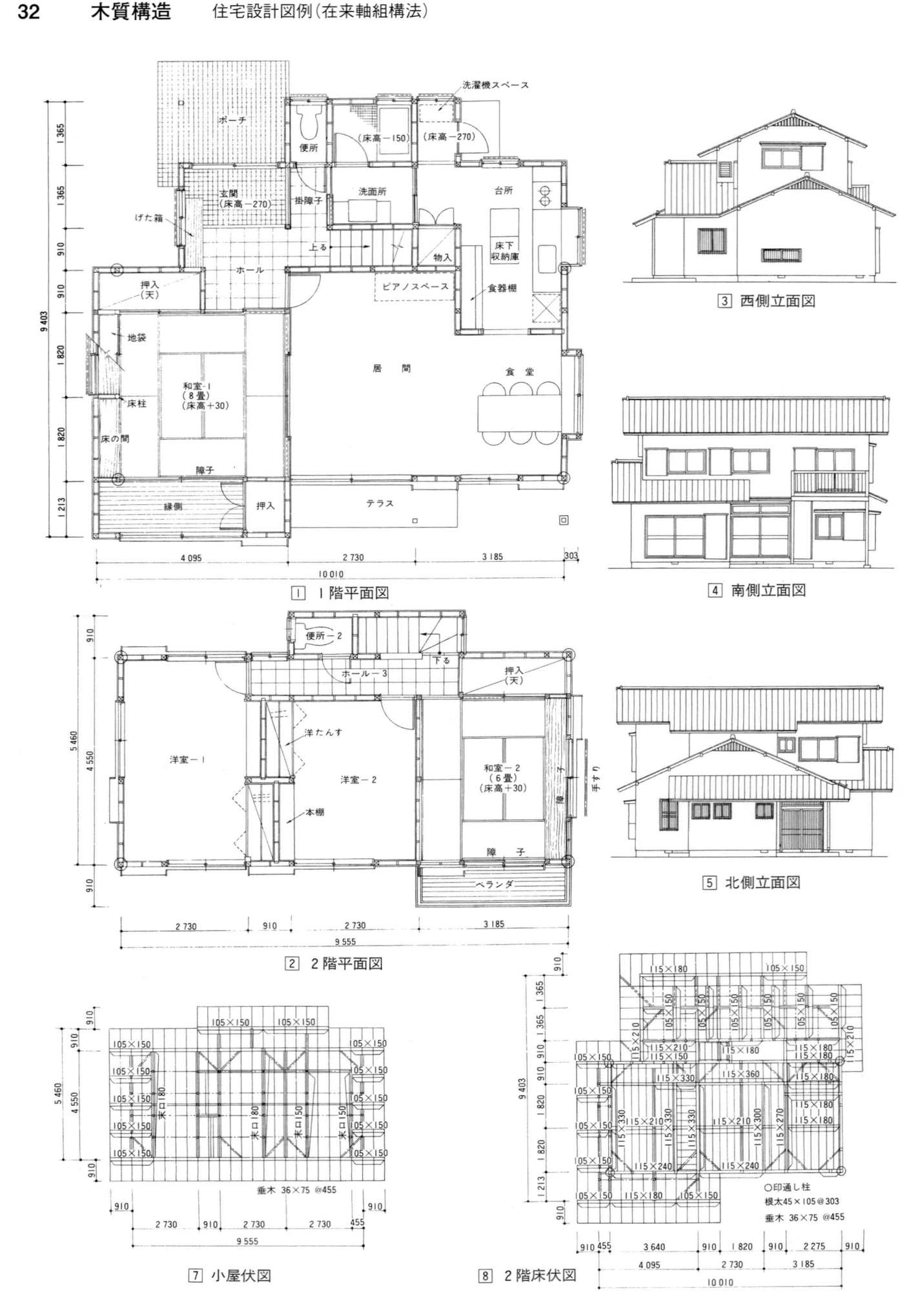

32　木質構造　　住宅設計図例（在来軸組構法）

① 1階平面図

② 2階平面図

③ 西側立面図

④ 南側立面図

⑤ 北側立面図

⑦ 小屋伏図

⑧ 2階床伏図

住宅設計図例（在来軸組構法）　**木質構造**　33

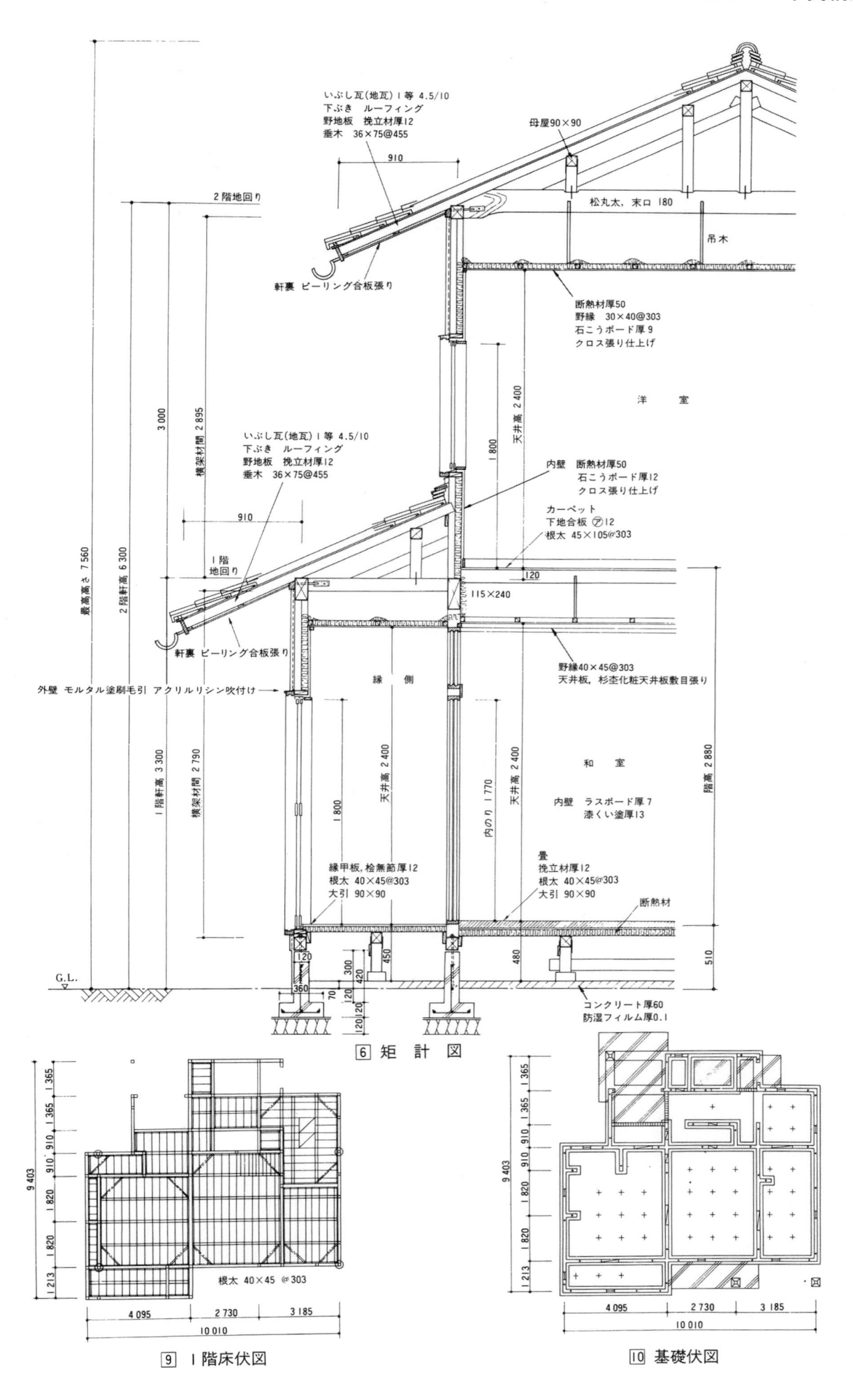

6 矩計図

- いぶし瓦（地瓦）1等 4.5/10
- 下ぶき ルーフィング
- 野地板 挽立材厚12
- 垂木 36×75@455
- 母屋 90×90
- 松丸太，末口 180
- 吊木
- 軒裏 ピーリング合板張り
- 断熱材厚50
- 野縁 30×40@303
- 石こうボード厚9
- クロス張り仕上げ
- 洋室　天井高 2 400
- 内壁 断熱材厚50
- 石こうボード厚12
- クロス張り仕上げ
- カーペット
- 下地合板 ⑦12
- 根太 45×105@303
- 115×240
- 野縁 40×45@303
- 天井板，杉杢化粧天井板敷目張り
- 軒裏 ピーリング合板張り
- 外壁 モルタル塗刷毛引 アクリルリシン吹付け
- 縁側　天井高 2 400
- 内のり 1 770
- 和室　天井高 2 400
- 内壁 ラスボード厚7
- 漆くい塗厚13
- 畳
- 挽立材厚12
- 根太 40×45@303
- 大引 90×90
- 縁甲板，檜無節厚12
- 根太 40×45@303
- 大引 90×90
- 断熱材
- コンクリート厚60
- 防湿フィルム厚0.1

寸法：最高高さ 7 560／2階軒高 6 300／横架材間 2 895／1階軒高 3 300／横架材間 2 790／階高 2 880／3 000／1 800／1 800

9 1階床伏図

根太 40×45@303

4 095　2 730　3 185
10 010

1 365／1 365／910／910／1 820／1 820／1 213
9 403

10 基礎伏図

4 095　2 730　3 185
10 010

1 365／1 365／910／910／1 820／1 820／1 213
9 403

34　鉄骨構造　鉄骨構造の実例・骨組形式

a：豊田スタジアム

b：名古屋ドーム

c：東京スカイツリー
（高さ：634m）

d：モード学園スパイラルタワーズ
（高さ：170m）

e：洋上風車

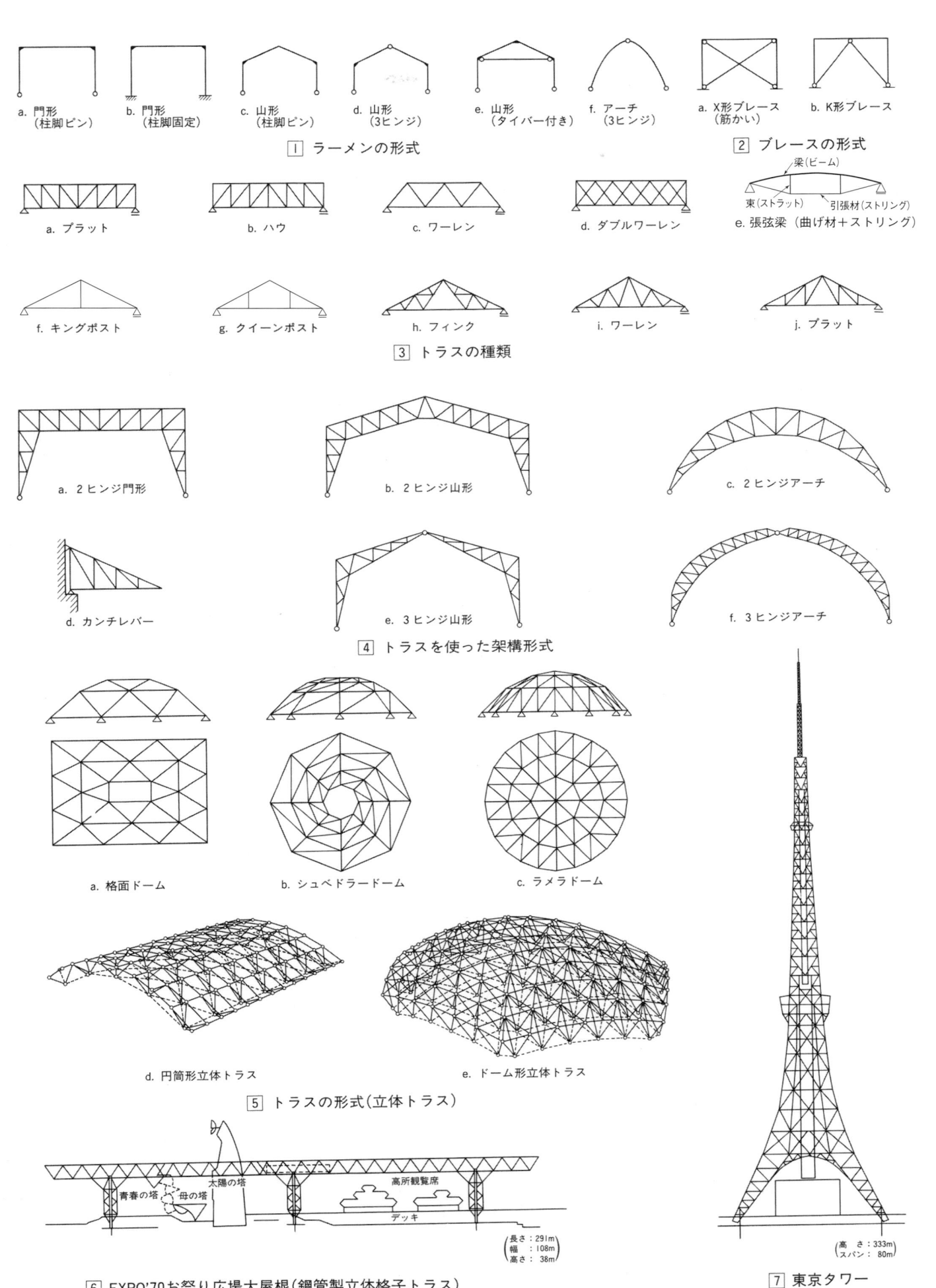

鉄骨構造の実例・骨組形式　**鉄骨構造**　35

a. 門形（柱脚ピン）　b. 門形（柱脚固定）　c. 山形（柱脚ピン）　d. 山形（3ヒンジ）　e. 山形（タイバー付き）　f. アーチ（3ヒンジ）　　a. X形ブレース（筋かい）　b. K形ブレース

① ラーメンの形式　　　　　　　　　　　　　　　　　　　　② ブレースの形式

a. プラット　b. ハウ　c. ワーレン　d. ダブルワーレン　e. 張弦梁（曲げ材＋ストリング）　梁（ビーム）／束（ストラット）／引張材（ストリング）

f. キングポスト　g. クイーンポスト　h. フィンク　i. ワーレン　j. プラット

③ トラスの種類

a. 2ヒンジ門形　b. 2ヒンジ山形　c. 2ヒンジアーチ

d. カンチレバー　e. 3ヒンジ山形　f. 3ヒンジアーチ

④ トラスを使った架構形式

a. 格面ドーム　b. シュベドラードーム　c. ラメラドーム

d. 円筒形立体トラス　e. ドーム形立体トラス

⑤ トラスの形式（立体トラス）

青春の塔　太陽の塔　母の塔　高所観覧席　デッキ

長さ：291m　幅：108m　高さ：38m

⑥ EXPO'70お祭り広場大屋根（鋼管製立体格子トラス）

高さ：333m　スパン：80m

⑦ 東京タワー

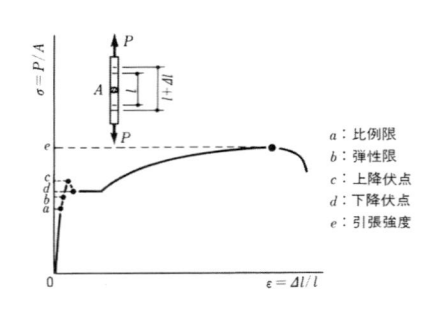

36　鉄骨構造　　鋼材の性質・部材の挙動（1）

鋼材の応力度－ひずみ度曲線

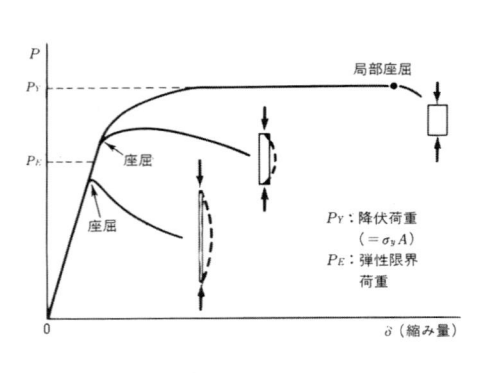

1 単調荷重の場合
- a：比例限
- b：弾性限
- c：上降伏点
- d：下降伏点
- e：引張強度

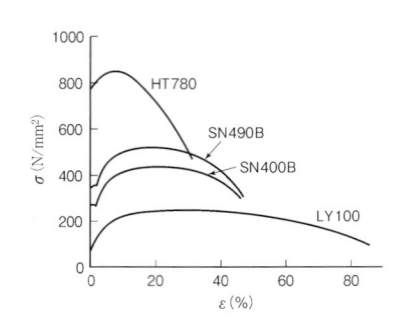

2 繰返し荷重の場合

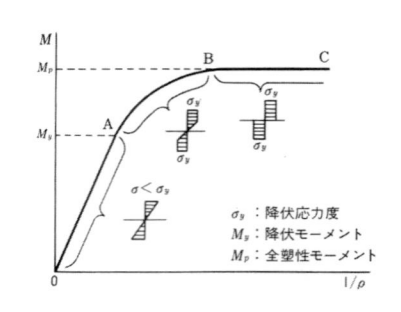

3 曲げ材の曲げモーメントと曲率の関係
- σ_y：降伏応力度
- M_y：降伏モーメント
- M_p：全塑性モーメント

圧縮材の挙動

4 単調荷重時の荷重－変形曲線
- P_Y：降伏荷重 $(=\sigma_y A)$
- P_E：弾性限界荷重

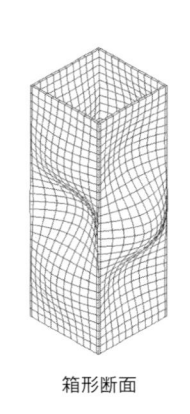

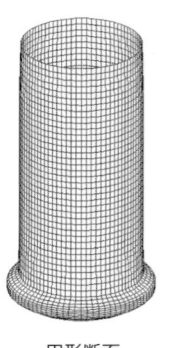

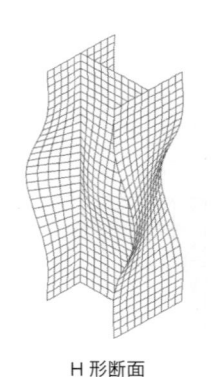

5 局部座屈性状
- 箱形断面
- 円形断面
- H形断面

曲げ材の挙動

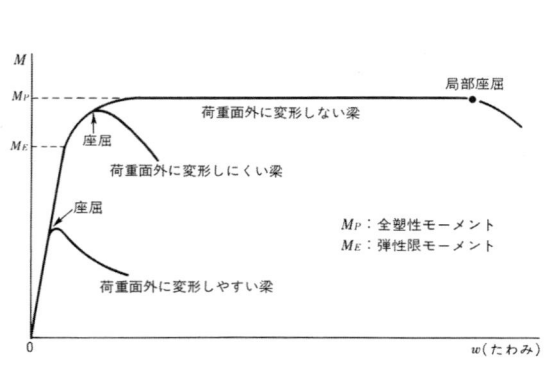

6 単調荷重時の荷重－変形曲線
- M_P：全塑性モーメント
- M_E：弾性限モーメント

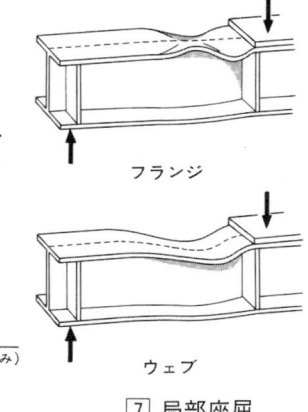

7 局部座屈
- フランジ
- ウェブ

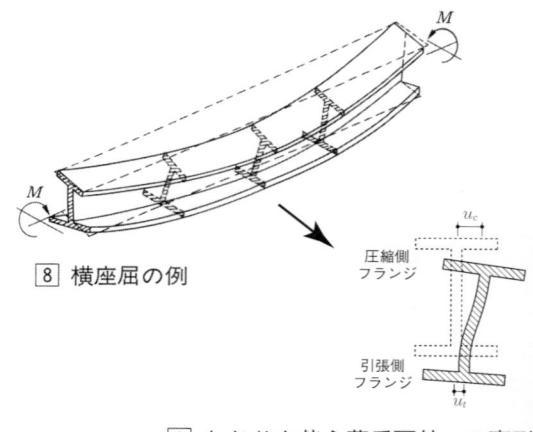

8 横座屈の例

9 ねじりを伴う荷重面外への変形
- 圧縮側フランジ
- 引張側フランジ

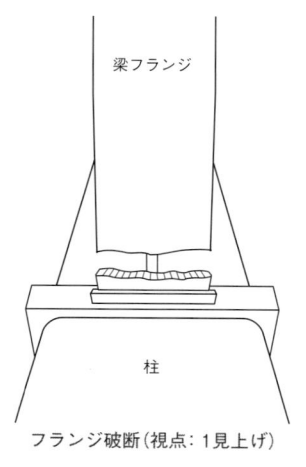

接合部の破断現象

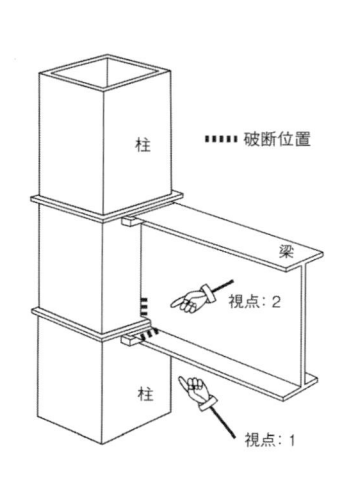

フランジ破断（視点：1見上げ）

10 溶接柱梁接合部のフランジ破断
- 破断位置
- 視点：1
- 視点：2

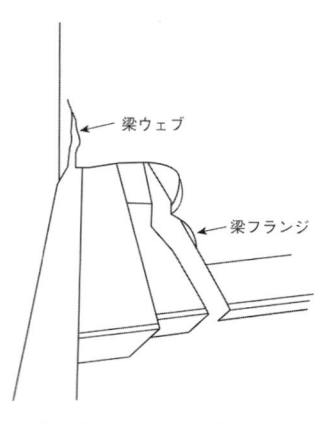

ウェブ・フランジ破断（視点：2）

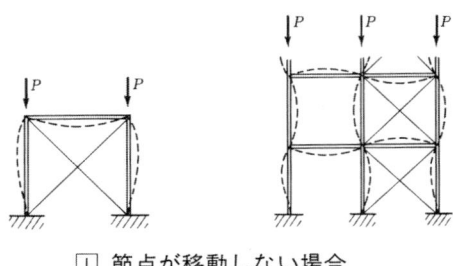

鋼材の性質・部材の挙動（2）　**鉄骨構造**　37

[1] 節点が移動しない場合

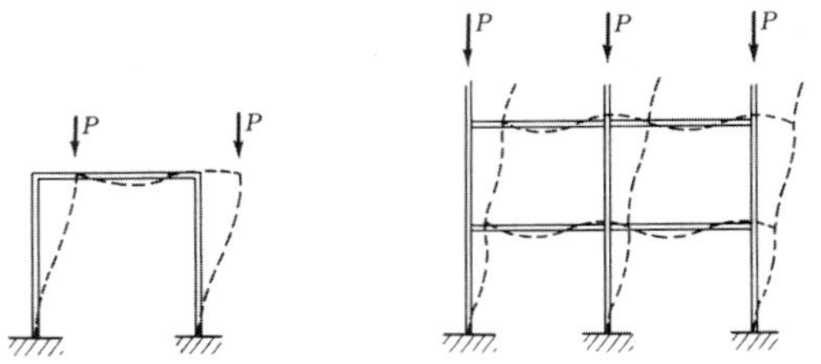

[2] 節点が移動する場合

ラーメンの座屈[4.2)]

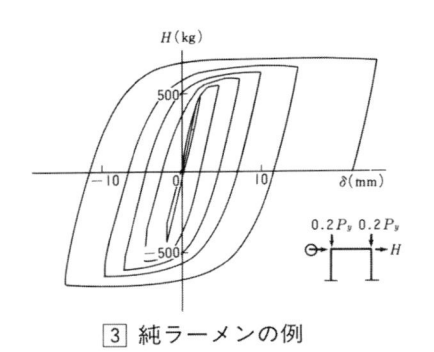

[3] 純ラーメンの例

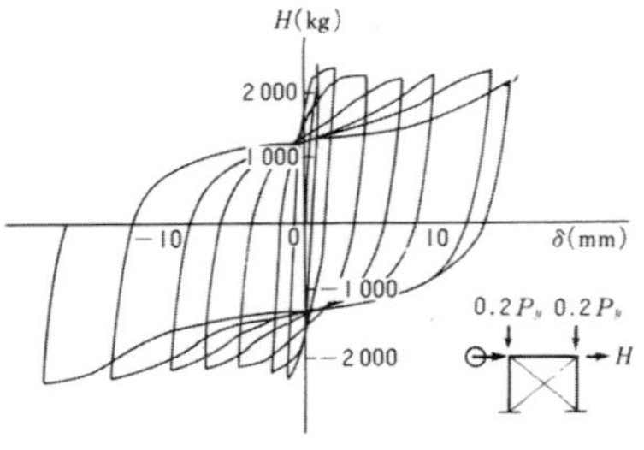

[4] 両筋かいラーメンの例

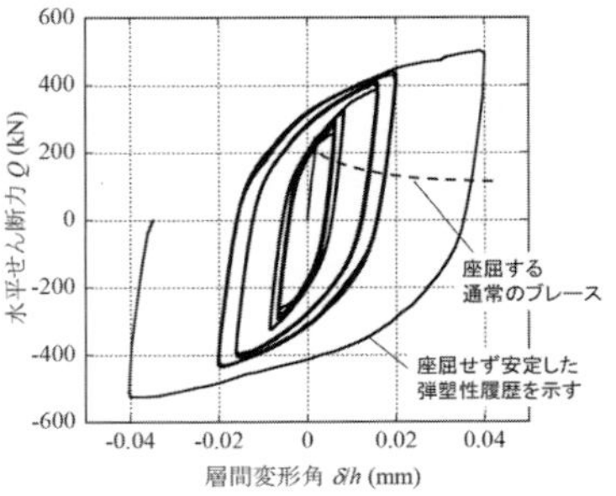

[5] 座屈拘束ブレース付きラーメンの例

水平荷重時のラーメンの挙動[4.2)]

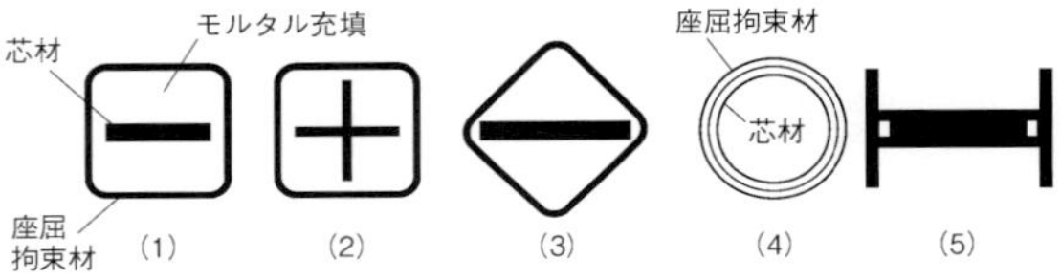

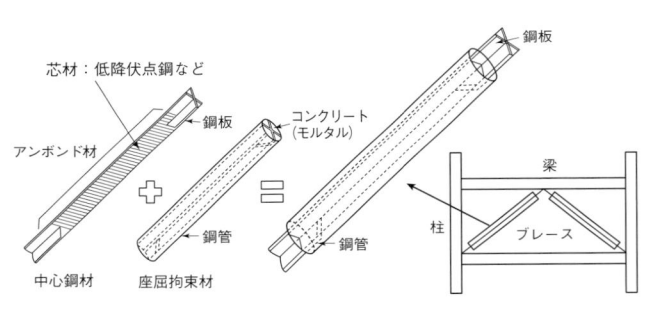

[6] 座屈拘束ブレースの概念

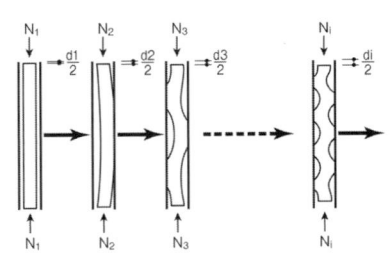

[7] 座屈拘束ブレースの構成例

[8] 座屈拘束材内の芯材の挙動

座屈拘束ブレース

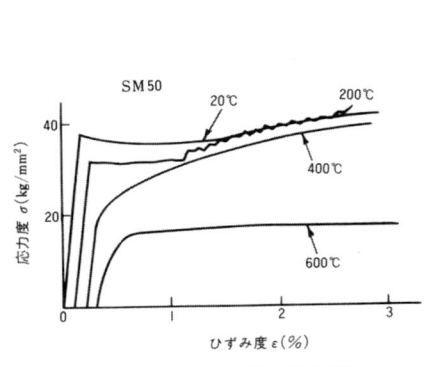

[9] 応力度－ひずみ度曲線

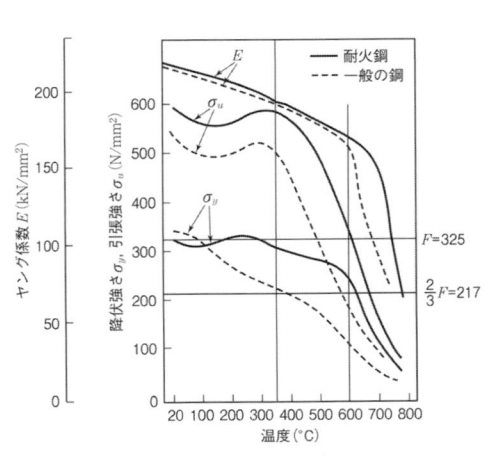

[10] 490N級鋼材の降伏強さ，引張強さ，およびヤング係数

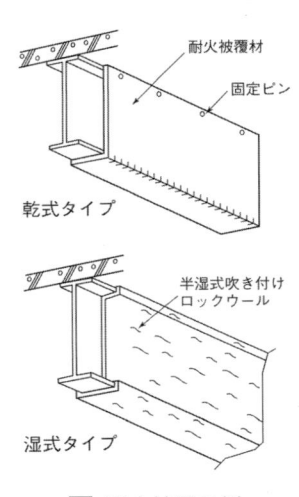

[11] 耐火被覆の例

高温時の鋼材の挙動[4.3)]

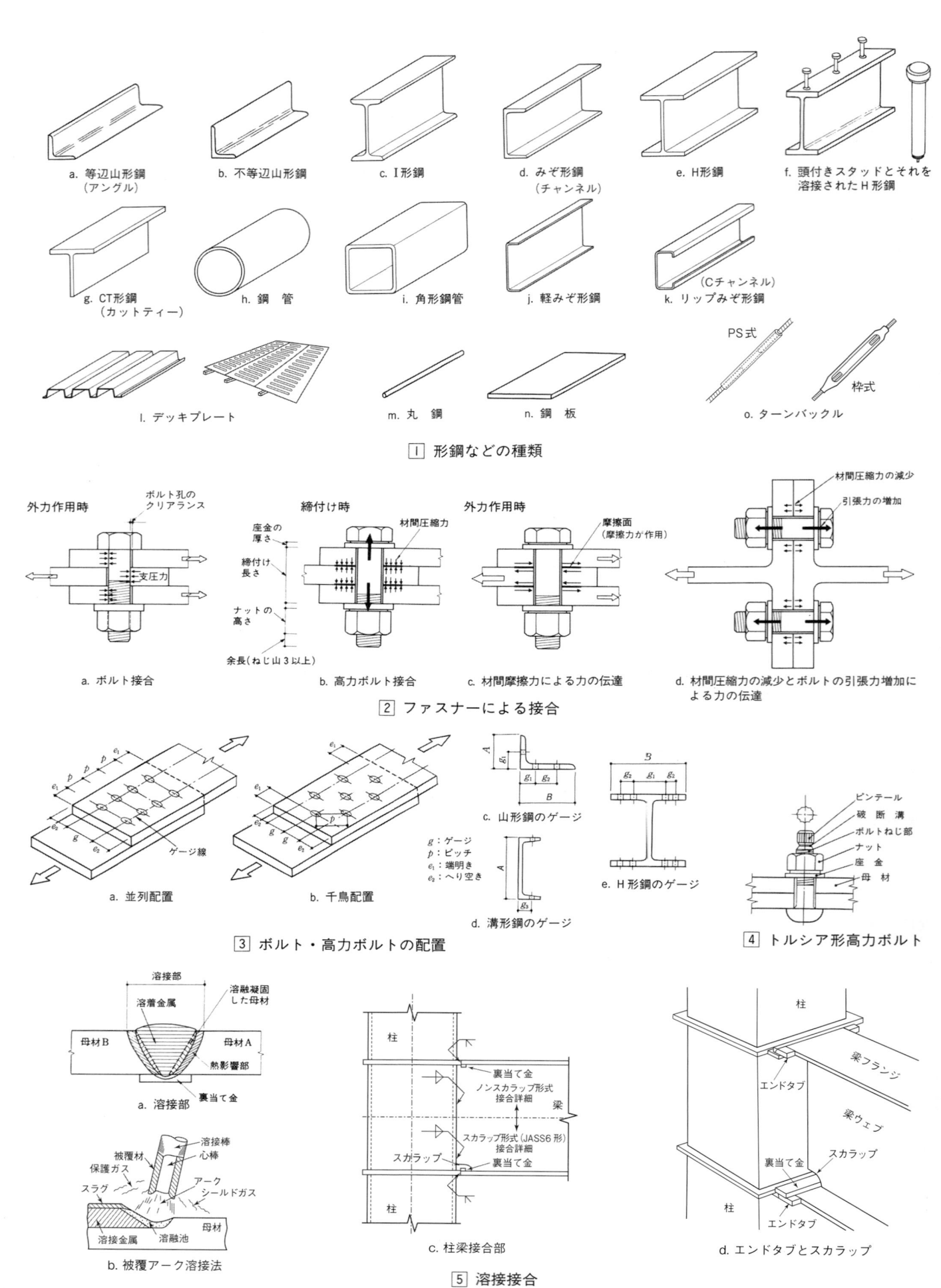

38 鉄骨構造　形鋼などの種類・接合

a. 等辺山形鋼（アングル）
b. 不等辺山形鋼
c. I形鋼
d. みぞ形鋼（チャンネル）
e. H形鋼
f. 頭付きスタッドとそれを溶接されたH形鋼
g. CT形鋼（カットティー）
h. 鋼管
i. 角形鋼管
j. 軽みぞ形鋼
k. リップみぞ形鋼（Cチャンネル）
l. デッキプレート
m. 丸鋼
n. 鋼板
o. ターンバックル（PS式／枠式）

1 形鋼などの種類

a. ボルト接合
b. 高力ボルト接合
c. 材間摩擦力による力の伝達
d. 材間圧縮力の減少とボルトの引張力増加による力の伝達

2 ファスナーによる接合

a. 並列配置
b. 千鳥配置
c. 山形鋼のゲージ
d. 溝形鋼のゲージ
e. H形鋼のゲージ

g：ゲージ
p：ピッチ
e_1：端明き
e_2：へり空き

3 ボルト・高力ボルトの配置

4 トルシア形高力ボルト

a. 溶接部
b. 被覆アーク溶接法
c. 柱梁接合部
d. エンドタブとスカラップ

5 溶接接合

鋼材の接合

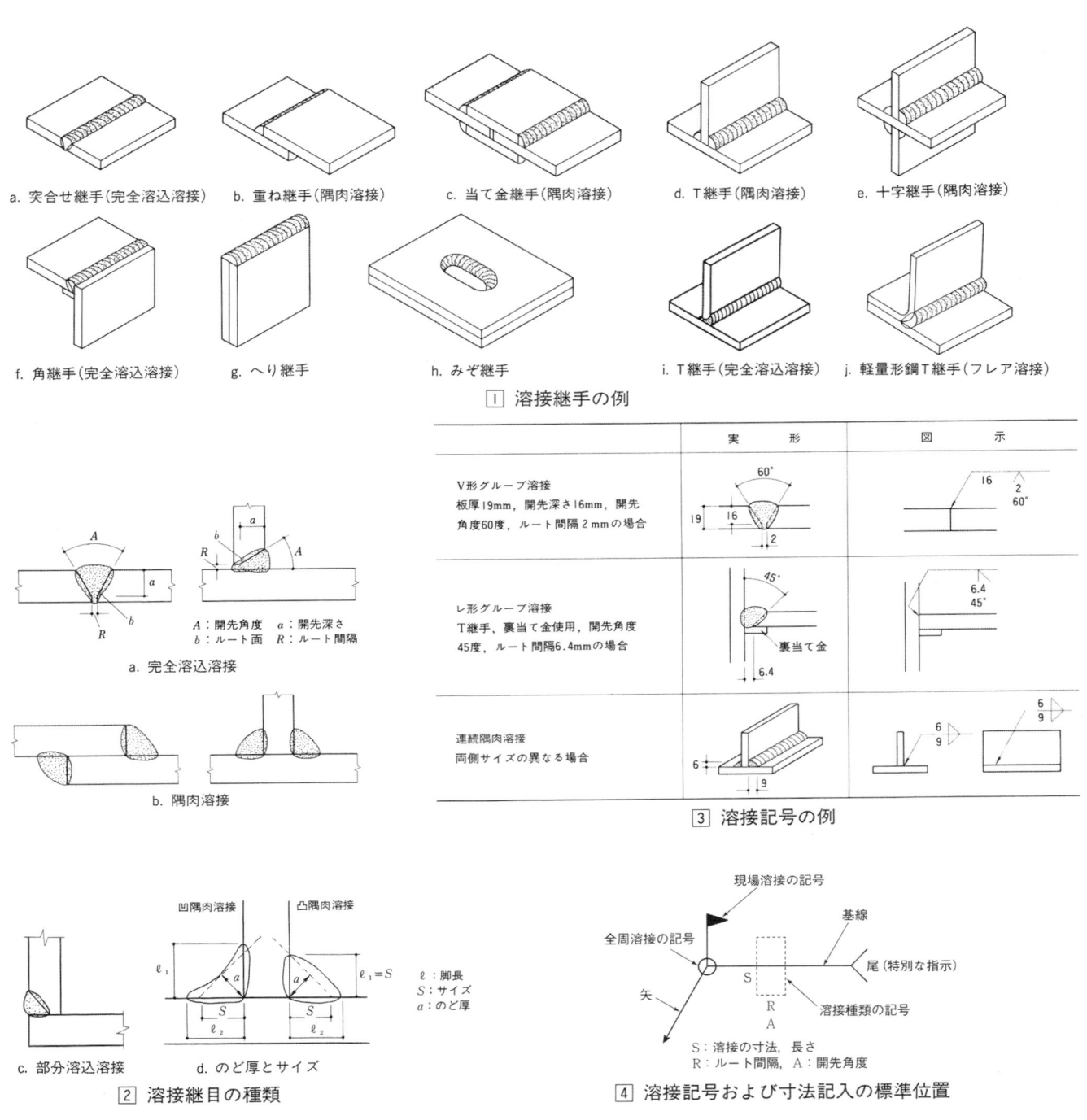

鋼材の種類・接合　　**鉄骨構造**

a. 突合せ継手(完全溶込溶接)　b. 重ね継手(隅肉溶接)　c. 当て金継手(隅肉溶接)　d. T継手(隅肉溶接)　e. 十字継手(隅肉溶接)

f. 角継手(完全溶込溶接)　g. へり継手　h. みぞ継手　i. T継手(完全溶込溶接)　j. 軽量形鋼T継手(フレア溶接)

1 溶接継手の例

a. 完全溶込溶接
A：開先角度　a：開先深さ
b：ルート面　R：ルート間隔

b. 隅肉溶接

	実　形	図　示
V形グルーブ溶接 板厚19mm, 開先深さ16mm, 開先角度60度, ルート間隔2mmの場合	60°, 19, 16, 2	16 / 2 / 60°
レ形グルーブ溶接 T継手, 裏当て金使用, 開先角度45度, ルート間隔6.4mmの場合	45°, 裏当て金, 6.4	6.4 / 45°
連続隅肉溶接 両側サイズの異なる場合	6, 9	6/9

3 溶接記号の例

c. 部分溶込溶接

d. のど厚とサイズ
凹隅肉溶接　凸隅肉溶接
ℓ_1, ℓ_2, a, S, $\ell_1 = S$
ℓ：脚長
S：サイズ
a：のど厚

2 溶接継目の種類

現場溶接の記号
全周溶接の記号
基線
尾(特別な指示)
矢
溶接種類の記号
S：溶接の寸法, 長さ
R：ルート間隔, A：開先角度

4 溶接記号および寸法記入の標準位置

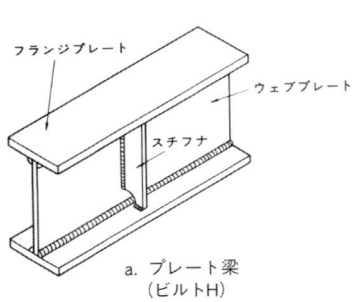

a. プレート梁(ビルトH)
フランジプレート、ウェブプレート、スチフナ

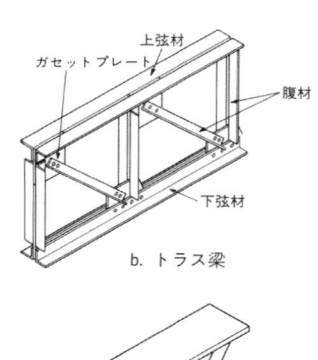

b. トラス梁
上弦材、ガセットプレート、腹材、下弦材

c. ラチス梁
ラチス

d. トラス梁

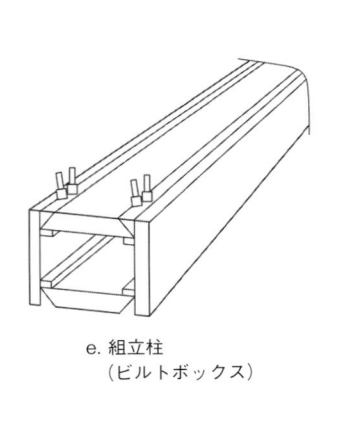

e. 組立柱(ビルトボックス)

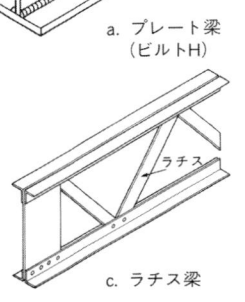

5 組立材

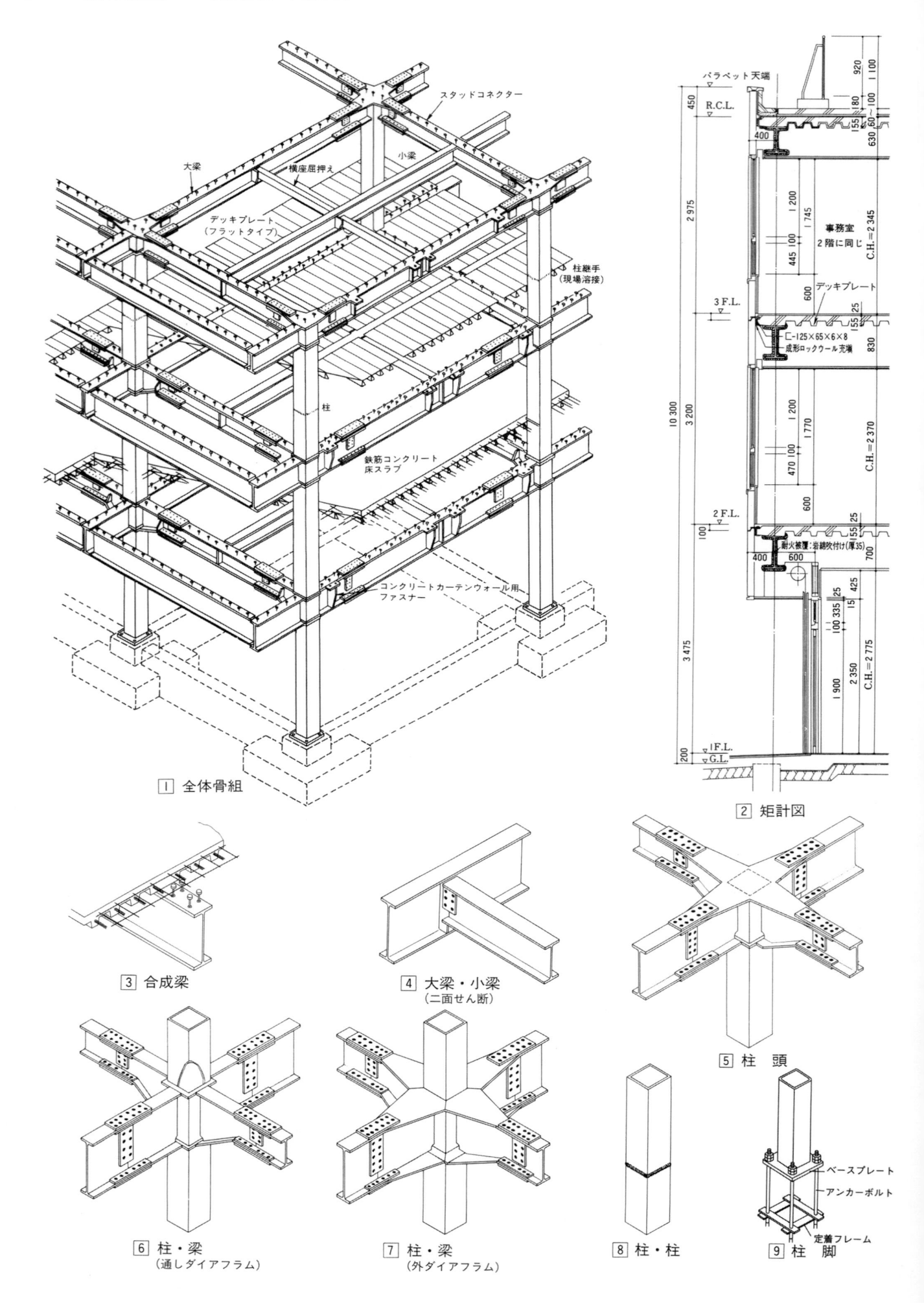

40　鉄骨構造　中層骨組・両方向ラーメン

1 全体骨組

2 矩計図

3 合成梁

4 大梁・小梁（二面せん断）

5 柱頭

6 柱・梁（通しダイアフラム）

7 柱・梁（外ダイアフラム）

8 柱・柱

9 柱脚

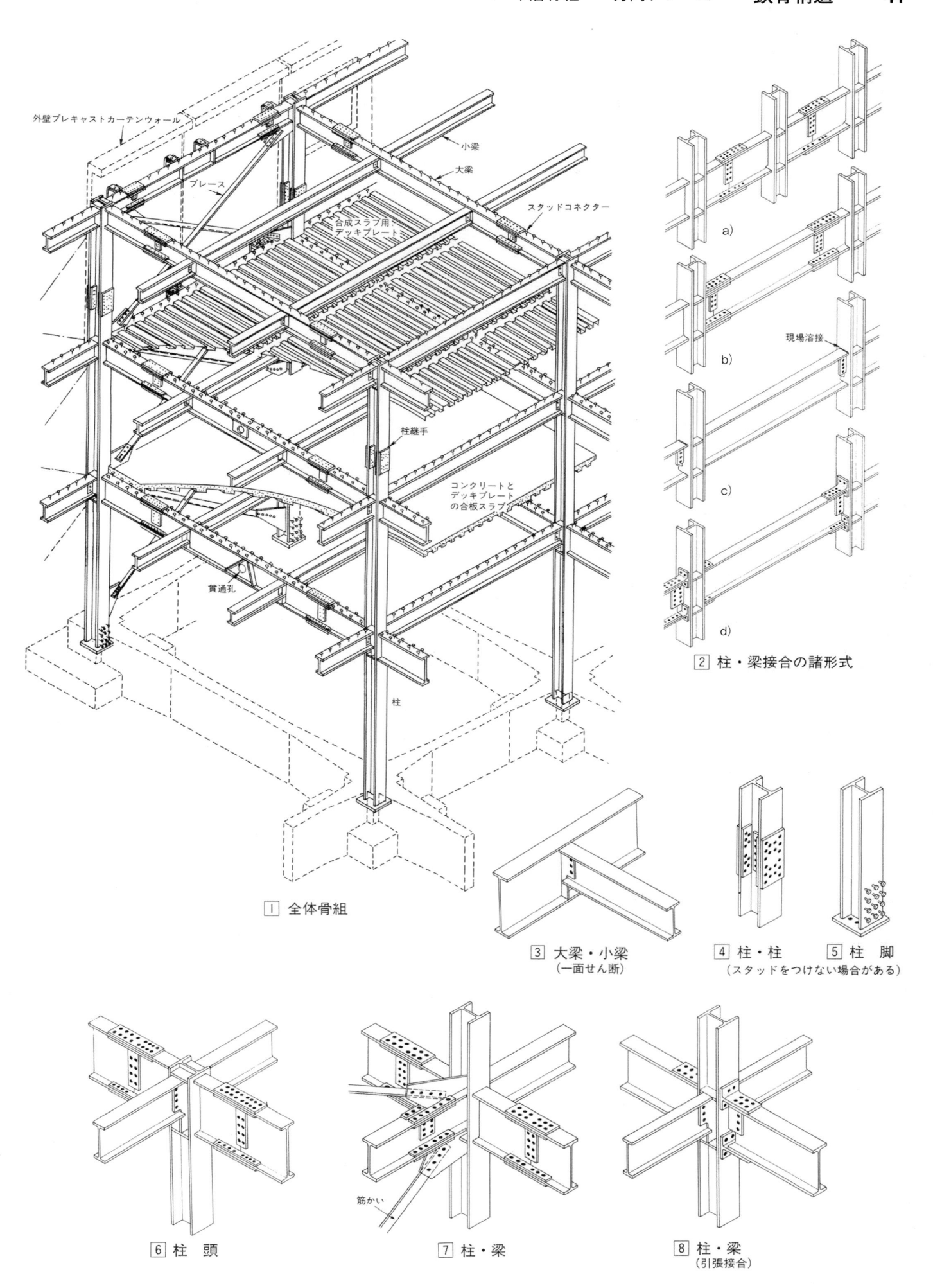

中層骨組・一方向ブレース　　**鉄骨構造**　　41

外壁プレキャストカーテンウォール
小梁
大梁
ブレース
スタッドコネクター
合成スラブ用デッキプレート
柱継手
コンクリートとデッキプレートの合板スラブ
貫通孔
柱

現場溶接

a)
b)
c)
d)

② 柱・梁接合の諸形式

① 全体骨組

③ 大梁・小梁
（一面せん断）

④ 柱・柱

⑤ 柱　脚
（スタッドをつけない場合がある）

筋かい

⑥ 柱　頭

⑦ 柱・梁

⑧ 柱・梁
（引張接合）

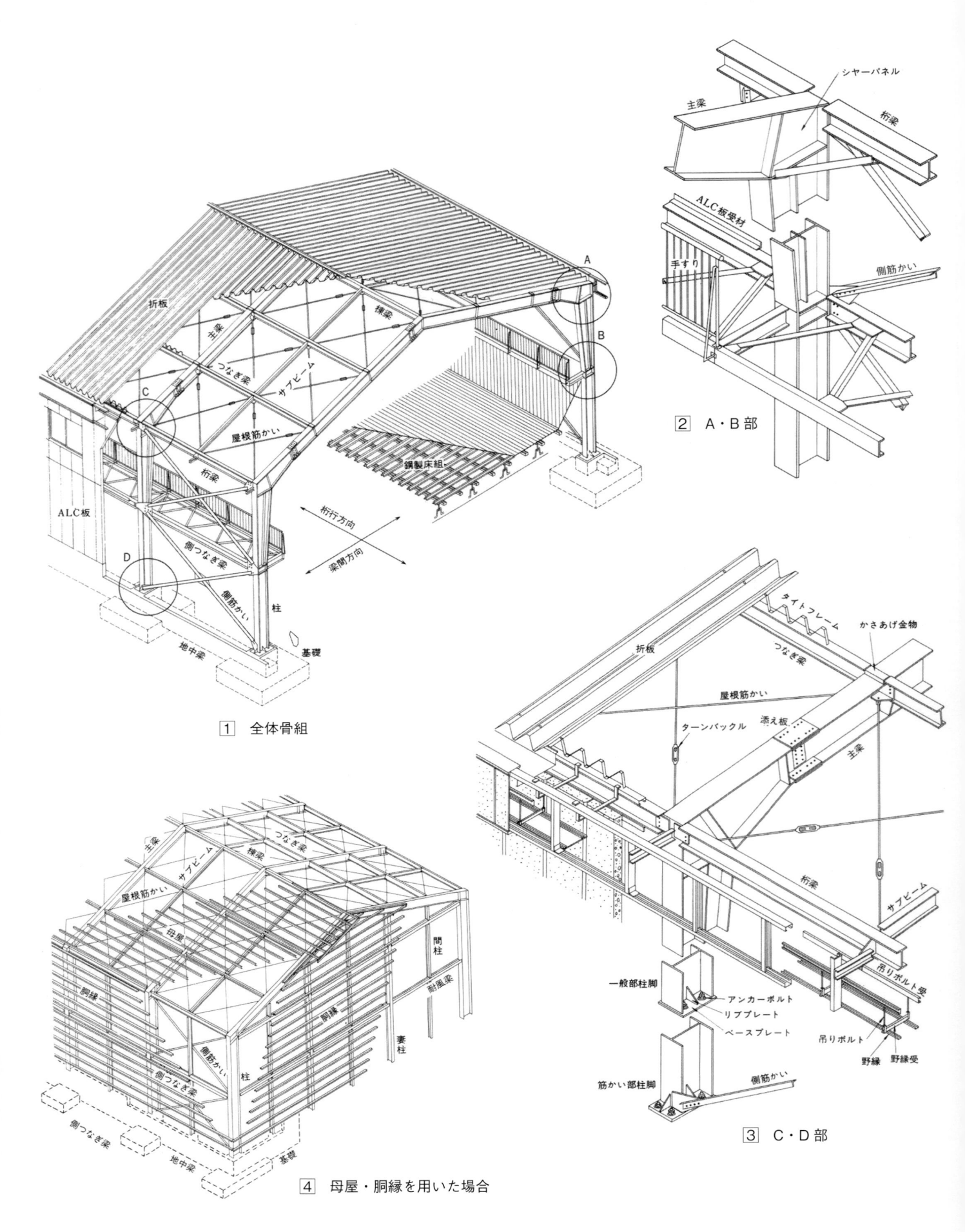

42　鉄骨構造　低層山形骨組・山形ラーメン

1 全体骨組

主な部材：折板、主梁、つなぎ梁、棟梁、サブビーム、屋根筋かい、桁梁、ALC板、側つなぎ梁、側筋かい、柱、地中梁、基礎、鋼製床組、桁行方向、梁間方向

2 A・B部

シャーパネル、主梁、桁梁、ALC板受材、手すり、側筋かい

3 C・D部

折板、タイトフレーム、かさあげ金物、つなぎ梁、屋根筋かい、ターンバックル、添え板、主梁、桁梁、サブビーム、一般部柱脚、アンカーボルト、リブプレート、ベースプレート、筋かい部柱脚、側筋かい、吊りボルト受、吊りボルト、野縁、野縁受

4 母屋・胴縁を用いた場合

主梁、つなぎ梁、サブビーム、横梁、屋根筋かい、母屋、間柱、胴縁、前風梁、妻柱、柱、側筋かい、側つなぎ梁、地中梁、基礎

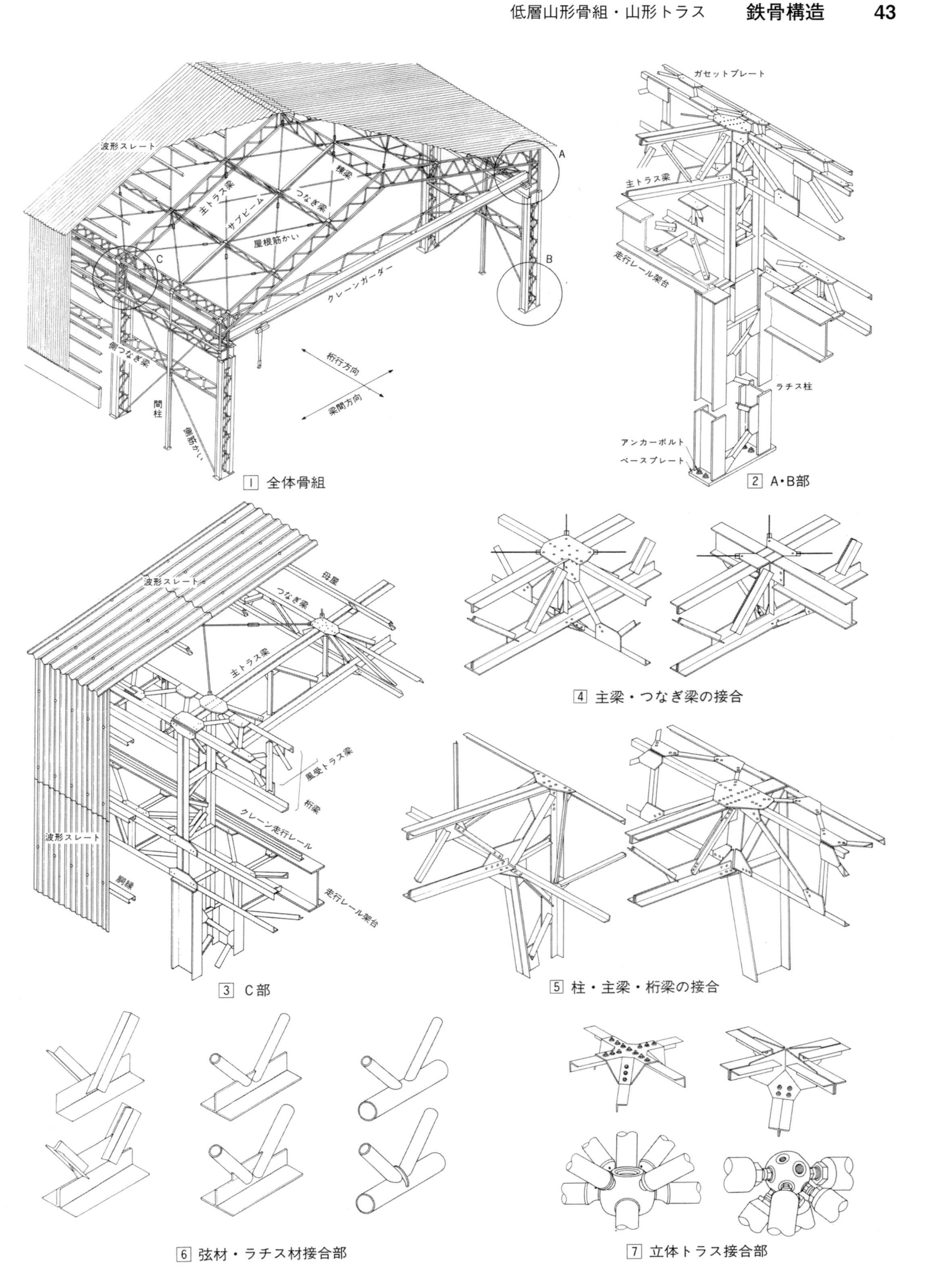

低層山形骨組・山形トラス　　鉄骨構造　　43

図1 全体骨組

ラベル: 波形スレート、主トラス梁、サブビーム、つなぎ梁、横梁、屋根筋かい、クレーンガーダー、側つなぎ梁、間柱、側筋かい、桁行方向、梁間方向、A、B、C

図2 A・B部

ラベル: ガセットプレート、主トラス梁、走行レール架台、ラチス柱、アンカーボルト、ベースプレート

図3 C部

ラベル: 波形スレート、母屋、つなぎ梁、主トラス梁、風受トラス梁、桁梁、クレーン走行レール、走行レール架台、胴縁

図4 主梁・つなぎ梁の接合

図5 柱・主梁・桁梁の接合

図6 弦材・ラチス材接合部

図7 立体トラス接合部

44　鉄骨構造　継手・仕口

a. 一面せん断　　b. 二面せん断　　c. 溶接　　d. トラス梁の継手

添え板（スプライスプレート）（継手板）
現場溶接

[1] 梁継手

a. 一面せん断　　b. 二面せん断　　c. フランジの溶接接合　　d. H形鋼のサイズダウン　　e. 角形鋼管の現場溶接接合

フィラープレート
現場溶接
エレクションピーズ（溶接途中で除去）

[2] 柱継手

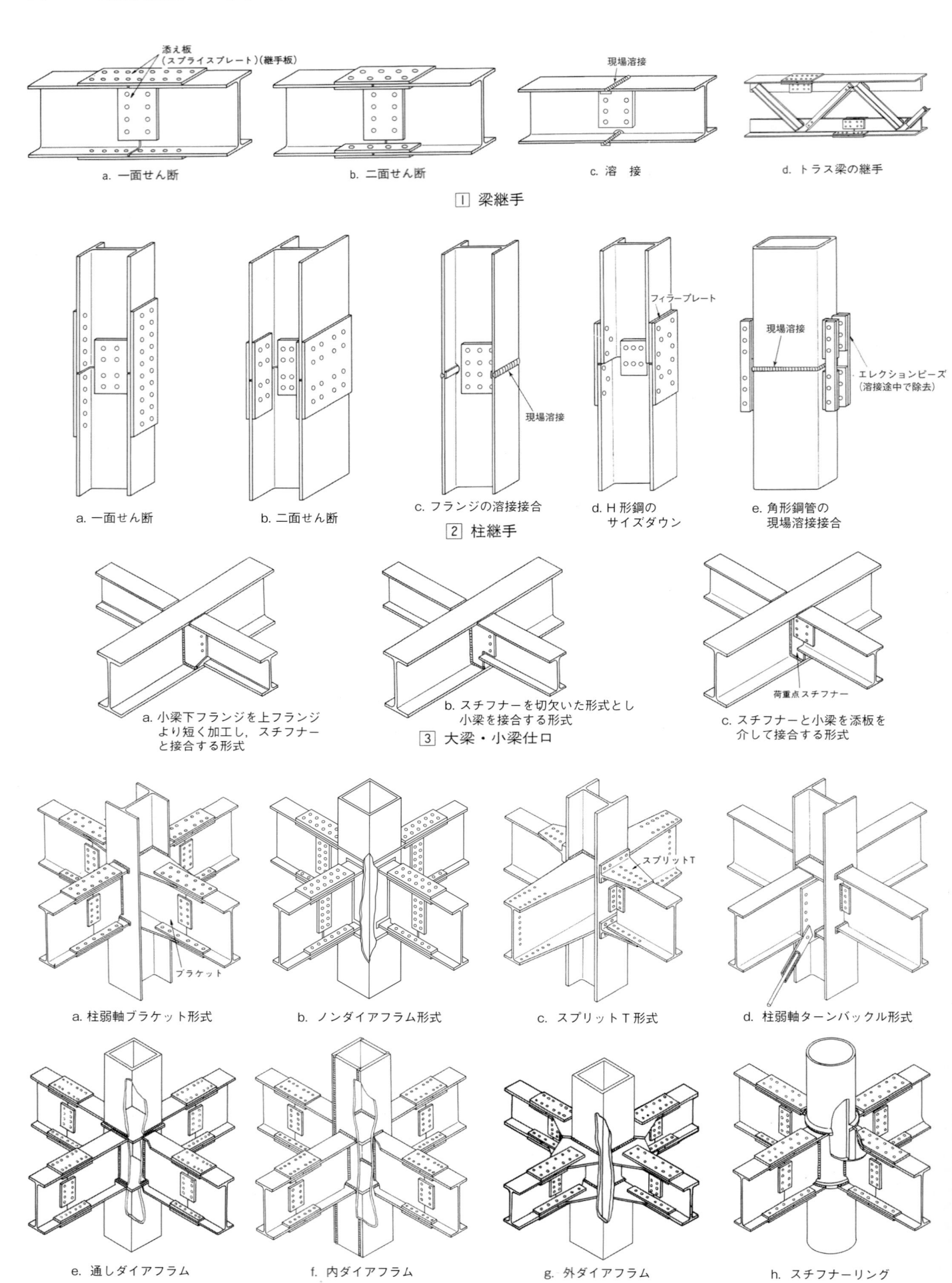

a. 小梁下フランジを上フランジより短く加工し，スチフナーと接合する形式

b. スチフナーを切欠いた形式とし小梁を接合する形式

c. スチフナーと小梁を添板を介して接合する形式

荷重点スチフナー

[3] 大梁・小梁仕口

a. 柱弱軸ブラケット形式　　b. ノンダイアフラム形式　　c. スプリットT形式　　d. 柱弱軸ターンバックル形式

ブラケット
スプリットT

e. 通しダイアフラム　　f. 内ダイアフラム　　g. 外ダイアフラム　　h. スチフナーリング

[4] 柱・梁仕口

筋かい・柱脚　**鉄骨構造**　**45**

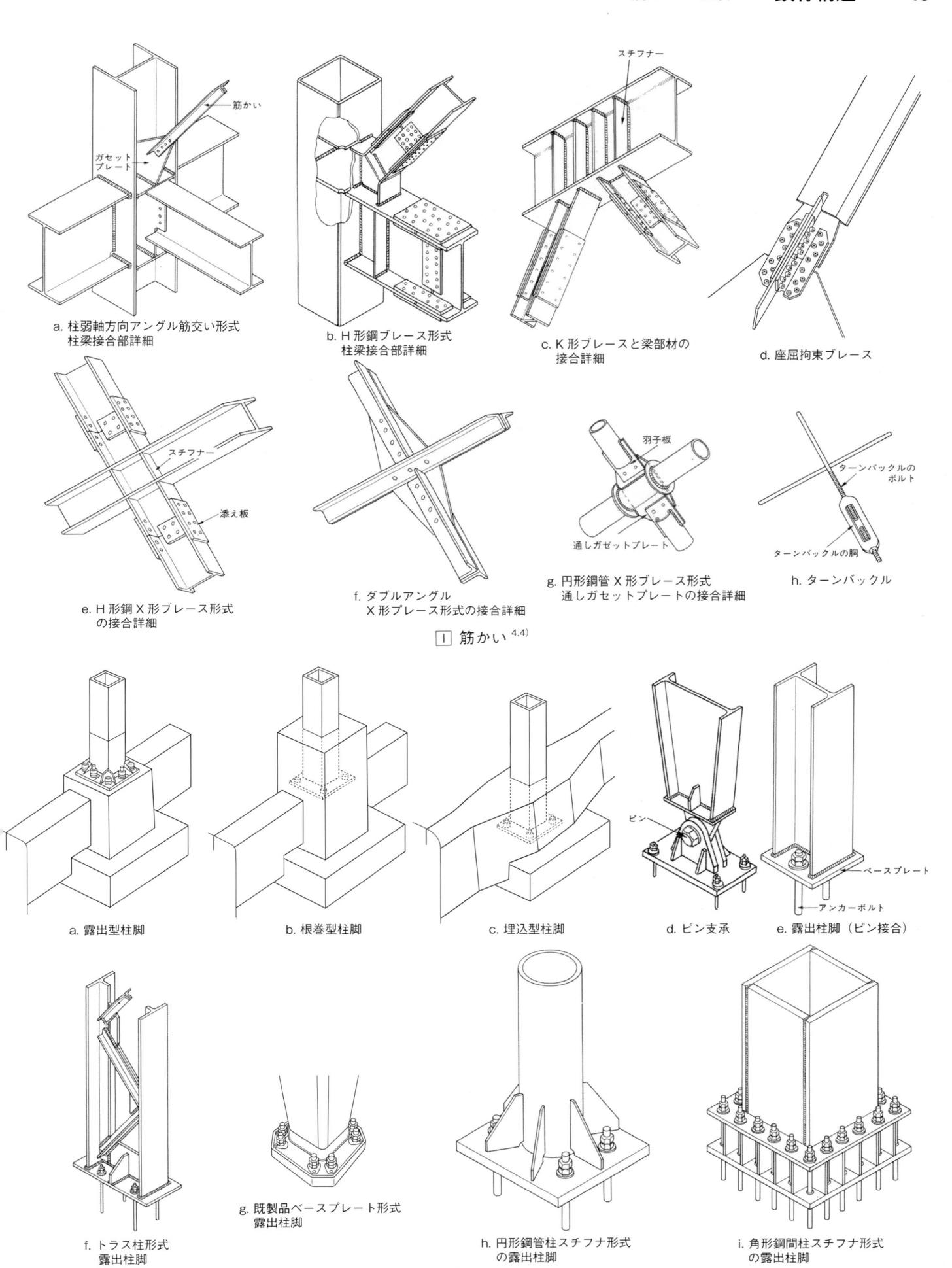

a. 柱弱軸方向アングル筋交い形式
　柱梁接合部詳細

b. H形鋼ブレース形式
　柱梁接合部詳細

c. K形ブレースと梁部材の
　接合詳細

d. 座屈拘束ブレース

e. H形鋼X形ブレース形式
　の接合詳細

f. ダブルアングル
　X形ブレース形式の接合詳細

g. 円形鋼管X形ブレース形式
　通しガセットプレートの接合詳細

h. ターンバックル

1　筋かい [4.4)]

a. 露出型柱脚

b. 根巻型柱脚

c. 埋込型柱脚

d. ピン支承

e. 露出柱脚（ピン接合）

f. トラス柱形式
　露出柱脚

g. 既製品ベースプレート形式
　露出柱脚

h. 円形鋼管柱スチフナ形式
　の露出柱脚

i. 角形鋼間柱スチフナ形式
　の露出柱脚

2　柱　脚

46 鉄筋コンクリート構造　実例とラーメン構造

a. 三井物産横浜支店1号店[5.2]

b. Wコンフォートタワーズ[5.1]

c. 淡路夢舞台[5.2]

1 鉄筋コンクリート構造の例

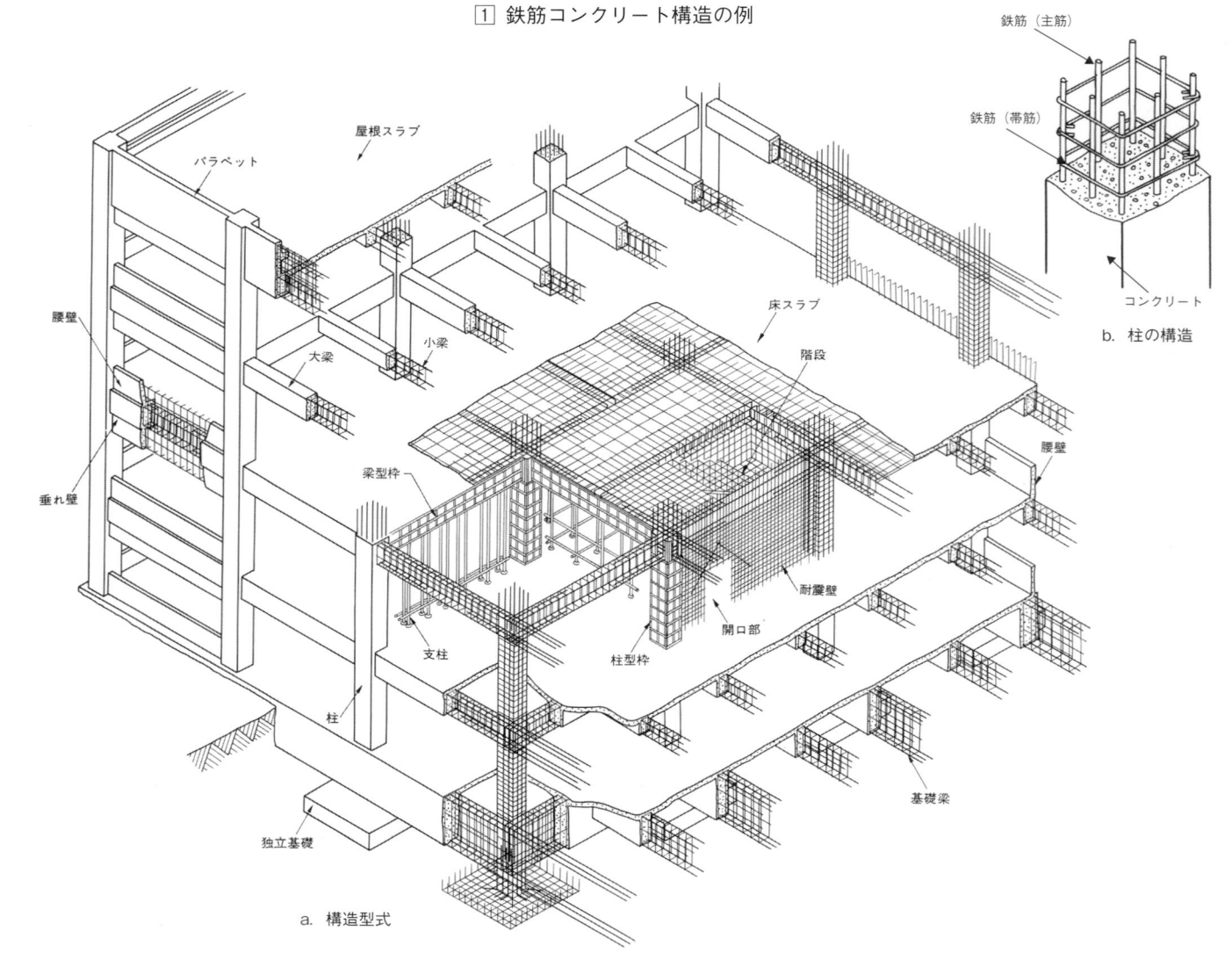

a. 構造型式

b. 柱の構造

2 ラーメン構造

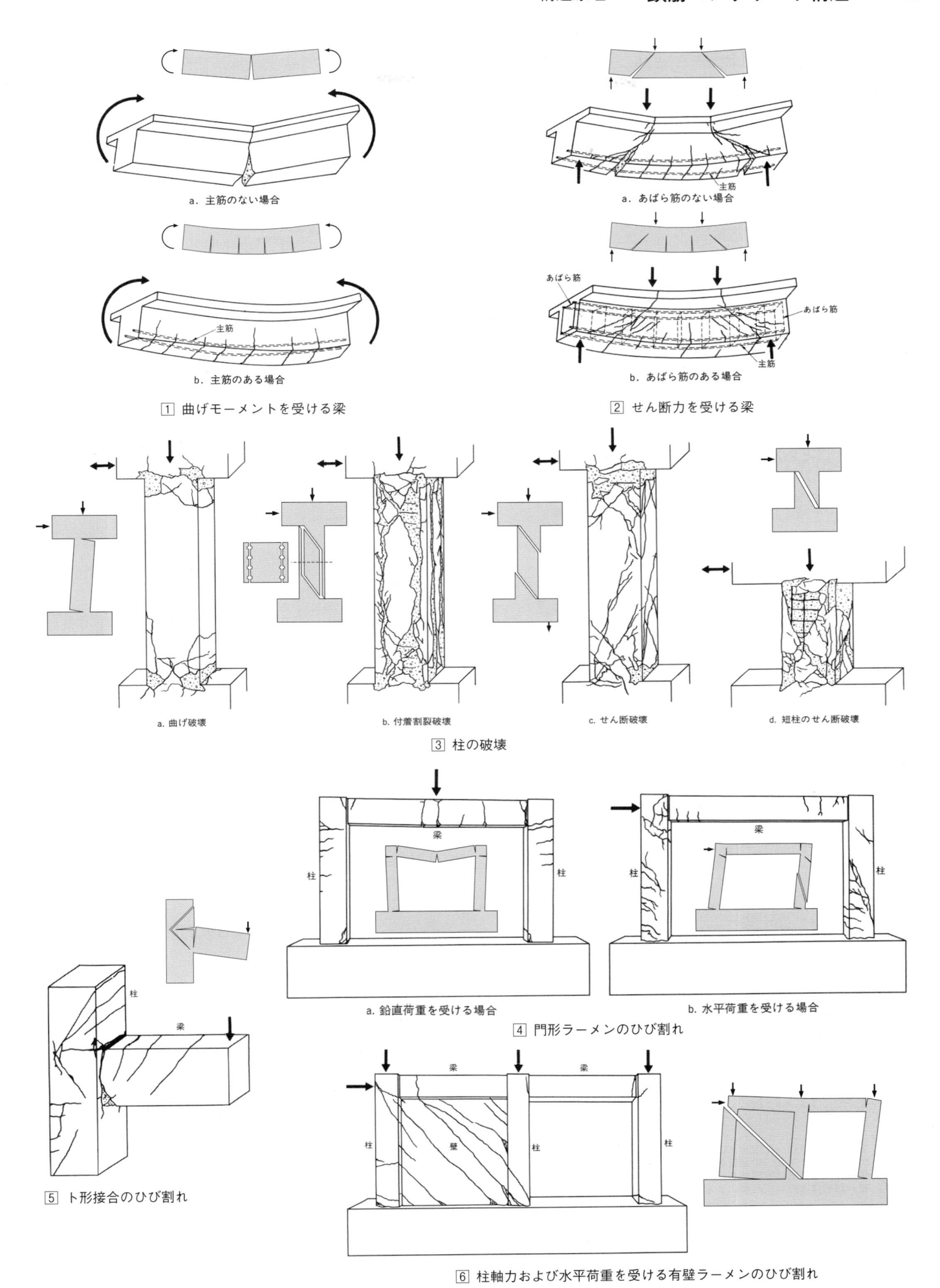

構造原理　**鉄筋コンクリート構造**　47

a. 主筋のない場合

b. 主筋のある場合

① 曲げモーメントを受ける梁

a. あばら筋のない場合

b. あばら筋のある場合

② せん断力を受ける梁

a. 曲げ破壊　　b. 付着割裂破壊　　c. せん断破壊　　d. 短柱のせん断破壊

③ 柱の破壊

a. 鉛直荷重を受ける場合　　b. 水平荷重を受ける場合

④ 門形ラーメンのひび割れ

⑤ ト形接合のひび割れ

⑥ 柱軸力および水平荷重を受ける有壁ラーメンのひび割れ

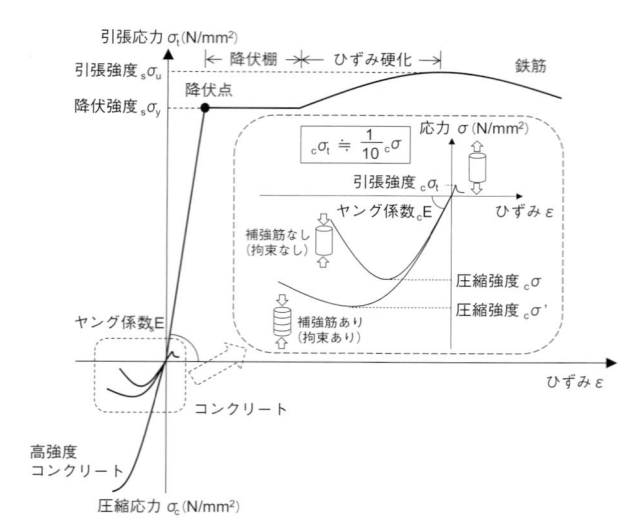

48　鉄筋コンクリート構造　共通事項

1 鉄筋とコンクリートの応力－ひずみ関係

グラフ：引張応力 σ_t (N/mm²)、引張強度 $_s\sigma_u$、降伏強度 $_s\sigma_y$、降伏点、降伏棚、ひずみ硬化、鉄筋、ヤング係数 E、ひずみ ε、コンクリート、高強度コンクリート、圧縮応力 σ_c (N/mm²)、応力 σ (N/mm²)、引張強度 $_c\sigma_t$、ヤング係数 $_cE$、補強筋なし（拘束なし）、補強筋あり（拘束あり）、圧縮強度 $_c\sigma$、圧縮強度 $_c\sigma'$

$$_c\sigma_t \fallingdotseq \frac{1}{10}{_c\sigma}$$

2 異形棒鋼（異形鉄筋）と末端部の折曲げ形状 5.3), 5.4)

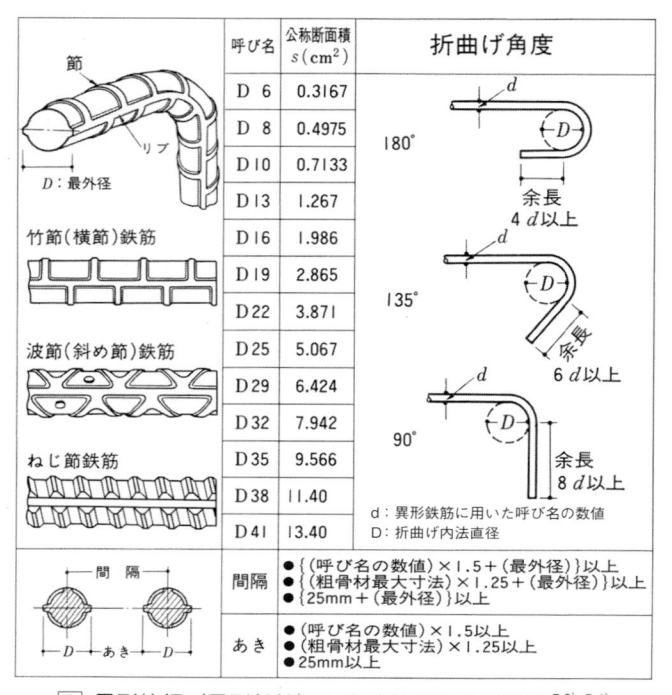

呼び名	公称断面積 s (cm²)
D 6	0.3167
D 8	0.4975
D10	0.7133
D13	1.267
D16	1.986
D19	2.865
D22	3.871
D25	5.067
D29	6.424
D32	7.942
D35	9.566
D38	11.40
D41	13.40

折曲げ角度：
- 180°：余長 $4d$ 以上
- 135°：余長 $6d$ 以上
- 90°：余長 $8d$ 以上

d：異形鉄筋に用いた呼び名の数値
D：折曲げ内法直径

節、リブ、D：最外径、竹節（横節）鉄筋、波節（斜め節）鉄筋、ねじ節鉄筋

間隔：
- ｛（呼び名の数値）×1.5＋（最外径）｝以上
- ｛（粗骨材最大寸法）×1.25＋（最外径）｝以上
- ｛25mm＋（最外径）｝以上

あき：
- （呼び名の数値）×1.5以上
- （粗骨材最大寸法）×1.25以上
- 25mm以上

3 かぶり厚さ 5.4)

部位			設計かぶり厚さ (mm)	建築基準法施行令（かぶり厚さの最小値）
土に接しない部分	屋根スラブ 床スラブ 非耐力壁	屋内	30	20
		屋外	40(1)	
	柱 梁 耐力壁	屋内	40	30
		屋外	50(2)	
	擁壁		50(3)	―
土に接する部分	柱・梁・床スラブ・耐力壁		50	40
	基礎・擁壁		70	60

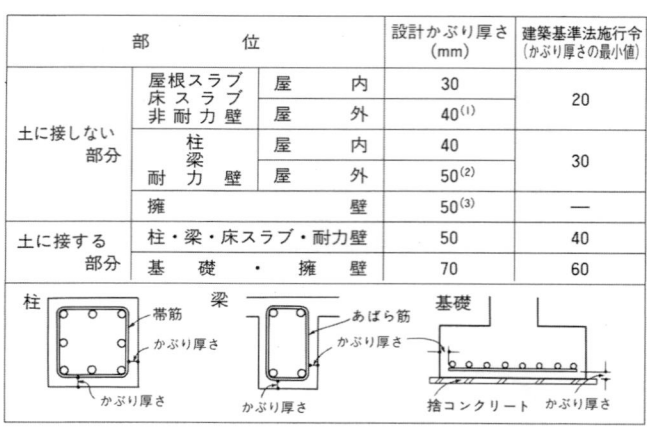

柱：帯筋、かぶり厚さ
梁：あばら筋、かぶり厚さ
基礎：かぶり厚さ、捨コンクリート

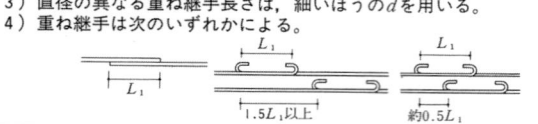

4 鉄筋の定着および重ね継手の長さ（L） 5.4)

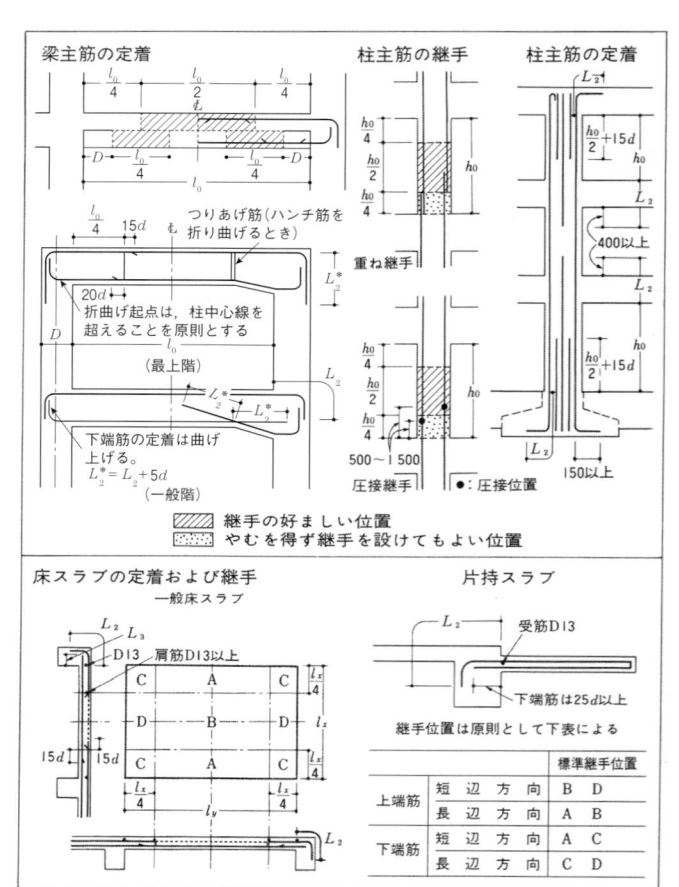

種類	コンクリートの設計基準強度 (N/mm²)	重ね継手の長さ (L¹)	定着の長さ 一般 (L²)	定着の長さ 下端筋 (L³) 小梁	定着の長さ 下端筋 (L³) スラブ
SD295A SD295B	18	45dまたは35dフック付き	40dまたは30dフック付き	20dまたは10dフック付き	10dかつ150mm以上
	21	40dまたは30dフック付き	35dまたは25dフック付き		
	24～27	35dまたは25dフック付き	30dまたは20dフック付き		
	30～36	35dまたは25dフック付き	30dまたは20dフック付き		
	39～45	30dまたは20dフック付き	25dまたは15dフック付き		
	48～60	30dまたは20dフック付き	25dまたは15dフック付き		
SD345	18	50dまたは35dフック付き	40dまたは30dフック付き		
	21	45dまたは30dフック付き	35dまたは25dフック付き		
	24～27	40dまたは30dフック付き	30dまたは20dフック付き		
	30～36	35dまたは25dフック付き	30dまたは20dフック付き		
	39～45	35dまたは25dフック付き	25dまたは20dフック付き		
	48～60	30dまたは20dフック付き	25dまたは15dフック付き		
SD390	21	50dまたは35dフック付き	40dまたは30dフック付き		
	24～27	45dまたは30dフック付き	40dまたは30dフック付き		
	30～36	40dまたは30dフック付き	35dまたは25dフック付き		
	39～45	40dまたは25dフック付き	35dまたは25dフック付き		
	48～60	35dまたは25dフック付き	30dまたは20dフック付き		
SD490	24～27	55dまたは40dフック付き	45dまたは35dフック付き	―	―
	30～36	50dまたは35dフック付き	40dまたは30dフック付き	―	―
	39～45	45dまたは35dフック付き	40dまたは30dフック付き	―	―
	48～60	40dまたは30dフック付き	35dまたは25dフック付き	―	―

1) 末端部のフックは、定着長さに含まない。
2) 耐圧スラブの下端筋の定着長さは、一般定着（L_2）とする。
3) 直径の異なる重ね継手長さは、細いほうの d を用いる。
4) 重ね継手は次のいずれかによる。

重ね継手図：L_1、$1.5L_1$ 以上、約 $0.5L_1$

5 各部配筋（L 定着長さ） 5.3)

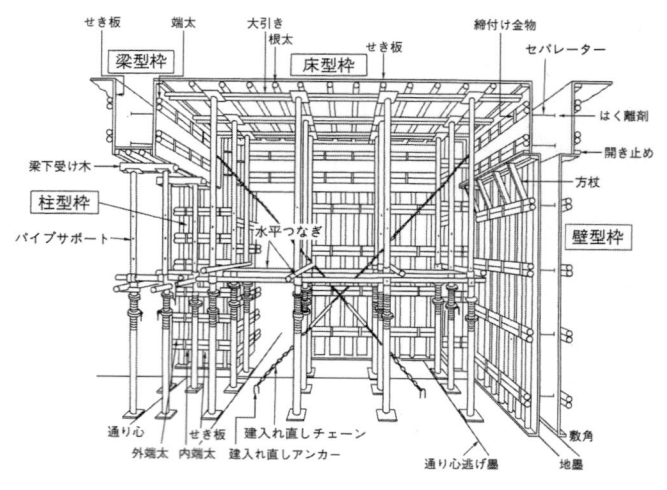

梁主筋の定着、柱主筋の継手、柱主筋の定着

つりあげ筋（ハンチ筋を折り曲げるとき）、重ね継手、$20d$、折曲げ起点は、柱中心線を超えることを原則とする（最上階）

下端筋の定着は曲げ上げる。$L_2^* = L_2 + 5d$（一般階）

500～1500、圧接継手、150以上、400以上、L_2、$\frac{h_0}{2}+15d$

■：継手の好ましい位置
■：やむを得ず継手を設けてもよい位置
●：圧接位置

床スラブの定着および継手　一般床スラブ
片持スラブ：受筋D13、肩筋D13以上、下端筋は25d以上
継手位置は原則として下表による

		標準継手位置
上端筋	短辺方向	B D
	長辺方向	A B
下端筋	短辺方向	A C
	長辺方向	C D

6 型枠の構成

せき板、端太、大引き、根太、床型枠、締付け金物、セパレーター、梁型枠、はく離剤、開き止め、梁下受け木、方杖、柱型枠、壁型枠、パイプサポート、水平つなぎ、通り心、外端太、内端太、建入れ直しアンカー、建入れ直しチェーン、通り心逃げ墨、敷角、地墨

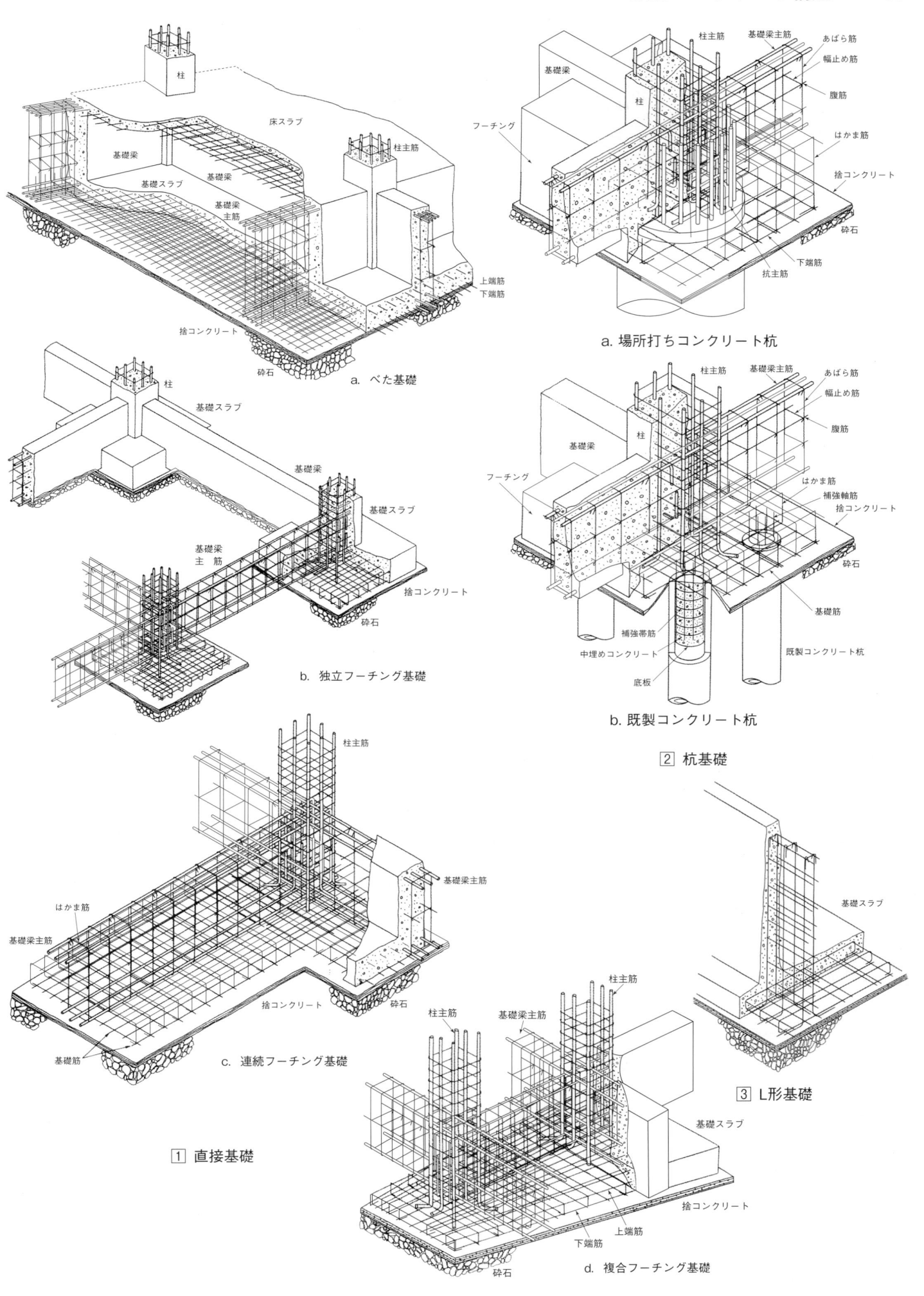

基礎梁・基礎スラブ・柱の配筋　鉄筋コンクリート構造

1 直接基礎

a. べた基礎

b. 独立フーチング基礎

c. 連続フーチング基礎

d. 複合フーチング基礎

2 杭基礎

a. 場所打ちコンクリート杭

b. 既製コンクリート杭

3 L形基礎

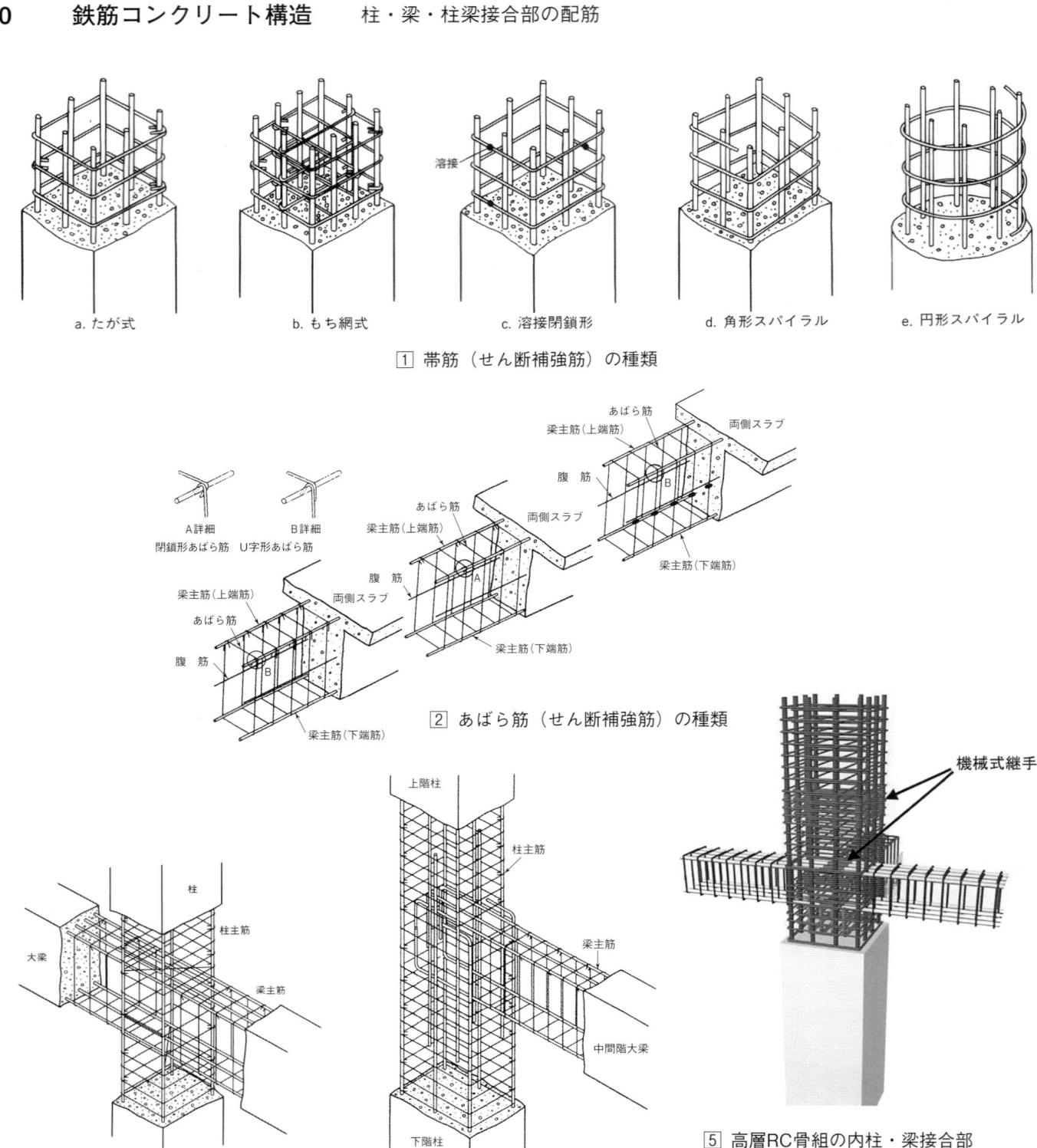

50 鉄筋コンクリート構造　柱・梁・柱梁接合部の配筋

a. たが式　　b. もち網式　　c. 溶接閉鎖形　　d. 角形スパイラル　　e. 円形スパイラル

溶接

① 帯筋（せん断補強筋）の種類

A詳細　　B詳細
閉鎖形あばら筋　U字形あばら筋

梁主筋（上端筋）　あばら筋　両側スラブ
あばら筋　腹筋
腹筋　両側スラブ
梁主筋（上端筋）　梁主筋（下端筋）
あばら筋
梁主筋（下端筋）

② あばら筋（せん断補強筋）の種類

柱　柱主筋　大梁　梁主筋

上階柱　柱主筋　梁主筋　中間階大梁　下階柱

機械式継手

③ 通常の内柱・梁接合部　　④ 柱筋の絞りが大きい場合の納まり　　⑤ 高層RC骨組の内柱・梁接合部

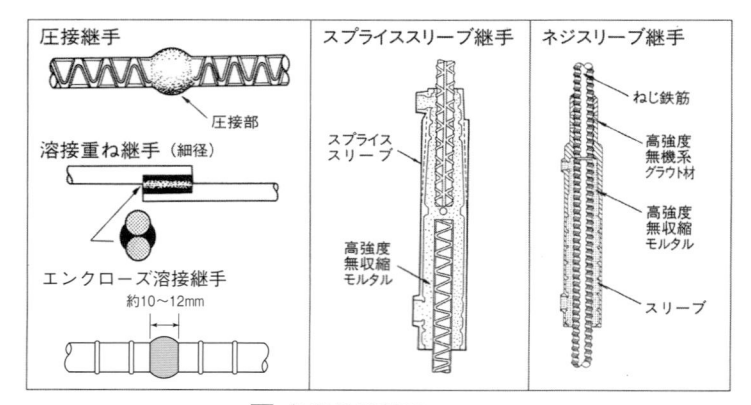

圧接継手　圧接部
溶接重ね継手（細径）
エンクローズ溶接継手　約10〜12mm

スプライススリーブ継手　スプライススリーブ　高強度無収縮モルタル

ネジスリーブ継手　ねじ鉄筋　高強度無機系グラウト材　高強度無収縮モルタル　スリーブ

⑥ 各種鉄筋継手 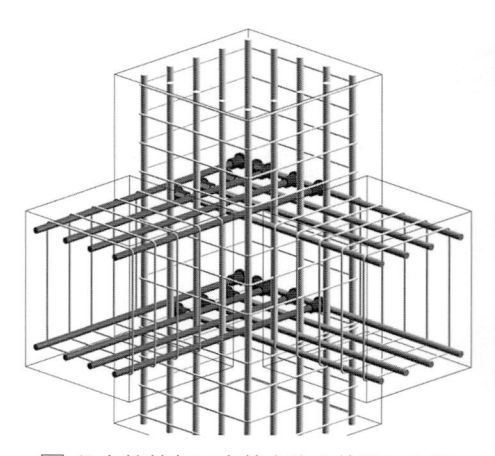　　⑦ 梁主筋端部に定着金物を使用した例

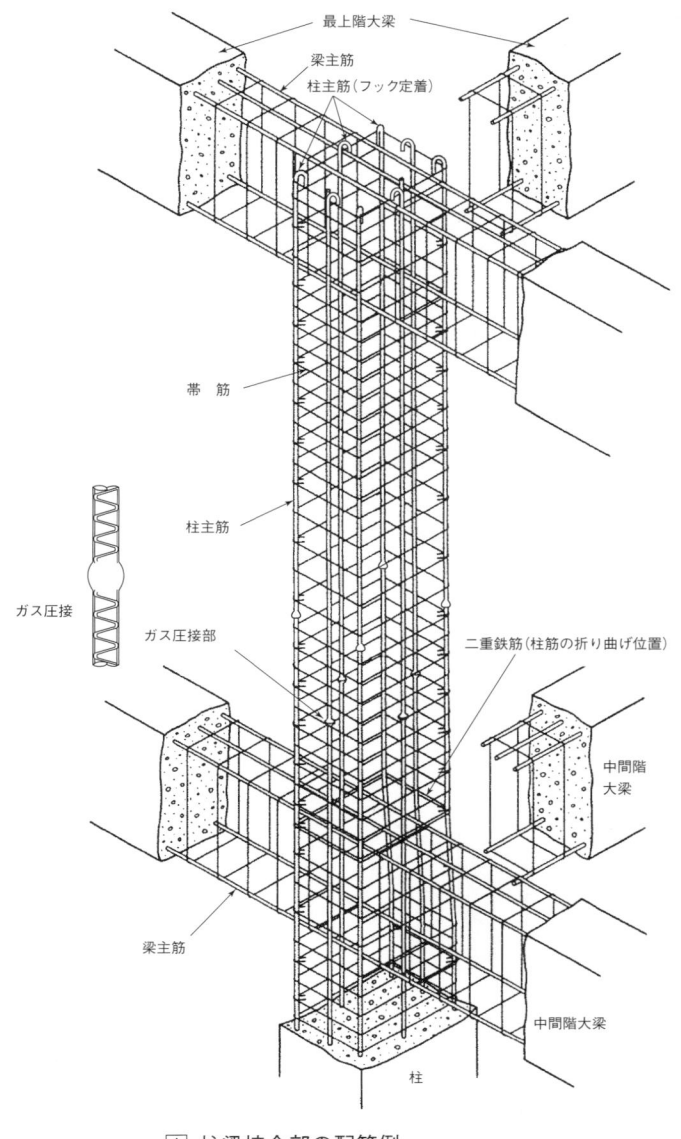

柱梁接合部の配筋　　鉄筋コンクリート構造

1 柱梁接合部の配筋例
（柱と中間階大梁および最上階大梁の交差部）

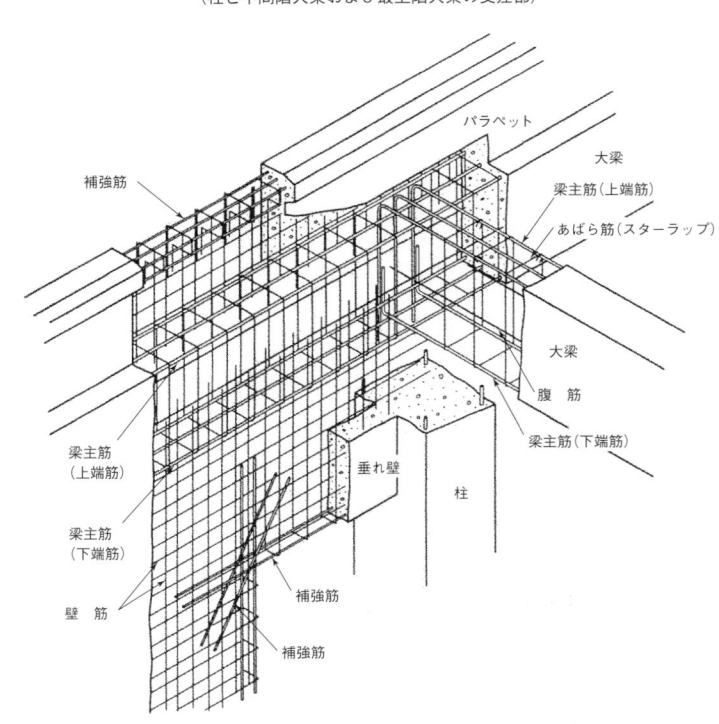

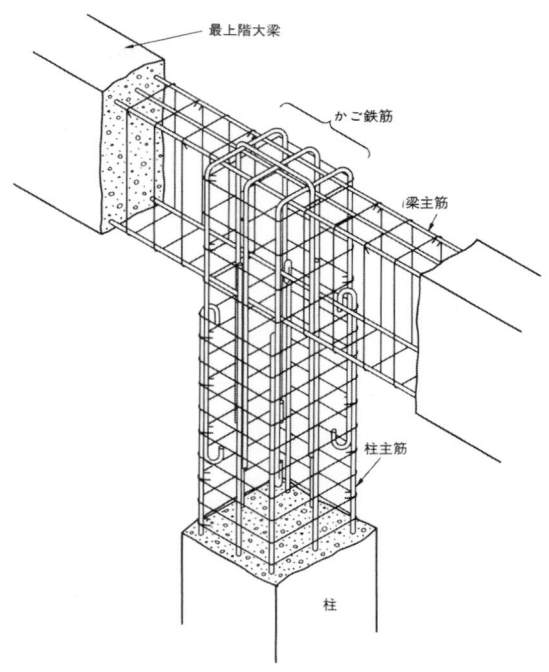

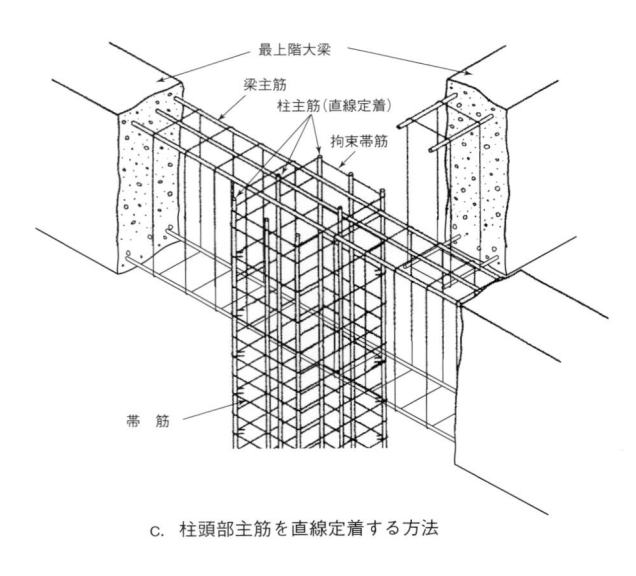

主な記号：最上階大梁、梁主筋、柱主筋（フック定着）、帯筋、柱主筋、ガス圧接、ガス圧接部、二重鉄筋（柱筋の折り曲げ位置）、中間階大梁、梁主筋、中間階大梁、柱

2 最上階柱頭部の主筋の定着配筋例

a. かご鉄筋を用いて柱頭部主筋を定着する方法
（最上階大梁、かご鉄筋、梁主筋、柱主筋、柱）

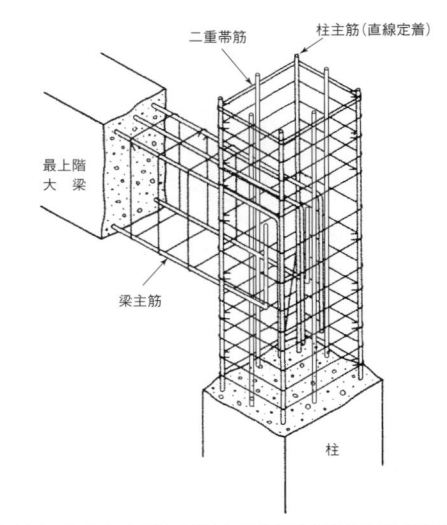

b. 梁上面から立ち上がりを設けて柱頭部主筋を定着する方法
（二重帯筋、柱主筋（直線定着）、最上階大梁、梁主筋、柱）

c. 柱頭部主筋を直線定着する方法
（最上階大梁、梁主筋、柱主筋（直線定着）、拘束帯筋、帯筋）

3 パラペット・垂れ壁が取り付いた最上階接合部の配筋例

主な記号：補強筋、パラペット、大梁、梁主筋（上端筋）、あばら筋（スターラップ）、大梁、腹筋、梁主筋（下端筋）、梁主筋（上端筋）、梁主筋（下端筋）、壁筋、補強筋、垂れ壁、柱、補強筋

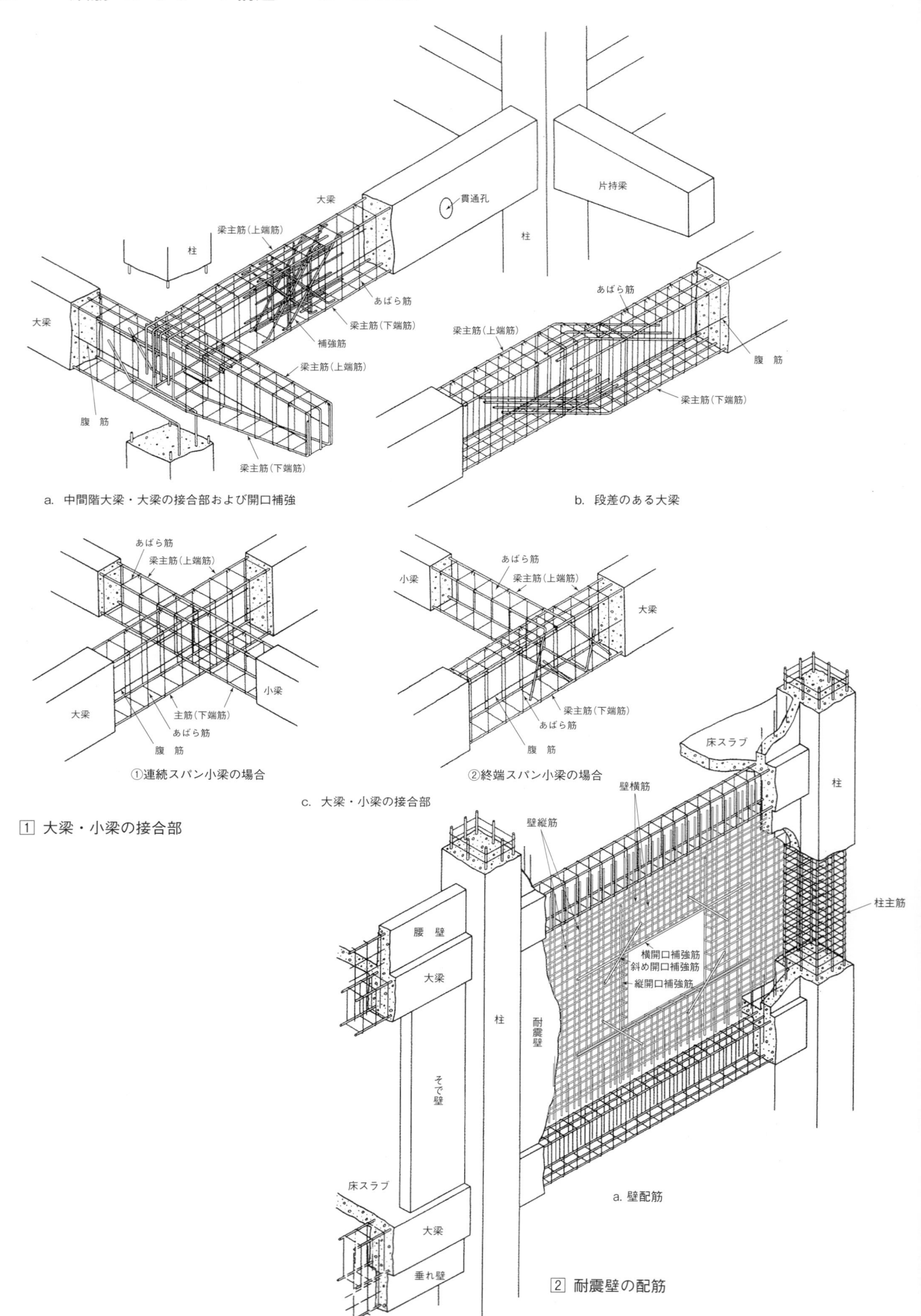

52　鉄筋コンクリート構造　梁・壁の配筋

a. 中間階大梁・大梁の接合部および開口補強

b. 段差のある大梁

① 連続スパン小梁の場合

② 終端スパン小梁の場合

c. 大梁・小梁の接合部

1 大梁・小梁の接合部

a. 壁配筋

2 耐震壁の配筋

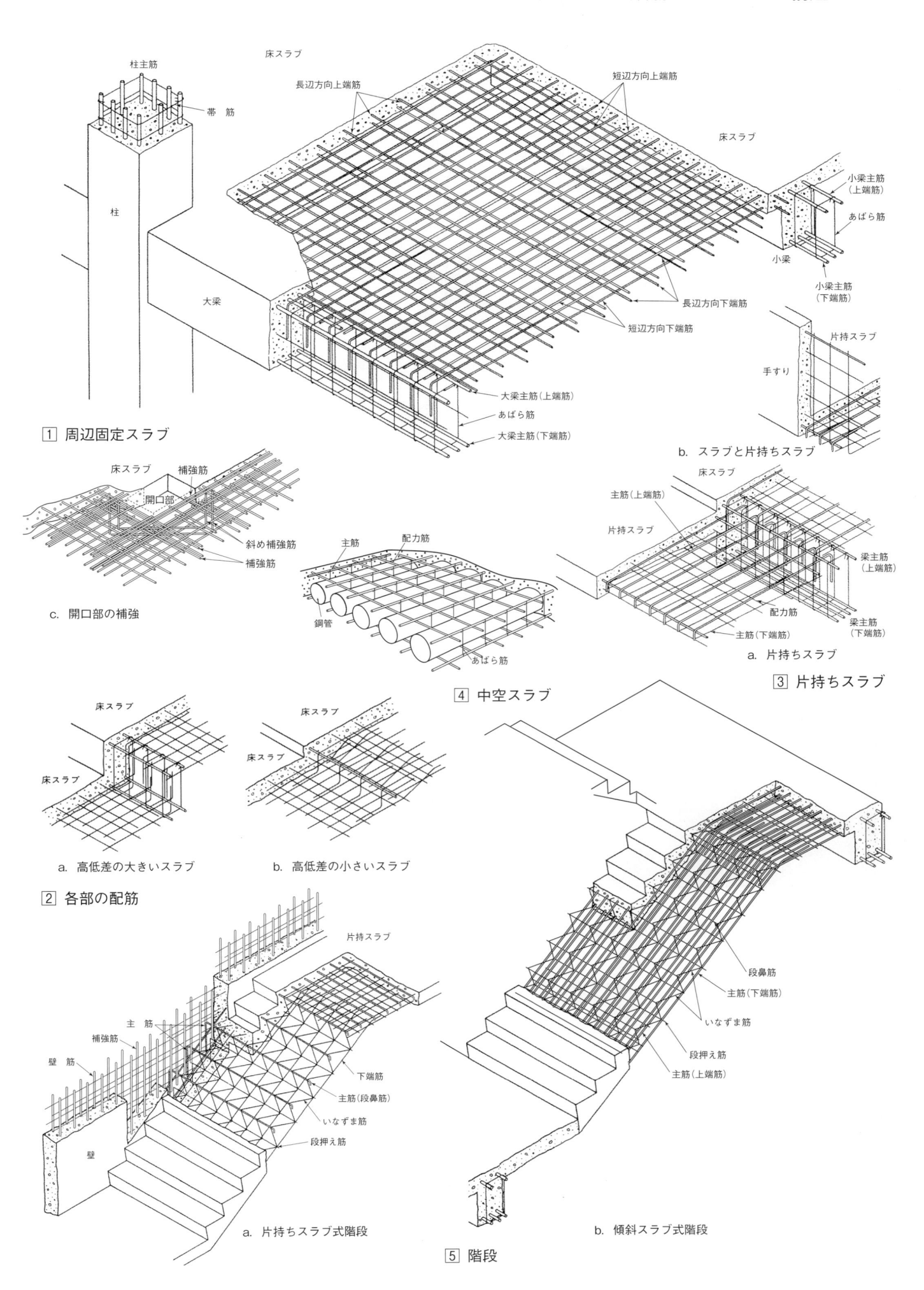

床および階段の配筋　　鉄筋コンクリート構造　　53

① 周辺固定スラブ

c. 開口部の補強

② 各部の配筋

a. 高低差の大きいスラブ　　b. 高低差の小さいスラブ

④ 中空スラブ

③ 片持ちスラブ

a. 片持ちスラブ

b. スラブと片持ちスラブ

a. 片持ちスラブ式階段

b. 傾斜スラブ式階段

⑤ 階段

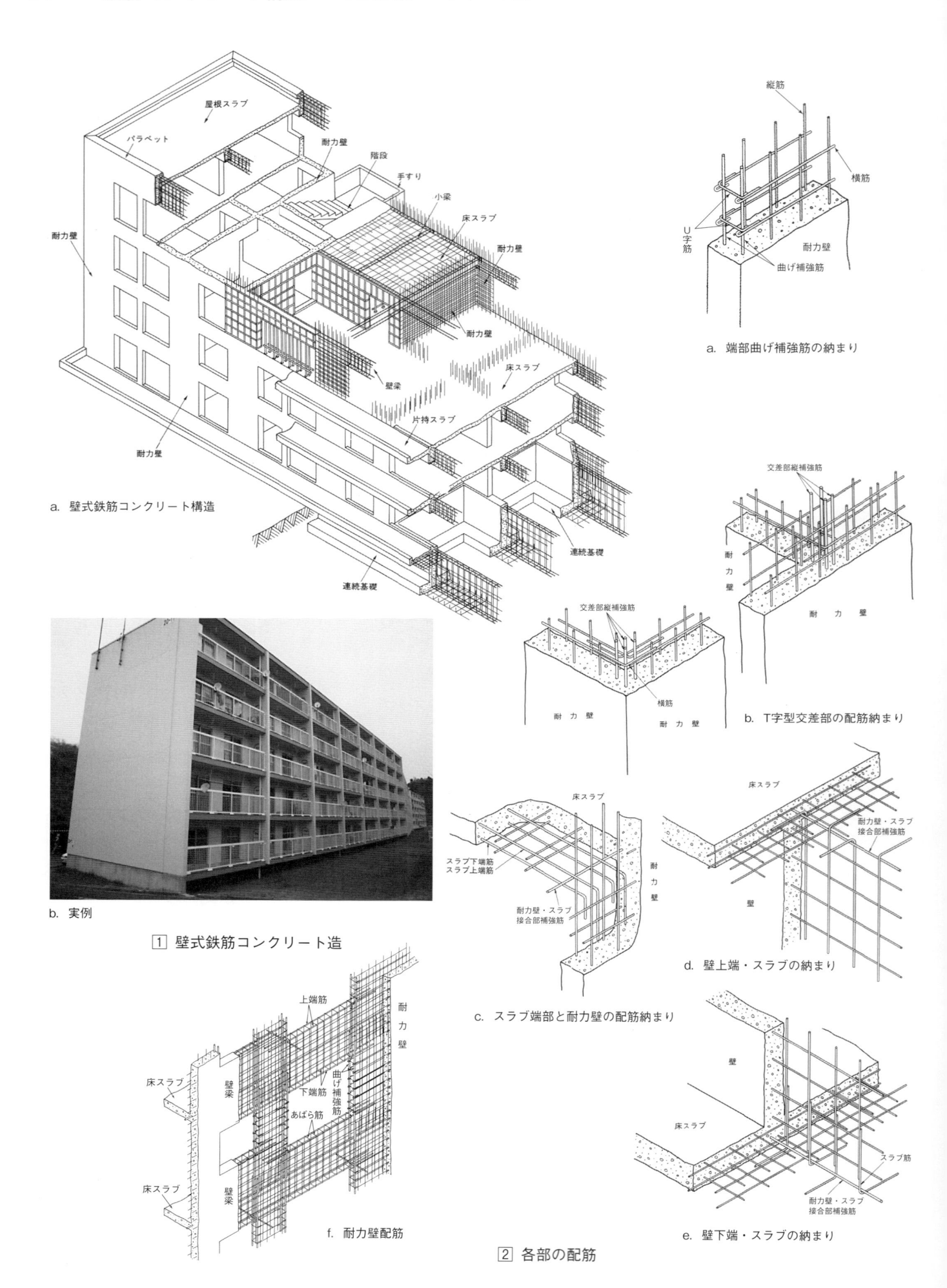

54 鉄筋コンクリート構造　壁式鉄筋コンクリート造

a. 壁式鉄筋コンクリート構造

（屋根スラブ、パラペット、耐力壁、階段、手すり、小梁、床スラブ、壁梁、片持スラブ、連続基礎）

b. 実例

1 壁式鉄筋コンクリート造

a. 端部曲げ補強筋の納まり
（縦筋、横筋、U字筋、耐力壁、曲げ補強筋）

b. T字型交差部の配筋納まり
（交差部縦補強筋、横筋、耐力壁）

c. スラブ端部と耐力壁の配筋納まり
（床スラブ、スラブ下端筋、スラブ上端筋、耐力壁、耐力壁・スラブ接合部補強筋）

d. 壁上端・スラブの納まり
（床スラブ、耐力壁・スラブ接合部補強筋、壁）

e. 壁下端・スラブの納まり
（壁、床スラブ、スラブ筋、耐力壁・スラブ接合部補強筋）

f. 耐力壁配筋
（床スラブ、壁梁、上端筋、下端筋、あばら筋、曲げ補強筋、耐力壁）

2 各部の配筋

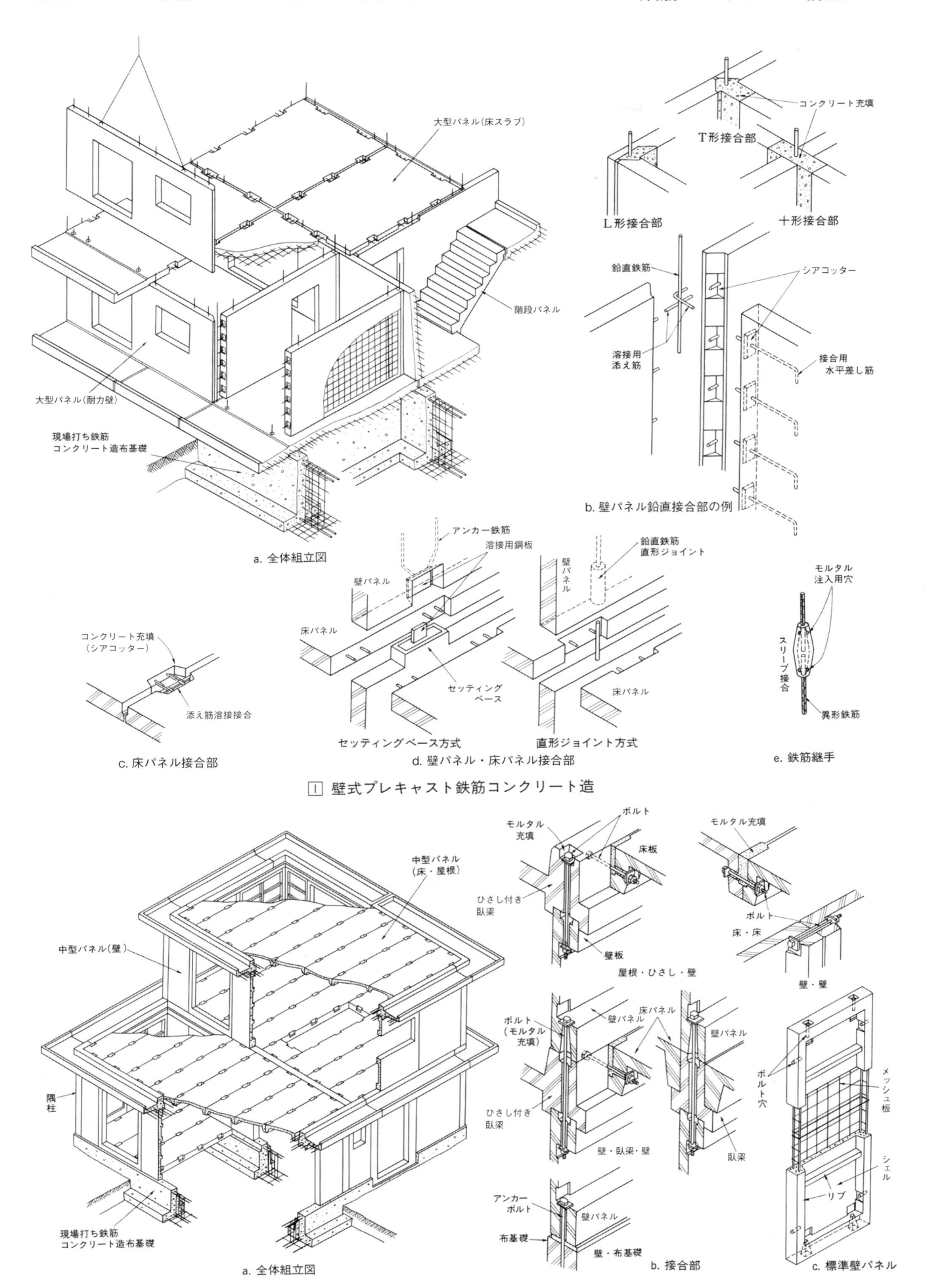

壁式プレキャスト鉄筋コンクリート造・リブ付薄肉中型コンクリートパネル造　鉄筋コンクリート構造

1 壁式プレキャスト鉄筋コンクリート造

a. 全体組立図

- 大型パネル(床スラブ)
- 階段パネル
- 大型パネル(耐力壁)
- 現場打ち鉄筋コンクリート造布基礎

L形接合部 / T形接合部 / 十形接合部
- コンクリート充填

b. 壁パネル鉛直接合部の例
- 鉛直鉄筋
- 溶接用添え筋
- シアコッター
- 接合用水平差し筋

c. 床パネル接合部
- コンクリート充填(シアコッター)
- 添え筋溶接接合

d. 壁パネル・床パネル接合部
- アンカー鉄筋
- 溶接用鋼板
- 壁パネル
- 床パネル
- セッティングベース
- 鉛直鉄筋直形ジョイント
- セッティングベース方式 / 直形ジョイント方式

e. 鉄筋継手
- モルタル注入用穴
- スリーブ接合
- 異形鉄筋

2 リブ付薄肉中型コンクリートパネル造

a. 全体組立図
- 中型パネル(床・屋根)
- 中型パネル(壁)
- 隅柱
- 現場打ち鉄筋コンクリート造布基礎

b. 接合部
- モルタル充填
- ボルト
- 床板
- ひさし付き臥梁
- 壁板
- 屋根・ひさし・壁
- 壁・床
- ボルト(モルタル充填)
- 壁パネル
- 床パネル
- ひさし付き臥梁
- 壁・臥梁・壁
- アンカーボルト
- 布基礎
- 壁・布基礎

c. 標準壁パネル
- メッシュ板
- ボルト穴
- シェル
- リブ

PC構造　構造原理・素材と力学的性状

名　称	プレストレストコンクリート(PC)		プレストレスト鉄筋コンクリート(PRC)	鉄筋コンクリート(RC)
使用鋼材	PC鋼材 + 鉄筋		PC鋼材 + 鉄筋	鉄筋
コンクリートの設計基準強度	ポストテンション方式 $F_c \geq 30\text{N/mm}^2$ プレテンション方式 $F_c \geq 35\text{N/mm}^2$		$F_c \geq 24\text{N/mm}^2$	普通　$36 > F_c \geq 18\text{N/mm}^2$ 高強度　$F_c \geq 36\text{N/mm}^2$
ひび割れと設計	ひび割れの可能性なし		ひび割れの制御設計	ひび割れの発生を仮定
コンクリート引張縁の応力状態 （長期設計応力時）	フルプレストレッシングの設計 圧縮応力	パーシャルプレストレッシングの設計 許容引張応力度以下	引張強度以下　　曲げ引張強度以下　　幅0.2mm以下の ひび割れを仮定	鉄筋の許容応力度の制御によるひび割れ幅の 間接制御
通常の適用スパンと梁せい	約15～40m、約スパン×$\frac{1}{20}$		約10～25m、約スパン×$\frac{1}{15}$	約5～10m、約スパン×$\frac{1}{10}$

1　プレストレストコンクリート・プレストレスト鉄筋コンクリート・鉄筋コンクリートの比較

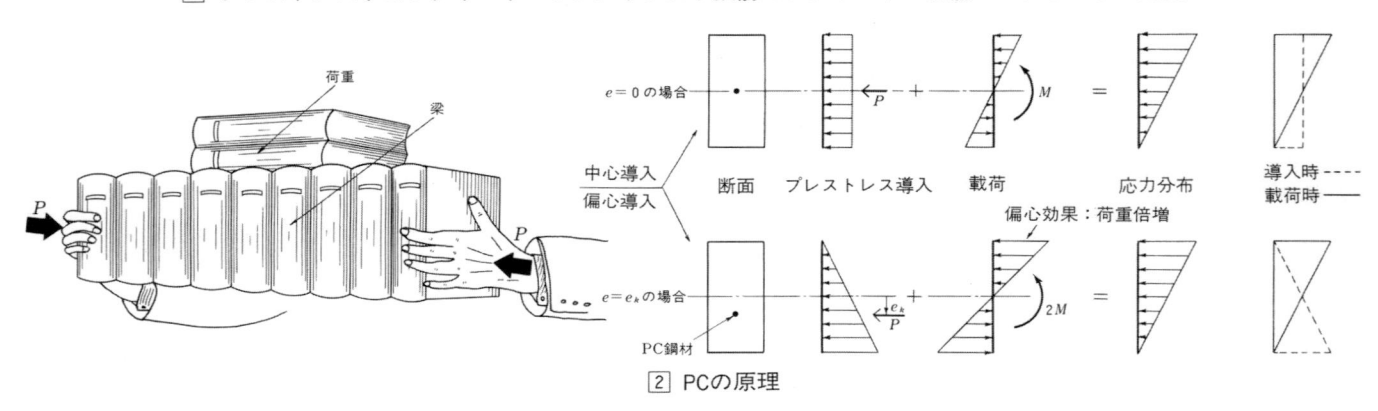

2　PCの原理

種類	PC鋼線　JIS G3536	PC鋼より線　JIS G3536			PC鋼棒　JIS G3109	アンボンドPC鋼材
		2本より、3本より	7本より	19本より		
断面	（異形鋼線もあり）				（異形鋼棒もあり）	PC鋼より線／PC鋼棒／ポリエチレンシース／防錆材（グリース等）
寸法	5mm～9mm	2.9mm×2 2.9mm×3	9.3mm～15.2mm	17.8mm～28.6mm	9.2mm～40.0mm	
強度	1420N/mm²～1620N/mm²	1930N/mm²	1720N/mm²～1880N/mm²	1780N/mm²～1860N/mm²	1030N/mm²～1230N/mm²	
姿図						

3　PC鋼材の種類

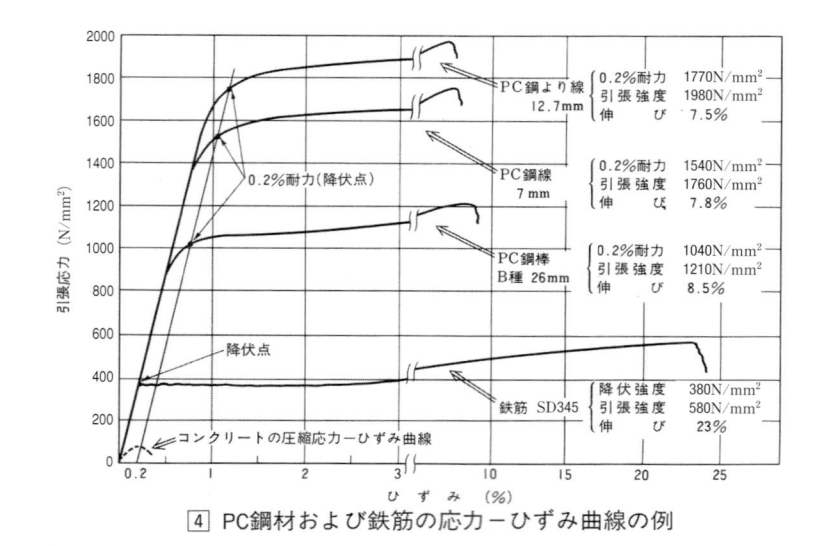

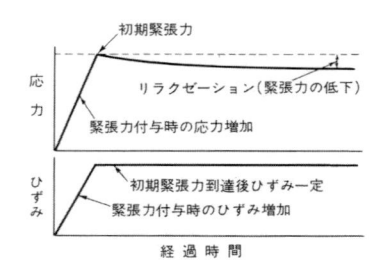

4　PC鋼材および鉄筋の応力－ひずみ曲線の例

5　PC鋼材リラクゼーションの概念

定着・部材製作・変形　　**PC構造**　　57

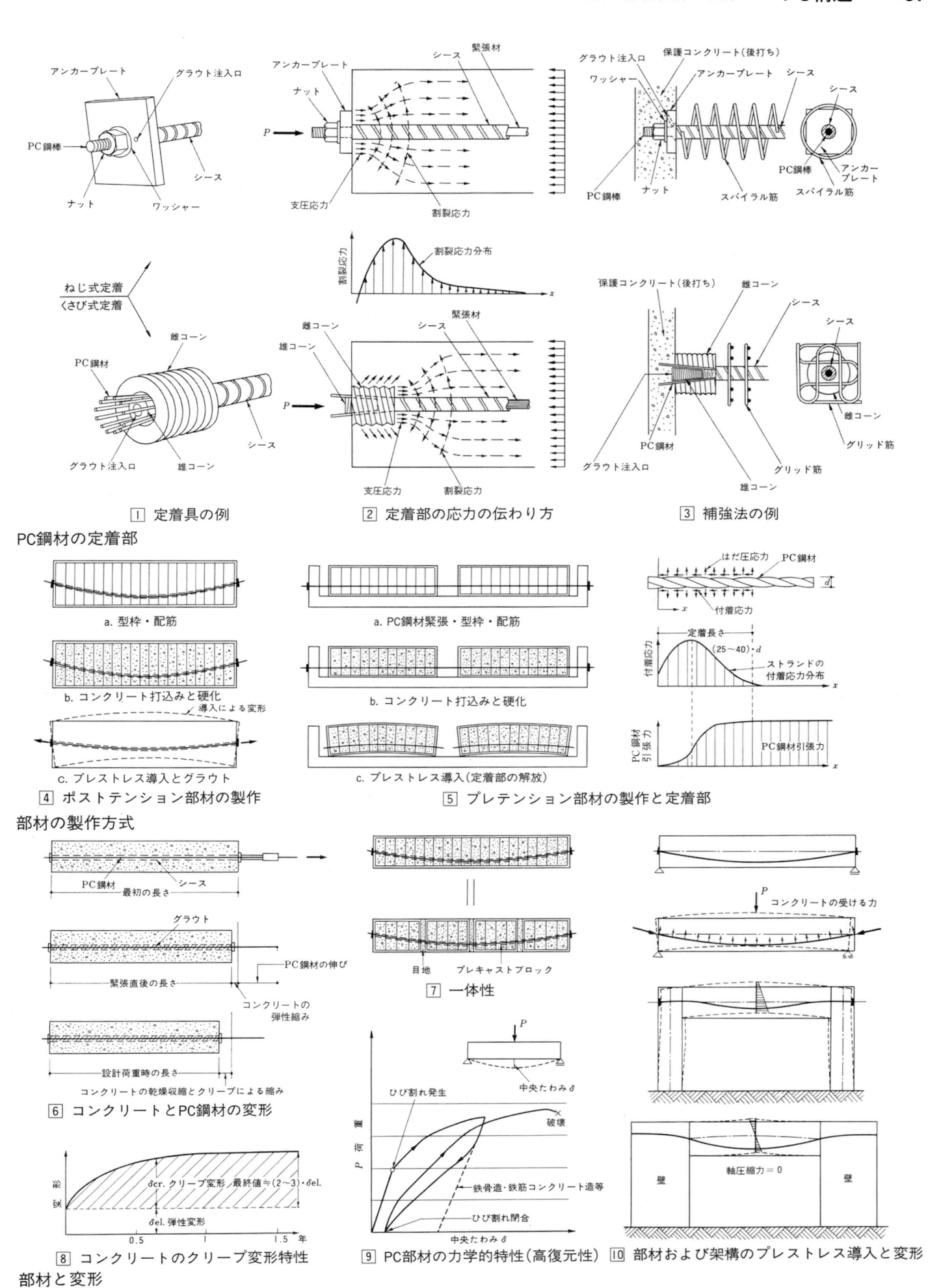

PC鋼材の定着部

① 定着具の例

② 定着部の応力の伝わり方

③ 補強法の例

部材の製作方式

④ ポストテンション部材の製作

⑤ プレテンション部材の製作と定着部

⑥ コンクリートとPC鋼材の変形

⑦ 一体性

部材と変形

⑧ コンクリートのクリープ変形特性

⑨ PC部材の力学的特性（高復元性）

⑩ 部材および架構のプレストレス導入と変形

58　PC構造　　場所打ちPC構造

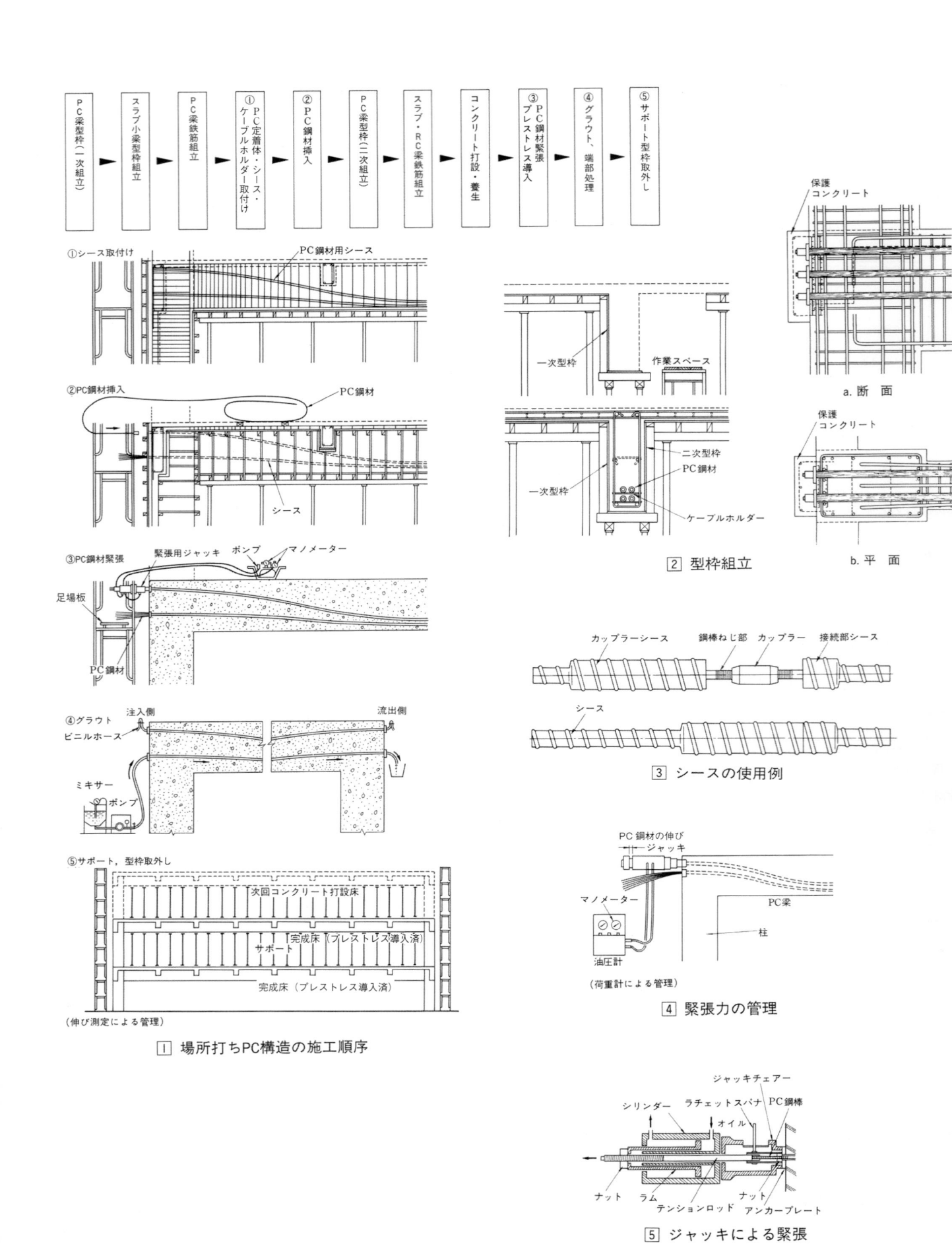

```
PC梁型枠(一次組立) → スラブ小梁型枠組立 → PC梁鉄筋組立 → ①PC定着体・シース・ケーブルホルダー取付け → ②PC鋼材挿入 → PC梁型枠(二次組立) → スラブ・RC梁鉄筋組立 → コンクリート打設・養生 → ③PC鋼材緊張プレストレス導入 → ④グラウト、端部処理 → ⑤サポート型枠取外し
```

①シース取付け（PC鋼材用シース）

②PC鋼材挿入（PC鋼材、シース）

③PC鋼材緊張（緊張用ジャッキ、ポンプ、マノメーター、足場板、PC鋼材）

④グラウト（注入側、流出側、ビニルホース、ミキサー、ポンプ）

⑤サポート，型枠取外し（次回コンクリート打設床、完成床（プレストレス導入済）、サポート、完成床（プレストレス導入済））
(伸び測定による管理)

1 場所打ちPC構造の施工順序

一次型枠、作業スペース、二次型枠、PC鋼材、ケーブルホルダー

2 型枠組立

保護コンクリート
a. 断面
保護コンクリート
b. 平面

カップラーシース、鋼棒ねじ部、カップラー、接続部シース
シース

3 シースの使用例

PC鋼材の伸び、ジャッキ、マノメーター、油圧計、PC梁、柱
(荷重計による管理)

4 緊張力の管理

シリンダー、ラチェットスパナ、ジャッキチェアー、PC鋼棒、オイル、ナット、ラム、テンションロッド、アンカープレート、ナット

5 ジャッキによる緊張

場所打ちPC構造　　PC構造　　59

c. 仕口

6　場所打ちPC構造の柱梁の仕口

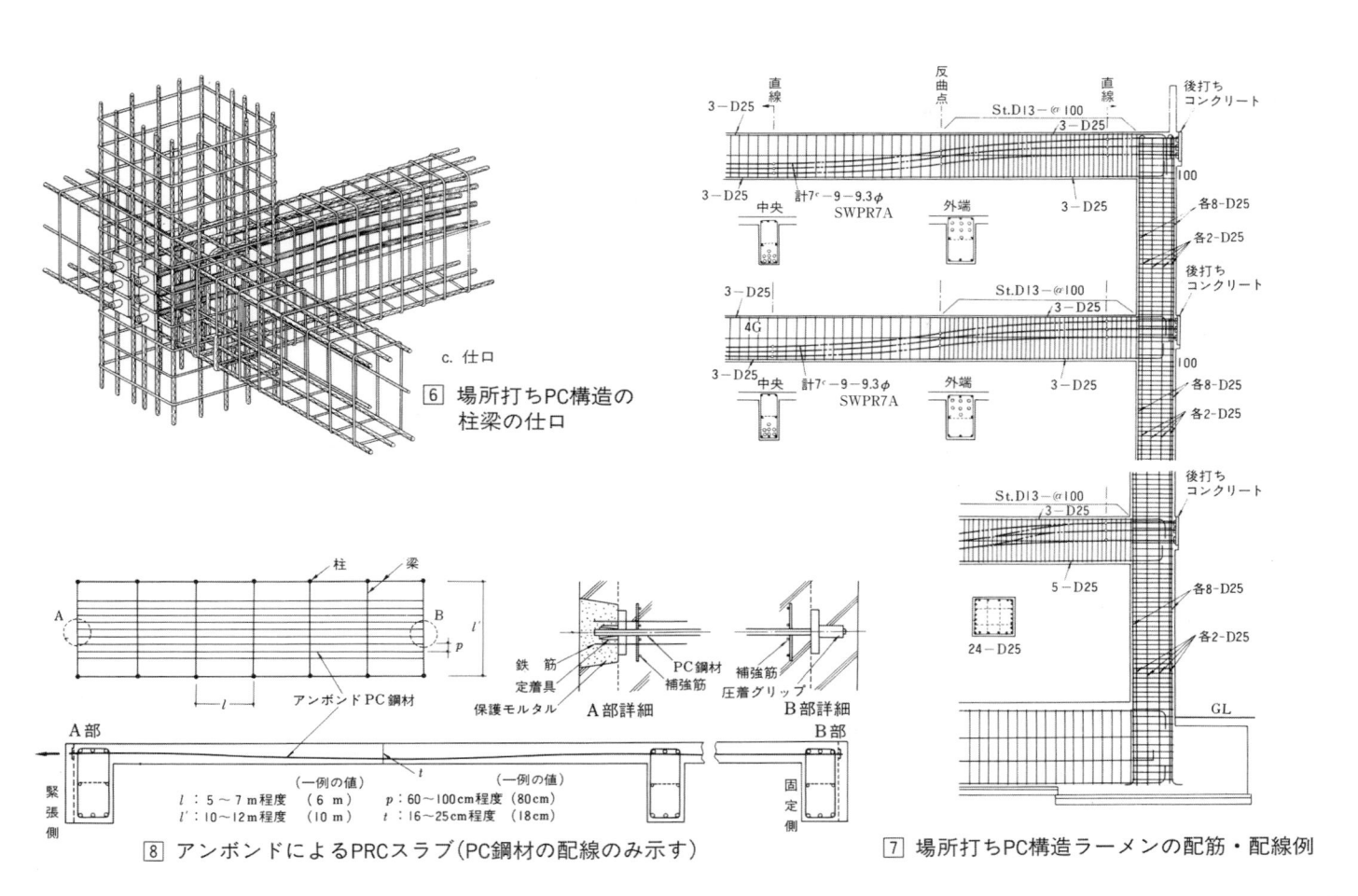

7　場所打ちPC構造ラーメンの配筋・配線例

8　アンボンドによるPRCスラブ（PC鋼材の配線のみ示す）

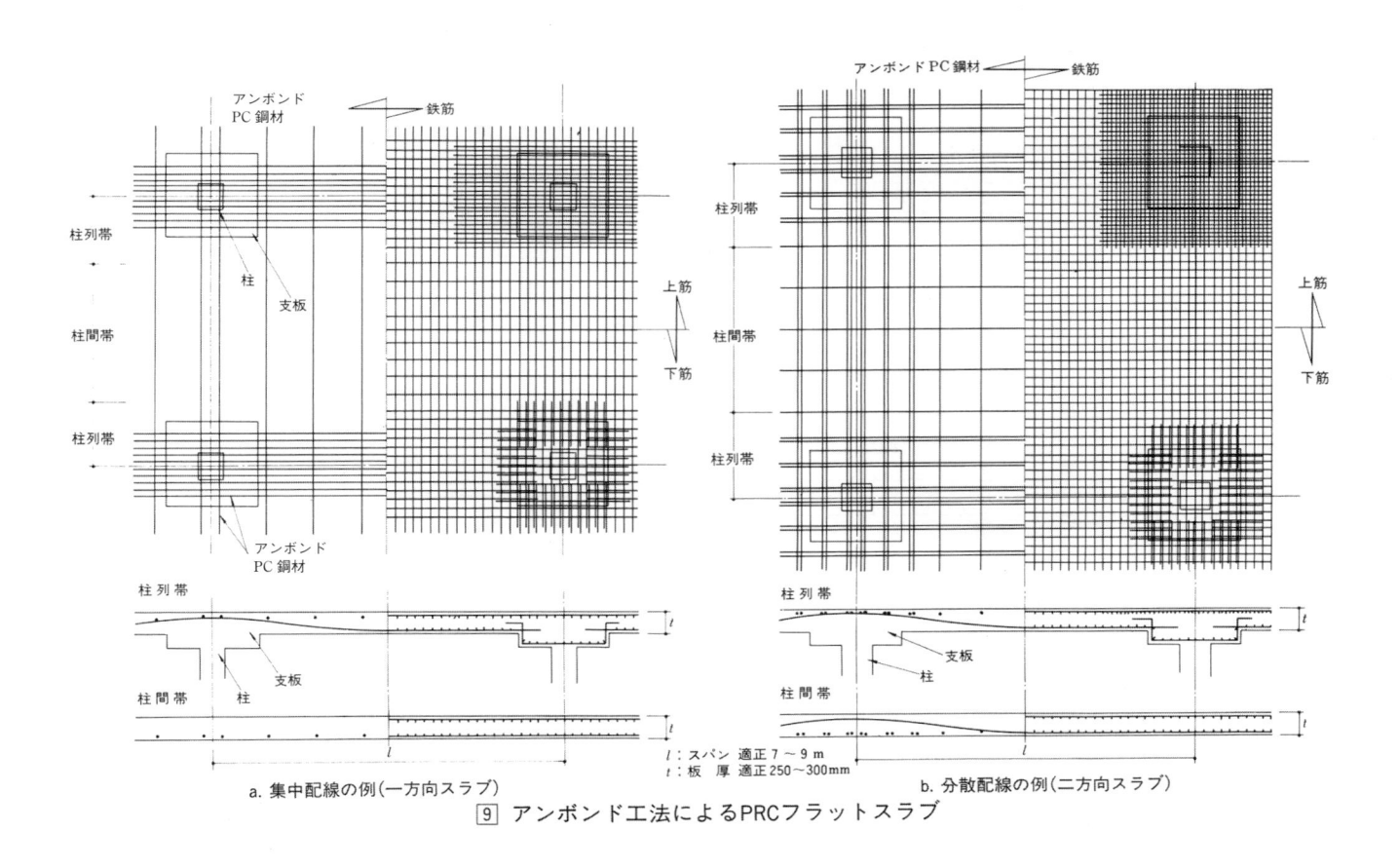

（一例の値）
l：5〜7m程度（6m）　　p：60〜100cm程度（80cm）
l'：10〜12m程度（10m）　　t：16〜25cm程度（18cm）

a. 集中配線の例（一方向スラブ）

b. 分散配線の例（二方向スラブ）

l：スパン　適正7〜9m
t：板厚　適正250〜300mm

9　アンボンド工法によるPRCフラットスラブ

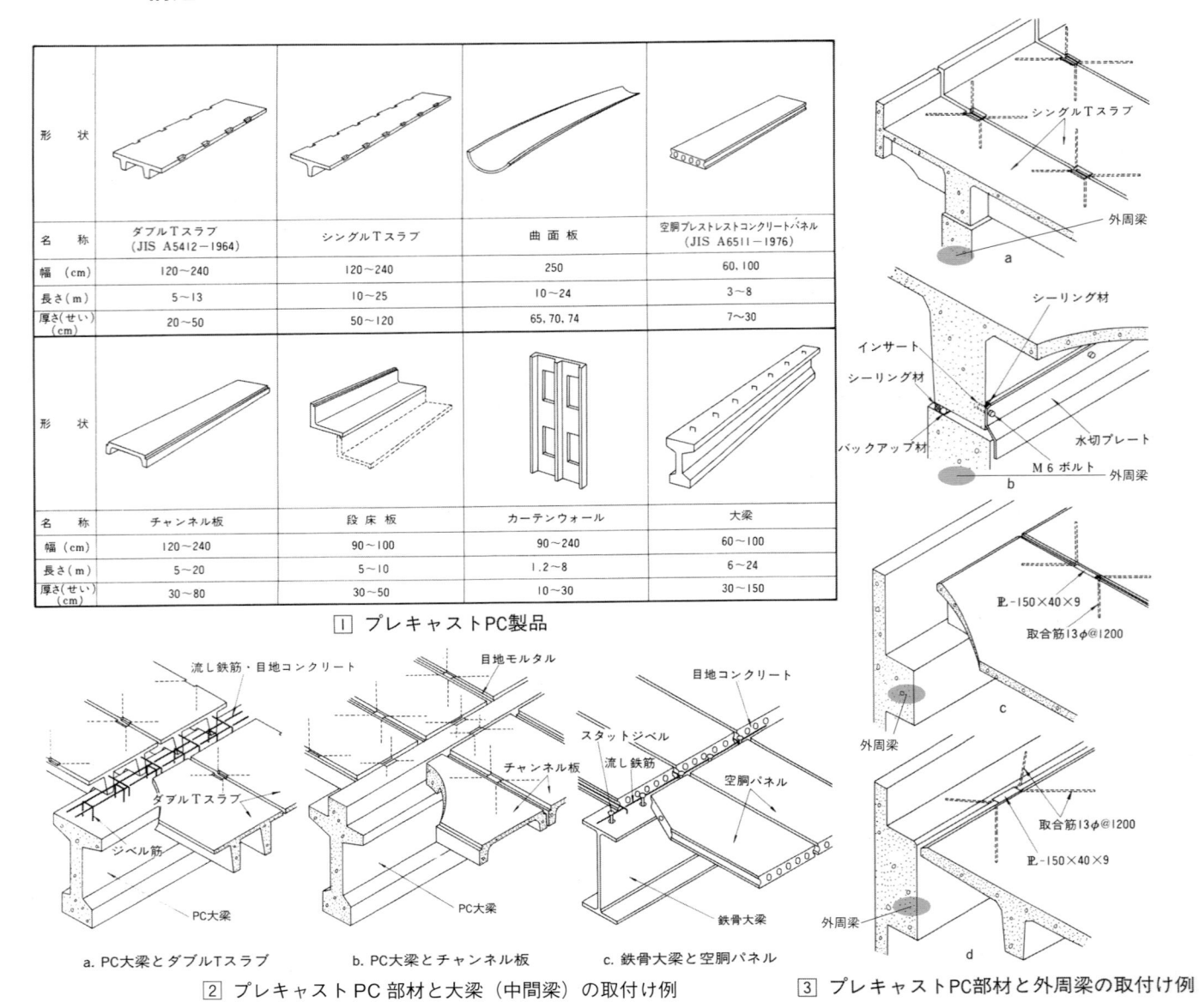

PC構造　プレキャストPC構造

1 プレキャストPC製品

形状				
名称	ダブルTスラブ (JIS A5412-1964)	シングルTスラブ	曲面板	空胴プレストレストコンクリートパネル (JIS A6511-1976)
幅（cm）	120～240	120～240	250	60, 100
長さ（m）	5～13	10～25	10～24	3～8
厚さ(せい)(cm)	20～50	50～120	65, 70, 74	7～30

形状				
名称	チャンネル板	段床板	カーテンウォール	大梁
幅（cm）	120～240	90～100	90～240	60～100
長さ（m）	5～20	5～10	1.2～8	6～24
厚さ(せい)(cm)	30～80	30～50	10～30	30～150

2 プレキャストPC部材と大梁（中間梁）の取付け例

a. PC大梁とダブルTスラブ　　b. PC大梁とチャンネル板　　c. 鉄骨大梁と空胴パネル

3 プレキャストPC部材と外周梁の取付け例

4 架構と部材接合, 配線例

a. 桁行方向PC鋼材配線　　b. スパン方向PC鋼材配線

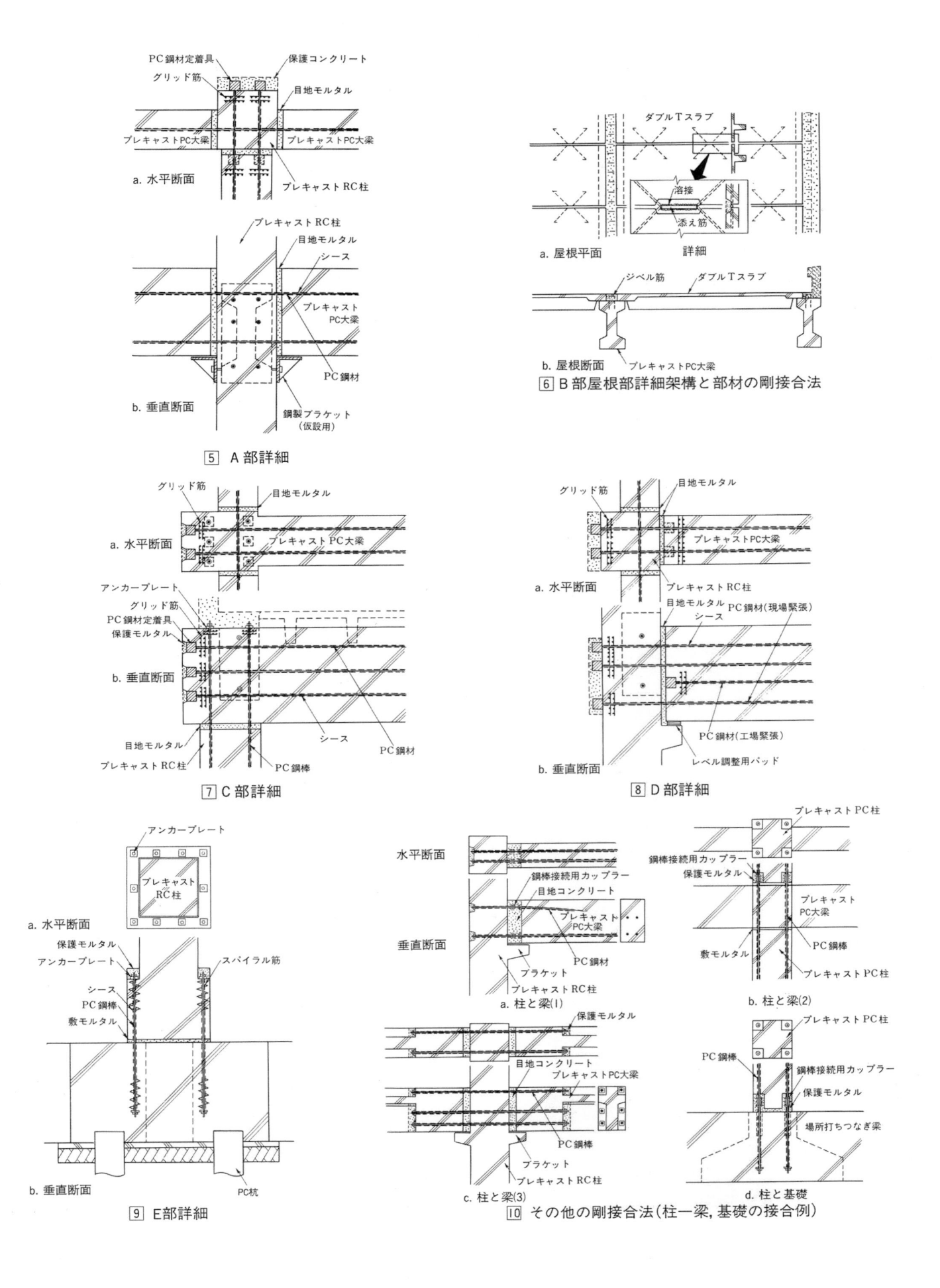

プレキャストPC構造　PC構造

5 A部詳細
- a. 水平断面：PC鋼材定着具／保護コンクリート／グリッド筋／目地モルタル／プレキャストPC大梁／プレキャストRC柱
- b. 垂直断面：プレキャストRC柱／目地モルタル／シース／プレキャストPC大梁／PC鋼材／鋼製ブラケット(仮設用)

6 B部屋根部詳細架構と部材の剛接合法
- a. 屋根平面　詳細：ダブルTスラブ／溶接／添え筋
- b. 屋根断面：ジベル筋／ダブルTスラブ／プレキャストPC大梁

7 C部詳細
- a. 水平断面：グリッド筋／目地モルタル／プレキャストPC大梁
- b. 垂直断面：アンカープレート／グリッド筋／PC鋼材定着具／保護モルタル／目地モルタル／プレキャストRC柱／PC鋼棒／シース／PC鋼材

8 D部詳細
- a. 水平断面：グリッド筋／目地モルタル／プレキャストPC大梁／プレキャストRC柱
- b. 垂直断面：目地モルタル／PC鋼材(現場緊張)／シース／PC鋼材(工場緊張)／レベル調整用パッド

9 E部詳細
- a. 水平断面：アンカープレート／プレキャストRC柱
- b. 垂直断面：保護モルタル／アンカープレート／スパイラル筋／シース／PC鋼棒／敷モルタル／PC杭

10 その他の剛接合法(柱―梁, 基礎の接合例)
- a. 柱と梁(1)：水平断面／鋼棒接続用カップラー／目地コンクリート／プレキャストPC大梁／PC鋼材／ブラケット／プレキャストRC柱／垂直断面
- b. 柱と梁(2)：プレキャストPC柱／鋼棒接続用カップラー／保護モルタル／プレキャストPC大梁／PC鋼棒／敷モルタル／プレキャストPC柱
- c. 柱と梁(3)：保護モルタル／目地コンクリート／プレキャストPC大梁／PC鋼棒／ブラケット／プレキャストRC柱
- d. 柱と基礎：プレキャストPC柱／PC鋼棒／鋼棒接続用カップラー／保護モルタル／場所打ちつなぎ梁

62　合成構造　　合成構造の分類・合成構造の実例

合成構造	合成部材	合成梁	鉄骨鉄筋コンクリート(SRC)梁 鉄骨コンクリート(CES)梁 狭義の合成梁 複合梁(梁端SRC(または鉄筋コンクリート(RC))・中央鉄骨)
		合成柱	SRC柱 鋼管コンクリート柱(コンクリート充填鋼管(CFT)柱等) CES柱
		合成床	デッキプレート合成床
		合成壁	形鋼を内蔵したSRC耐震壁 鋼板コンクリート耐力壁
		合成筋かい	非絶縁型合成筋かい(CFT筋かい等) 絶縁型合成筋かい(アンボンドブレース等)
		合成トラス，アーチ	CFTトラス，アーチ
	単一合成部材の構成		SRC構造，CES構造
	混合構造	異種構造部材の混合化	SRC柱・鉄骨(S)梁構造 SRC柱・RC梁構造 RC柱・S梁構造 CFT柱・S梁構造 CFT柱・鉄骨コンクリート梁構造 CFT柱・フラットスラブ構造
		平面的な異種構造システムの混合化	外周S(またはSRC)骨組・RCコア壁構造 外周S骨組・SRCコア壁構造 外周CFT骨組・RCコア壁構造 外周RC(またはSRC、CFT)骨組・内部S骨組構造 X方向SRC骨組(SRC梁)・Y方向RC骨組(RC梁)構造 SとRCのダブルチューブ
		立体的な異種構造システムの混合化	上層部S(RC)骨組・下層部SRC骨組構造 上層部S骨組・下層部RC骨組構造 メガストラクチャー

1 合成構造の分類

中国銀行タワー（高さ：305m）
（SRCの例）

六本木ヒルズ森タワー（高さ：238m）
（CFTの例）

2 合成構造の実例

構造概念　　合成構造　　63

① 構造概念図

主な記入ラベル:
- 大梁鉄骨（ラチス形式）
- 壁筋
- 壁
- 床スラブ鉄筋
- 床スラブ
- 小梁主筋
- 柱鉄骨継手
- 大梁鉄骨（H形鋼）
- バンドプレート
- 大梁
- 小梁
- 大梁主筋
- あばら筋
- 柱主筋
- あばら筋
- 帯筋
- 大梁鉄骨継手
- ベースプレート
- 柱・梁接合部
- 大梁
- 側柱
- 隅柱
- 基礎
- 基礎梁

② 構造形式の組合せ

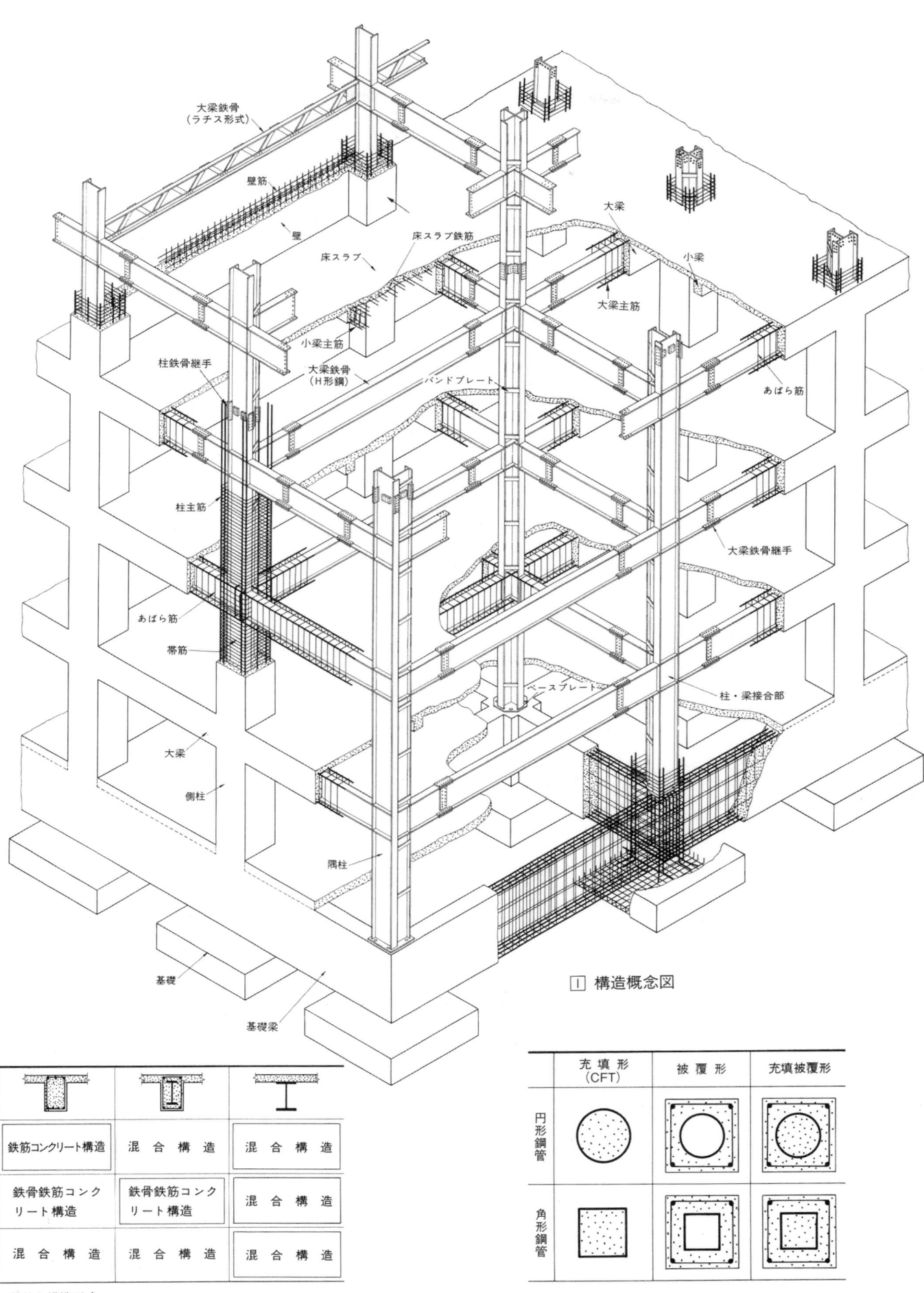

柱＼梁	▯（RC）	▯（SRC混合）	I（S）
▯（RC）	鉄筋コンクリート構造	混合構造	混合構造
▯（SRC）	鉄骨鉄筋コンクリート構造	鉄骨鉄筋コンクリート構造	混合構造
▢（CFT）	混合構造	混合構造	混合構造

▭：一般的な構造形式
（鉄骨鉄筋コンクリートをSRCと呼称する）

③ 鋼管コンクリート柱の断面構成

	充填形（CFT）	被覆形	充填被覆形
円形鋼管	○	○内包	○内包
角形鋼管	□	□内包	□内包

64 合成構造　柱・梁の形式

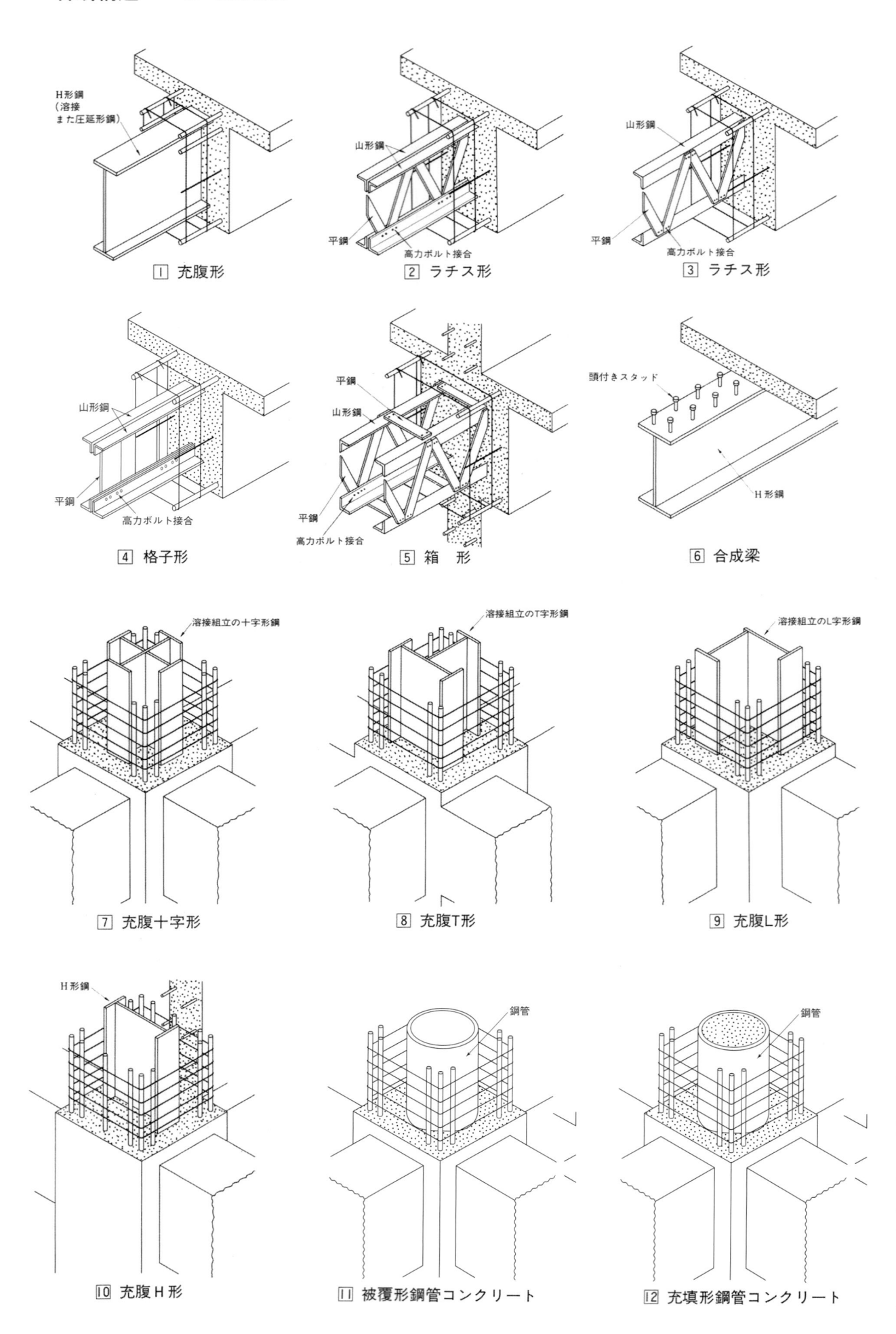

① 充腹形

② ラチス形

③ ラチス形

④ 格子形

⑤ 箱形

⑥ 合成梁

⑦ 充腹十字形

⑧ 充腹T形

⑨ 充腹L形

⑩ 充腹H形

⑪ 被覆形鋼管コンクリート

⑫ 充填形鋼管コンクリート

各部の詳細(1)　**合成構造**　65

柱脚

① 柱脚詳細

② 柱脚の形式
　a. 非埋込み形
　b. 非埋込み形（スタッド付）
　c. 埋込み形

③ ベースプレート形状とアンカーボルト配置

大梁・小梁

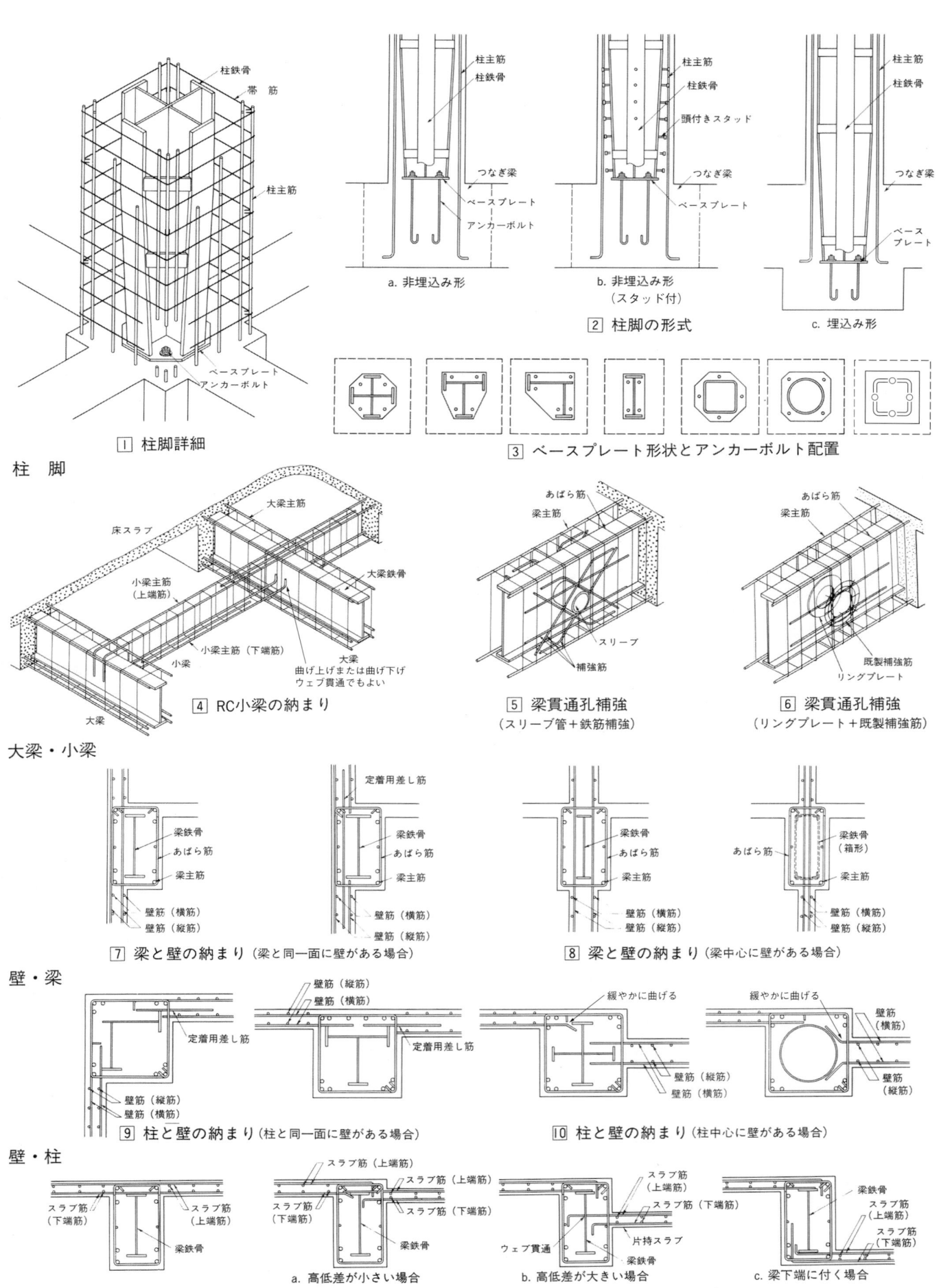

④ RC小梁の納まり

⑤ 梁貫通孔補強（スリーブ管＋鉄筋補強）

⑥ 梁貫通孔補強（リングプレート＋既製補強筋）

壁・梁

⑦ 梁と壁の納まり（梁と同一面に壁がある場合）

⑧ 梁と壁の納まり（梁中心に壁がある場合）

壁・柱

⑨ 柱と壁の納まり（柱と同一面に壁がある場合）

⑩ 柱と壁の納まり（柱中心に壁がある場合）

床スラブ・梁

⑪ 床スラブと梁の納まり（一般の場合）

⑫ 床スラブと梁の納まり（床スラブに高低差のある場合）
　a. 高低差が小さい場合
　b. 高低差が大きい場合
　c. 梁下端に付く場合

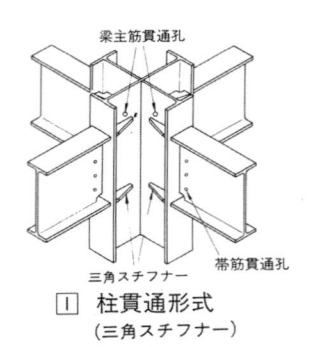

66　合成構造　各部の詳細(2)

鉄骨部分の柱・梁接合部形式

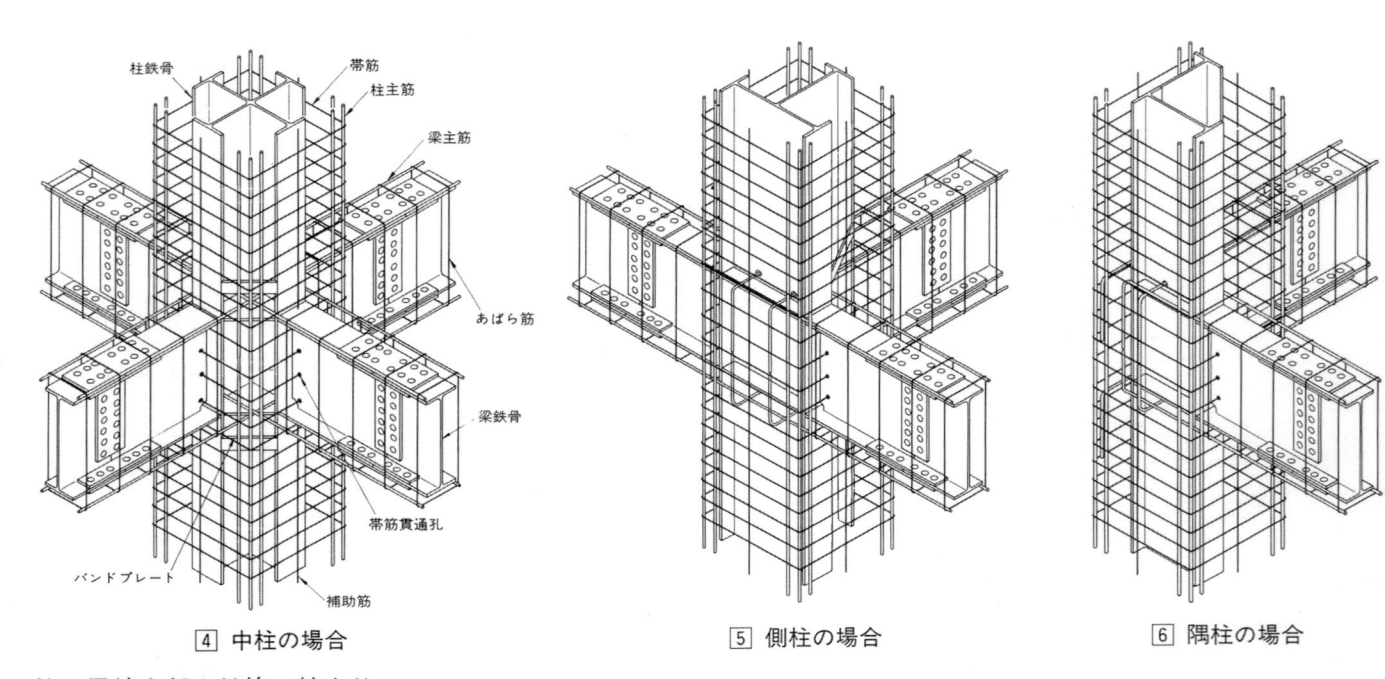

① 柱貫通形式（三角スチフナー）
② 柱貫通形式（水平スチフナー） 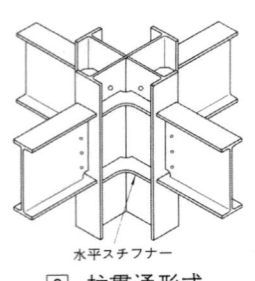
③ 梁貫通形式 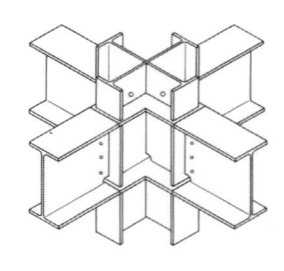

柱・梁接合部の鉄筋の納まり

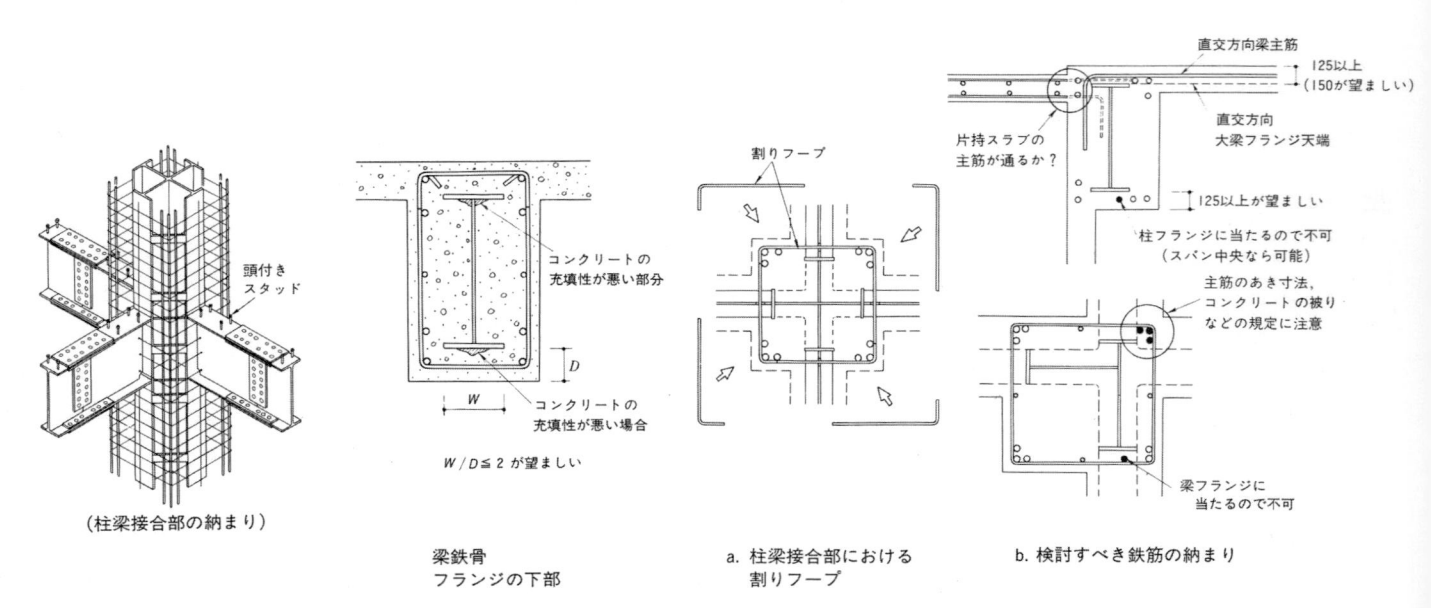

④ 中柱の場合
⑤ 側柱の場合
⑥ 隅柱の場合

鉄骨鉄筋コンクリート造における留意点

⑦ 梁S造柱SRC造の接合部（柱梁接合部の納まり）

⑧ コンクリートの充填性
梁鉄骨フランジの下部
$W/D \leq 2$ が望ましい

⑨ 鉄筋と鉄骨との納まり
a. 柱梁接合部における割りフープ
b. 検討すべき鉄筋の納まり

125以上（150が望ましい）
直交方向大梁フランジ天端
125以上が望ましい
柱フランジに当たるので不可（スパン中央なら可能）
主筋のあき寸法，コンクリートの被りなどの規定に注意
梁フランジに当たるので不可

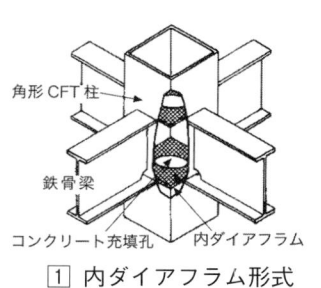

コンクリート充填鋼管（CFT）構造　**合成構造**　67

CFT柱・鉄骨梁構造

1 内ダイアフラム形式
2 通しダイアフラム形式 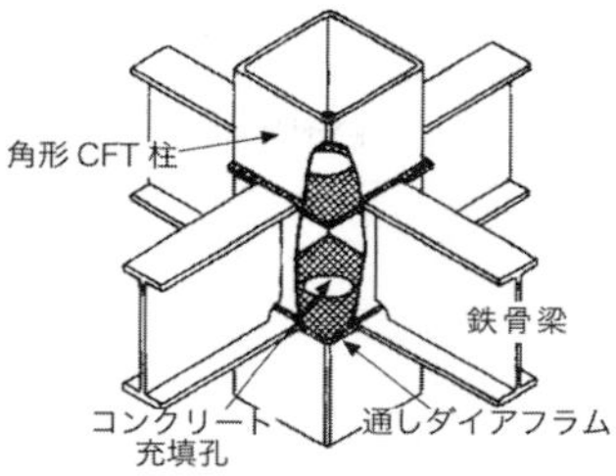
3 外ダイアフラム形式 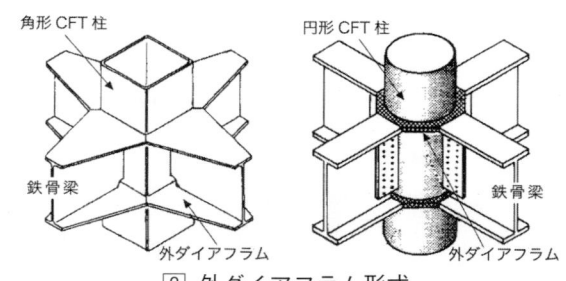

CFT柱と異種構造部材による構造

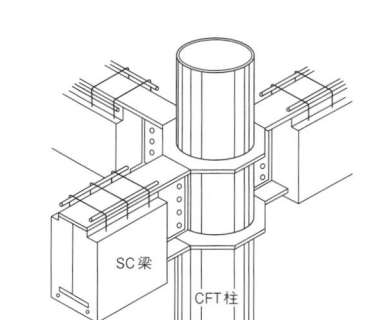

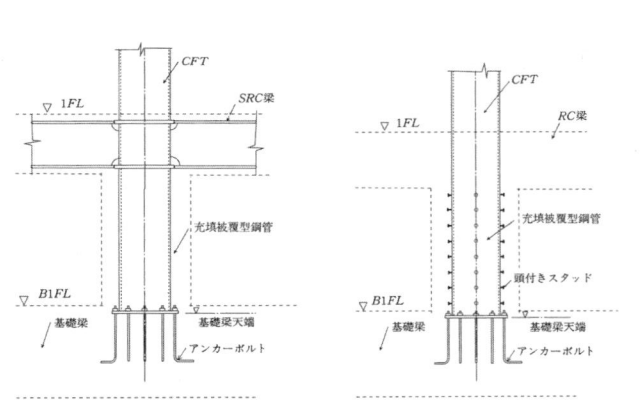

4 CFT柱・鉄骨コンクリート（SC）梁構造
5 CFT柱・フラットスラブ構造 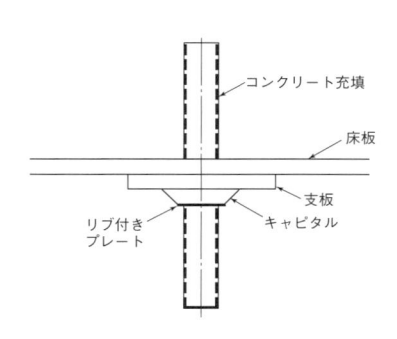

柱脚

6 最下層を充填被覆型鋼管コンクリートとした構造

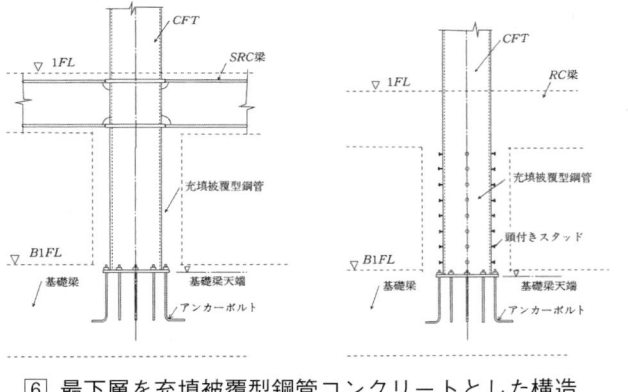

異種構造の柱部材との切替え部

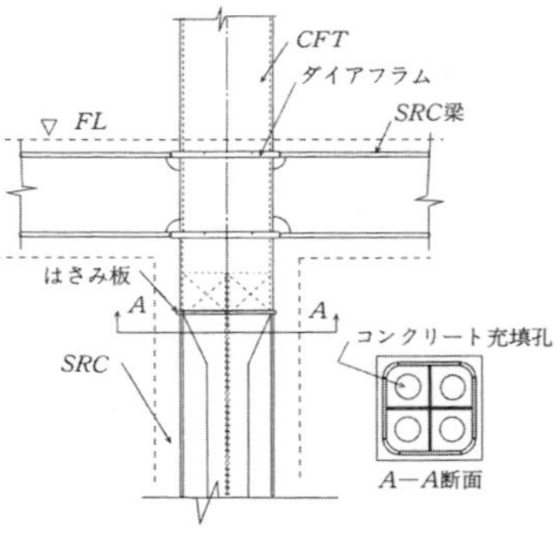

7 柱梁接合部近傍の切替え
8 柱中央の切替え 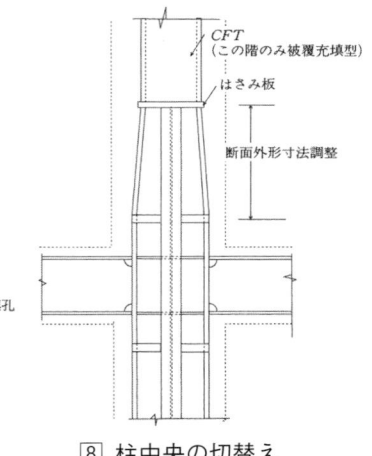

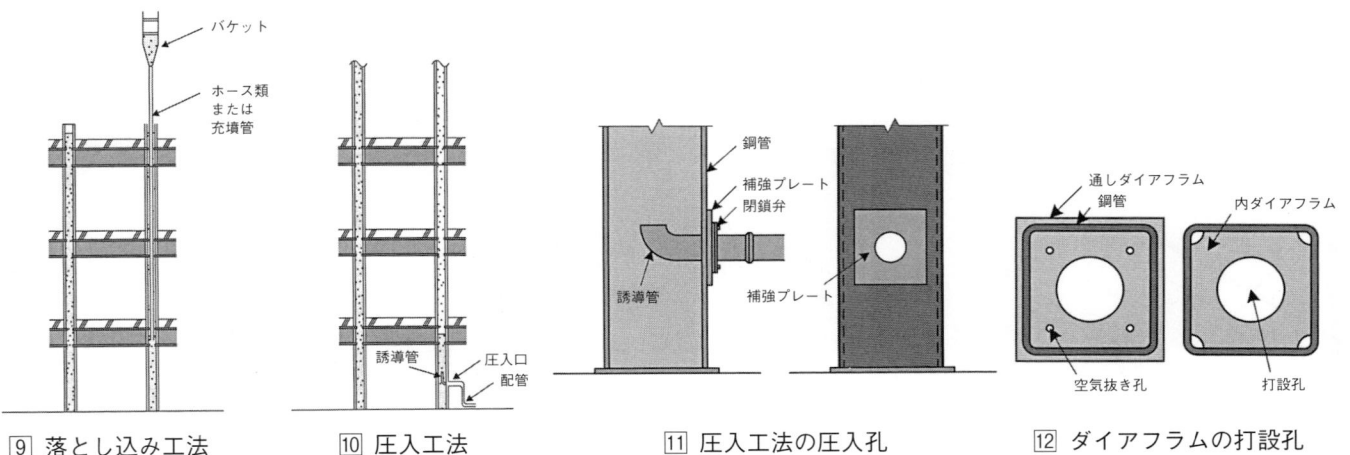

鋼管内へのコンクリート充填方法

9 落とし込み工法
10 圧入工法

圧入工法

11 圧入工法の圧入孔
12 ダイアフラムの打設孔

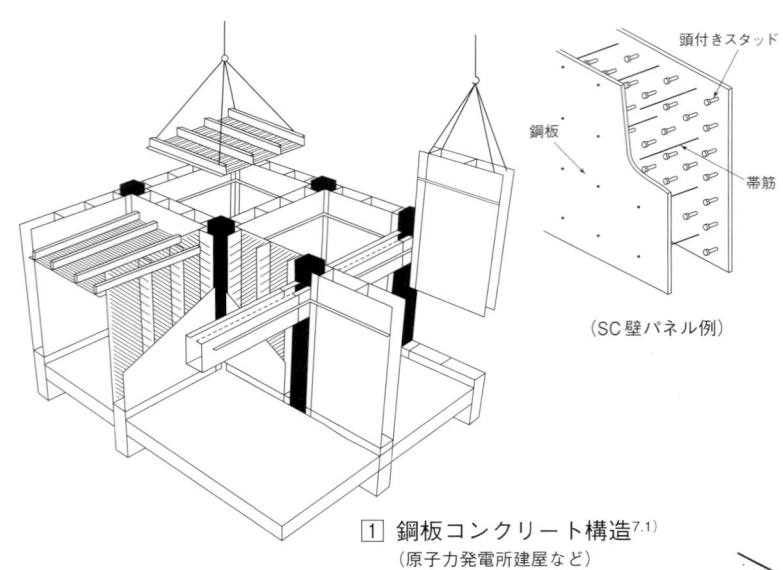

68　合成構造　　その他の合成構造(1)

1　鋼板コンクリート構造[7.1]
（原子力発電所建屋など）

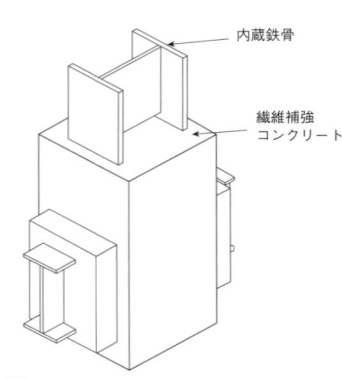

（SC壁パネル例）
頭付きスタッド／鋼板／帯筋

2　CES構造
（内蔵鉄骨と繊維補強コンクリートによる合成構造）
内蔵鉄骨／繊維補強コンクリート

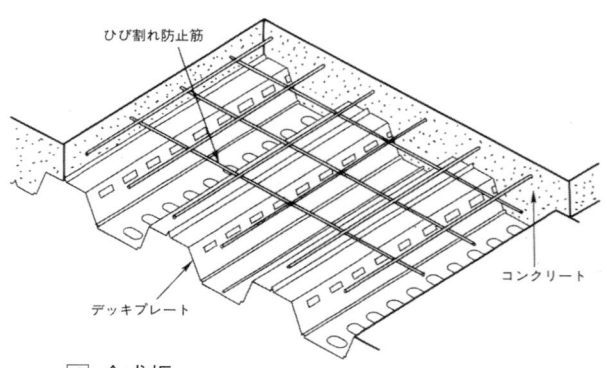

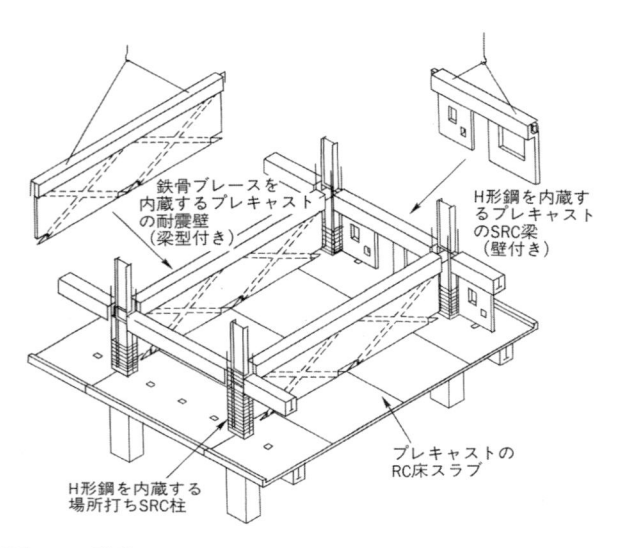

3　HPC構造
（コンクリート板で鋼板筋かいの座屈を防止する合成壁を組み込んでいる―集合住宅など）
鉄骨ブレースを内蔵するプレキャストの耐震壁（梁型付き）／H形鋼を内蔵するプレキャストのSRC梁（壁付き）／プレキャストのRC床スラブ／H形鋼を内蔵する場所打ちSRC柱

4　合成板
（コンクリートを圧縮材、デッキプレートを引張材として利用）
ひび割れ防止筋／デッキプレート／コンクリート

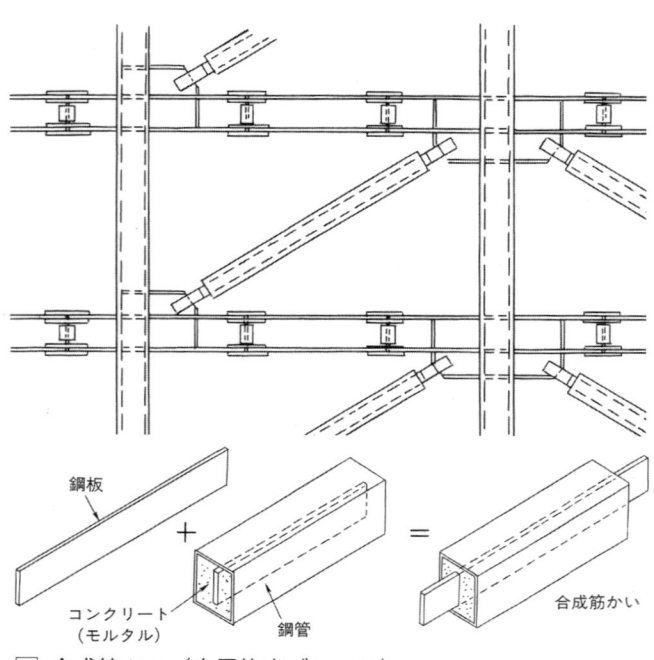

5　合成筋かい（座屈拘束ブレース）
（鋼管コンクリートで鋼板筋かいの座屈を防止した引張力・圧縮力に有効な筋かい）
鋼板＋コンクリート（モルタル）／鋼管＝合成筋かい

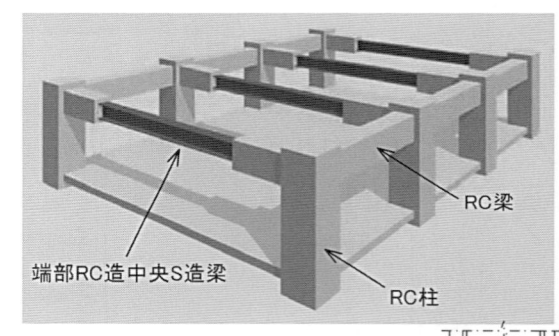

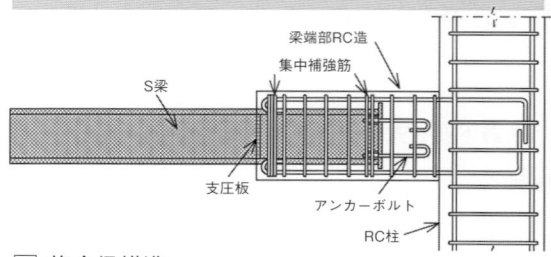

6　複合梁構造
（端部をRC造またはSRC造・中央部をS造とした梁）
RC梁／端部RC造中央S造梁／RC柱／S梁／梁端部RC造／集中補強筋／支圧板／アンカーボルト／RC柱

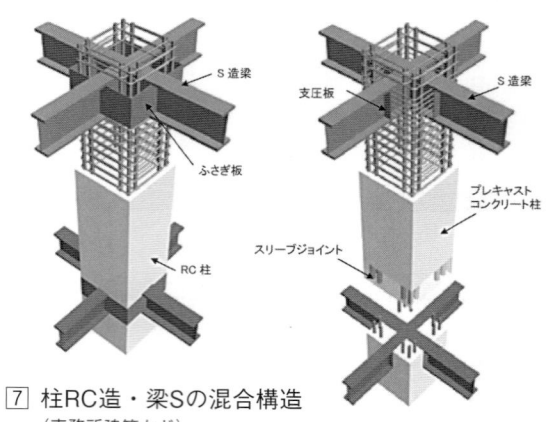

7　柱RC造・梁Sの混合構造
（事務所建築など）
S造梁／ふさぎ板／RC柱／支圧板／プレキャストコンクリート柱／スリーブジョイント

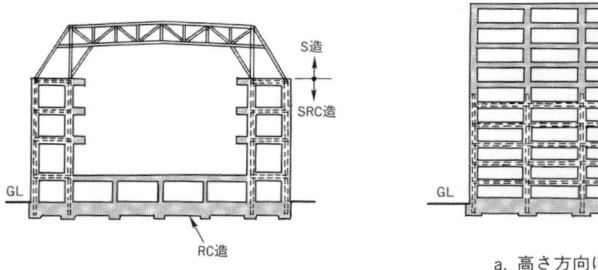

その他の合成構造(2)　**合成構造**　69

① S造・RC造・SRC造の混合構造
（ホールなど）

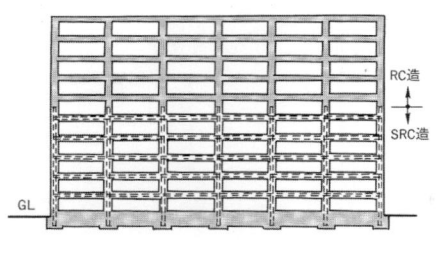

② RC造・SRC造の混合構造

a. 高さ方向に混用（集合住宅など）

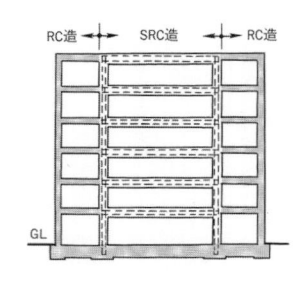

b. 平面的に混用（事務所建築など）

平面図

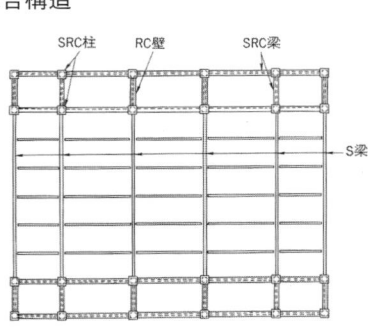

③ SRC造コアとS造の混合構造
（事務所建築など）

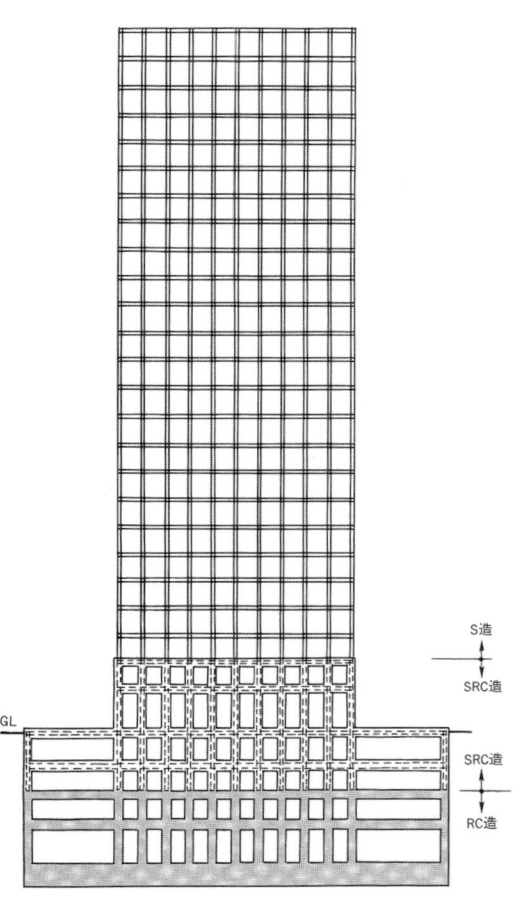

④ S造・RC造・SRC造の混合構造
（高層建築など）

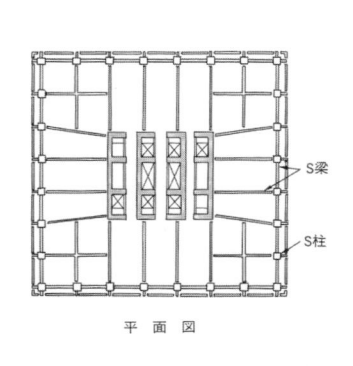

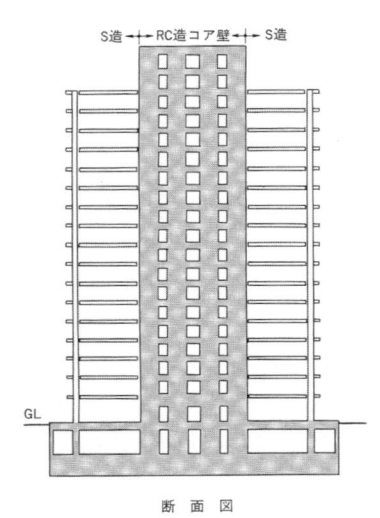

断面図

⑤ RC造コアとS造の混合構造
（事務所建築など）

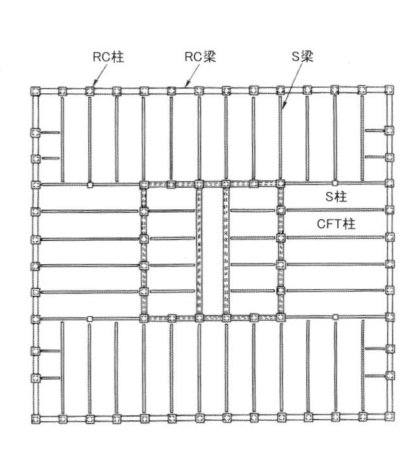

⑥ 外周RC造チューブとCFT造の
混合構造
（チューブ構造：骨組を籠状に構成して
　耐震要素とした構造－事務所建築など）

充腹十字形SRC柱

格子形SRC柱

充腹十字形CES柱

CFT柱

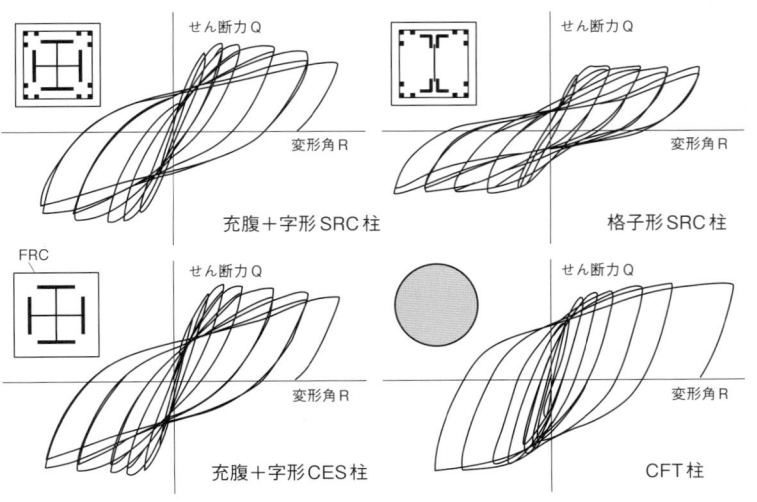

⑦ 各種合成構造柱部材の復元力特性
（水平力と水平変形との関係）

70 組積構造・プレキャスト組立床　れんが造

a. 北ドーム・北切妻

b. 中央切妻御車寄せ

c. 南ドーム大時計

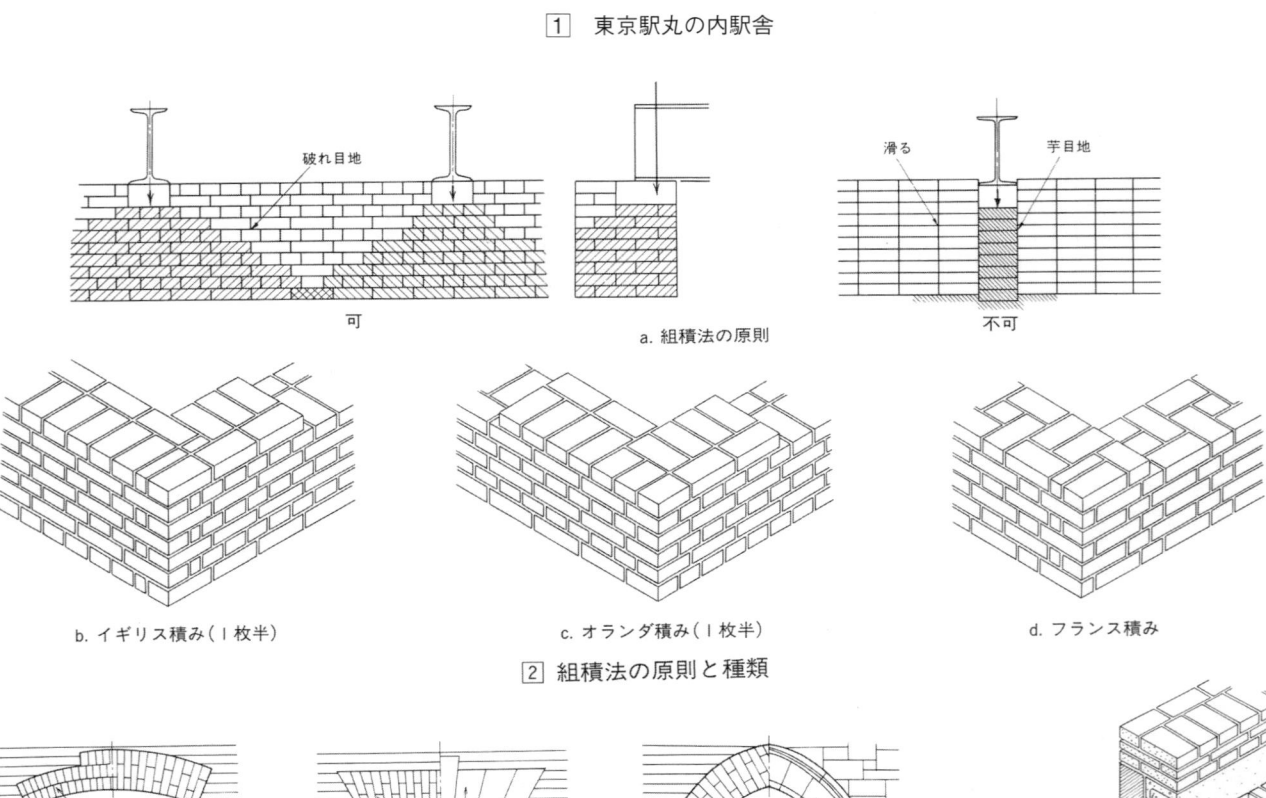

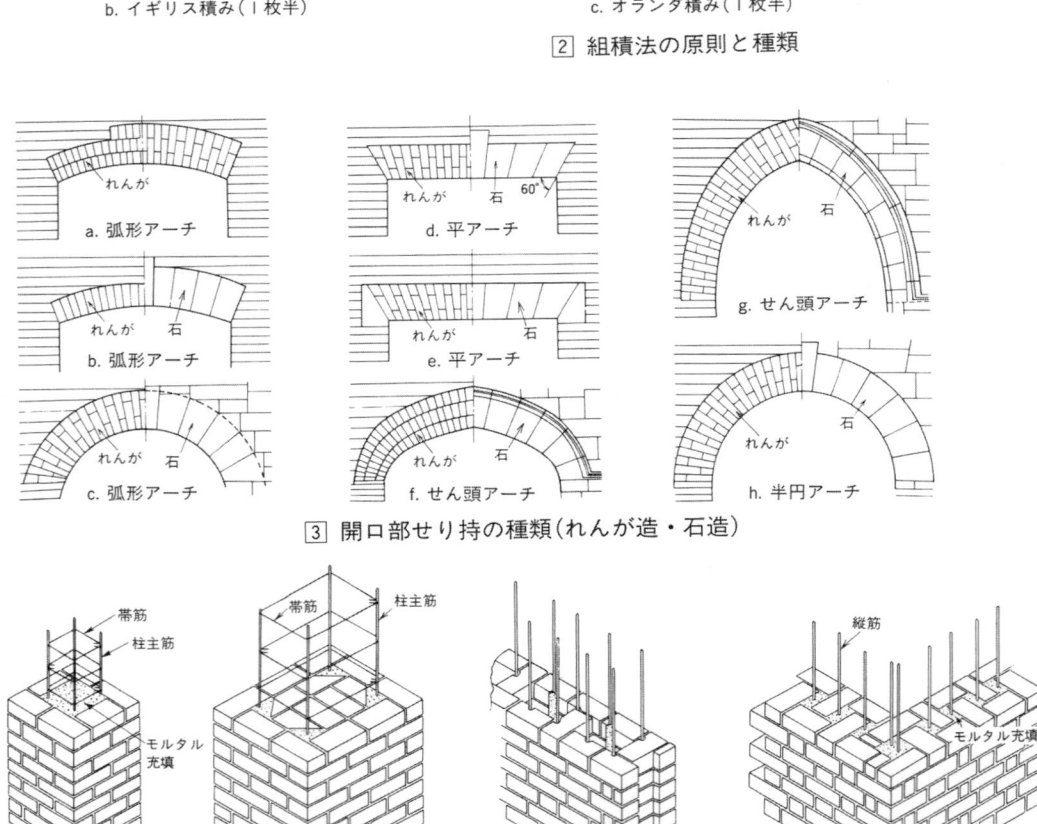

1 東京駅丸の内駅舎

可　　a. 組積法の原則　　不可

b. イギリス積み（1枚半）

c. オランダ積み（1枚半）

d. フランス積み

2 組積法の原則と種類

a. 弧形アーチ
b. 弧形アーチ
c. 弧形アーチ
d. 平アーチ
e. 平アーチ
f. せん頭アーチ
g. せん頭アーチ
h. 半円アーチ

3 開口部せり持の種類（れんが造・石造）

a　柱の例　b　　c　壁体の例　d

4 れんが造の補強法

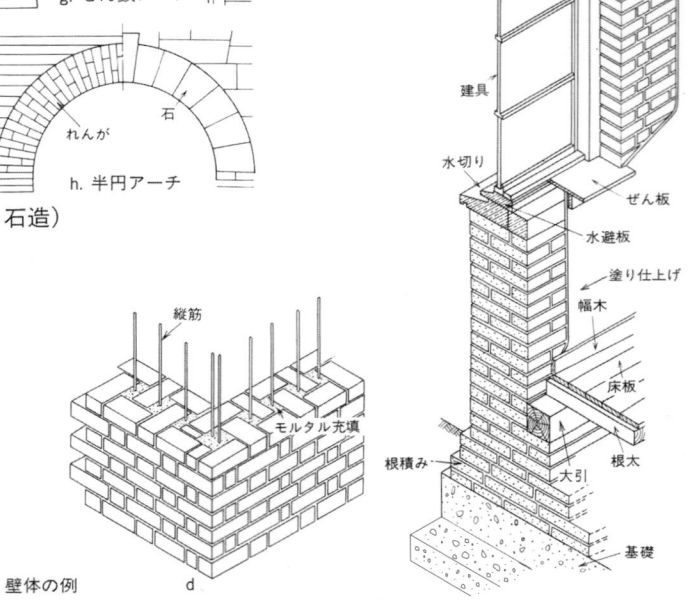

5 れんが造（1枚半積み）の例

組積構造・プレキャスト組立床

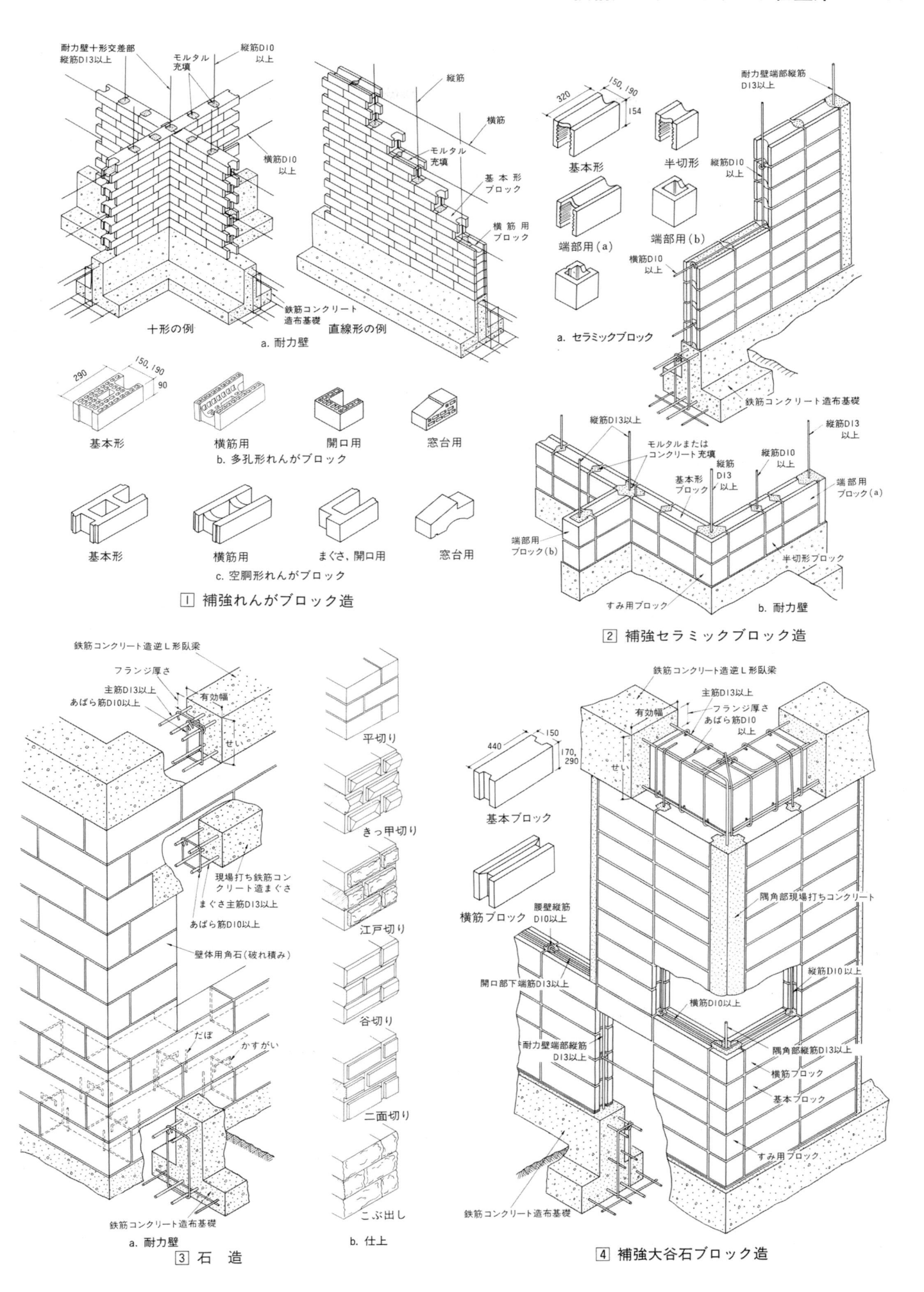

補強れんがブロック造・補強セラミックブロック造・石造・補強石造

1 補強れんがブロック造

a. 耐力壁
- 十形の例: 耐力壁十形交差部 縦筋D13以上、モルタル充填、縦筋D10以上、横筋D10以上、鉄筋コンクリート造布基礎
- 直線形の例: 縦筋、横筋、モルタル充填、基本形ブロック、横筋用ブロック

b. 多孔形れんがブロック: 基本形、横筋用、開口用、窓台用

c. 空胴形れんがブロック: 基本形、横筋用、まぐさ・開口用、窓台用

2 補強セラミックブロック造

a. セラミックブロック: 基本形、半切形、端部用(a)、端部用(b)

b. 耐力壁: 耐力壁端部縦筋D13以上、縦筋D10以上、横筋D10以上、モルタルまたはコンクリート充填、縦筋D13以上、基本形ブロック、端部用ブロック(a)、端部用ブロック(b)、半切形ブロック、すみ用ブロック、鉄筋コンクリート造布基礎

3 石造

a. 耐力壁: 鉄筋コンクリート造逆L形臥梁、フランジ厚さ、有効幅、主筋D13以上、あばら筋D10以上、せい、現場打ち鉄筋コンクリート造まぐさ、まぐさ主筋D13以上、あばら筋D10以上、壁体用角石(破れ積み)、だぼ、かすがい、鉄筋コンクリート造布基礎

b. 仕上: 平切り、きっ甲切り、江戸切り、谷切り、二面切り、こぶ出し

4 補強大谷石ブロック造

基本ブロック、横筋ブロック、鉄筋コンクリート造逆L形臥梁、主筋D13以上、フランジ厚さ、あばら筋D10以上、有効幅、せい、隅角部現場打ちコンクリート、腰壁縦筋D10以上、縦筋D10以上、横筋D10以上、開口部下端筋D13以上、耐力壁端部縦筋D13以上、隅角部縦筋D13以上、横筋ブロック、基本ブロック、すみ用ブロック、鉄筋コンクリート造布基礎

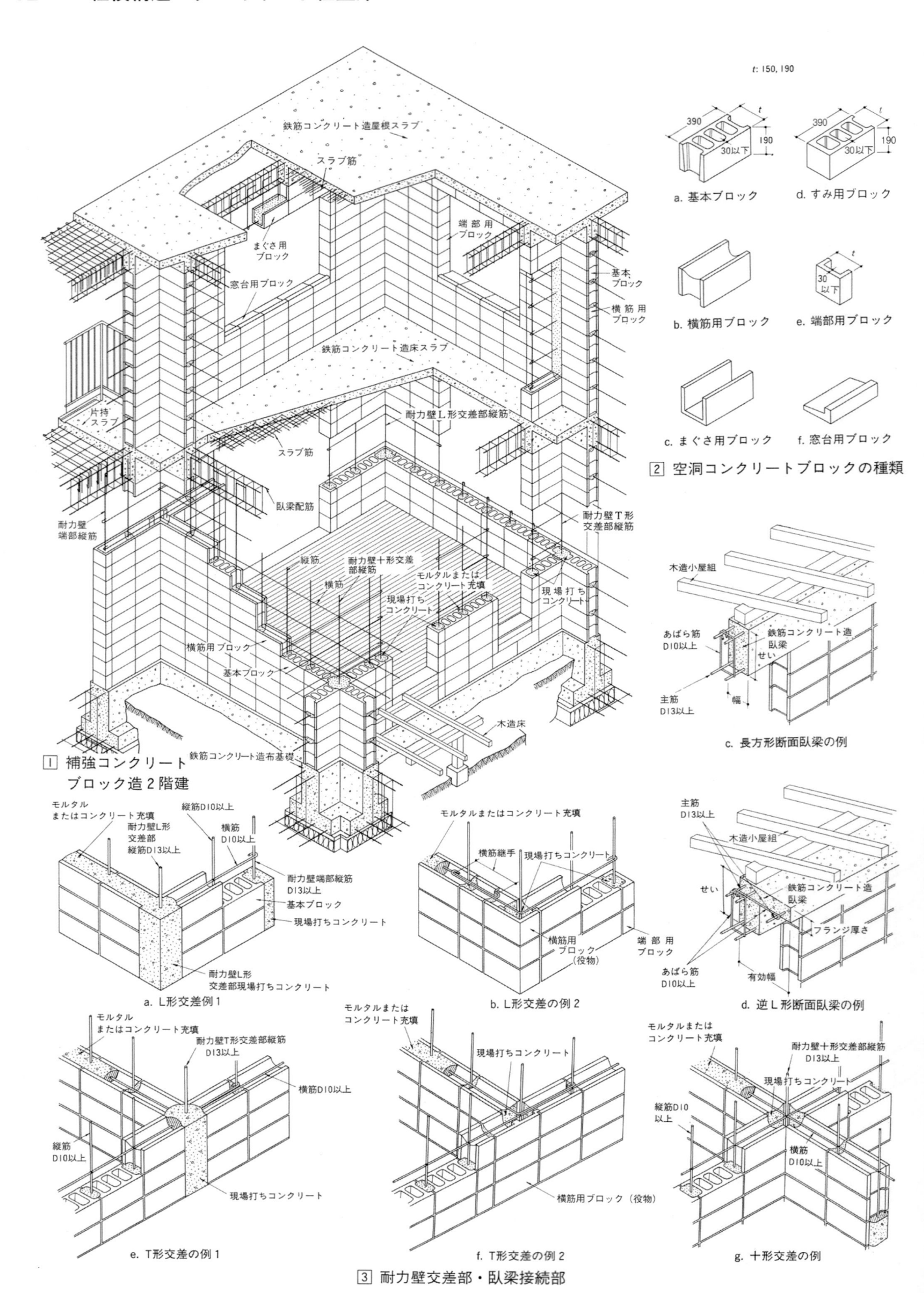

72　組積構造・プレキャスト組立床　補強コンクリートブロック造

1 補強コンクリートブロック造2階建

図中ラベル：
- 鉄筋コンクリート造屋根スラブ
- スラブ筋
- まぐさ用ブロック
- 窓台用ブロック
- 端部用ブロック
- 基本ブロック
- 横筋用ブロック
- 鉄筋コンクリート造床スラブ
- 片持スラブ
- スラブ筋
- 耐力壁L形交差部縦筋
- 臥梁配筋
- 耐力壁端部縦筋
- 縦筋
- 横筋
- 耐力壁十形交差部縦筋
- モルタルまたはコンクリート充填
- 現場打ちコンクリート
- 耐力壁T形交差部縦筋
- 横筋用ブロック
- 基本ブロック
- 木造床
- 鉄筋コンクリート造布基礎

2 空洞コンクリートブロックの種類　$t:150, 190$

- a. 基本ブロック（390, 190, 30以下）
- b. 横筋用ブロック
- c. まぐさ用ブロック
- d. すみ用ブロック（390, 190, 30以下）
- e. 端部用ブロック（30以下）
- f. 窓台用ブロック

3 耐力壁交差部・臥梁接続部

a. L形交差例1
- モルタルまたはコンクリート充填
- 縦筋D10以上
- 耐力壁L形交差部縦筋D13以上
- 横筋D10以上
- 耐力壁端部縦筋D13以上
- 基本ブロック
- 現場打ちコンクリート
- 耐力壁L形交差部現場打ちコンクリート

b. L形交差の例2
- モルタルまたはコンクリート充填
- 横筋継手
- 現場打ちコンクリート
- 横筋用ブロック（役物）
- 端部用ブロック

c. 長方形断面臥梁の例
- 木造小屋組
- あばら筋D10以上
- 鉄筋コンクリート造臥梁
- せい
- 主筋D13以上
- 幅

d. 逆L形断面臥梁の例
- 主筋D13以上
- 木造小屋組
- 鉄筋コンクリート造臥梁
- せい
- フランジ厚さ
- あばら筋D10以上
- 有効幅

e. T形交差の例1
- モルタルまたはコンクリート充填
- 耐力壁T形交差部縦筋D13以上
- 横筋D10以上
- 縦筋D10以上
- 現場打ちコンクリート

f. T形交差の例2
- モルタルまたはコンクリート充填
- 現場打ちコンクリート
- 横筋用ブロック（役物）

g. 十形交差の例
- モルタルまたはコンクリート充填
- 耐力壁十形交差部縦筋D13以上
- 現場打ちコンクリート
- 縦筋D10以上
- 横筋D10以上

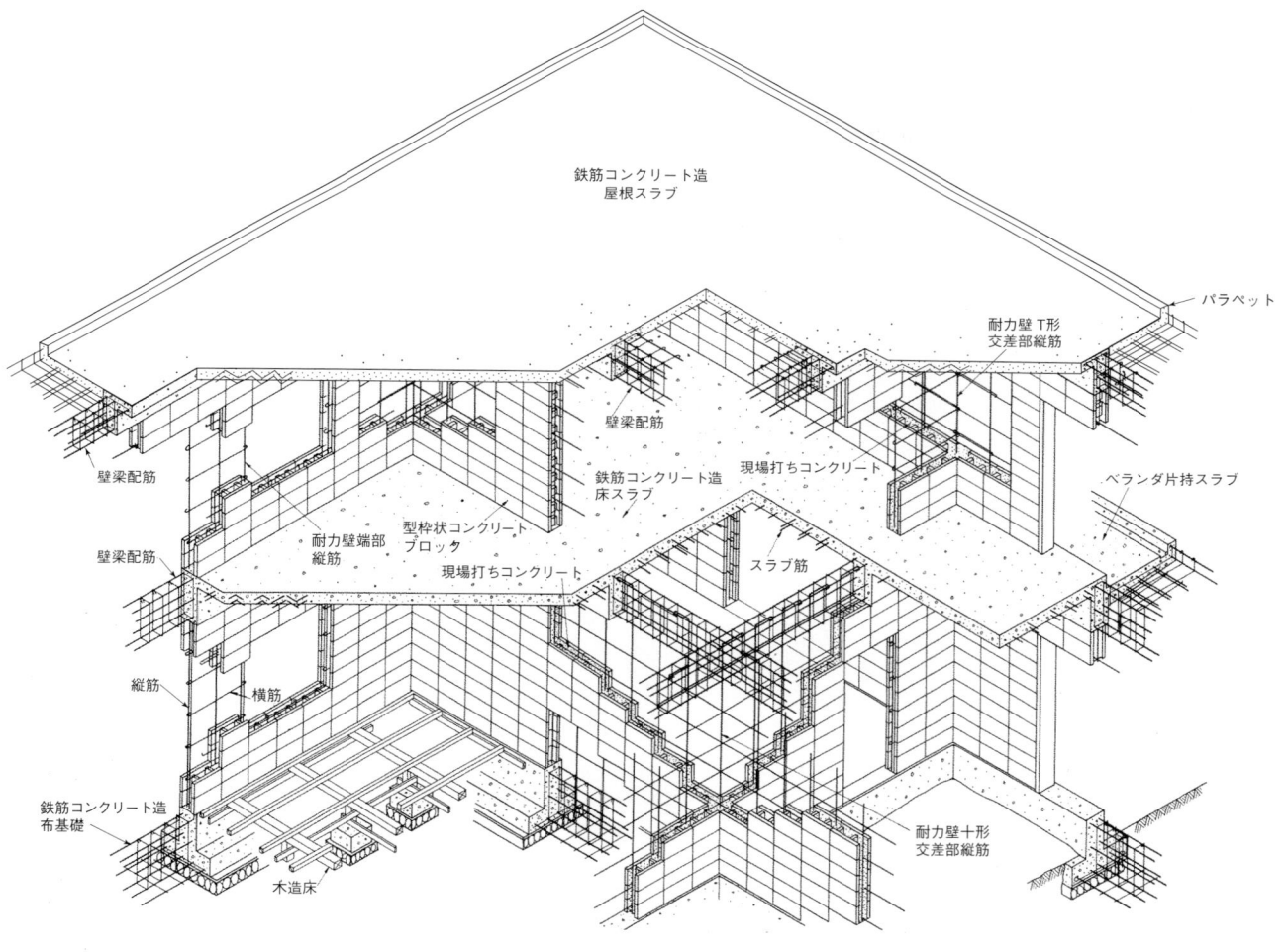

型枠コンクリートブロック造　**組積構造・プレキャスト組立床**

1 型枠コンクリートブロック造2階建（型枠状ブロックの場合）

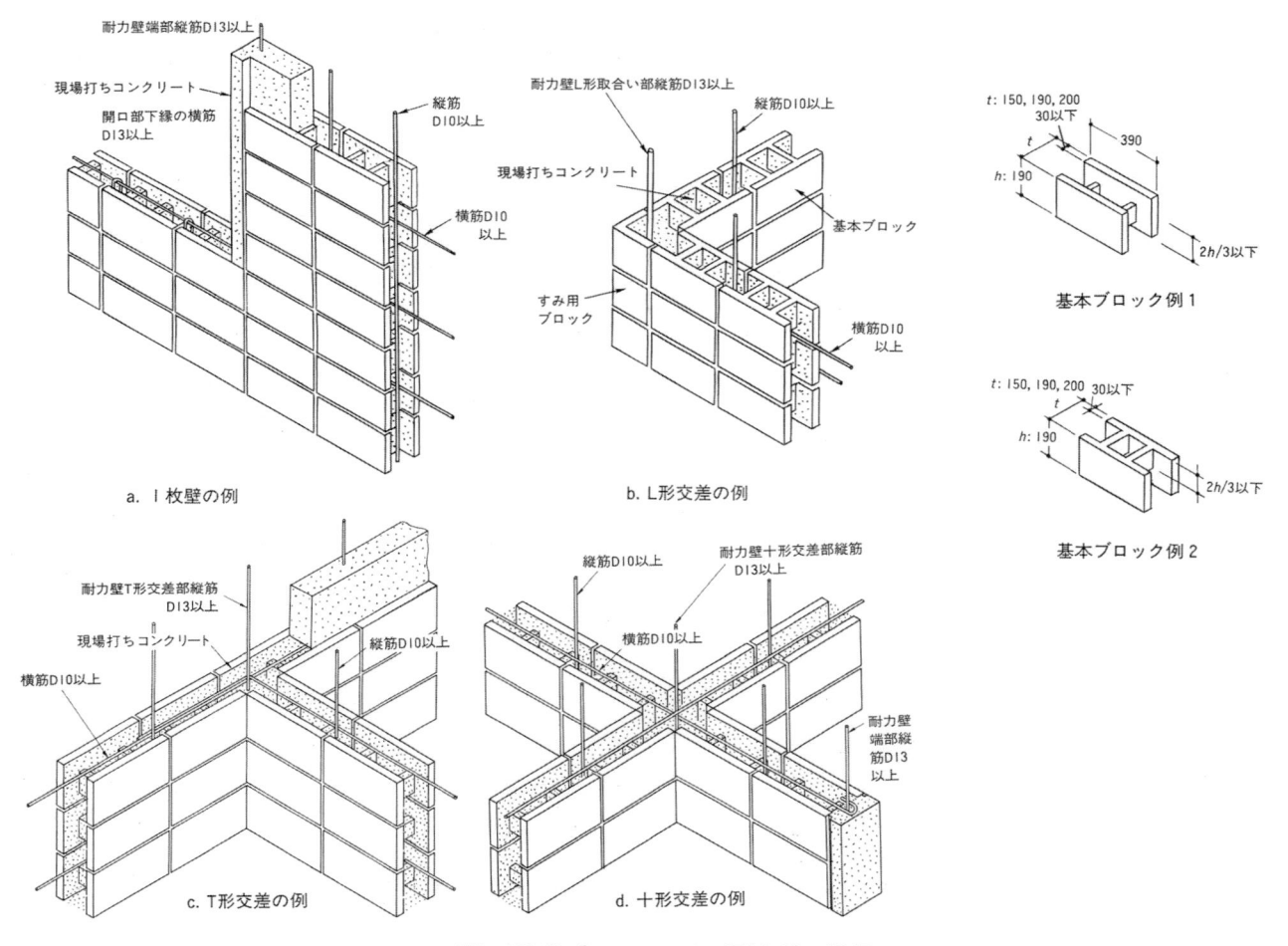

主な部材名称：
- 鉄筋コンクリート造屋根スラブ
- パラペット
- 耐力壁T形交差部縦筋
- 壁梁配筋
- 鉄筋コンクリート造床スラブ
- 現場打ちコンクリート
- ベランダ片持スラブ
- 耐力壁端部縦筋
- 型枠状コンクリートブロック
- スラブ筋
- 縦筋
- 横筋
- 鉄筋コンクリート造布基礎
- 木造床
- 耐力壁十形交差部縦筋

2 型枠状ブロックおよび耐力壁の詳細

a. 1枚壁の例
- 耐力壁端部縦筋D13以上
- 現場打ちコンクリート
- 開口部下縁の横筋D13以上
- 縦筋D10以上
- 横筋D10以上

b. L形交差の例
- 耐力壁L形取合い部縦筋D13以上
- 現場打ちコンクリート
- 縦筋D10以上
- 基本ブロック
- すみ用ブロック
- 横筋D10以上

c. T形交差の例
- 耐力壁T形交差部縦筋D13以上
- 現場打ちコンクリート
- 横筋D10以上
- 縦筋D10以上

d. 十形交差の例
- 縦筋D10以上
- 耐力壁十形交差部縦筋D13以上
- 横筋D10以上
- 耐力壁端部縦筋D13以上

基本ブロック例1
t: 150, 190, 200　30以下
390
h: 190
2h/3以下

基本ブロック例2
t: 150, 190, 200　30以下
h: 190
2h/3以下

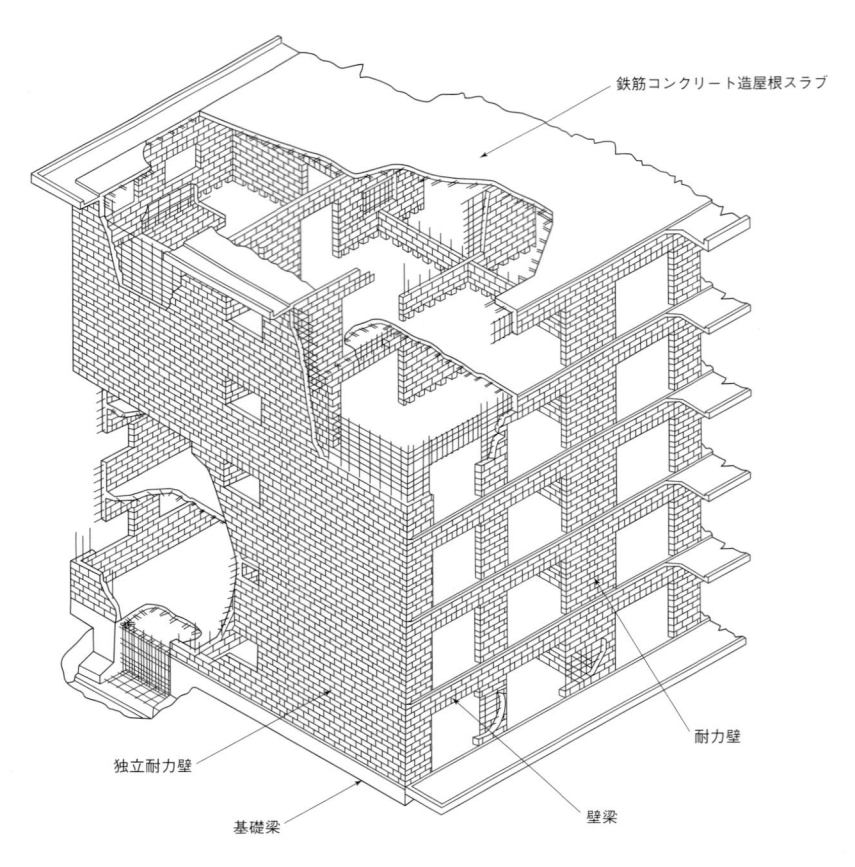

74　組積構造・プレキャスト組立床　　鉄筋コンクリート組積造

- 鉄筋コンクリート造屋根スラブ
- 耐力壁
- 独立耐力壁
- 基礎梁
- 壁梁

① 鉄筋コンクリート組積造5階建

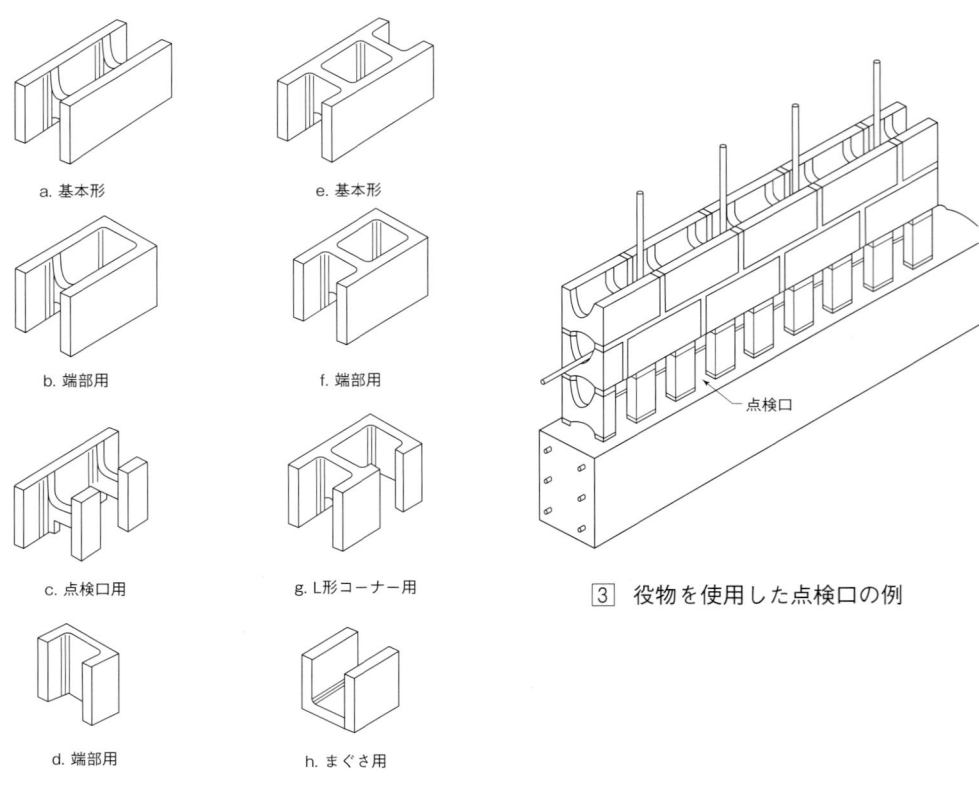

- a. 基本形
- b. 端部用
- c. 点検口用
- d. 端部用
- e. 基本形
- f. 端部用
- g. L形コーナー用
- h. まぐさ用

② RMユニットの種類と役物の例

- 点検口

③ 役物を使用した点検口の例

プレキャストコンクリート組立床・コンクリートブロック塀・石塀　　**組積構造・プレキャスト組立床**　75

a. ALCパネル床
b. 中空パネル床
c. 中空パネルと現場打ちコンクリートとの合成床
d. プレストレスプレキャスト板と現場打ちコンクリートとの合成床
e. リブ付きプレキャスト板と現場打ちコンクリートとの合成床
f. シングルT型プレキャスト板と現場打ちコンクリートとの合成床
g. ダブルT型プレキャスト板と現場打ちコンクリートとの合成床
h. 鉄筋トラス付きプレキャスト板と現場打ちコンクリートとの合成床
i. 鉄筋トラス付きプレキャスト板と中空複合床

① プレキャストコンクリート組立床

a. ブロック塀(控壁式)
b. ブロック塀(控柱式)
c. 組込みフェンス塀
d. 石塀(控壁式)

② コンクリートブロック塀・石塀

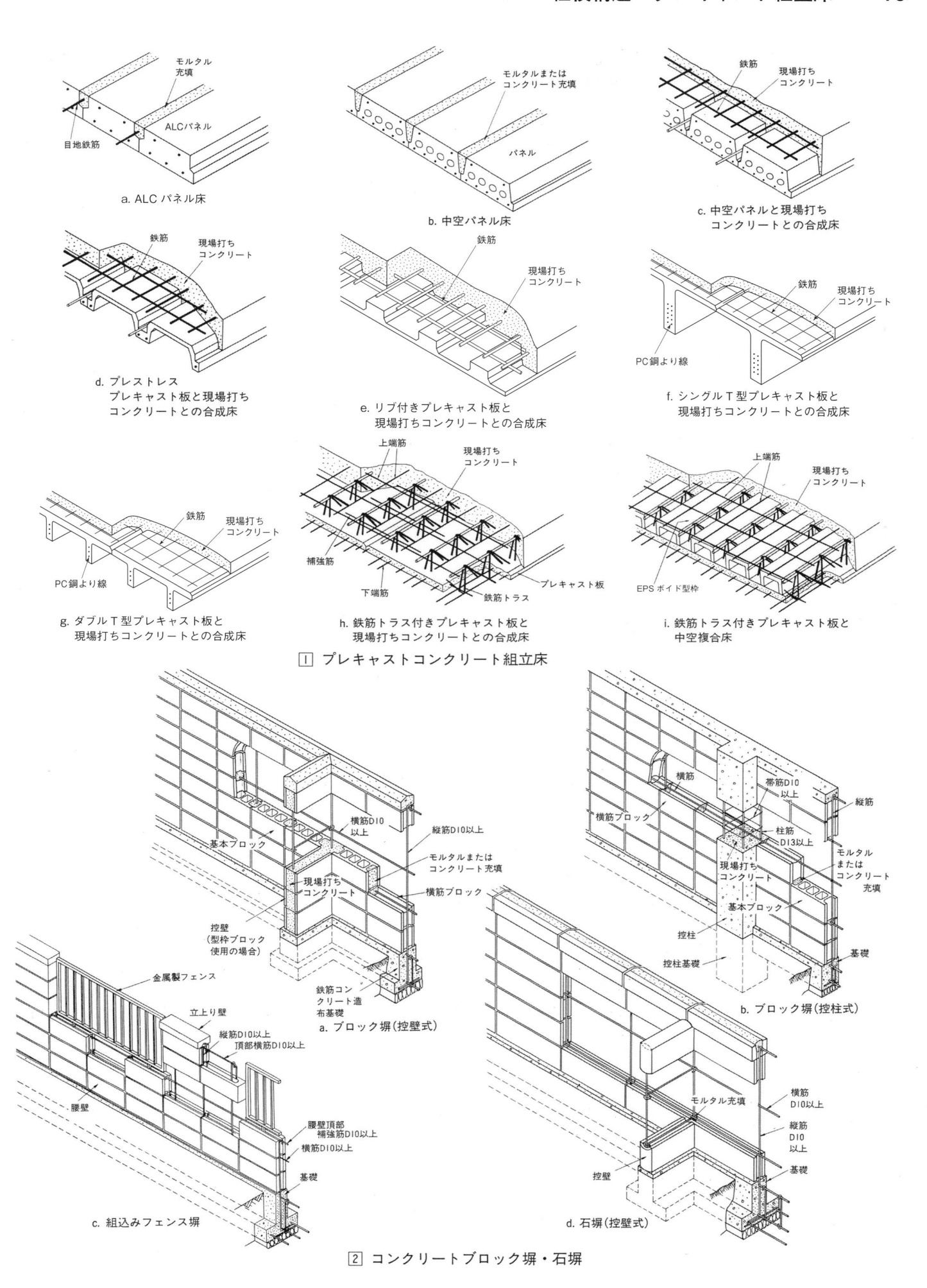

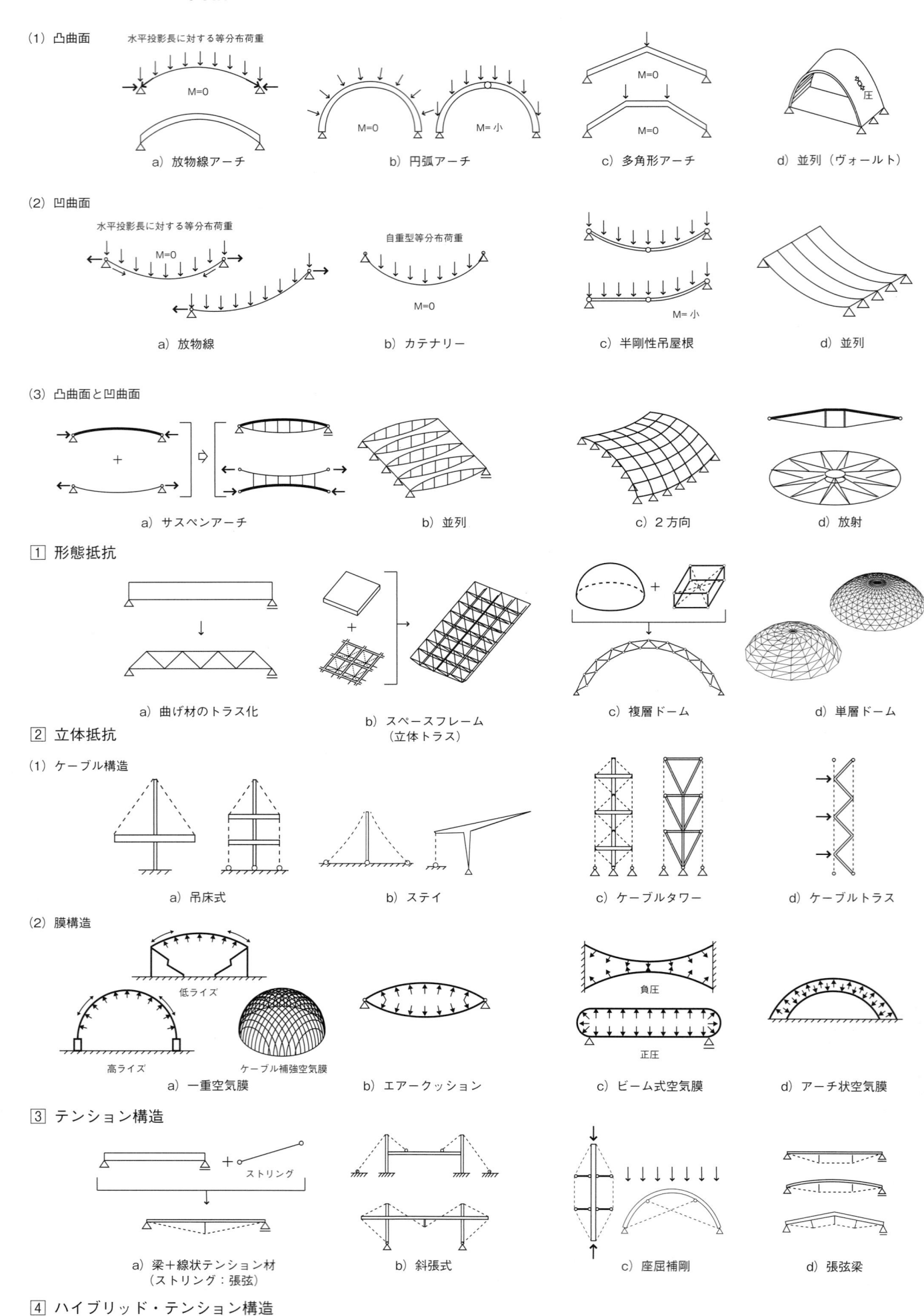

76 シェル・空間構造　シェル・空間構造

(1) 凸曲面

水平投影長に対する等分布荷重

a) 放物線アーチ　　b) 円弧アーチ　　c) 多角形アーチ　　d) 並列（ヴォールト）

(2) 凹曲面

水平投影長に対する等分布荷重　　自重型等分布荷重

a) 放物線　　b) カテナリー　　c) 半剛性吊屋根　　d) 並列

(3) 凸曲面と凹曲面

a) サスペンアーチ　　b) 並列　　c) 2方向　　d) 放射

1 形態抵抗

a) 曲げ材のトラス化　　b) スペースフレーム（立体トラス）　　c) 複層ドーム　　d) 単層ドーム

2 立体抵抗

(1) ケーブル構造

a) 吊床式　　b) ステイ　　c) ケーブルタワー　　d) ケーブルトラス

(2) 膜構造

低ライズ／高ライズ／ケーブル補強空気膜／負圧／正圧

a) 一重空気膜　　b) エアークッション　　c) ビーム式空気膜　　d) アーチ状空気膜

3 テンション構造

ストリング

a) 梁＋線状テンション材（ストリング：張弦）　　b) 斜張式　　c) 座屈補剛　　d) 張弦梁

4 ハイブリッド・テンション構造

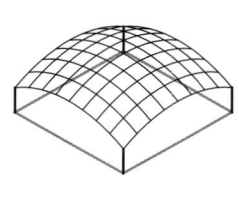

シェル・空間構造　シェル・空間構造　77

e) 2方向（グリッドシェル） 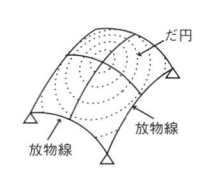　　f) EP曲面 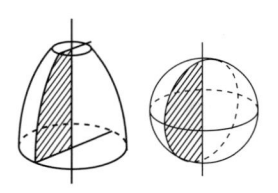　　g) ドーム形、球形 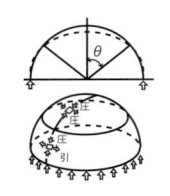　　h) 球形シェル

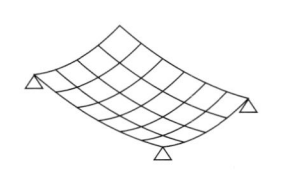

e) 2方向 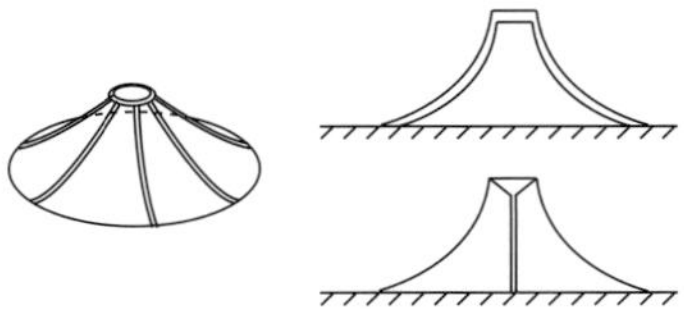　　f) 放射 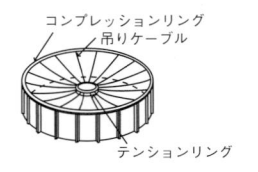　　g) 放射 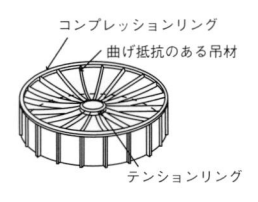　　h) 放射

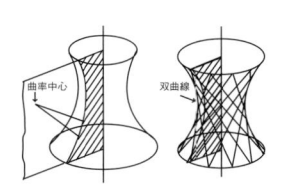

e) 一葉双曲面 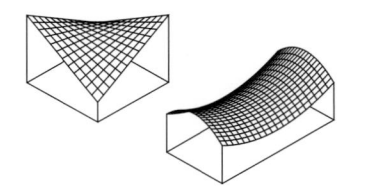　　f) HPシェル、くら形シェル 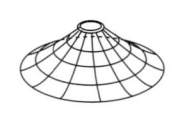　　g) ホルン形シェル 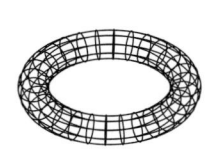　　h) トーラス

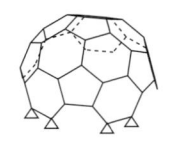

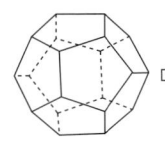

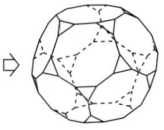

e) 多面体（正十二面体　切頂十二面体）　　f) 多面体ドーム（切頂二十面体）　　g) ロングシェル 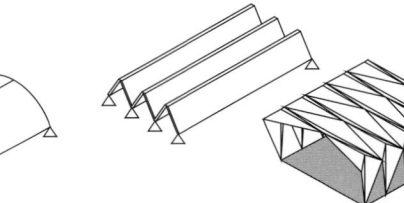　　h) 折板

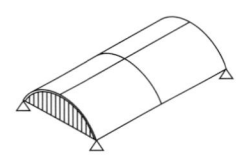

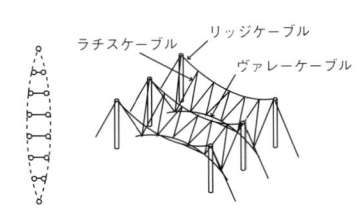

e) ケーブルガーダー 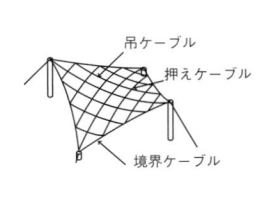　　f) ケーブルネット 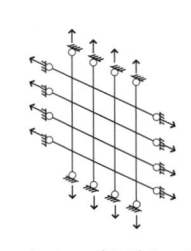　　g) ケーブルグリッド 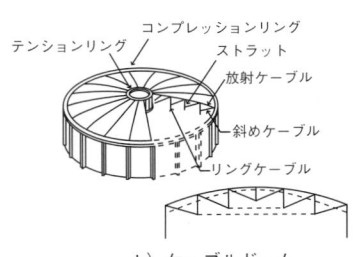　　h) ケーブルドーム（テンセグリティドーム）

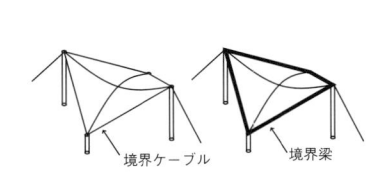

e) HP形張力膜（サスペンション膜）　　f) ホルン形張力膜 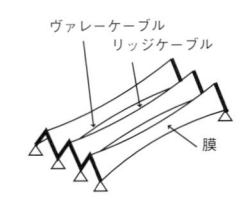　　g) 波形張力膜 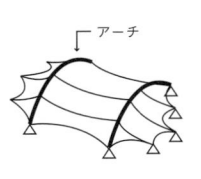　　h) 骨組支持式張力膜（骨組膜）

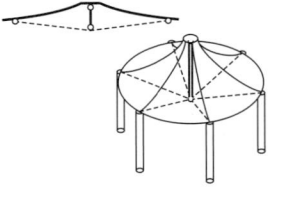

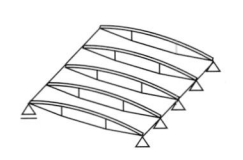

e) 並列張弦梁 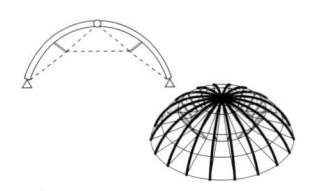　　f) 放射状張弦アーチ 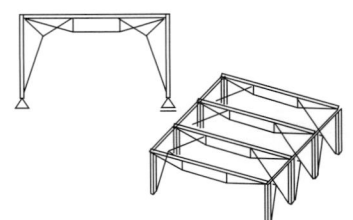　　g) ストリング＋ラーメン（スケルション）　　h) 張弦梁＋膜

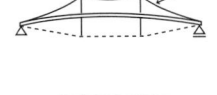

78 免震・制震(振)構造　　免震構造

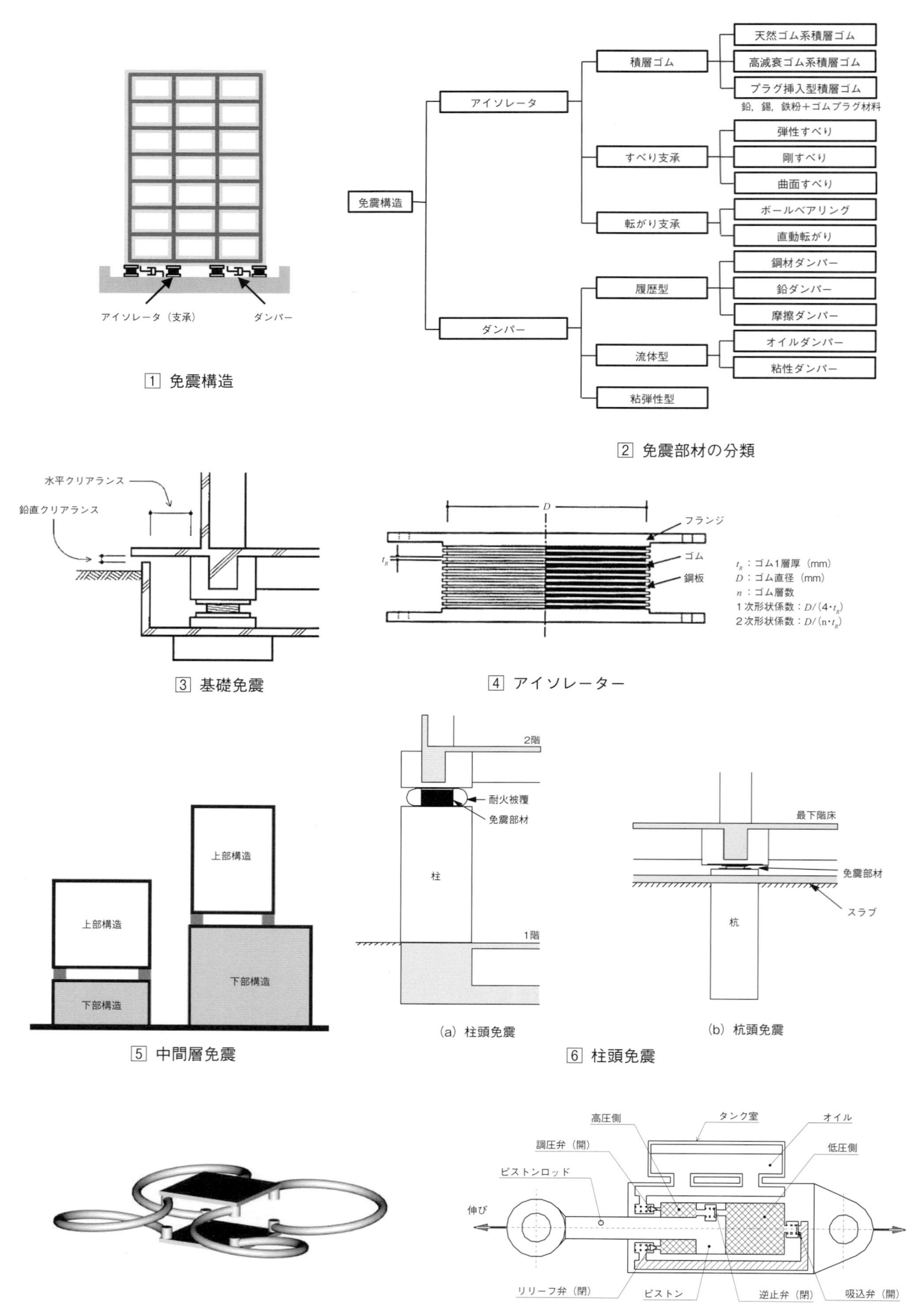

1 免震構造

アイソレータ（支承）／ダンパー

2 免震部材の分類

- アイソレータ
  - 積層ゴム
    - 天然ゴム系積層ゴム
    - 高減衰ゴム系積層ゴム
    - プラグ挿入型積層ゴム（鉛，錫，鉄粉＋ゴムプラグ材料）
  - すべり支承
    - 弾性すべり
    - 剛すべり
    - 曲面すべり
  - 転がり支承
    - ボールベアリング
    - 直動転がり
- ダンパー
  - 履歴型
    - 鋼材ダンパー
    - 鉛ダンパー
    - 摩擦ダンパー
  - 流体型
    - オイルダンパー
    - 粘性ダンパー
  - 粘弾性型

3 基礎免震

水平クリアランス／鉛直クリアランス

4 アイソレーター

フランジ／ゴム／鋼板

- t_R：ゴム1層厚（mm）
- D：ゴム直径（mm）
- n：ゴム層数
- 1次形状係数：$D/(4 \cdot t_R)$
- 2次形状係数：$D/(n \cdot t_R)$

5 中間層免震

上部構造／下部構造

6 柱頭免震

(a) 柱頭免震　耐火被覆／免震部材／柱／2階／1階

(b) 杭頭免震　最下階床／免震部材／スラブ／杭

7 鋼材ダンパー

8 オイルダンパー

タンク室／オイル／高圧側／低圧側／調圧弁（開）／ピストンロッド／伸び／リリーフ弁（閉）／ピストン／逆止弁（閉）／吸込弁（開）

制振（震）構造　**免震・制震(振)構造**　79

⑨ エネルギー吸収型制振構造

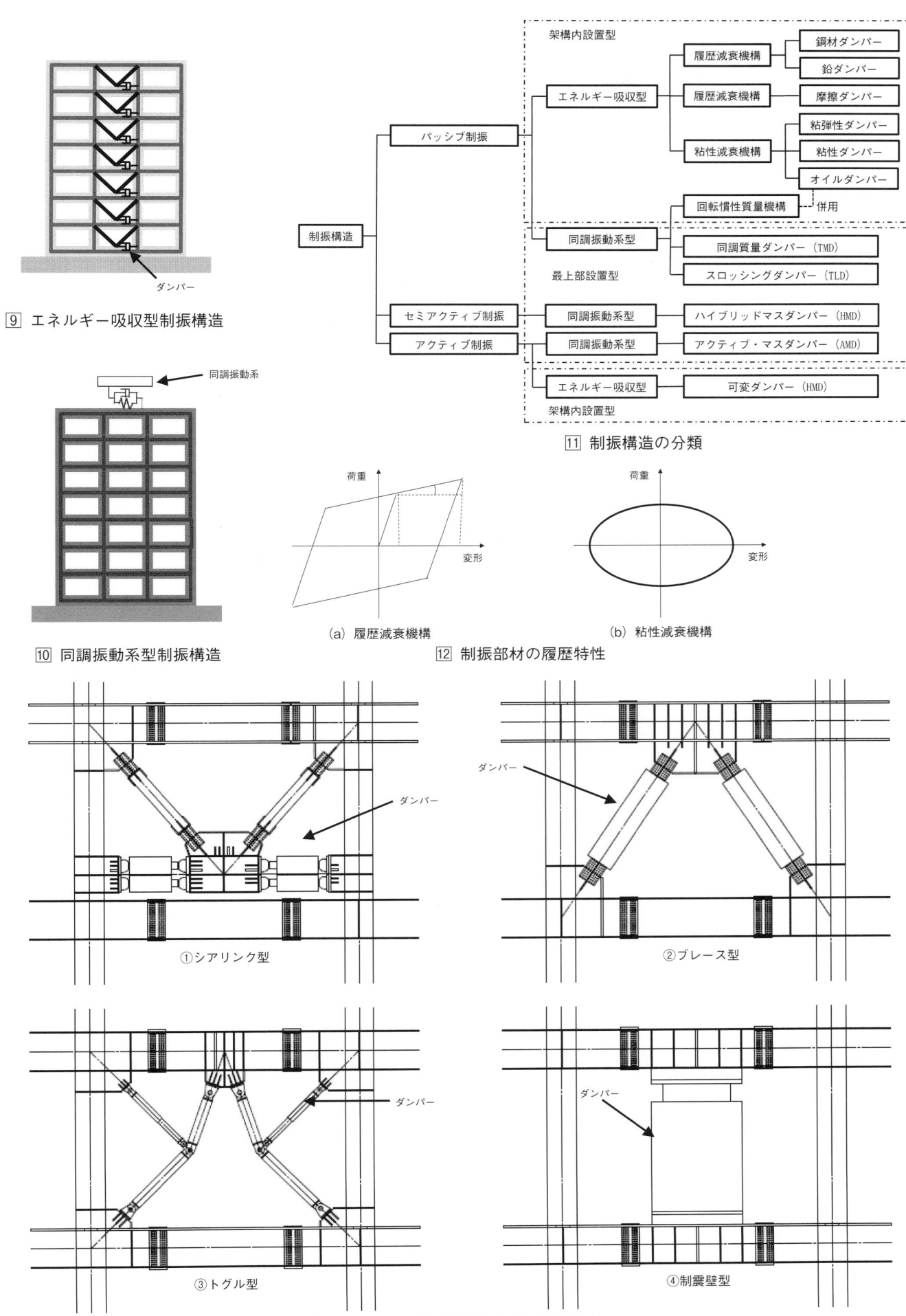

⑩ 同調振動系型制振構造

⑪ 制振構造の分類

（a）履歴減衰機構　（b）粘性減衰機構

⑫ 制振部材の履歴特性

①シアリンク型　②ブレース型

③トグル型　④制震壁型

⑬ エネルギー吸収型制振部材の取付方法

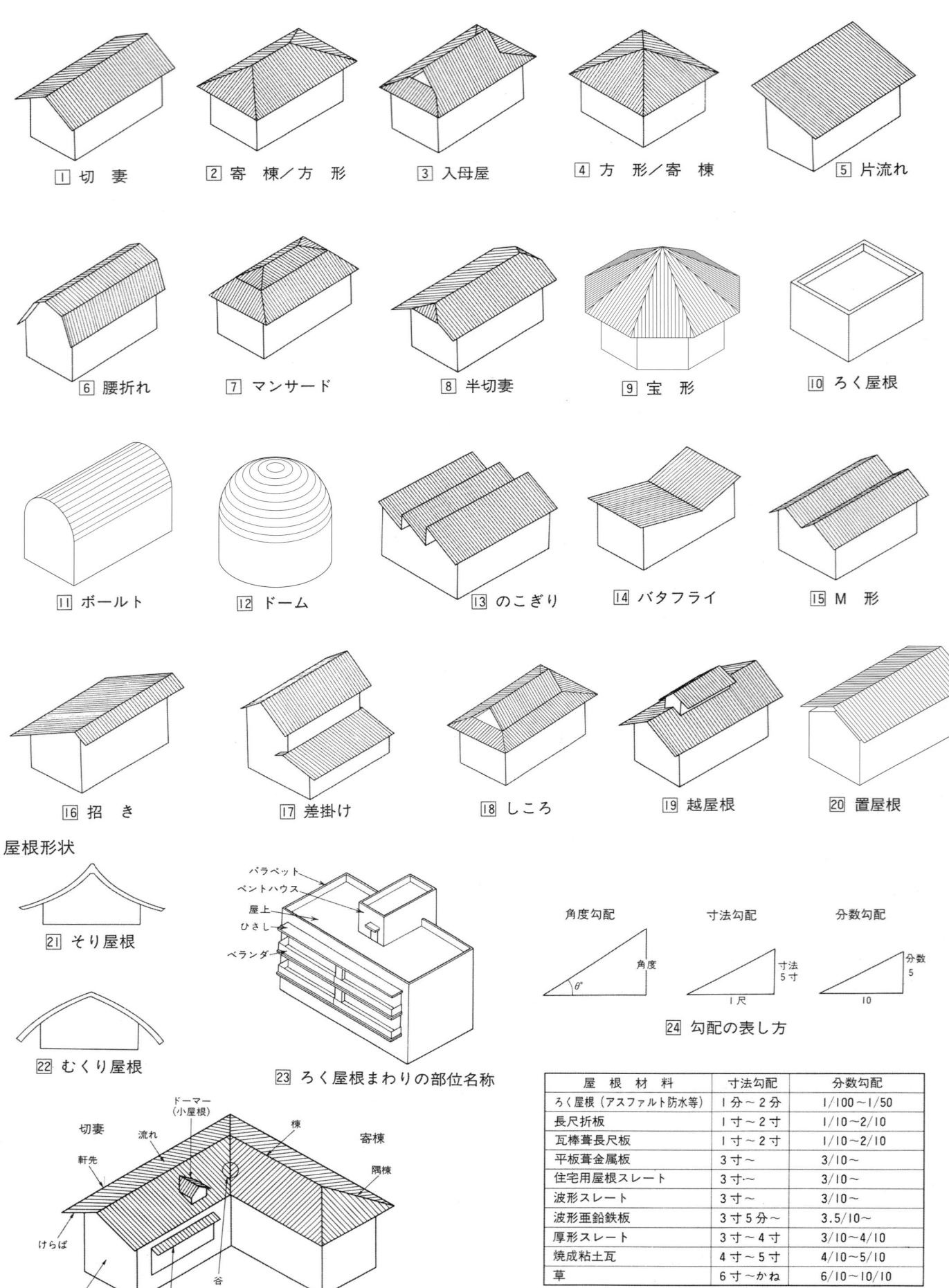

80 屋根　屋根の形状・部位名称・勾配

屋根形状

1 切妻　2 寄棟／方形　3 入母屋　4 方形／寄棟　5 片流れ

6 腰折れ　7 マンサード　8 半切妻　9 宝形　10 ろく屋根

11 ボールト　12 ドーム　13 のこぎり　14 バタフライ　15 M形

16 招き　17 差掛け　18 しころ　19 越屋根　20 置屋根

21 そり屋根
22 むくり屋根

23 ろく屋根まわりの部位名称
（パラペット、ペントハウス、屋上、ひさし、ベランダ）

24 勾配の表し方
角度勾配・寸法勾配・分数勾配

25 勾配屋根の各部名称
（切妻、ドーマー（小屋根）、流れ、棟、寄棟、軒先、隅棟、けらば、妻壁、谷、ひさし）

部位名称・勾配

26 屋根材料と勾配

屋根材料	寸法勾配	分数勾配
ろく屋根（アスファルト防水等）	1分～2分	1/100～1/50
長尺折板	1寸～2寸	1/10～2/10
瓦棒葺長尺板	1寸～2寸	1/10～2/10
平板葺金属板	3寸～	3/10～
住宅用屋根スレート	3寸～	3/10～
波形スレート	3寸～	3/10～
波形亜鉛鉄板	3寸5分～	3.5/10～
厚形スレート	3寸～4寸	3/10～4/10
焼成粘土瓦	4寸～5寸	4/10～5/10
草	6寸～かね	6/10～10/10

屋根葺(1) 屋根

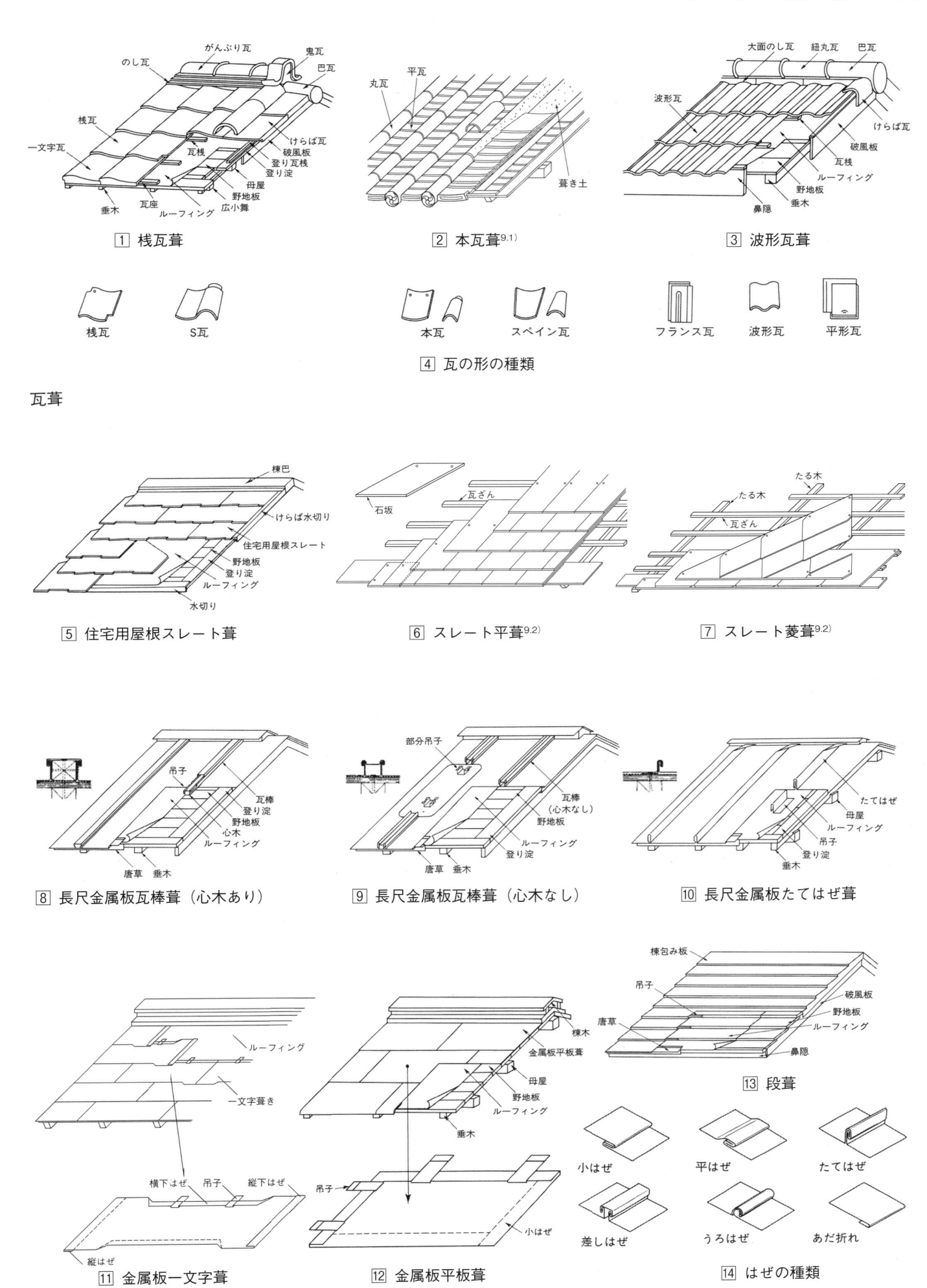

瓦葺

[1] 桟瓦葺 — がんぶり瓦、のし瓦、鬼瓦、巴瓦、桟瓦、一文字瓦、瓦桟、けらば瓦、破風板、登り瓦桟、母屋、野地板、瓦座、ルーフィング、垂木、広小舞

[2] 本瓦葺[9.1] — 丸瓦、平瓦、葺き土

[3] 波形瓦葺 — 大面のし瓦、紐丸瓦、巴瓦、波形瓦、けらば瓦、破風板、瓦桟、ルーフィング、野地板、垂木、鼻隠

[4] 瓦の形の種類 — 桟瓦、S瓦、本瓦、スペイン瓦、フランス瓦、波形瓦、平形瓦

[5] 住宅用屋根スレート葺 — 棟巴、けらば水切り、住宅用屋根スレート、野地板、登り淀、ルーフィング、水切り

[6] スレート平葺[9.2] — 石坂、瓦ざん

[7] スレート菱葺[9.2] — たる木、瓦ざん

[8] 長尺金属板瓦棒葺（心木あり）— 吊子、瓦棒、登り淀、野地板、心木、ルーフィング、唐草、垂木

[9] 長尺金属板瓦棒葺（心木なし）— 部分吊子、瓦棒（心木なし）、野地板、ルーフィング、登り淀、唐草、垂木

[10] 長尺金属板たてはぜ葺 — たてはぜ、母屋、ルーフィング、吊子、登り淀、垂木

[11] 金属板一文字葺 — ルーフィング、一文字葺き、横下はぜ、吊子、縦下はぜ、縦はぜ

[12] 金属板平板葺 — 棟、金属板平板葺、母屋、野地板、ルーフィング、垂木、吊子、小はぜ

[13] 段葺 — 棟包み板、吊子、破風板、唐草、野地板、ルーフィング、鼻隠

[14] はぜの種類 — 小はぜ、平はぜ、たてはぜ、差しはぜ、うろはぜ、あだ折れ

82 屋根　屋根葺(2)・とい

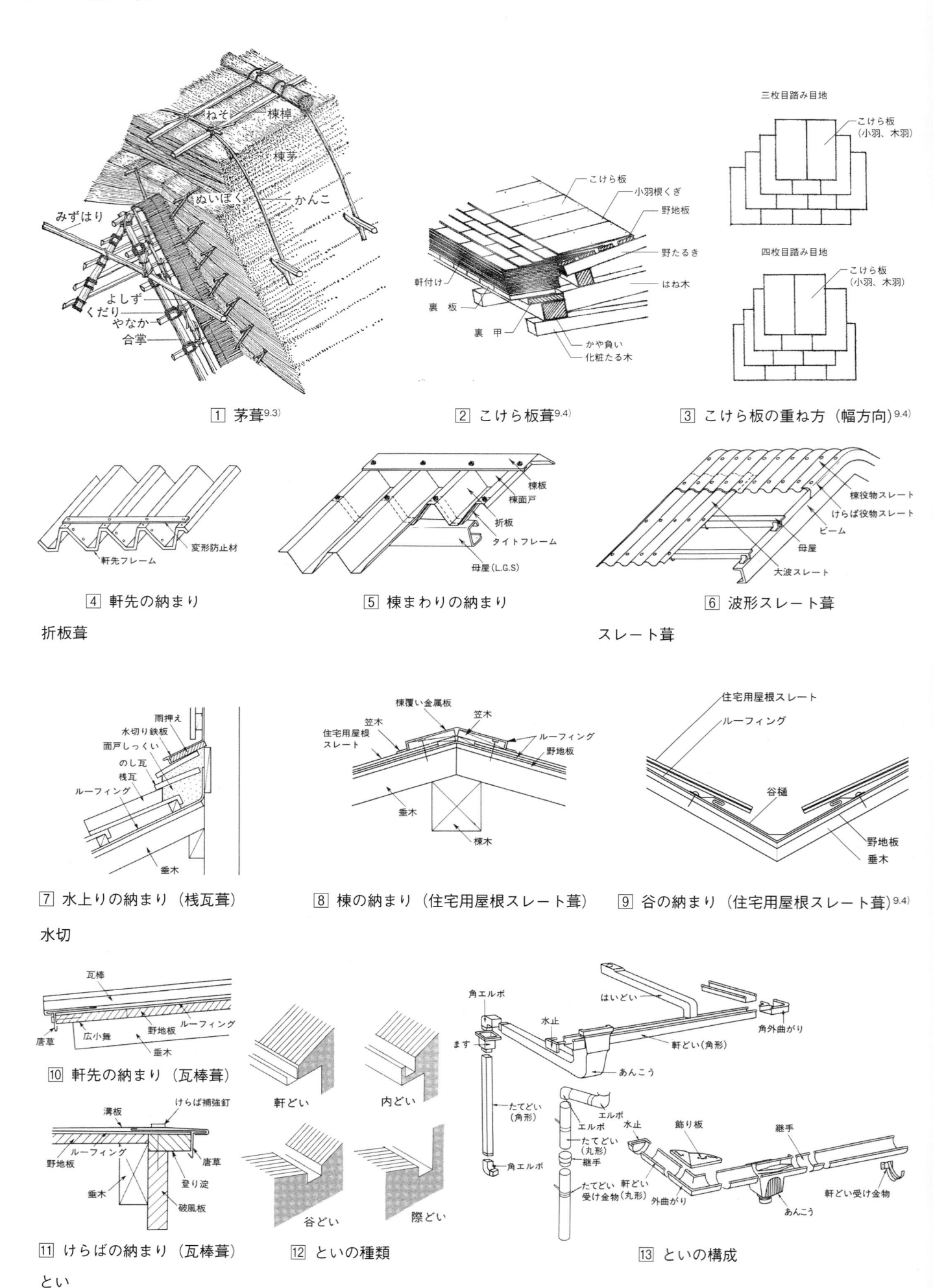

1 茅葺 9.3)
2 こけら板葺 9.4)
3 こけら板の重ね方（幅方向）9.4)

折板葺
4 軒先の納まり
5 棟まわりの納まり

スレート葺
6 波形スレート葺

7 水上りの納まり（桟瓦葺）
8 棟の納まり（住宅用屋根スレート葺）
9 谷の納まり（住宅用屋根スレート葺）9.4)

水切
10 軒先の納まり（瓦棒葺）
11 けらばの納まり（瓦棒葺）
12 といの種類
13 といの構成

とい

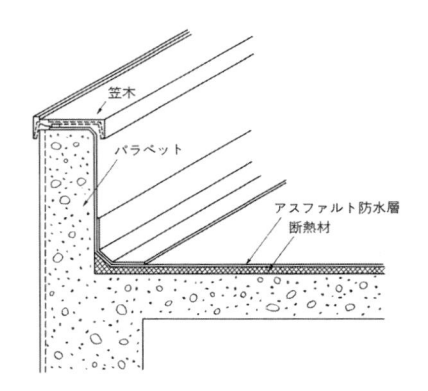

ろく屋根の防水　屋根

1. アスファルト防水露出（外断熱工法）
2. シート防水露出 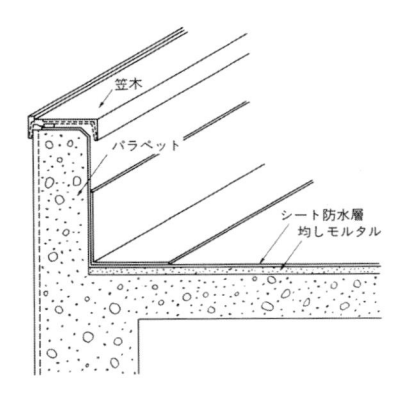
3. ALC板シート防水 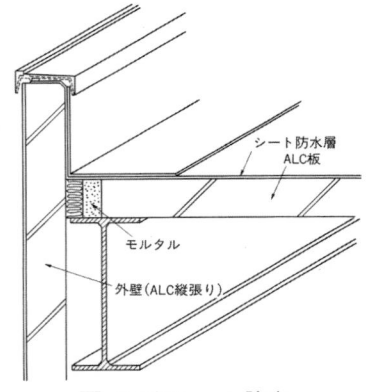

非歩行用屋根

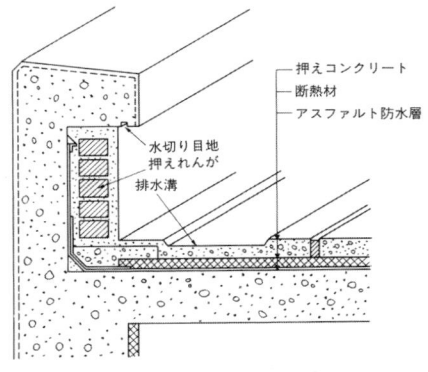

4. アスファルト防水押えコンクリート仕上げ（外断熱工法）
5. シート防水押えコンクリート仕上げ（外断熱工法） 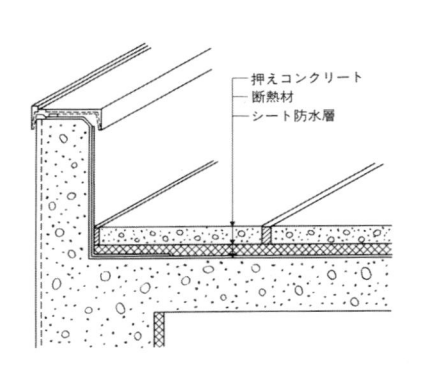
6. アスファルト防水タイル張り仕上げ 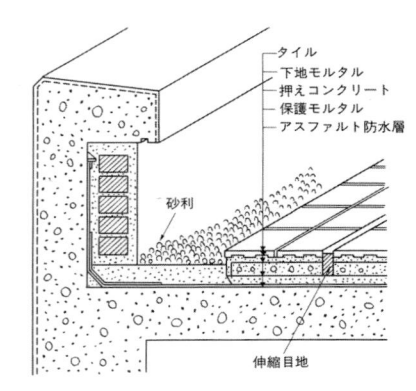

歩行用屋根

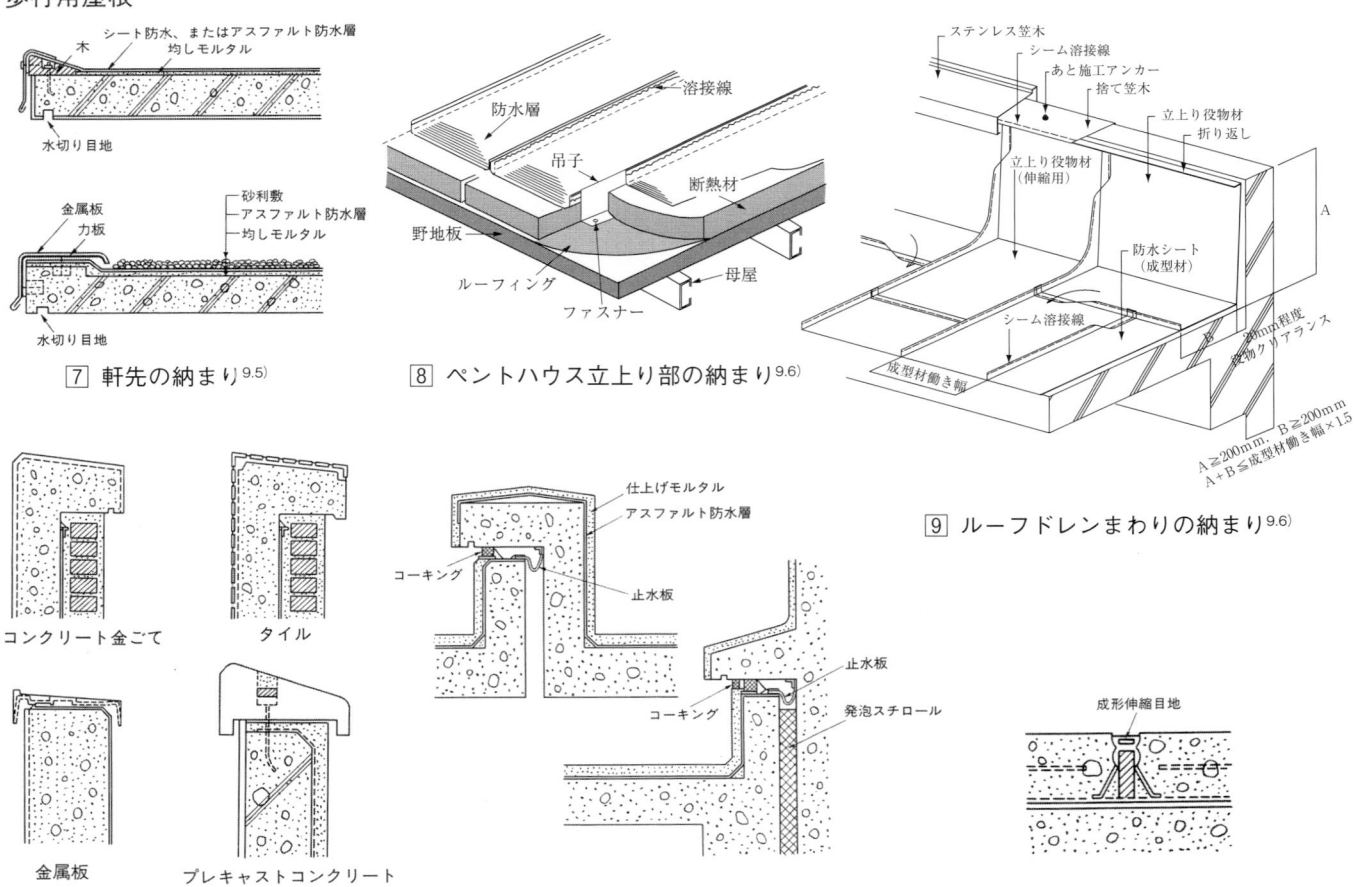

7. 軒先の納まり[9.5]
8. ペントハウス立上り部の納まり[9.6]
9. ルーフドレンまわりの納まり[9.6]

$A \geq 200\,mm,\ B \geq 200\,mm$
$A + B \leq 成形材働き幅 \times 1.5$

10. 笠木の種類（コンクリート金ごて／タイル／金属板／プレキャストコンクリート）
11. エキスパンションジョイント部の納まり
12. 伸縮目地の取り方

各部の納まり

84 床 構造

① 梁持ちスラブ
② ハーフPCスラブ（現場打ちコンクリート／組立鉄筋トラス／薄肉PC板）
③ 大型プレキャストスラブ
④ ジョイストスラブ

⑤ PCジョイストスラブ
⑥ シングルTスラブ
⑦ ダブルTスラブ
⑧ ボイドスラブ

⑨ ボックススラブ
⑩ ワッフルスラブ（見上げ図）
⑪ フラットスラブ（アンボンドPC鋼線／柱頭キャピタル）

コンクリート構造床

⑫ チェッカープレート
⑬ デッキプレート＋コンクリート
⑭ フラットデッキ＋コンクリート
⑮ ALCパネル

鉄骨構造床

⑯ 在来構法床[10.1]（つか立て床(一階床)／複床(階上床)）
⑰ 木造剛床（床板／遮音プラスターボード／厚合板）
⑱ ツーバイフォー構法床（プラットフォーム構法）

木構造床

仕上げ　床　85

① モルタル塗り仕上げ

② 合成高分子系塗り床仕上げ
- プライマー
- 合成高分子系塗り床材
- 下地モルタル

③ 豆砂利・玉石洗出し仕上げ
- 豆砂利等
- 均しモルタル
- 目地材

④ 現場研ぎテラゾー仕上げ (0.2)
- 現場研ぎテラゾー
- 下地モルタル
- 目地材
- 目地（標準 4×16黄銅製）@1200以下
- 足金物@300
- 薄板（白太材）
- 目地棒取付けモルタルだんご@300以下
- 現場みがきテラゾー上塗厚12
- 下塗1：3モルタル
- 鋼網
- 絶縁紙
- 敷砂

⑤ クリンカータイル張り仕上げ
- クリンカータイル
- 下地モルタル

⑥ れんが張り仕上げ
- れんが
- 目地モルタル
- モルタル

a. 小端立て張り　　b. 平張り

⑦ 木れんが張り仕上げ
- 木れんが
- 目地川砂またはブローンアスファルト
- 敷モルタル

⑧ 自然石・人造石張り仕上げ (0.2)

a. 挽石張り仕上げ
- 挽石
- 化粧目地モルタル
- 敷モルタル

b. 軟石挽石張り仕上げ
- 化粧目地モルタル

c. 軟石割石張り仕上げ
- 化粧目地モルタル

d. 割石張り仕上げ
- 割石
- 化粧目地モルタル
- 敷モルタル

⑨ モザイクタイル張り仕上げ (0.2)

a. コンクリート構造床の場合
- モザイクタイル
- 張付セメントペーストまたはモルタル
- 押えコンクリート
- 防水層
- 均しモルタル

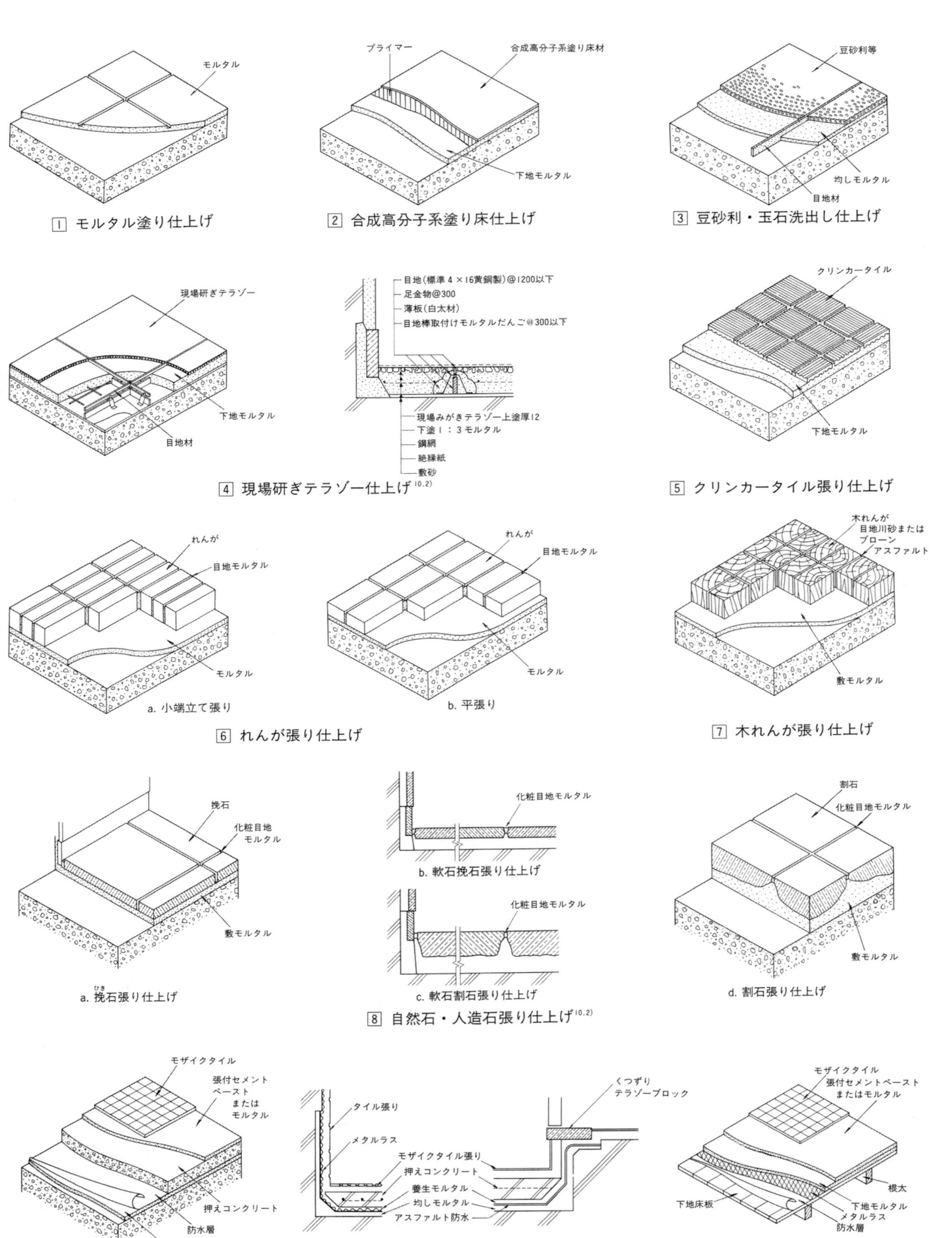

b. 防水を必要とする場合の断面
- タイル張り
- メタルラス
- モザイクタイル張り
- 押えコンクリート
- 養生モルタル
- 均しモルタル
- アスファルト防水
- くつずりテラゾーブロック

c. 木構造床の場合
- モザイクタイル
- 張付セメントペーストまたはモルタル
- 根太
- 下地床板
- 下地モルタル
- メタルラス
- 防水層

86 床 仕上げ

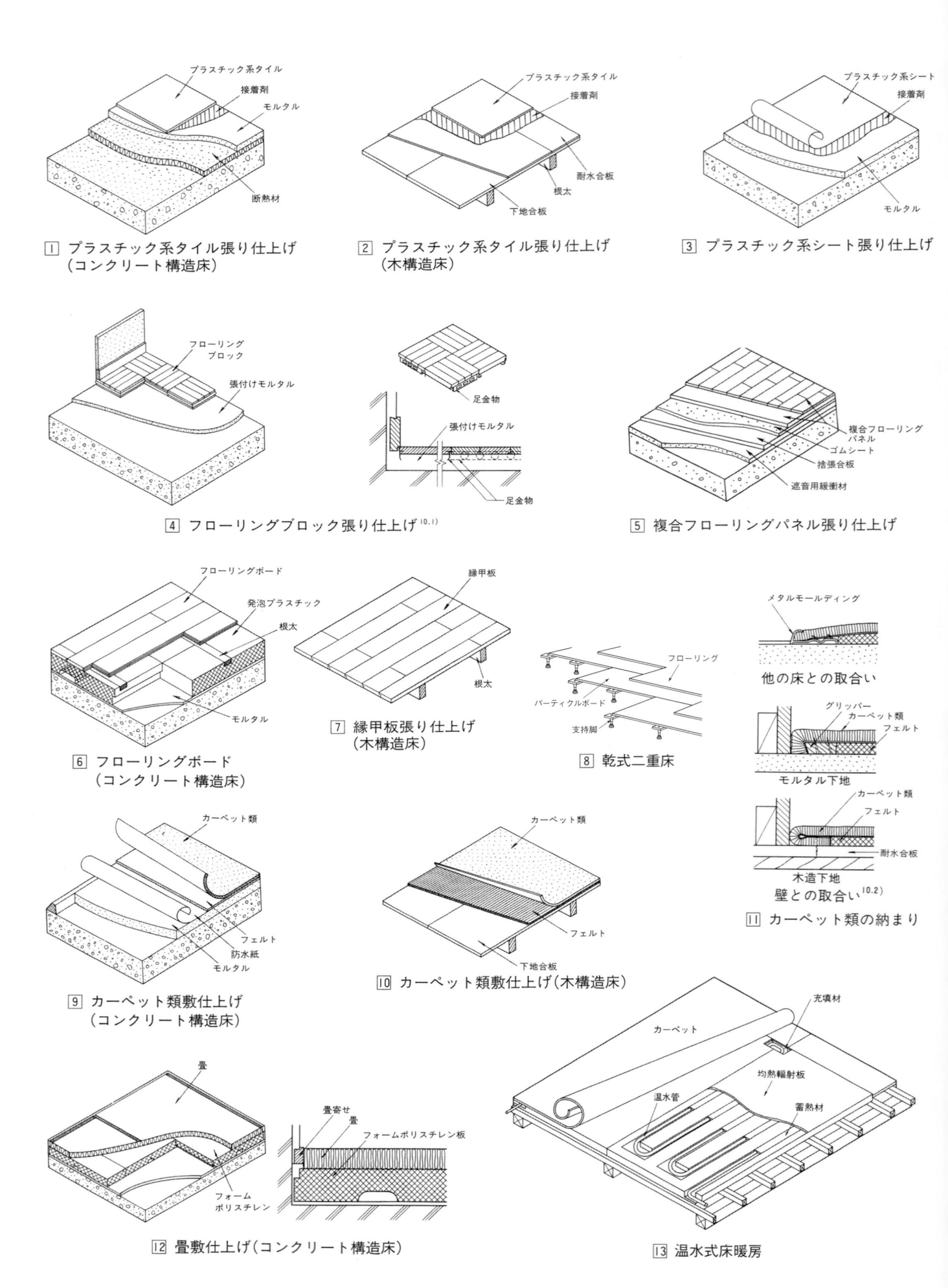

1 プラスチック系タイル張り仕上げ（コンクリート構造床）

2 プラスチック系タイル張り仕上げ（木構造床）

3 プラスチック系シート張り仕上げ

4 フローリングブロック張り仕上げ(10.1)

5 複合フローリングパネル張り仕上げ

6 フローリングボード（コンクリート構造床）

7 縁甲板張り仕上げ（木構造床）

8 乾式二重床

11 カーペット類の納まり

9 カーペット類敷仕上げ（コンクリート構造床）

10 カーペット類敷仕上げ（木構造床）

12 畳敷仕上げ（コンクリート構造床）

13 温水式床暖房

特殊床の例　床　87

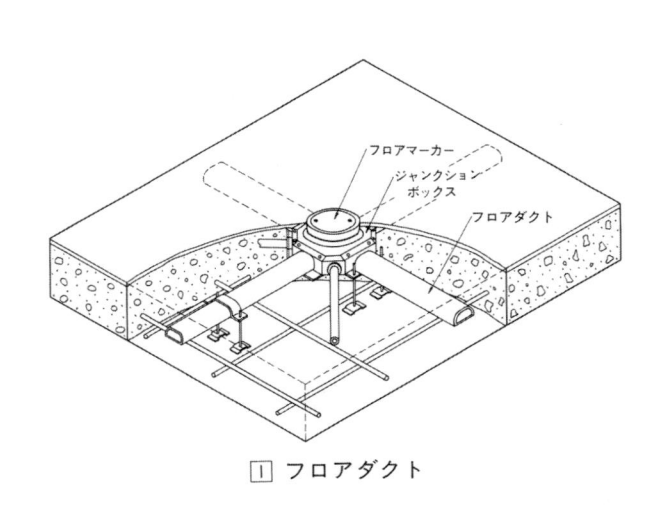

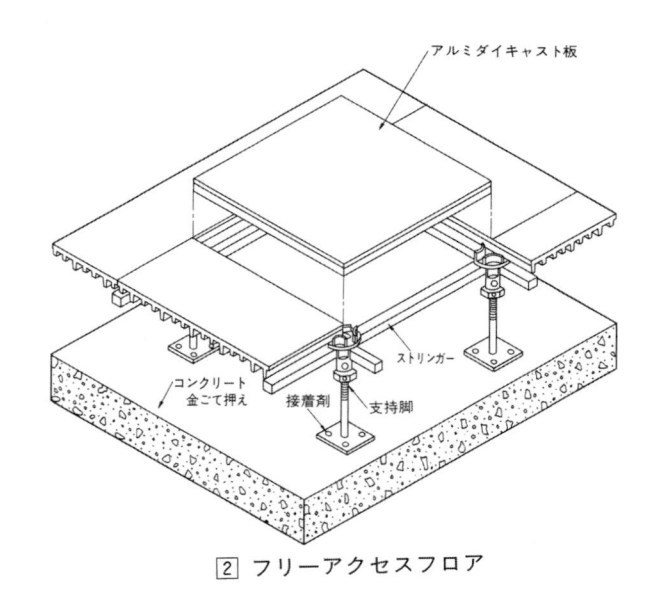

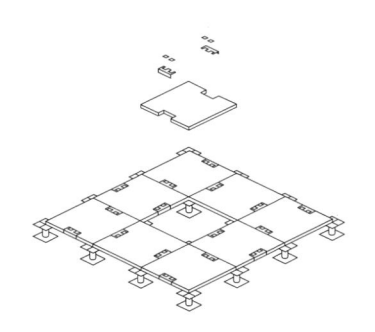

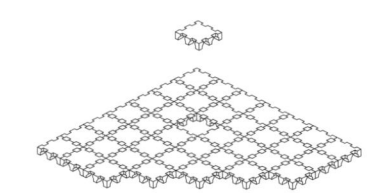

1 フロアダクト

2 フリーアクセスフロア

3 OAフロア（支柱式）

4 OAフロア（置き敷き式）

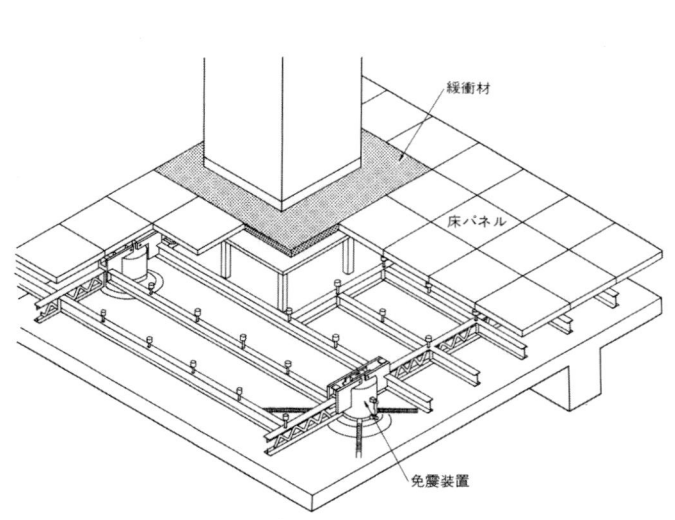

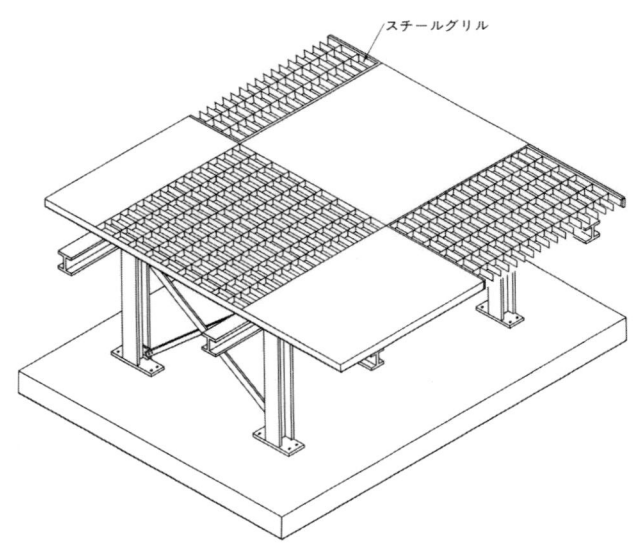

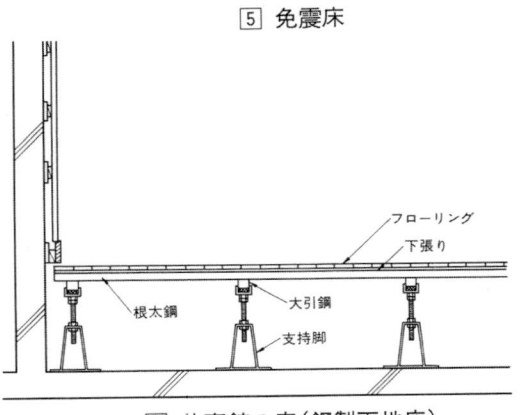

5 免震床

6 クリーンルームの床

7 体育館の床（鋼製下地床）

8 柔道場の床

88 壁　湿式

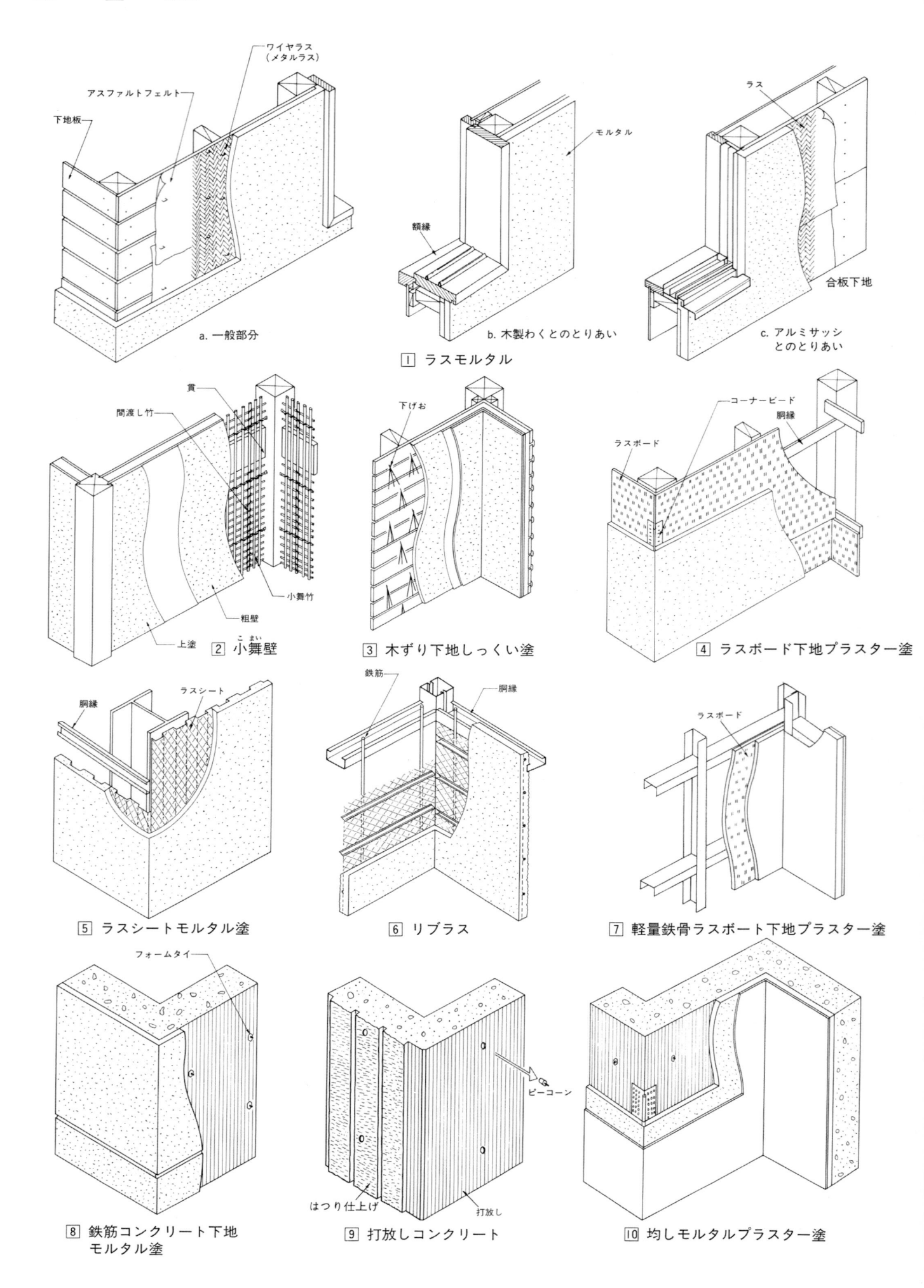

1 ラスモルタル
- a. 一般部分（下地板、アスファルトフェルト、ワイヤラス（メタルラス））
- b. 木製わくとのとりあい（額縁、モルタル）
- c. アルミサッシとのとりあい（ラス、合板下地）

2 小舞壁（間渡し竹、貫、小舞竹、粗壁、上塗）

3 木ずり下地しっくい塗（下げお）

4 ラスボード下地プラスター塗（ラスボード、コーナービード、胴縁）

5 ラスシートモルタル塗（胴縁、ラスシート）

6 リブラス（鉄筋、胴縁）

7 軽量鉄骨ラスボード下地プラスター塗（ラスボード）

8 鉄筋コンクリート下地モルタル塗（フォームタイ）

9 打放しコンクリート（はつり仕上げ、打放し、ビーコーン）

10 均しモルタルプラスター塗

乾式　壁　89

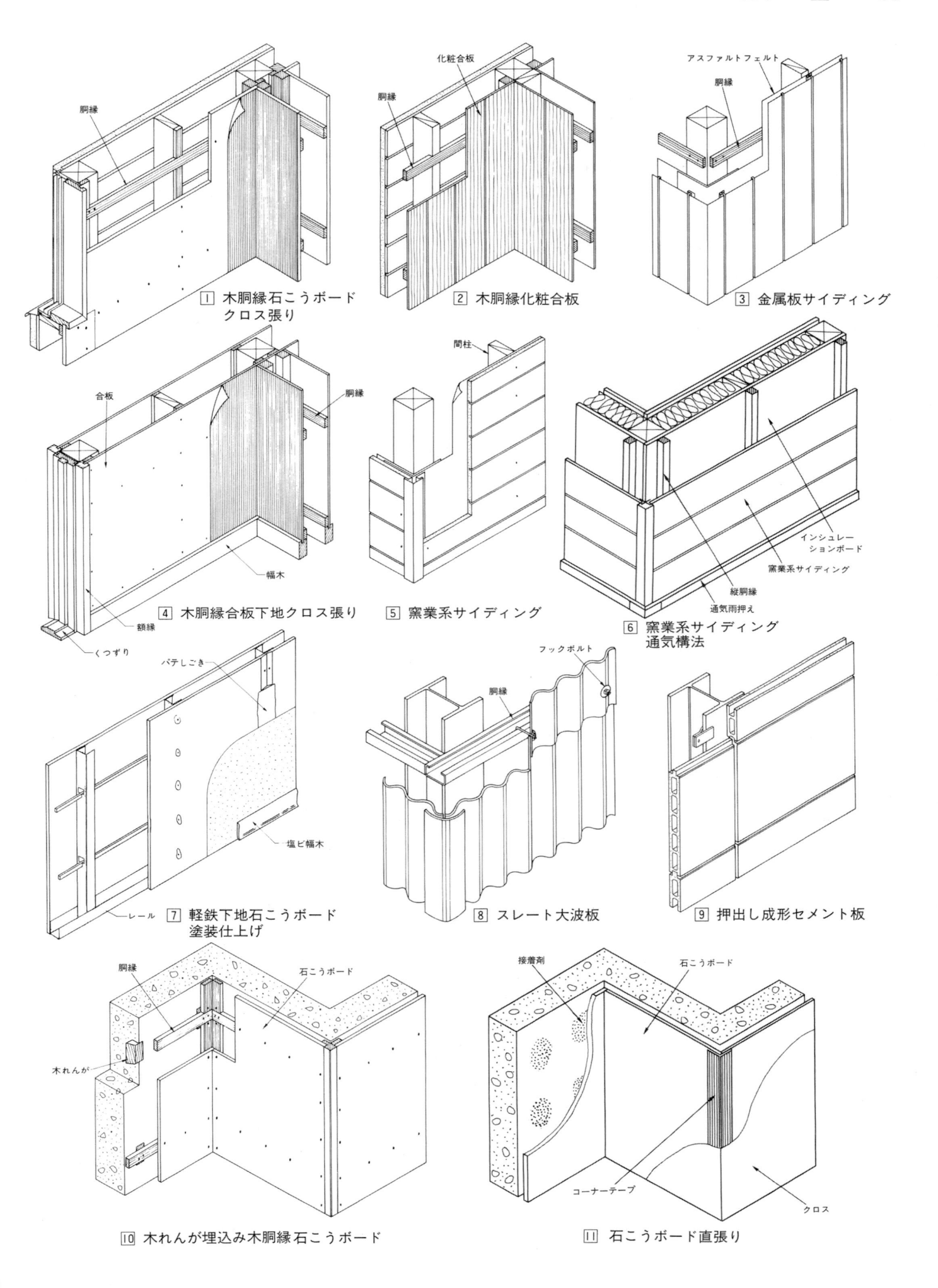

1 木胴縁石こうボードクロス張り
2 木胴縁化粧合板
3 金属板サイディング
4 木胴縁合板下地クロス張り
5 窯業系サイディング
6 窯業系サイディング通気構法
7 軽鉄下地石こうボード塗装仕上げ
8 スレート大波板
9 押出し成形セメント板
10 木れんが埋込み木胴縁石こうボード
11 石こうボード直張り

90　壁　タイル・石

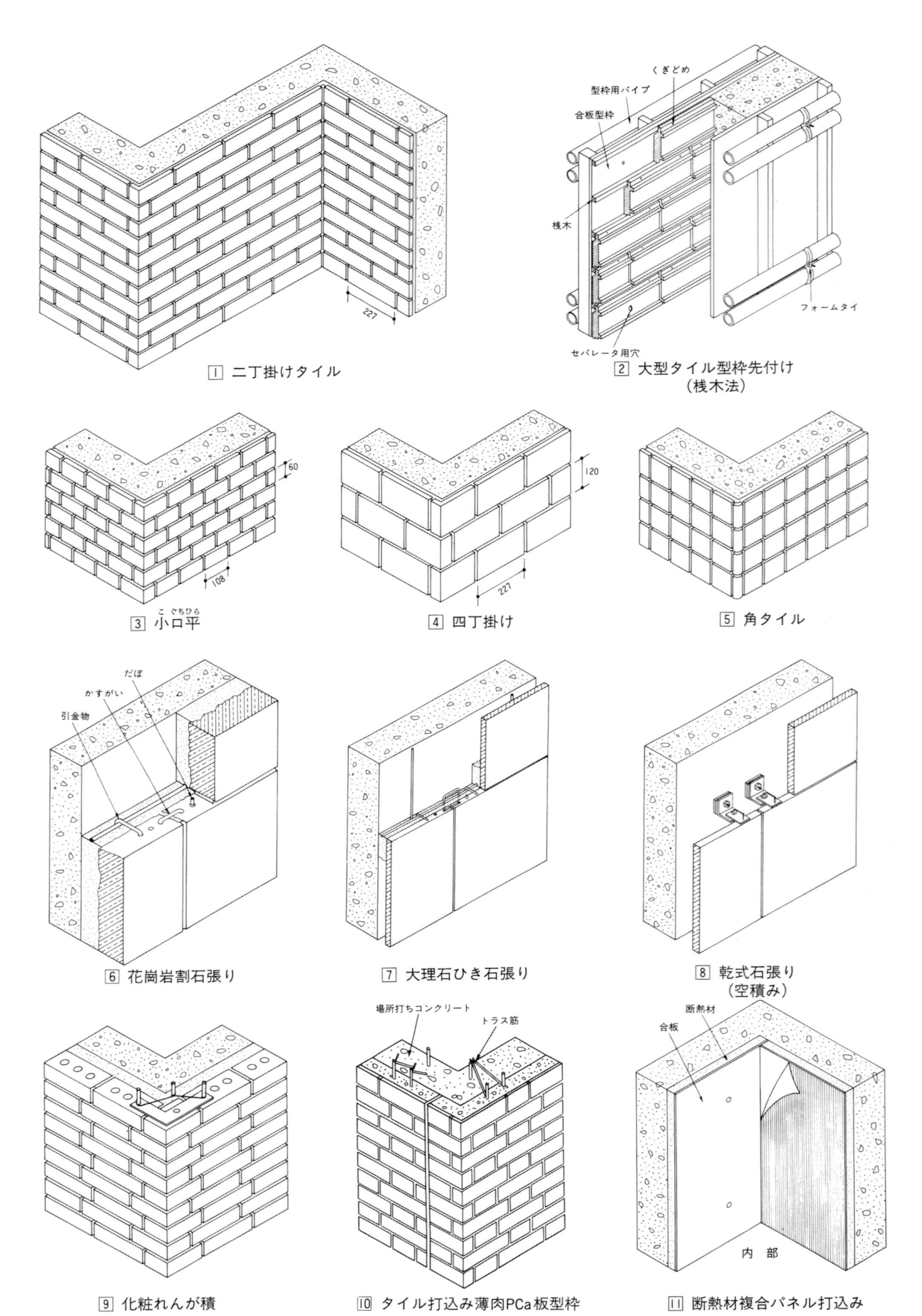

① 二丁掛けタイル

② 大型タイル型枠先付け（桟木法）

③ 小口平

④ 四丁掛け

⑤ 角タイル

⑥ 花崗岩割石張り

⑦ 大理石ひき石張り

⑧ 乾式石張り（空積み）

⑨ 化粧れんが積

⑩ タイル打込み薄肉PCa板型枠

⑪ 断熱材複合パネル打込み

板壁・間仕切　壁　91

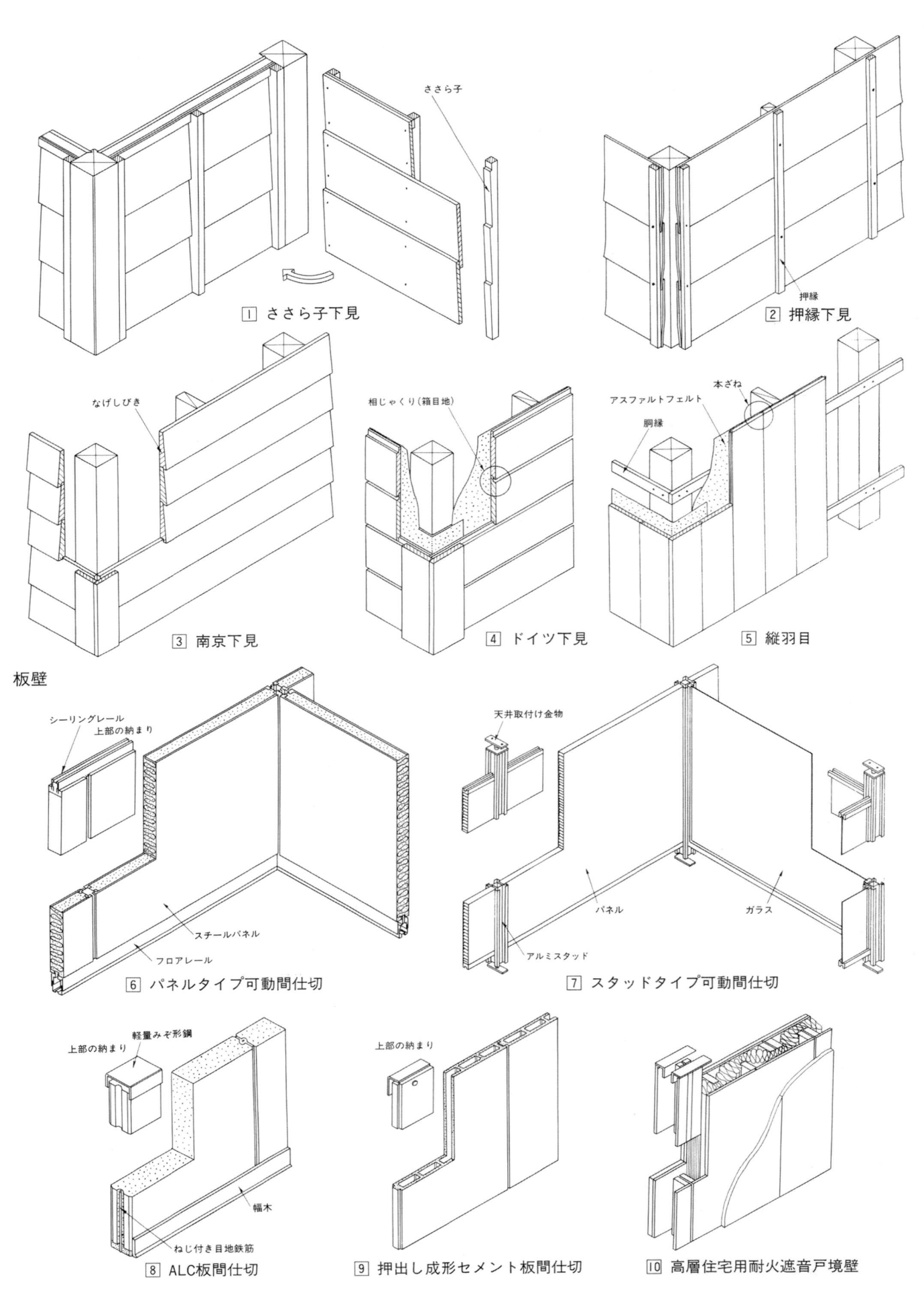

板壁

① ささら子下見（ささら子）
② 押縁下見（押縁）
③ 南京下見（なげしびき）
④ ドイツ下見（相じゃくり（箱目地））
⑤ 縦羽目（アスファルトフェルト、本ざね、胴縁）

間仕切

⑥ パネルタイプ可動間仕切（シーリングレール 上部の納まり、スチールパネル、フロアレール）
⑦ スタッドタイプ可動間仕切（天井取付け金物、パネル、ガラス、アルミスタッド）
⑧ ALC板間仕切（上部の納まり、軽量みぞ形鋼、幅木、ねじ付き目地鉄筋）
⑨ 押出し成形セメント板間仕切（上部の納まり）
⑩ 高層住宅用耐火遮音戸境壁

92 壁　和風造作

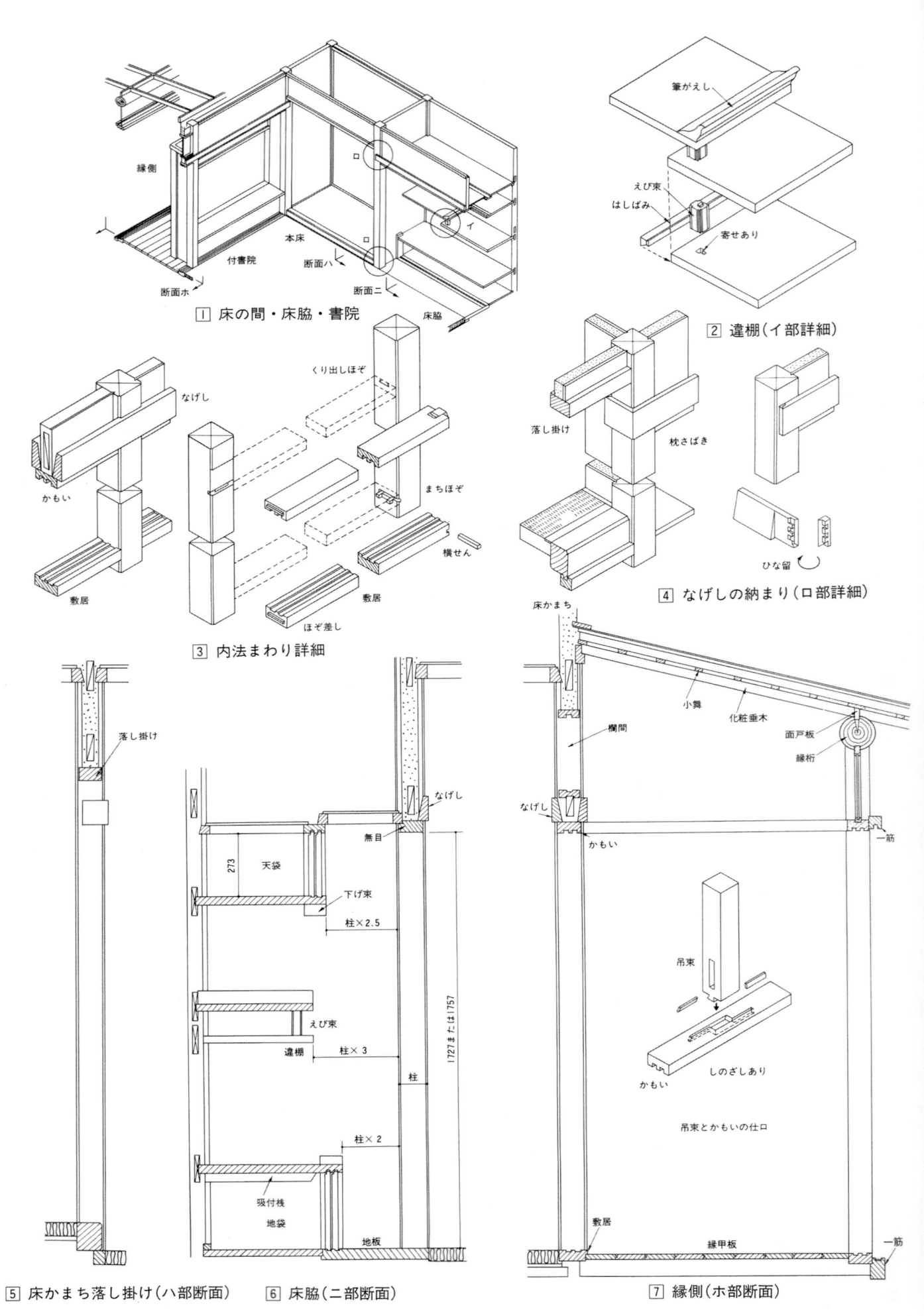

1 床の間・床脇・書院
- 縁側
- 付書院
- 断面ホ
- 本床
- 断面ハ
- 床脇
- 断面ニ
- イ
- ロ

2 違棚（イ部詳細）
- 筆がえし
- えび束
- はしばみ
- 寄せあり

3 内法まわり詳細
- なげし
- かもい
- 敷居
- くり出しほぞ
- まちほぞ
- 横せん
- ほぞ差し
- 敷居

4 なげしの納まり（ロ部詳細）
- 落し掛け
- 枕さばき
- ひな留

5 床かまち落し掛け（ハ部断面）
- 落し掛け

6 床脇（ニ部断面）
- なげし
- 無目
- 273　天袋
- 下げ束
- 柱×2.5
- えび束
- 違棚　柱×3
- 柱×2
- 吸付桟
- 地袋
- 地板
- 1727または1757

7 縁側（ホ部断面）
- 床かまち
- 小舞
- 化粧垂木
- 面戸板
- 縁桁
- 欄間
- なげし
- かもい
- 一筋
- 吊束
- しのざしあり
- かもい
- 吊束とかもいの仕口
- 敷居
- 縁甲板
- 一筋

帳壁・ALC板　壁　93

1 ガラスブロック
2 コンクリートブロック
3 押出し成形セメント板

帳壁

4 縦壁挿入筋構法
5 挿入筋構法（開口部）
6 横壁ボルト止め構法

7 縦壁スライド構法
8 カバープレート構法
9 横壁落込み構法

ALC板の取付け方法

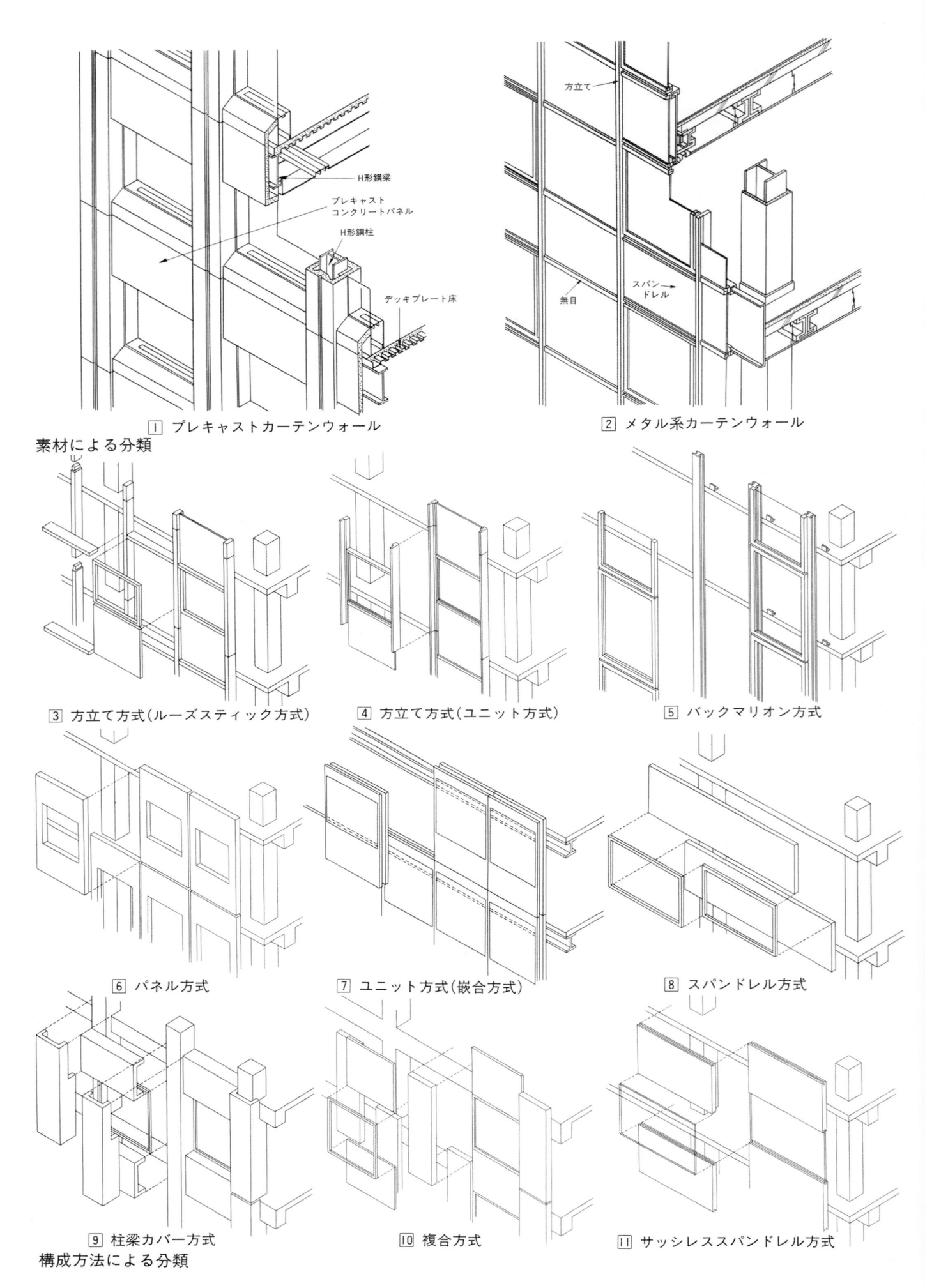

94　壁　カーテンウォール

① プレキャストカーテンウォール

② メタル系カーテンウォール

素材による分類

③ 方立て方式（ルーズスティック方式）

④ 方立て方式（ユニット方式）

⑤ バックマリオン方式

⑥ パネル方式

⑦ ユニット方式（嵌合方式）

⑧ スパンドレル方式

⑨ 柱梁カバー方式

⑩ 複合方式

⑪ サッシレススパンドレル方式

構成方法による分類

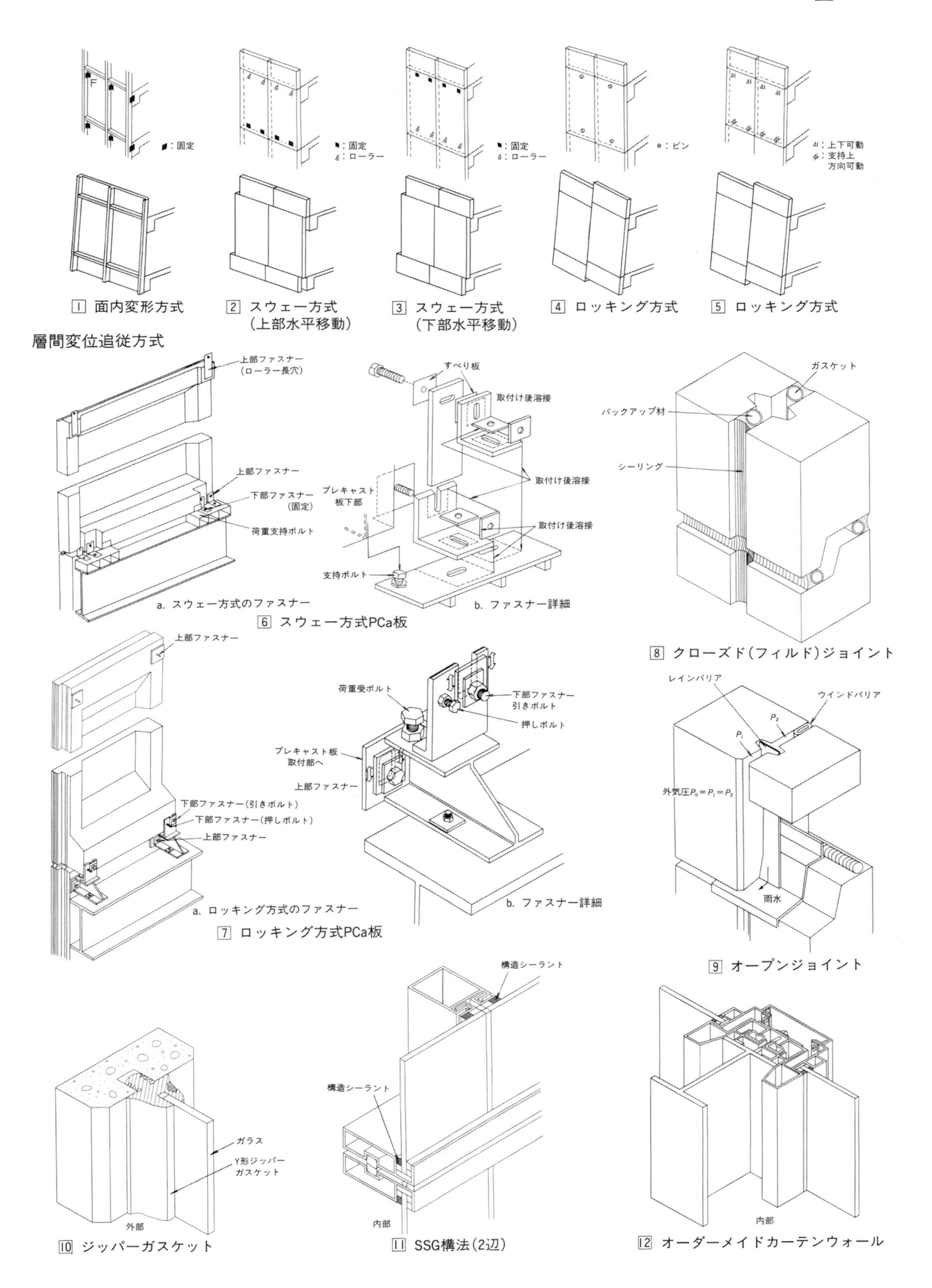

カーテンウォール詳細　　壁　　95

① 面内変形方式　　② スウェー方式（上部水平移動）　　③ スウェー方式（下部水平移動）　　④ ロッキング方式　　⑤ ロッキング方式

■：固定　　■：固定　▲：ローラー　　■：固定　▲：ローラー　　●：ピン　　△|：上下可動　⇵：支持上方向可動

層間変位追従方式

a. スウェー方式のファスナー　　b. ファスナー詳細
上部ファスナー（ローラー長穴）／上部ファスナー／下部ファスナー（固定）／荷重支持ボルト／すべり板／取付け後溶接／プレキャスト板下部／支持ボルト

⑥ スウェー方式PCa板

a. ロッキング方式のファスナー　　b. ファスナー詳細
上部ファスナー／下部ファスナー（引きボルト）／下部ファスナー（押しボルト）／上部ファスナー／荷重受ボルト／下部ファスナー引きボルト／押しボルト／プレキャスト板取付部へ／上部ファスナー

⑦ ロッキング方式PCa板

ガスケット／バックアップ材／シーリング

⑧ クローズド（フィルド）ジョイント

レインバリア／ウインドバリア／外気圧 $P_0 = P_1 = P_2$／雨水

⑨ オープンジョイント

ガラス／Y形ジッパーガスケット／外部

⑩ ジッパーガスケット

構造シーラント／構造シーラント／内部

⑪ SSG構法（2辺）

内部

⑫ オーダーメイドカーテンウォール

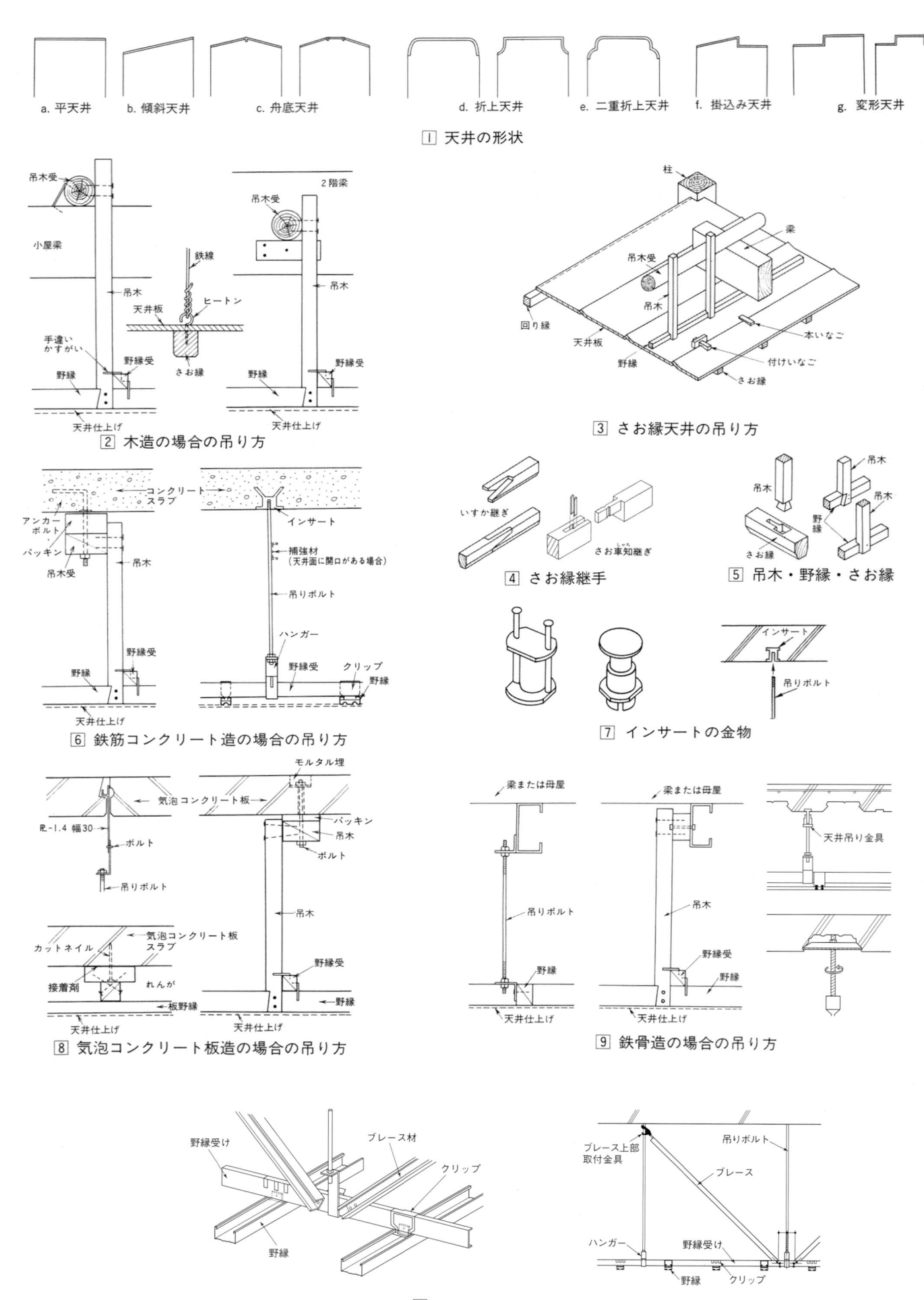

96 天井　天井の形状・天井の吊り方

a. 平天井　b. 傾斜天井　c. 舟底天井　d. 折上天井　e. 二重折上天井　f. 掛込み天井　g. 変形天井

1 天井の形状

2 木造の場合の吊り方

3 さお縁天井の吊り方

4 さお縁継手

5 吊木・野縁・さお縁

6 鉄筋コンクリート造の場合の吊り方

7 インサートの金物

8 気泡コンクリート板造の場合の吊り方

9 鉄骨造の場合の吊り方

10 軽量鉄骨製下地骨組(2.1)

各種天井(1) 天井 97

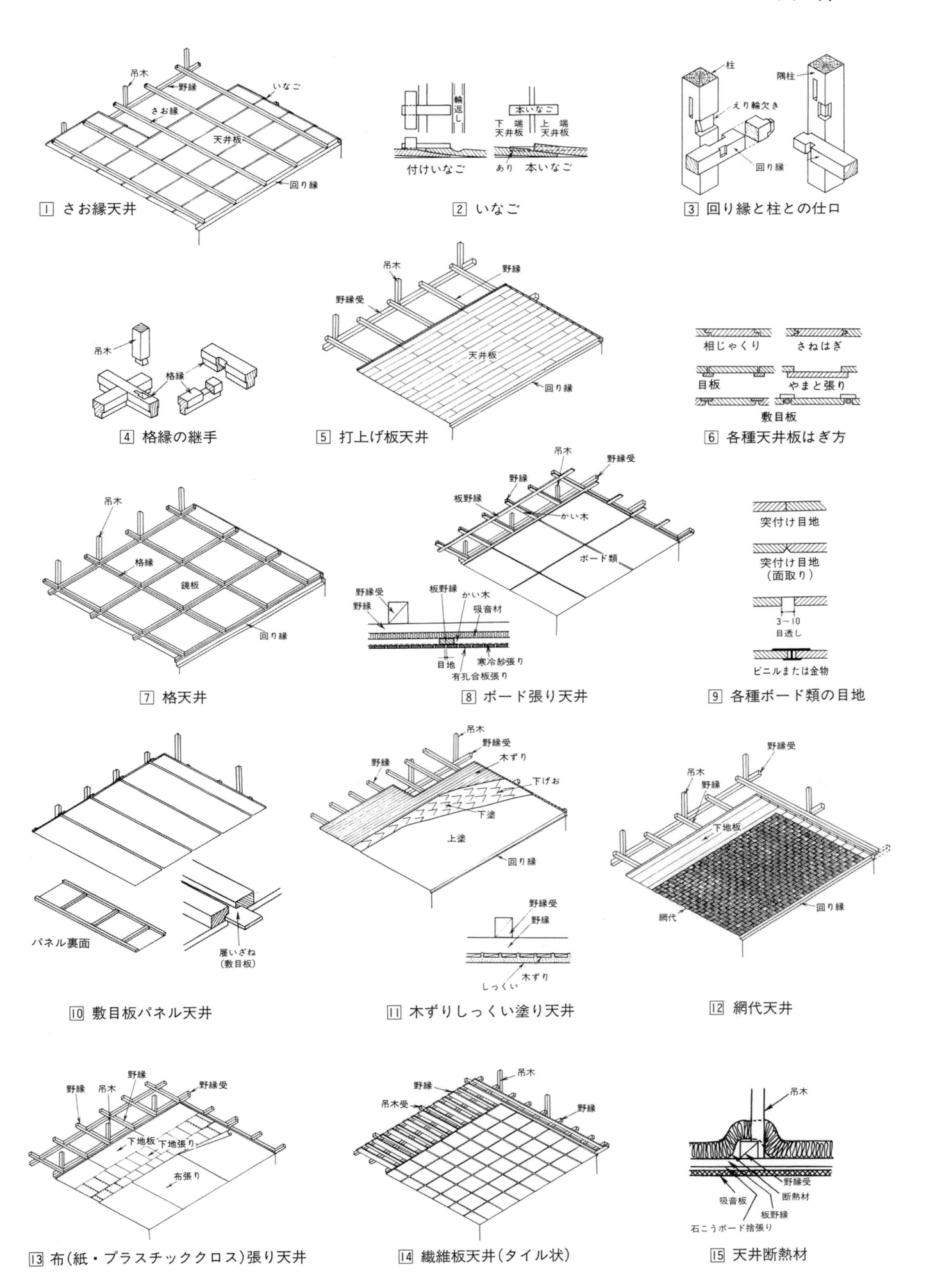

1 さお縁天井 — 吊木、野縁、いなご、さお縁、天井板、回り縁

2 いなご — 付けいなご（輪返し）、あり 本いなご（下端天井板・上端天井板）

3 回り縁と柱との仕口 — 柱、隅柱、えり輪欠き、回り縁

4 格縁の継手 — 吊木、格縁

5 打上げ板天井 — 吊木、野縁受、野縁、天井板、回り縁

6 各種天井板はぎ方 — 相じゃくり、さねはぎ、目板、やまと張り、敷目板

7 格天井 — 吊木、格縁、鏡板、回り縁

8 ボード張り天井 — 吊木、野縁受、野縁、板野縁、かい木、ボード類、野縁受・野縁・板野縁・かい木・吸音材・目地・寒冷紗張り・有孔合板張り

9 各種ボード類の目地 — 突付け目地、突付け目地（面取り）、3〜10 目透し、ビニルまたは金物

10 敷目板パネル天井 — 吊木、パネル裏面、雇いざね（敷目板）

11 木ずりしっくい塗り天井 — 吊木、野縁受、野縁、木ずり、下げお、下塗、上塗、回り縁、野縁受・野縁・木ずり・しっくい

12 網代天井 — 吊木、野縁受、野縁、下地板、網代、回り縁

13 布（紙・プラスチッククロス）張り天井 — 野縁、吊木、野縁受、下地板下地張り、布張り

14 繊維板天井（タイル状）— 吊木、吊木受、野縁

15 天井断熱材 — 吊木、吸音板、野縁受、断熱材、板野縁、石こうボード捨張り

98　天　井　各種天井(2)・回り縁

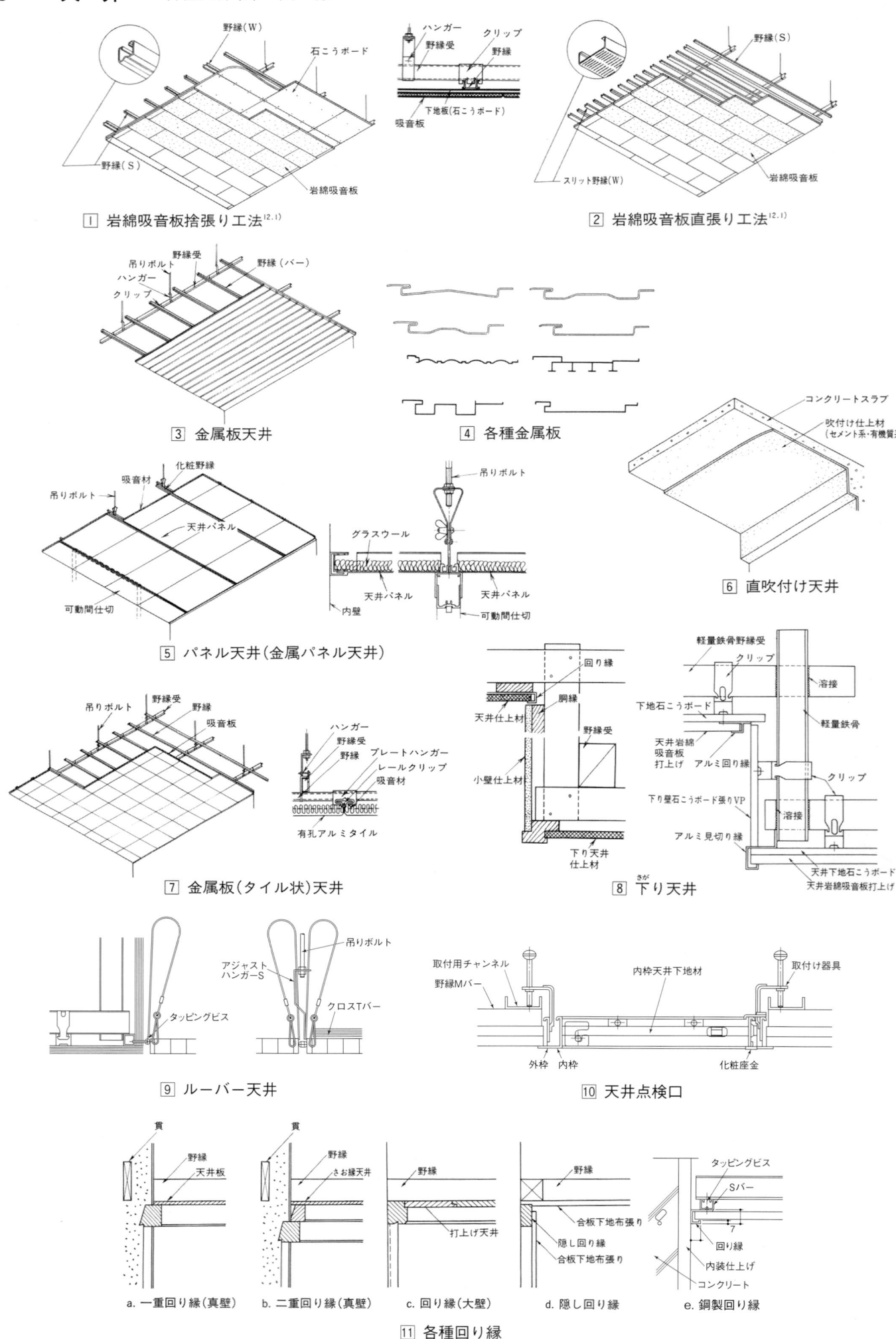

1 岩綿吸音板捨張り工法(2.1)
- 野縁(W)
- 石こうボード
- 野縁(S)
- 岩綿吸音板
- ハンガー
- 野縁受
- クリップ
- 野縁
- 下地板(石こうボード)
- 吸音板

2 岩綿吸音板直張り工法(2.1)
- 野縁(S)
- 岩綿吸音板
- スリット野縁(W)

3 金属板天井
- 吊りボルト
- 野縁受
- 野縁(バー)
- ハンガー
- クリップ

4 各種金属板

5 パネル天井(金属パネル天井)
- 吊りボルト
- 化粧野縁
- 吸音材
- 天井パネル
- 可動間仕切
- 吊りボルト
- グラスウール
- 内壁
- 天井パネル
- 可動間仕切

6 直吹付け天井
- コンクリートスラブ
- 吹付け仕上材(セメント系・有機質系)

7 金属板(タイル状)天井
- 吊りボルト
- 野縁受
- 野縁
- 吸音板
- ハンガー
- 野縁受
- 野縁
- プレートハンガー
- レールクリップ
- 吸音材
- 有孔アルミタイル

8 下り天井
- 回り縁
- 胴縁
- 天井仕上材
- 野縁受
- 小壁仕上材
- 下り天井仕上材
- 軽量鉄骨野縁受
- クリップ
- 溶接
- 下地石こうボード
- 軽量鉄骨
- 天井岩綿吸音板打上げ
- アルミ回り縁
- 下り壁石こうボード張りVP
- クリップ
- 溶接
- アルミ見切り縁
- 天井下地石こうボード
- 天井岩綿吸音板打上げ

9 ルーバー天井
- 吊りボルト
- アジャストハンガーS
- クロスTバー
- タッピングビス

10 天井点検口
- 取付用チャンネル
- 野縁Mバー
- 内枠天井下地材
- 取付け器具
- 外枠
- 内枠
- 化粧座金

11 各種回り縁
- a. 一重回り縁(真壁)：貫、野縁、天井板
- b. 二重回り縁(真壁)：貫、野縁、さお縁天井
- c. 回り縁(大壁)：野縁、打上げ天井
- d. 隠し回り縁：野縁、合板下地布張り、隠し回り縁、合板下地布張り
- e. 鋼製回り縁：タッピングビス、Sバー、回り縁、内装仕上げ、コンクリート

システム天井　天井　99

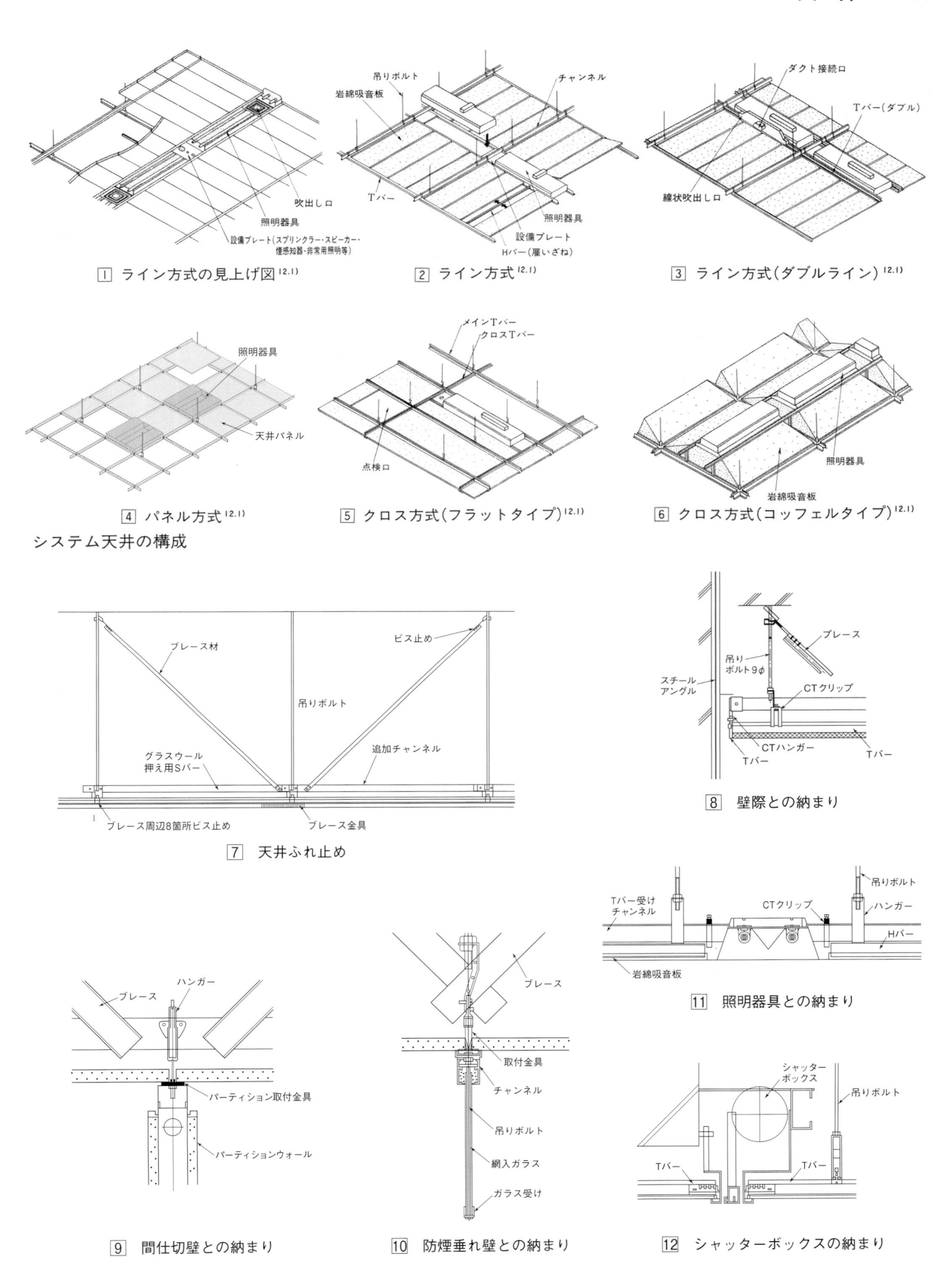

システム天井の構成

1 ライン方式の見上げ図 [12.1]

2 ライン方式 [12.1]

3 ライン方式（ダブルライン）[12.1]

4 パネル方式 [12.1]

5 クロス方式（フラットタイプ）[12.1]

6 クロス方式（コッフェルタイプ）[12.1]

システム天井の詳細

7 天井ふれ止め

8 壁際との納まり

9 間仕切壁との納まり

10 防煙垂れ壁との納まり

11 照明器具との納まり

12 シャッターボックスの納まり

階段・手すり　階段形式

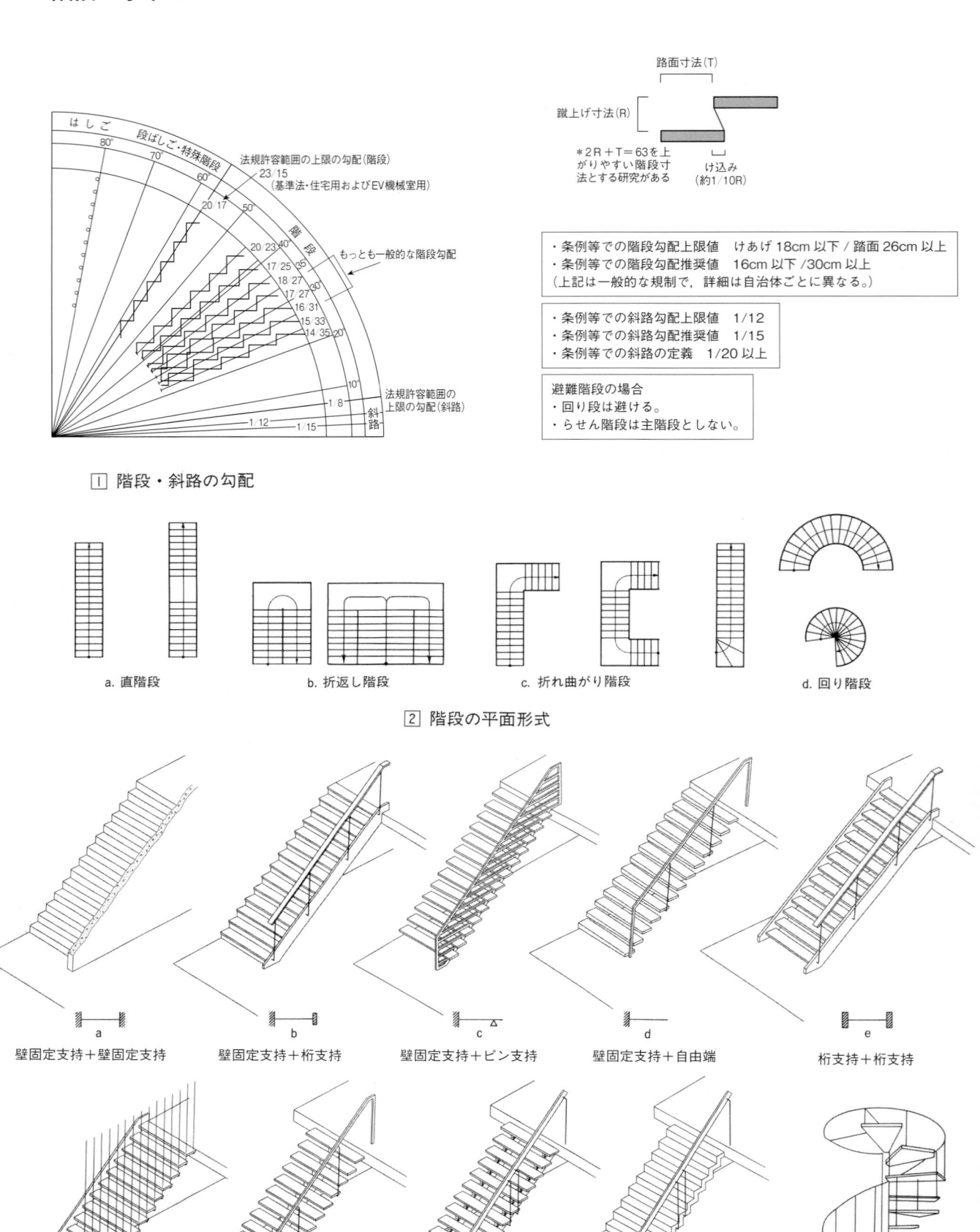

路面寸法(T)
蹴上げ寸法(R)
*2R＋T＝63を上がりやすい階段寸法とする研究がある
け込み（約1/10R）

- 条例等での階段勾配上限値　けあげ18cm以下 / 踏面26cm以上
- 条例等での階段勾配推奨値　16cm以下 /30cm以上
（上記は一般的な規制で，詳細は自治体ごとに異なる。）

- 条例等での斜路勾配上限値　1/12
- 条例等での斜路勾配推奨値　1/15
- 条例等での斜路の定義　1/20以上

避難階段の場合
- 回り段は避ける。
- らせん階段は主階段としない。

はしご / 段ばしご・特殊階段 / 法規許容範囲の上限の勾配（階段）23/15（基準法・住宅用およびEV機械室用）/ 20/17 / 階段 / もっとも一般的な階段勾配 / 20/23 / 17/25 / 18/27 / 17/27 / 16/31 / 15/33 / 14/35 / 斜路 / 法規許容範囲の上限の勾配（斜路）/ 1/8 / 1/12 / 1/15

① 階段・斜路の勾配

a. 直階段　　b. 折返し階段　　c. 折れ曲がり階段　　d. 回り階段

② 階段の平面形式

a. 壁固定支持＋壁固定支持
b. 壁固定支持＋桁支持
c. 壁固定支持＋ピン支持
d. 壁固定支持＋自由端
e. 桁支持＋桁支持
f. 桁支持＋ピン支持
g. 桁固定支持
h. ピン支持＋ピン支持
i. 自由端＋自由端（板一体式）
j. 柱固定支持＋自由端

③ 階段の形態と支持方法

階段詳細(1)　階段・手すり

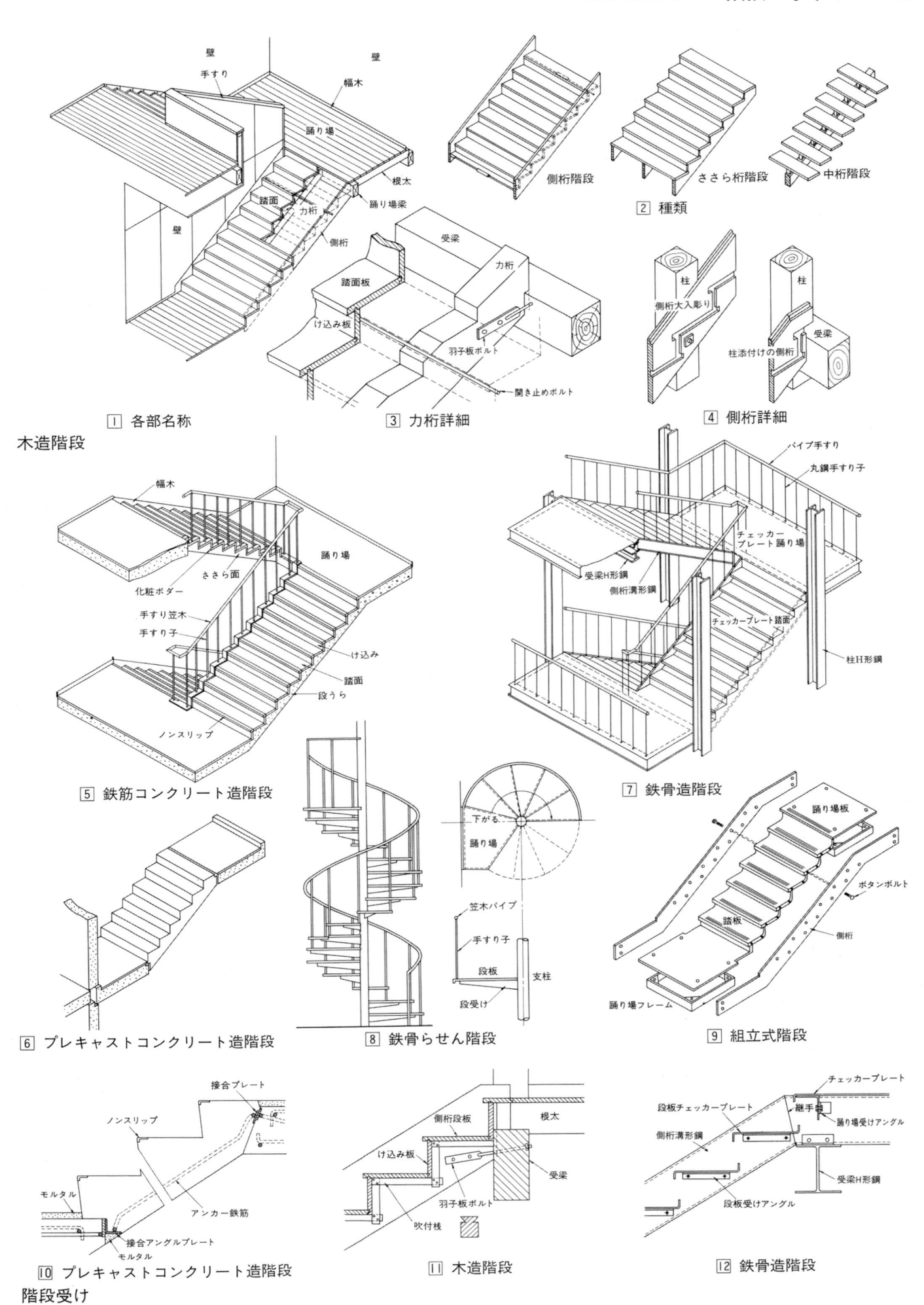

木造階段

1 各部名称
2 種類
3 力桁詳細
4 側桁詳細
5 鉄筋コンクリート造階段
6 プレキャストコンクリート造階段
7 鉄骨造階段
8 鉄骨らせん階段
9 組立式階段
10 プレキャストコンクリート造階段
階段受け
11 木造階段
12 鉄骨造階段

階段・手すり　階段詳細(2)

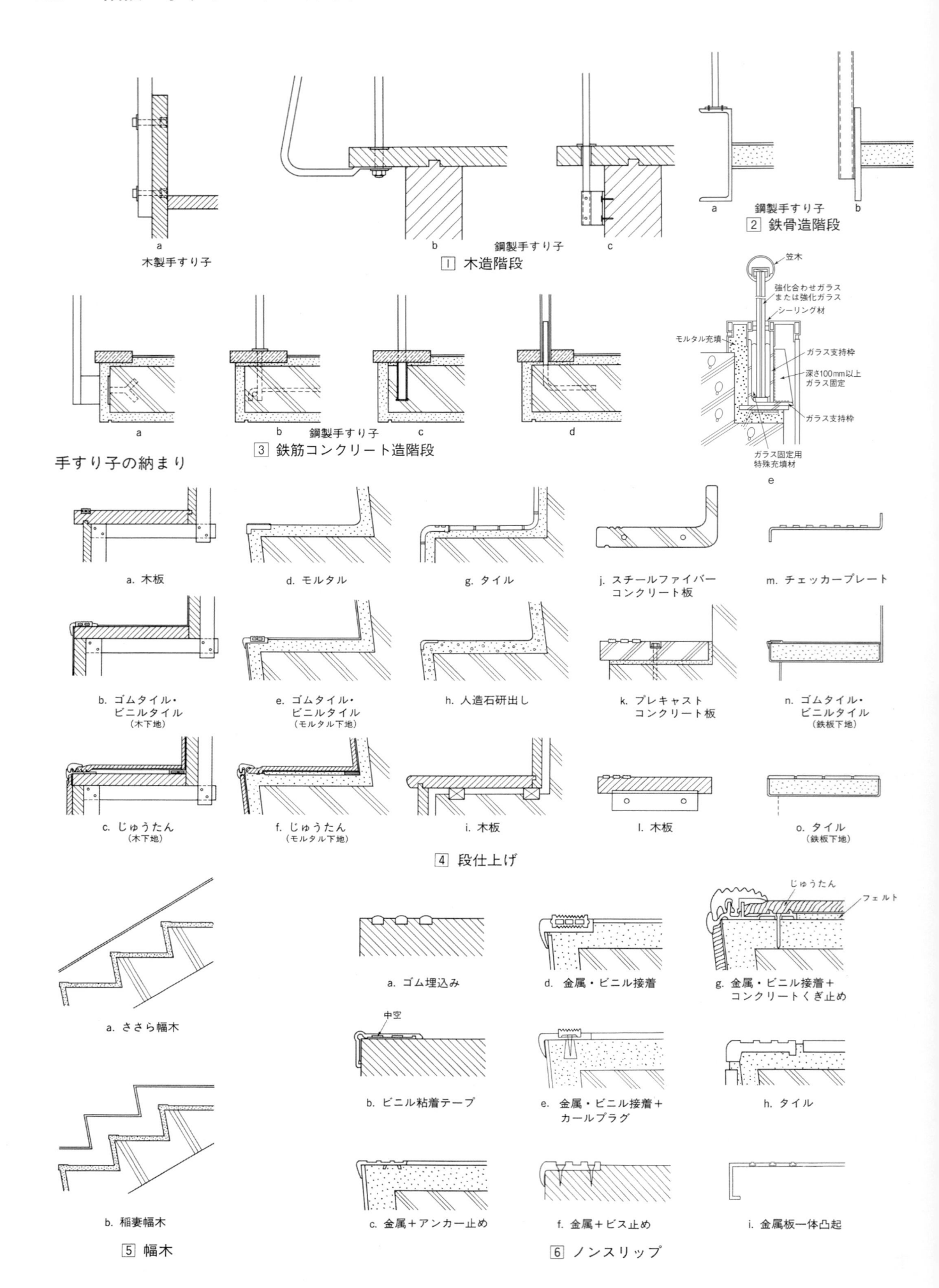

手すり子の納まり

1 木造階段
- a 木製手すり子
- b 鋼製手すり子
- c 鋼製手すり子

2 鉄骨造階段
- a
- b 鋼製手すり子

3 鉄筋コンクリート造階段
- a
- b 鋼製手すり子
- c
- d
- e （笠木／強化合わせガラスまたは強化ガラス／シーリング材／モルタル充填／ガラス支持枠／深さ100mm以上ガラス固定／ガラス支持枠／ガラス固定用特殊充填材）

4 段仕上げ
- a. 木板
- b. ゴムタイル・ビニルタイル（木下地）
- c. じゅうたん（木下地）
- d. モルタル
- e. ゴムタイル・ビニルタイル（モルタル下地）
- f. じゅうたん（モルタル下地）
- g. タイル
- h. 人造石研出し
- i. 木板
- j. スチールファイバーコンクリート板
- k. プレキャストコンクリート板
- l. 木板
- m. チェッカープレート
- n. ゴムタイル・ビニルタイル（鉄板下地）
- o. タイル（鉄板下地）

5 幅木
- a. ささら幅木
- b. 稲妻幅木

6 ノンスリップ
- a. ゴム埋込み
- b. ビニル粘着テープ（中空）
- c. 金属＋アンカー止め
- d. 金属・ビニル接着
- e. 金属・ビニル接着＋カールプラグ
- f. 金属＋ビス止め
- g. 金属・ビニル接着＋コンクリートくぎ止め（じゅうたん／フェルト）
- h. タイル
- i. 金属板一体凸起

手すり詳細　　階段・手すり　103

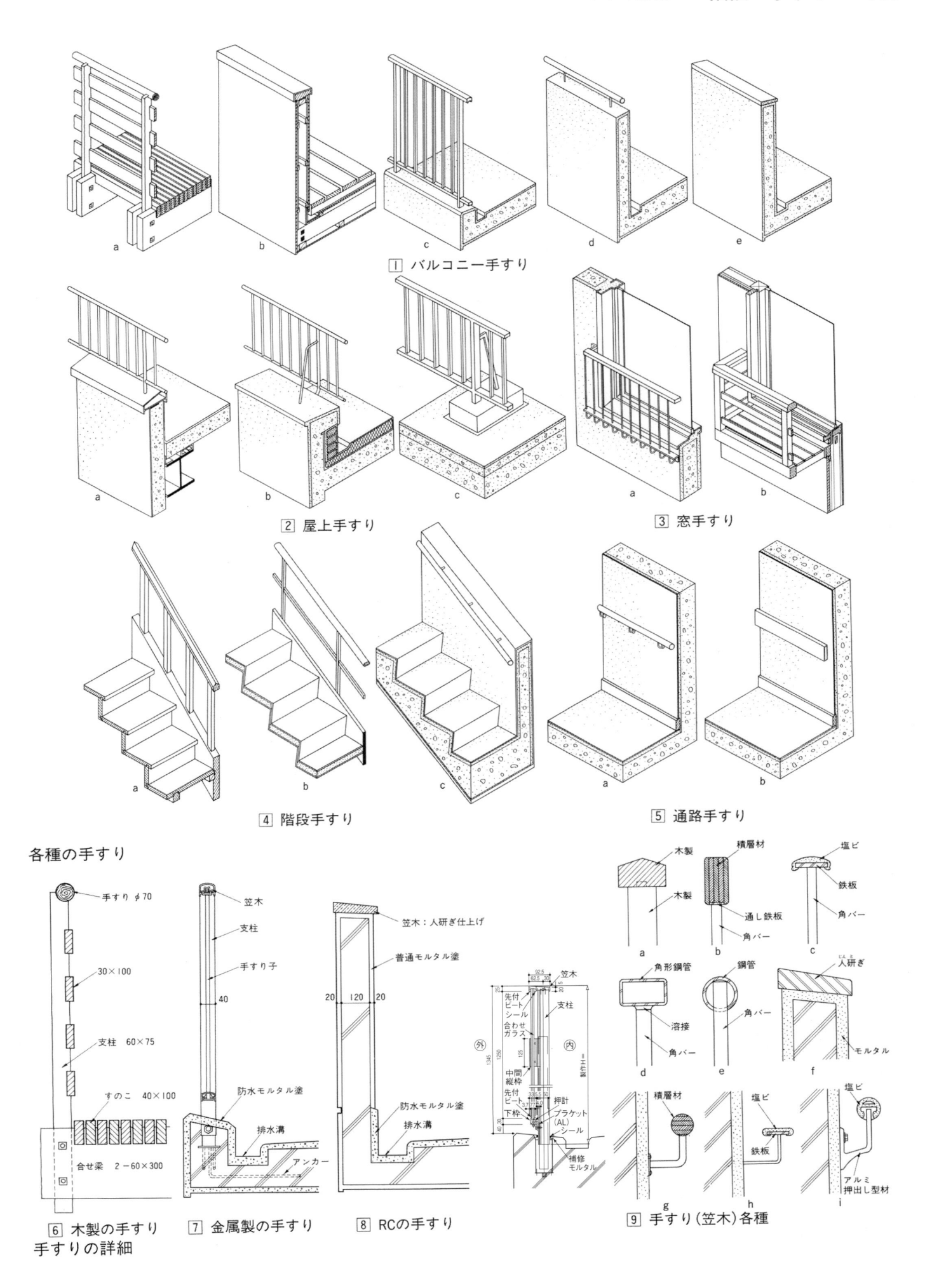

① バルコニー手すり
a　b　c　d　e

② 屋上手すり
a　b　c

③ 窓手すり
a　b

④ 階段手すり
a　b　c

⑤ 通路手すり
a　b

各種の手すり

⑥ 木製の手すり
手すり φ70
30×100
支柱 60×75
すのこ 40×100
合せ梁 2-60×300

⑦ 金属製の手すり
笠木
支柱
手すり子
40
防水モルタル塗
排水溝
アンカー

⑧ RCの手すり
笠木：人研ぎ仕上げ
20　120　20
普通モルタル塗
防水モルタル塗
排水溝

笠木
先付ビード
シール
合わせガラス
支柱
中間縦枠
先付ビード
下枠
押計
ブラケット(AL)
シール
補修モルタル

⑨ 手すり(笠木)各種
a　木製／木製
b　積層材／通し鉄板／角バー
c　塩ビ／鉄板／角バー
d　角形鋼管／溶接／角バー
e　鋼管／角バー
f　人研ぎ／モルタル
g　積層材
h　塩ビ／鉄板
i　塩ビ／アルミ押出し型材

手すりの詳細

104　建具　木製建具

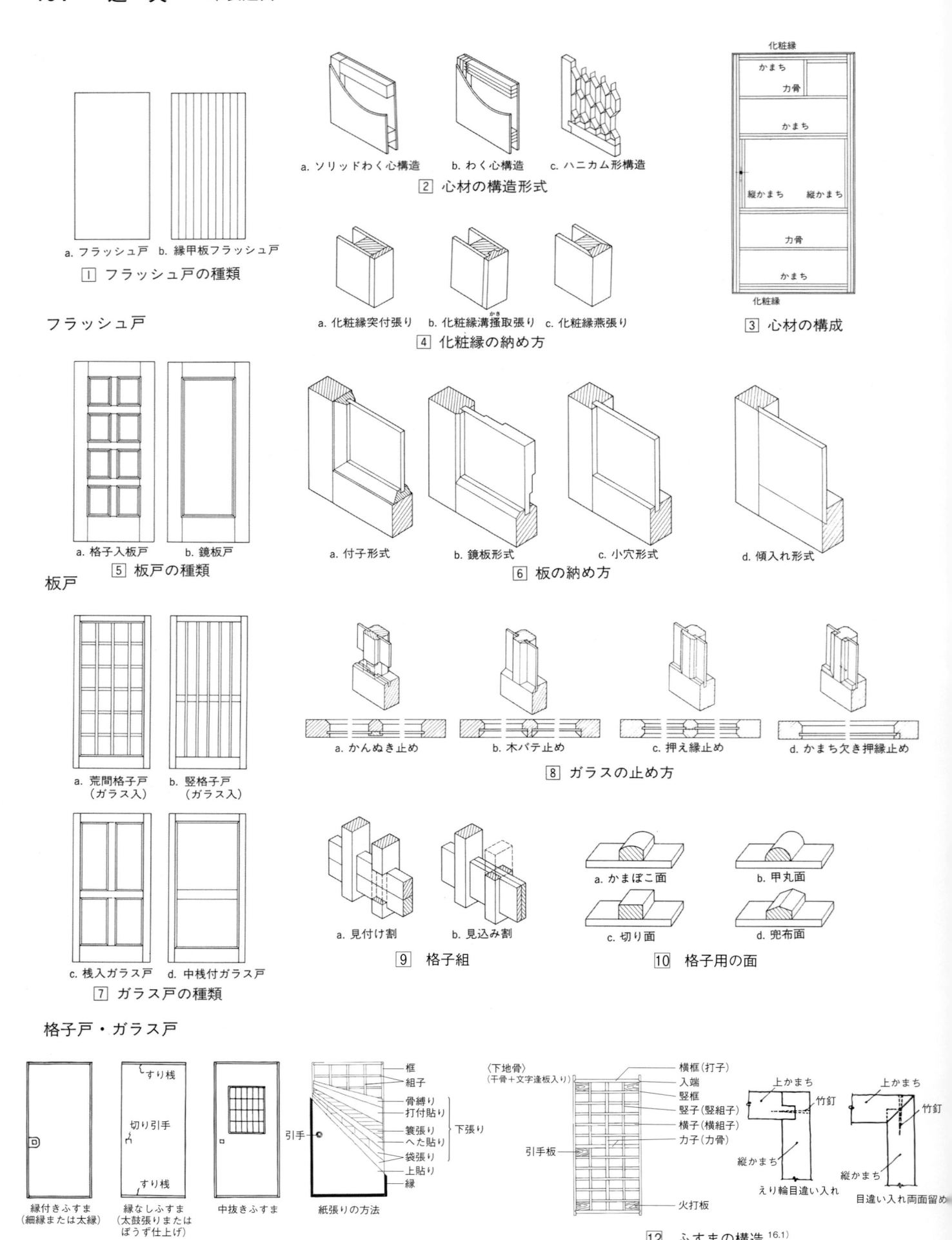

フラッシュ戸

a. フラッシュ戸　b. 縁甲板フラッシュ戸
1 フラッシュ戸の種類

a. ソリッドわく心構造　b. わく心構造　c. ハニカム形構造
2 心材の構造形式

a. 化粧縁突付張り　b. 化粧縁溝搔取張り　c. 化粧縁燕張り
4 化粧縁の納め方

3 心材の構成（化粧縁、かまち、力骨、縦かまち）

板戸

a. 格子入板戸　b. 鏡板戸
5 板戸の種類

a. 付子形式　b. 鏡板形式　c. 小穴形式　d. 傾入れ形式
6 板の納め方

格子戸・ガラス戸

a. 荒間格子戸（ガラス入）　b. 竪格子戸（ガラス入）
c. 桟入ガラス戸　d. 中桟付ガラス戸
7 ガラス戸の種類

a. かんぬき止め　b. 木パテ止め　c. 押え縁止め　d. かまち欠き押縁止め
8 ガラスの止め方

a. 見付け割　b. 見込み割
9 格子組

a. かまぼこ面　b. 甲丸面　c. 切り面　d. 兜布面
10 格子用の面

ふすま

縁付きふすま（細縁または太縁）　縁なしふすま（太鼓張りまたはぼうず仕上げ）　中抜きふすま　紙張りの方法（框、組子、骨縛り、打付貼り、蓑張り、へた貼り、袋張り、上貼り、縁、引手）
11 ふすまの種類 16.1

12 ふすまの構造 16.1
（下地骨：千骨＋文字違板入り、横框（打子）、入端、竪框、竪子（竪組子）、横子（横組子）、力子（力骨）、引手板、火打板）
上かまち、竹釘、縦かまち、えり輪目違い入れ／目違い入れ両面留め

枠付建具・木製建具　　建具　　105

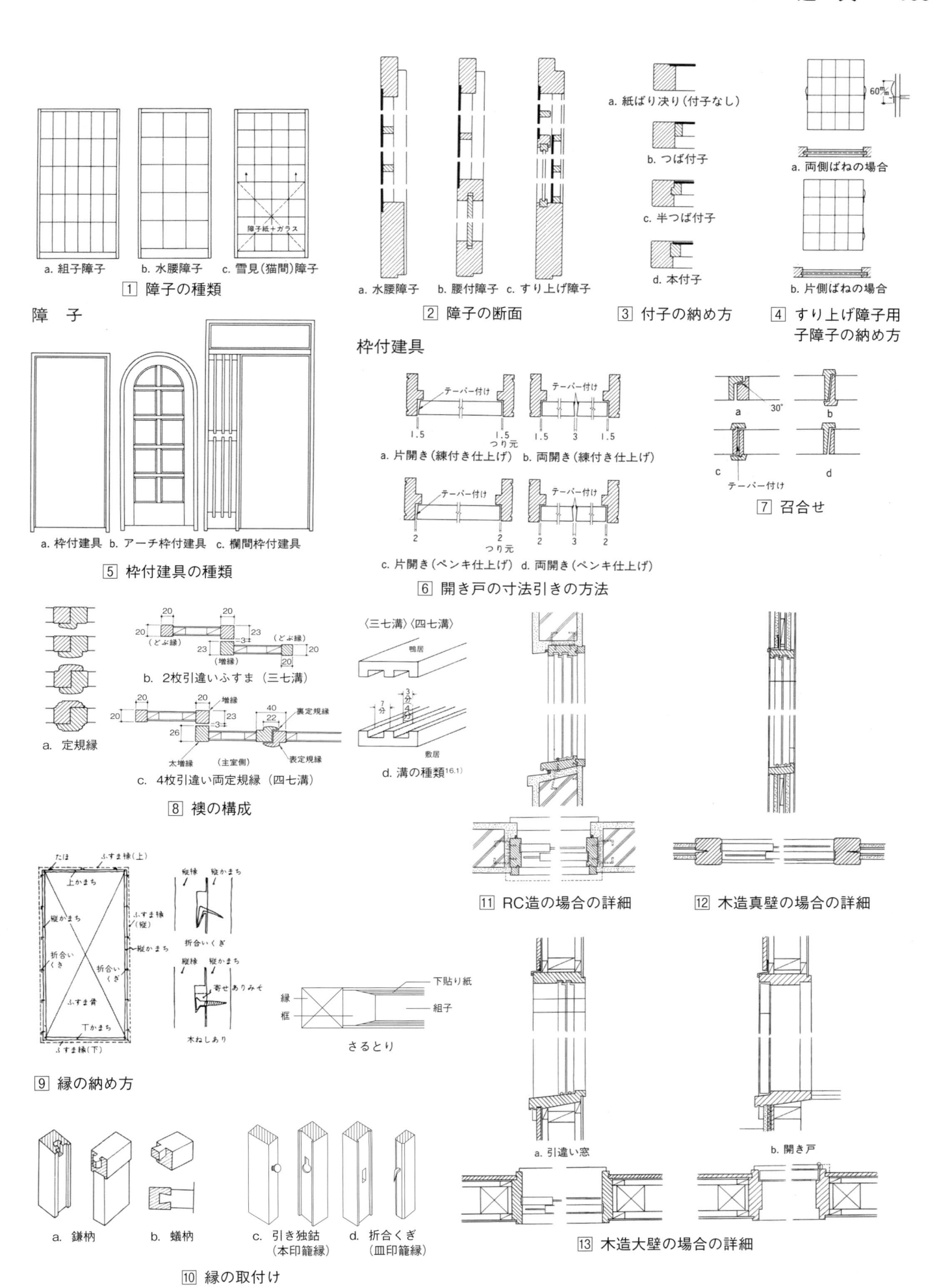

障子

1 障子の種類
- a. 組子障子
- b. 水腰障子
- c. 雪見(猫間)障子

2 障子の断面
- a. 水腰障子
- b. 腰付障子
- c. すり上げ障子

3 付子の納め方
- a. 紙ばり決り(付子なし)
- b. つば付子
- c. 半つば付子
- d. 本付子

4 すり上げ障子用子障子の納め方
- a. 両側ばねの場合
- b. 片側ばねの場合

枠付建具

5 枠付建具の種類
- a. 枠付建具
- b. アーチ枠付建具
- c. 欄間枠付建具

6 開き戸の寸法引きの方法
- a. 片開き(練付き仕上げ)
- b. 両開き(練付き仕上げ)
- c. 片開き(ペンキ仕上げ)
- d. 両開き(ペンキ仕上げ)

7 召合せ

8 襖の構成
- a. 定規縁
- b. 2枚引違いふすま(三七溝)
- c. 4枚引違い両定規縁(四七溝)
- d. 溝の種類 16.1)
  〈三七溝〉〈四七溝〉　鴨居／敷居

9 縁の納め方

10 縁の取付け
- a. 鎌枘
- b. 蟻枘
- c. 引き独鈷(本印籠縁)
- d. 折合くぎ(皿印籠縁)

11 RC造の場合の詳細

12 木造真壁の場合の詳細

13 木造大壁の場合の詳細
- a. 引違い窓
- b. 開き戸

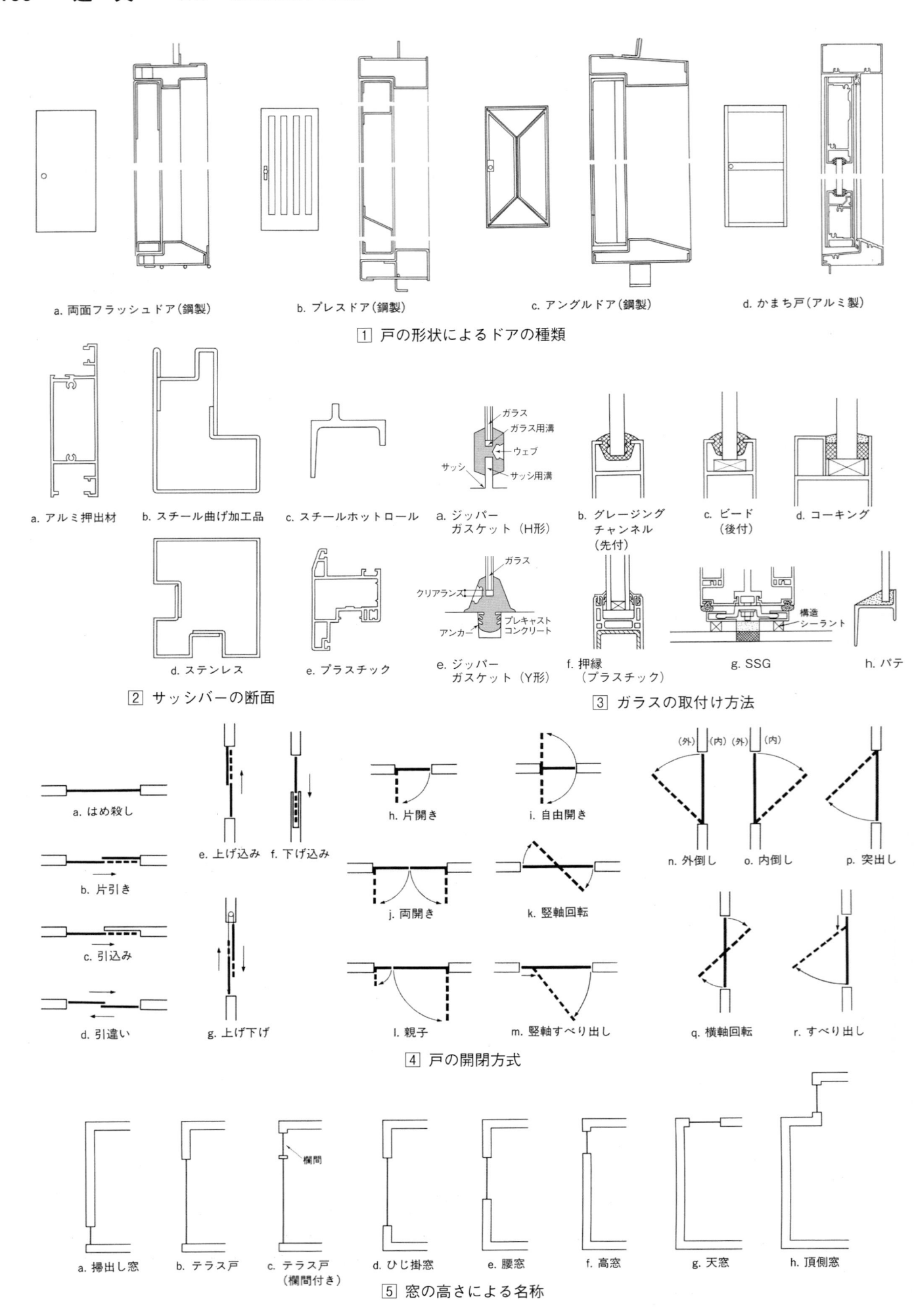

106 建具　名称・金属製建具の種類

a. 両面フラッシュドア（鋼製）　　b. プレスドア（鋼製）　　c. アングルドア（鋼製）　　d. かまち戸（アルミ製）

[1] 戸の形状によるドアの種類

a. アルミ押出材　　b. スチール曲げ加工品　　c. スチールホットロール

a. ジッパーガスケット（H形）　　b. グレージングチャンネル（先付）　　c. ビード（後付）　　d. コーキング

d. ステンレス　　e. プラスチック

e. ジッパーガスケット（Y形）　　f. 押縁（プラスチック）　　g. SSG　　h. パテ

[2] サッシバーの断面　　　　　　　　　　　　　　　　[3] ガラスの取付け方法

a. はめ殺し
b. 片引き
c. 引込み
d. 引違い
e. 上げ込み　f. 下げ込み
g. 上げ下げ
h. 片開き
i. 自由開き
j. 両開き
k. 竪軸回転
l. 親子
m. 竪軸すべり出し
n. 外倒し
o. 内倒し
p. 突出し
q. 横軸回転
r. すべり出し

[4] 戸の開閉方式

a. 掃出し窓　　b. テラス戸　　c. テラス戸（欄間付き）　　d. ひじ掛窓　　e. 腰窓　　f. 高窓　　g. 天窓　　h. 頂側窓

[5] 窓の高さによる名称

サッシの基本納まり　**建具**　107

A　外付け引き違いテラス戸　　B　半外付け引き違い窓 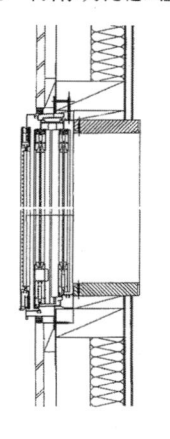　　C　内付け引き違いテラス戸

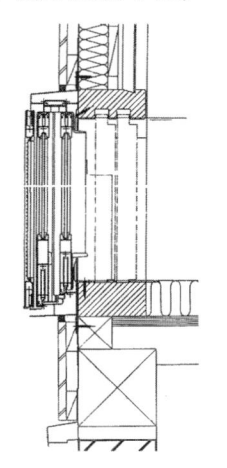

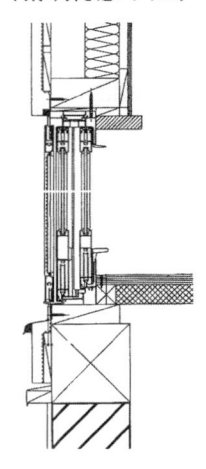

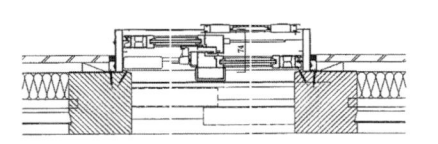

A　横断面納まり詳細図
=WB 2-2

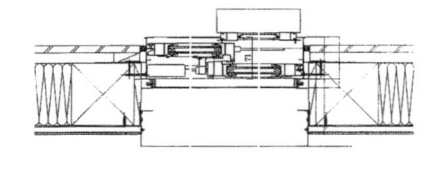

B　横断面納まり詳細図

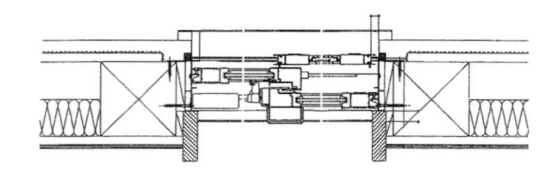

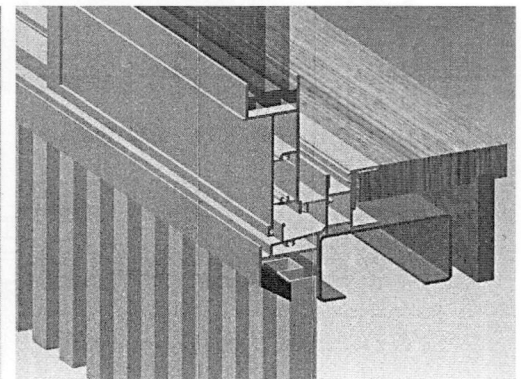

C　横断面納まり詳細図

1 住宅用サッシ [16.2]

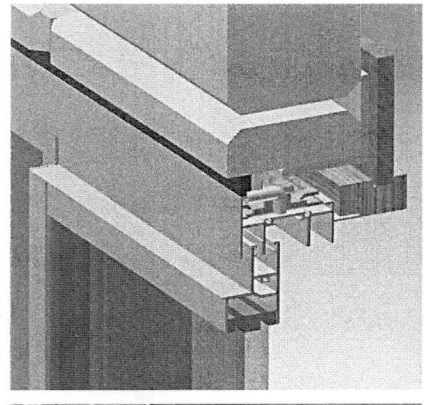

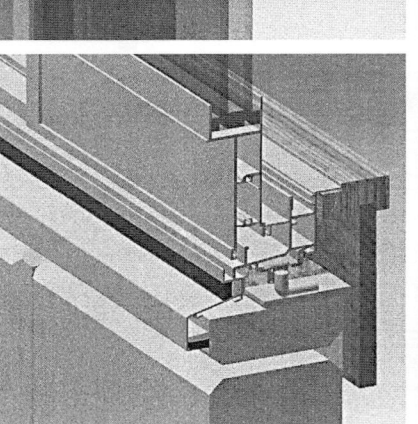

A　ALC枠 　　B　RC枠 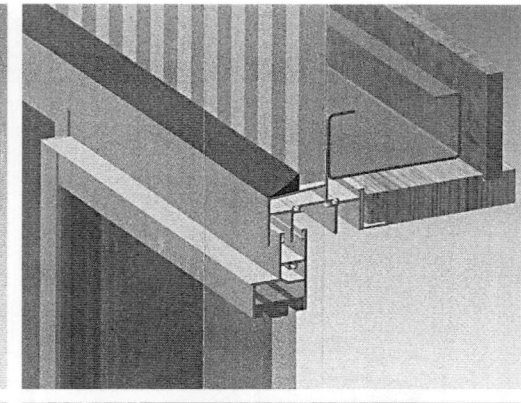　　C　鉄骨枠

2 ビル用サッシ

108 建具　サッシ・ドアの納まり

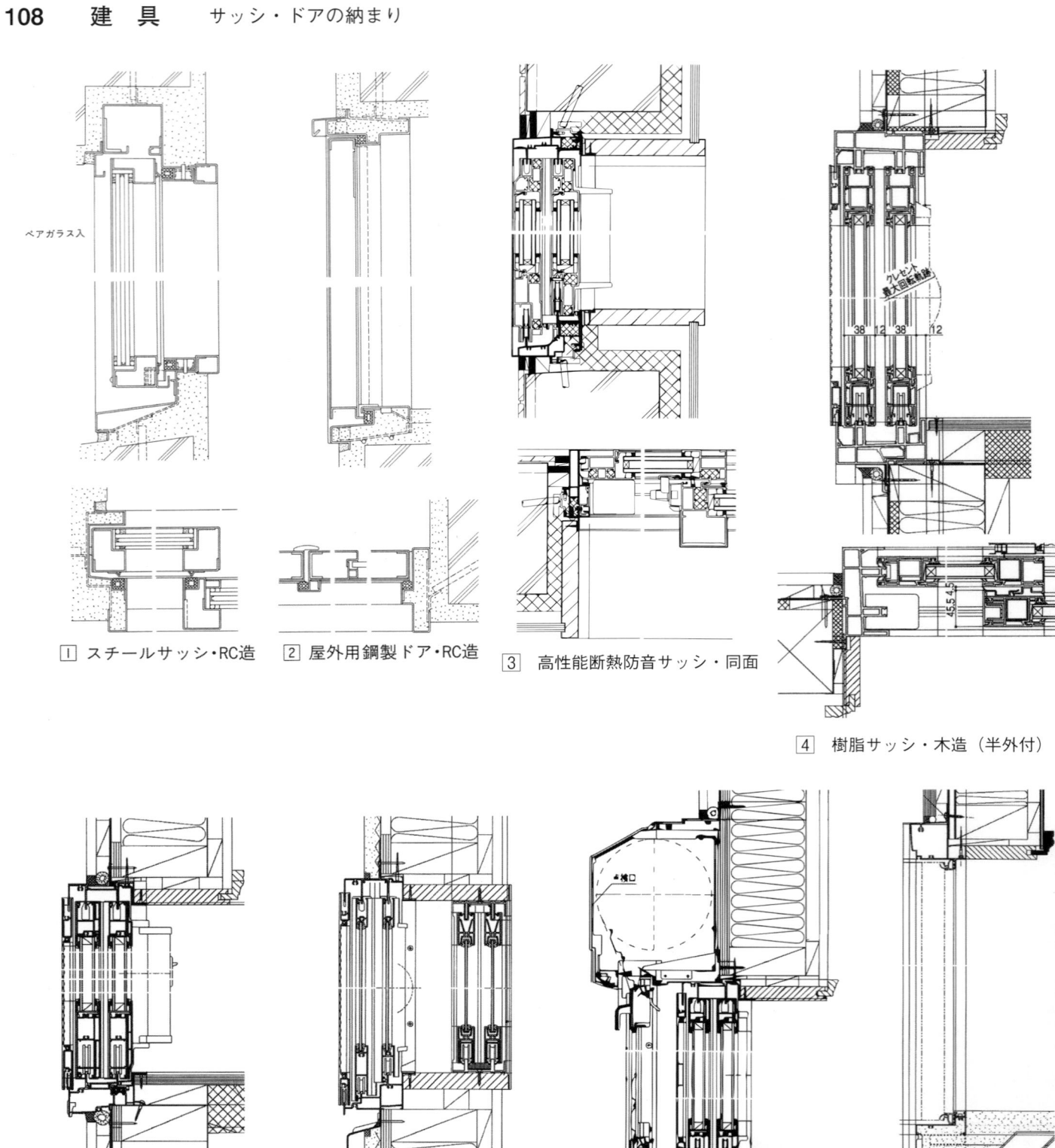

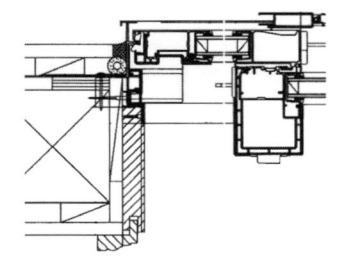

①　スチールサッシ・RC造

②　屋外用鋼製ドア・RC造

③　高性能断熱防音サッシ・同面

④　樹脂サッシ・木造（半外付）

⑤　室内アルミ・室内樹脂サッシ

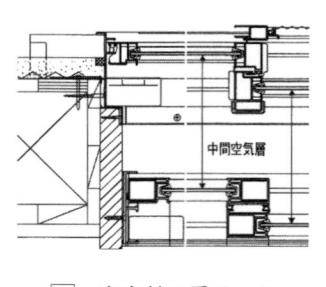

⑥　内窓付二重サッシ

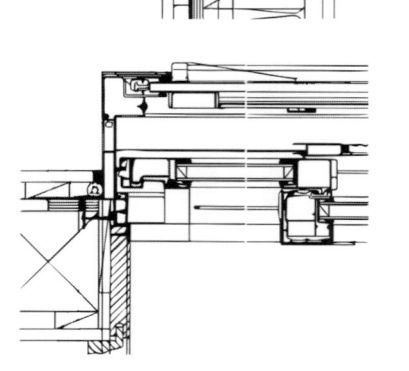

⑦　シャッター付サッシ

⑧　住宅用玄関ドア

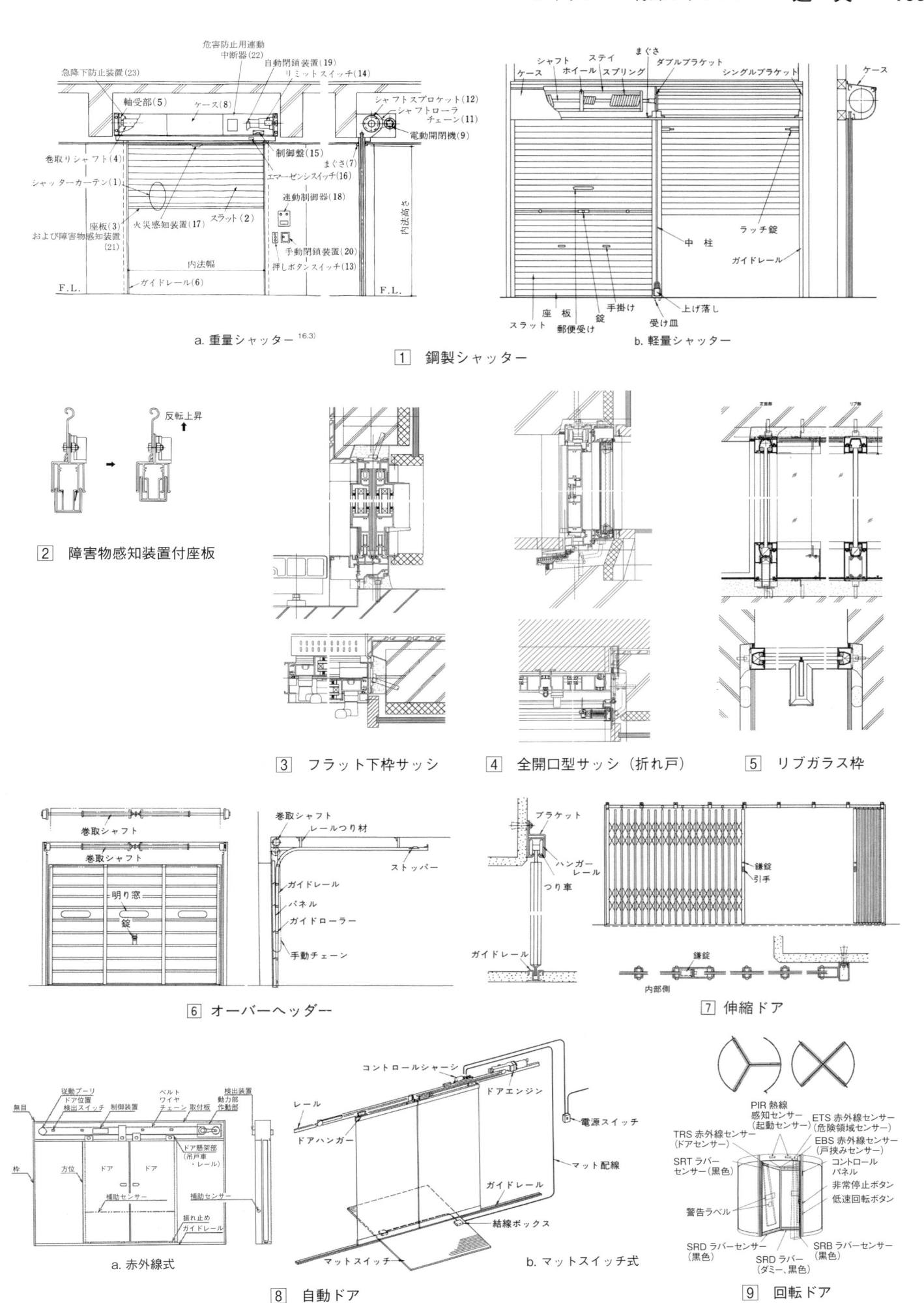

シャッター・特殊サッシドア　建具　109

1 鋼製シャッター

a. 重量シャッター 16.3)

ラベル（左図）:
- 急降下防止装置(23)
- 軸受部(5)
- 巻取りシャフト(4)
- シャッターカーテン(1)
- 座板(3)および障害物感知装置(21)
- 危害防止用連動中断器(22)
- ケース(8)
- 自動閉鎖装置(19)
- リミットスイッチ(14)
- シャフトスプロケット(12)
- シャフトローラチェーン(11)
- 電動開閉機(9)
- 制御盤(15)
- エマーゼンシスイッチ(16)
- まぐさ(7)
- 連動制御器(18)
- 火災感知装置(17)
- スラット(2)
- 手動閉鎖装置(20)
- 押しボタンスイッチ(13)
- ガイドレール(6)
- 内法幅
- 内法高さ
- F.L.

b. 軽量シャッター

ラベル: ケース、シャフト、ホイール、ステイ、まぐさ、スプリング、ダブルブラケット、シングルブラケット、中柱、ラッチ錠、ガイドレール、スラット、郵便受け、錠、手掛け、上げ落し、受け皿

2 障害物感知装置付座板

反転上昇

3 フラット下枠サッシ

4 全開口型サッシ（折れ戸）

5 リブガラス枠

正面図・リブ面

6 オーバーヘッダー

ラベル: 巻取シャフト、明り窓、錠、レールつり材、ストッパー、ガイドレール、パネル、ガイドローラー、手動チェーン

7 伸縮ドア

ラベル: ブラケット、ハンガーレール、つり車、ガイドレール、鎌錠、引手、内部側

8 自動ドア

a. 赤外線式

ラベル: 無目、従動プーリ、ドア位置検出スイッチ、制御装置、ベルト・ワイヤ・チェーン、取付板、検出装置動力部・作動部、方位、ドア、補助センサー、振れ止めガイドレール、ドア懸架部（吊戸車・レール）、枠

b. マットスイッチ式

ラベル: コントロールシャーシ、ドアエンジン、電源スイッチ、レール、ドアハンガー、マット配線、ガイドレール、結線ボックス、マットスイッチ

9 回転ドア

ラベル: PIR熱線感知センサー（起動センサー）、ETS赤外線センサー（危険領域センサー）、TRS赤外線センサー（ドアセンサー）、EBS赤外線センサー（戸挟みセンサー）、SRTラバーセンサー（黒色）、コントロールパネル、非常停止ボタン、低速回転ボタン、警告ラベル、SRDラバーセンサー（黒色）、SRDラバー（ダミー、黒色）、SRBラバーセンサー（黒色）

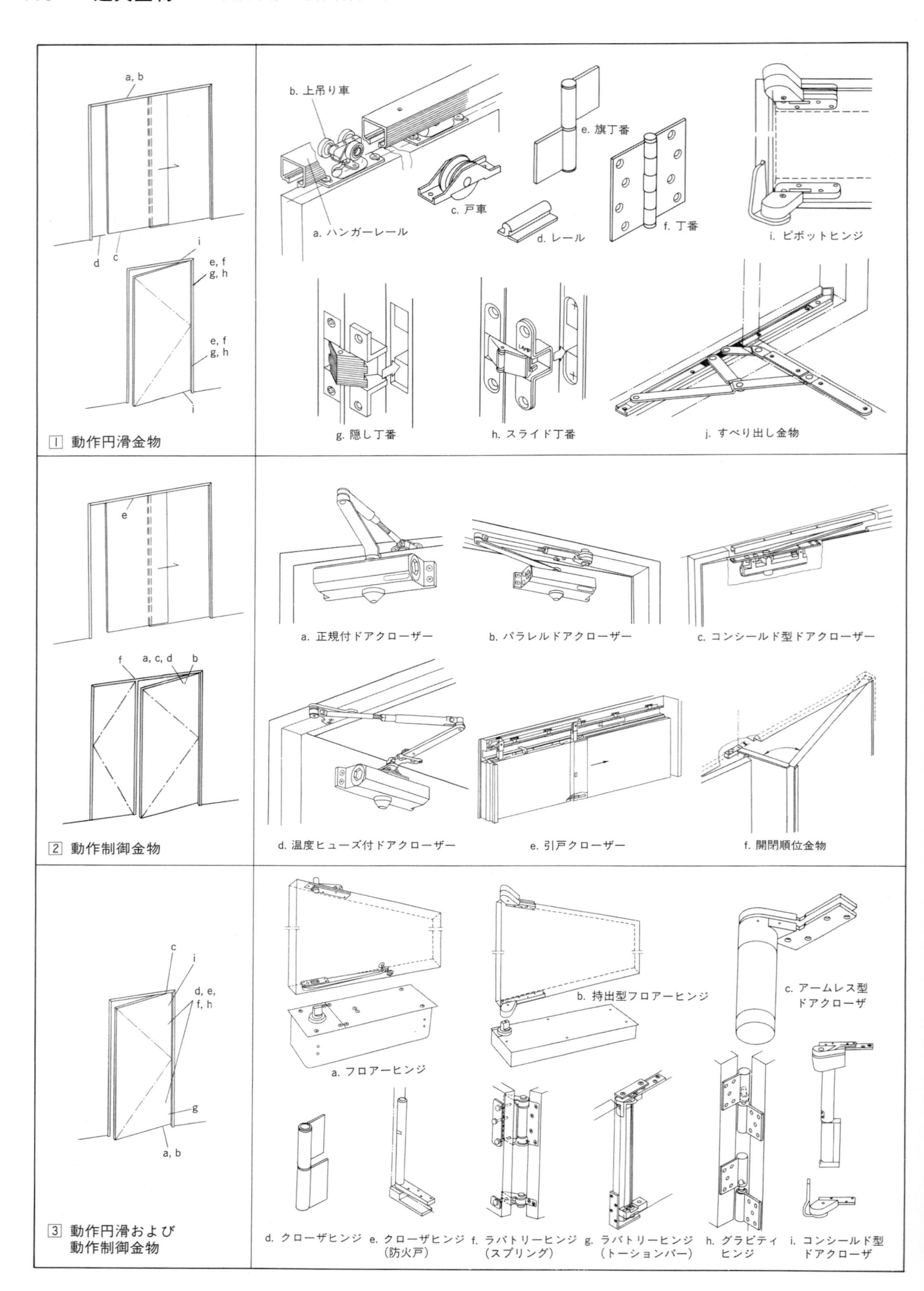

110 　建具金物　　動作円滑・動作制御金物

1 動作円滑金物

- a. ハンガーレール
- b. 上吊り車
- c. 戸車
- d. レール
- e. 旗丁番
- f. 丁番
- g. 隠し丁番
- h. スライド丁番
- i. ピボットヒンジ
- j. すべり出し金物

2 動作制御金物

- a. 正規付ドアクローザー
- b. パラレルドアクローザー
- c. コンシールド型ドアクローザー
- d. 温度ヒューズ付ドアクローザー
- e. 引戸クローザー
- f. 開閉順位金物

3 動作円滑および動作制御金物

- a. フロアーヒンジ
- b. 持出型フロアーヒンジ
- c. アームレス型ドアクローザ
- d. クローザヒンジ
- e. クローザヒンジ（防火戸）
- f. ラバトリーヒンジ（スプリング）
- g. ラバトリーヒンジ（トーションバー）
- h. グラビティヒンジ
- i. コンシールド型ドアクローザ

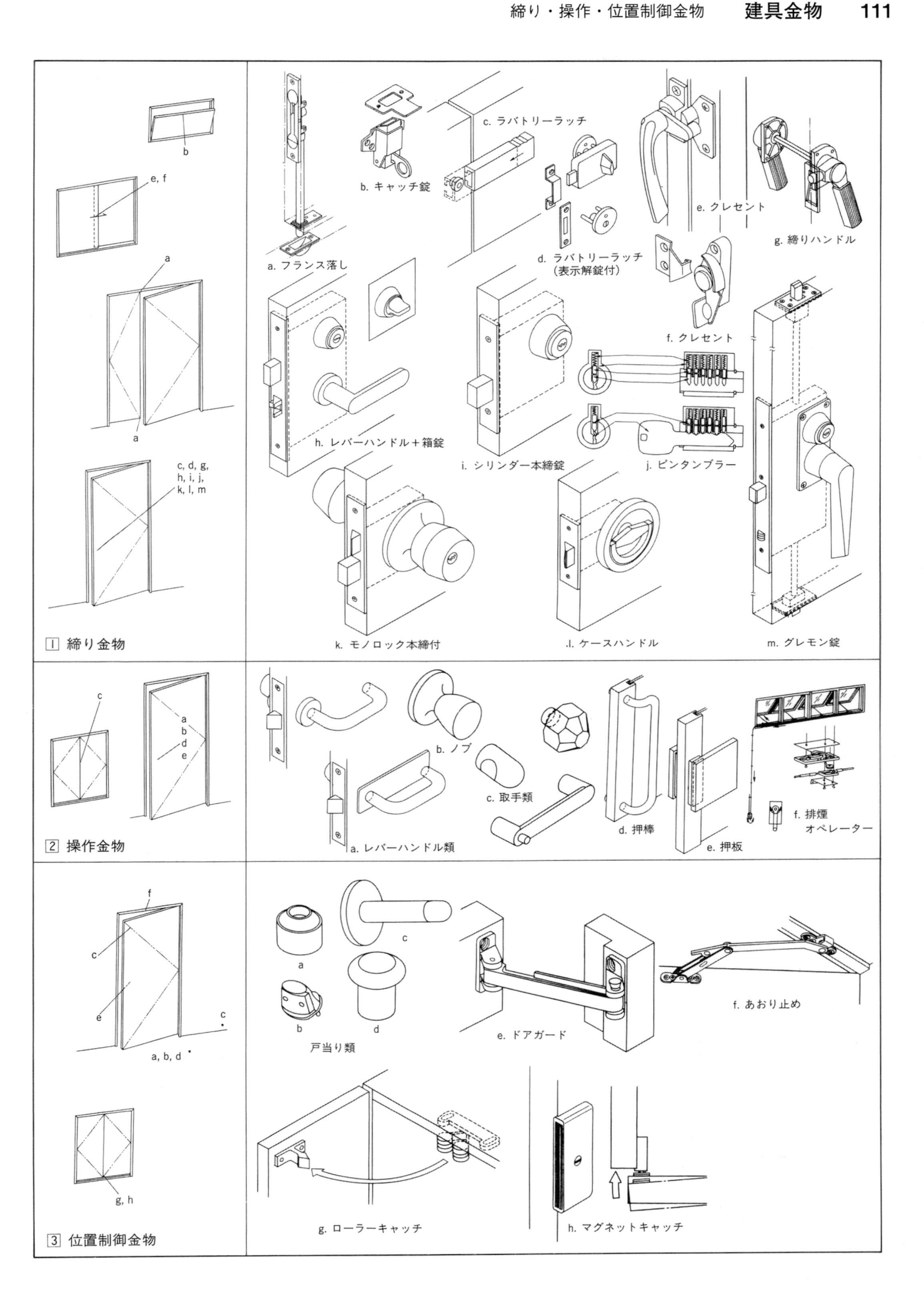

締り・操作・位置制御金物　　**建具金物**　　111

1 締り金物

a. フランス落し
b. キャッチ錠
c. ラバトリーラッチ
d. ラバトリーラッチ（表示解錠付）
e. クレセント
f. クレセント
g. 締りハンドル
h. レバーハンドル＋箱錠
i. シリンダー本締錠
j. ピンタンブラー
k. モノロック本締付
l. ケースハンドル
m. グレモン錠

2 操作金物

a. レバーハンドル類
b. ノブ
c. 取手類
d. 押棒
e. 押板
f. 排煙オペレーター

3 位置制御金物

戸当り類（a, b, d）
c. （戸当り）
e. ドアガード
f. あおり止め
g. ローラーキャッチ
h. マグネットキャッチ

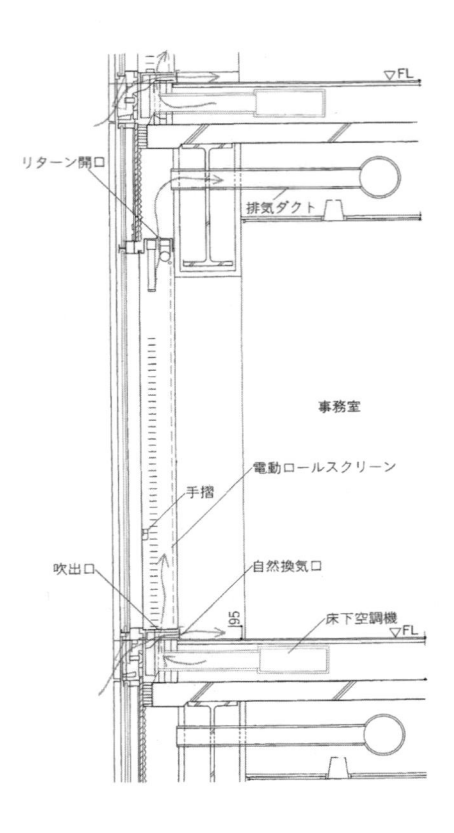

112　設備と建築　　空調・昇降

エアフローウィンドウ 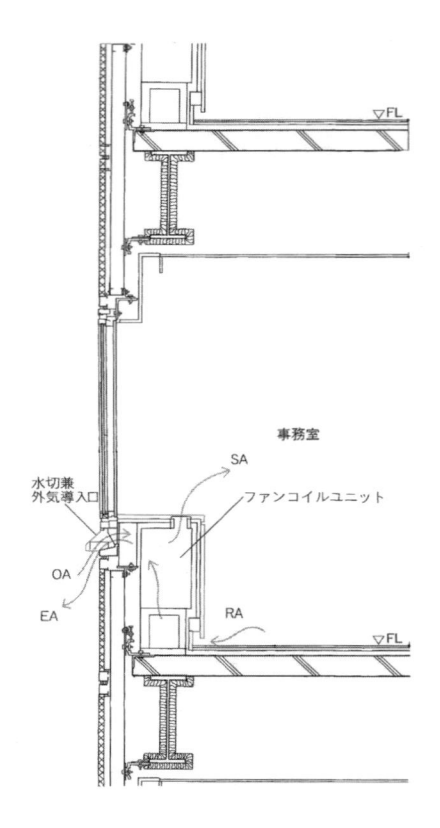　　　　　　　　　　　　ウォールスルー

1　カーテンウォール [18.1]

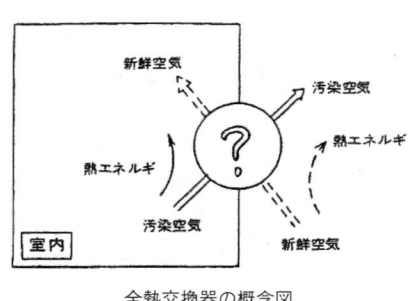

全熱交換器の概念図

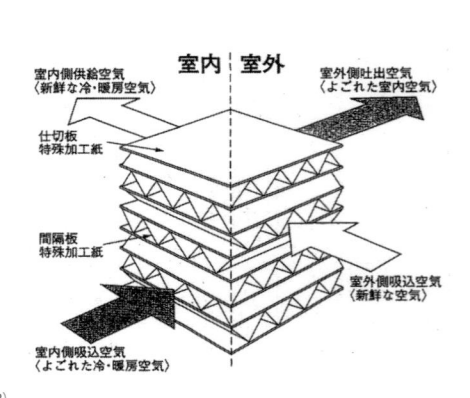

2　全熱交換器 [18.2]

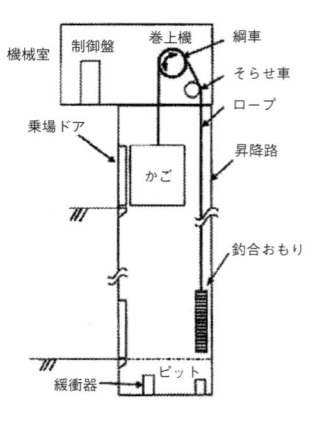

ロープ式 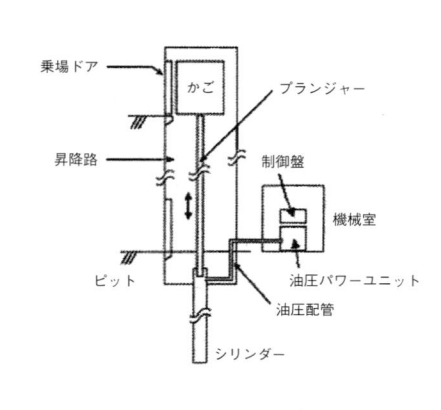　　　　　　　　油圧式（直接式） 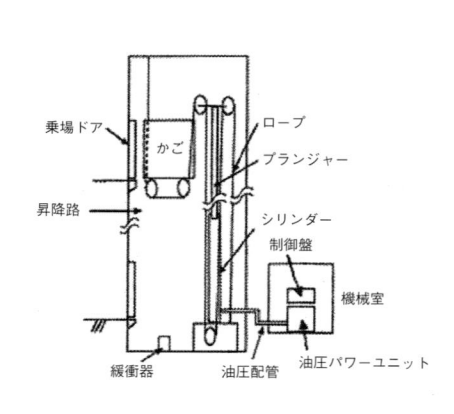　　　　　　油圧式（間接式）

3　エレベーター（エレベーター協会 HP より）

発電・衛生　**設備と建築**　113

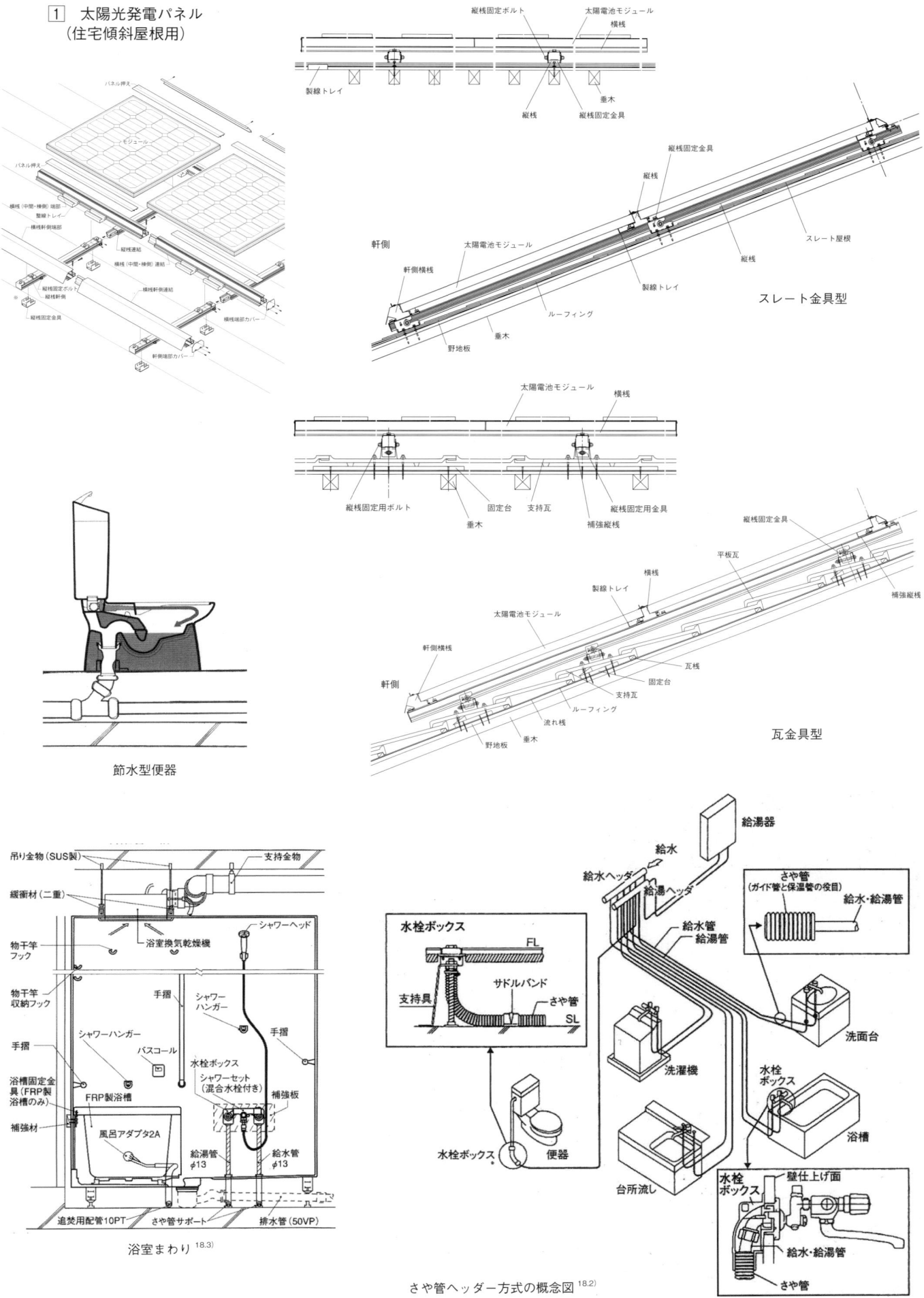

1 太陽光発電パネル
（住宅傾斜屋根用）

スレート金具型

瓦金具型

節水型便器

浴室まわり [18.3]

さや管ヘッダー方式の概念図 [18.2]

114　工業化住宅　　戸建て

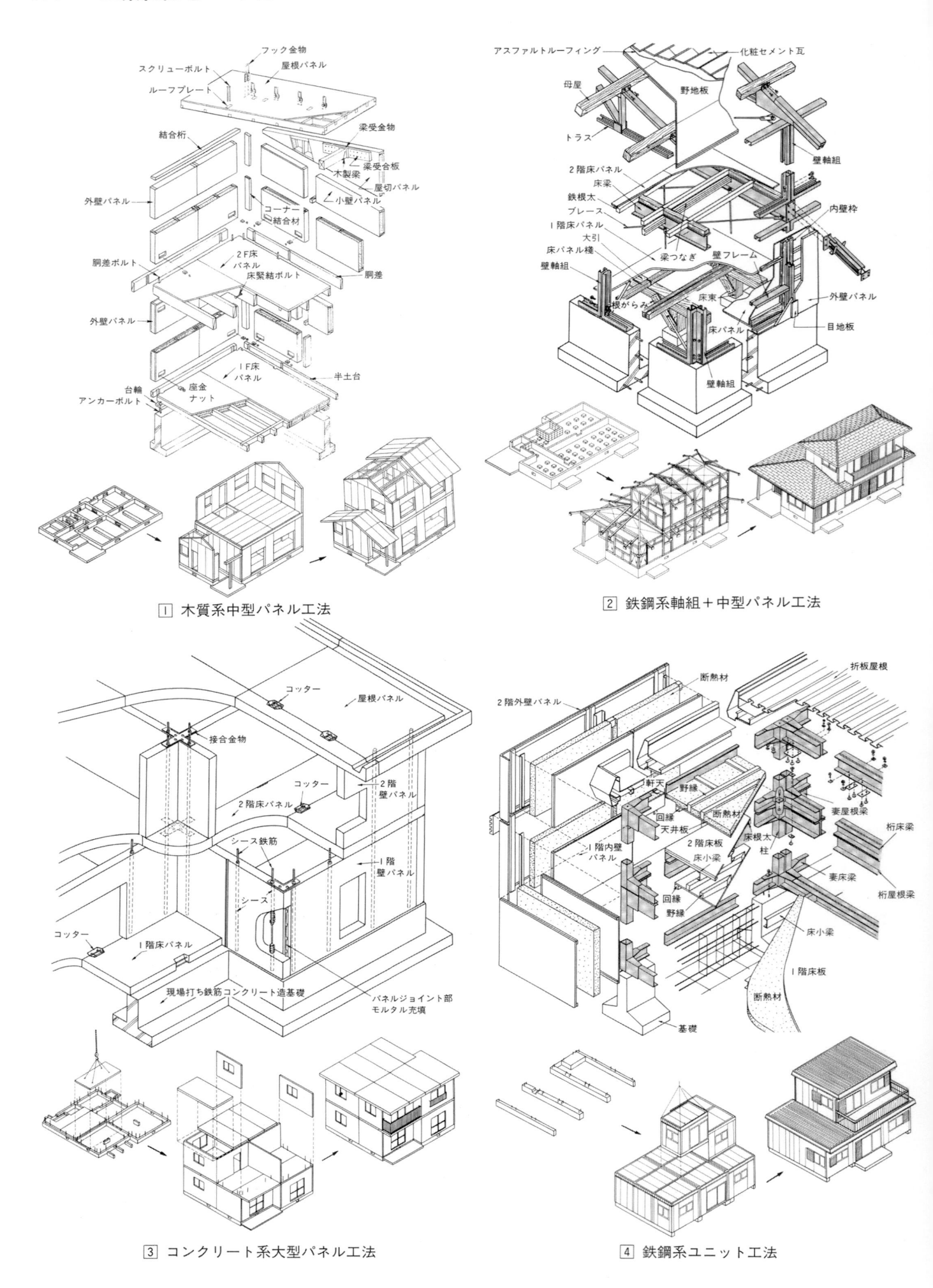

1　木質系中型パネル工法

主な部材・部品:
- フック金物
- スクリューボルト
- 屋根パネル
- ルーフプレート
- 梁受金物
- 結合桁
- 梁合板
- 木製梁
- 屋切パネル
- 外壁パネル
- 小壁パネル
- コーナー結合材
- 胴差ボルト
- 2F床パネル
- 床緊結ボルト
- 胴差
- 外壁パネル
- 1F床パネル
- 半土台
- 台輪
- 座金ナット
- アンカーボルト

2　鉄鋼系軸組＋中型パネル工法

主な部材・部品:
- アスファルトルーフィング
- 化粧セメント瓦
- 母屋
- 野地板
- トラス
- 壁軸組
- 2階床パネル
- 床梁
- 鉄根太
- ブレース
- 内壁枠
- 1階床パネル
- 大引
- 床パネル根太
- 梁つなぎ
- 壁フレーム
- 壁軸組
- 外壁パネル
- 床束
- 根がらみ
- 目地板
- 床パネル
- 壁軸組

3　コンクリート系大型パネル工法

主な部材・部品:
- コッター
- 屋根パネル
- 接合金物
- コッター
- 2階壁パネル
- 2階床パネル
- シース鉄筋
- 1階壁パネル
- シース
- コッター
- 1階床パネル
- 現場打ち鉄筋コンクリート造基礎
- パネルジョイント部モルタル充填

4　鉄鋼系ユニット工法

主な部材・部品:
- 折板屋根
- 断熱材
- 2階外壁パネル
- 軒天
- 野縁
- 断熱材
- 妻屋根梁
- 回縁天井板
- 1階内壁パネル
- 2階床板
- 床根太
- 柱
- 桁床梁
- 回縁
- 野縁
- 床小梁
- 妻床梁
- 桁屋根梁
- 床小梁
- 1階床板
- 断熱材
- 基礎

集合　工業化住宅　115

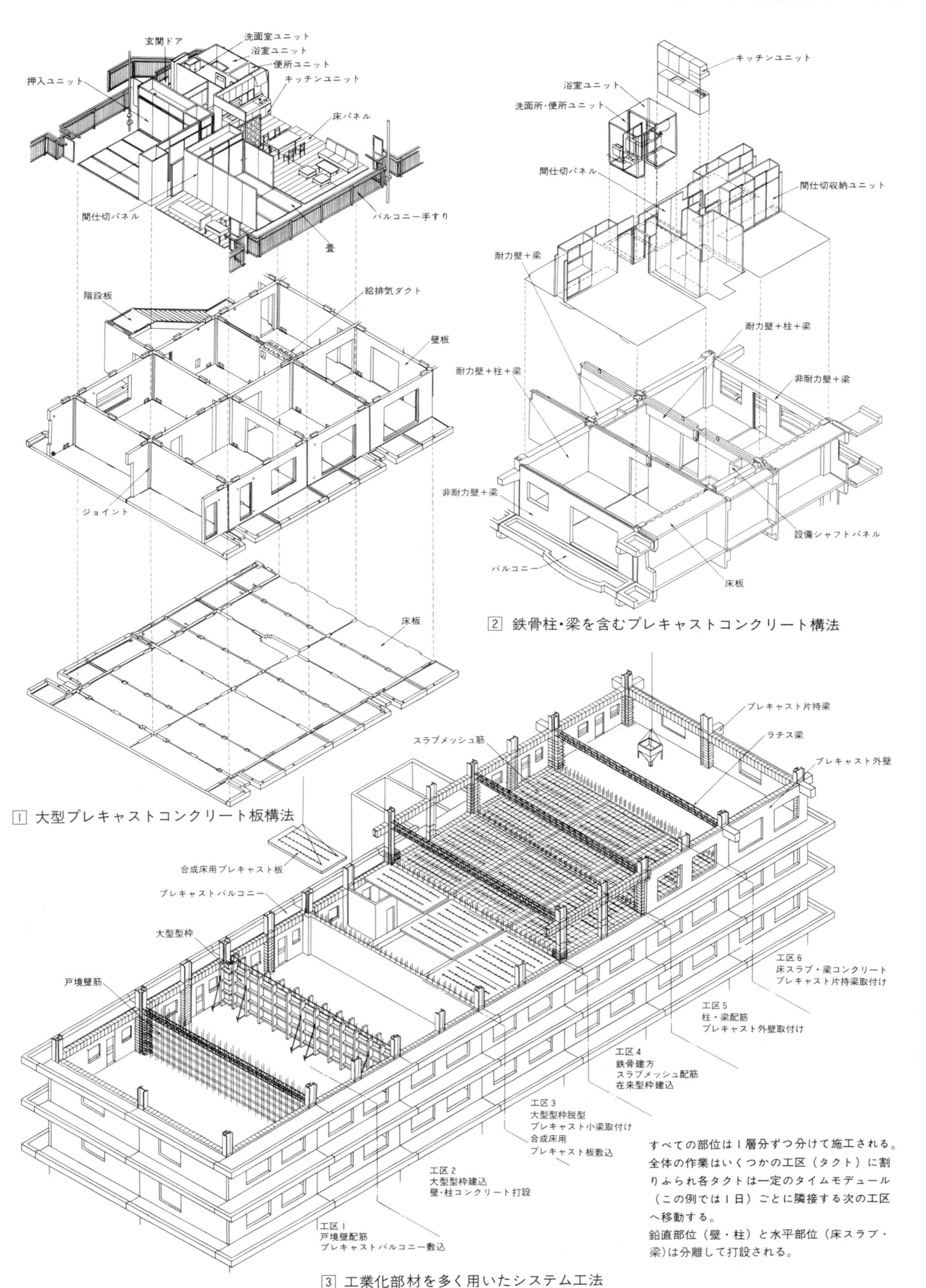

① 大型プレキャストコンクリート板構法

押入ユニット / 玄関ドア / 洗面室ユニット / 浴室ユニット / 便所ユニット / キッチンユニット / 床パネル / 間仕切パネル / バルコニー手すり / 畳

階段板 / 給排気ダクト / 壁板 / ジョイント / 床板

② 鉄骨柱・梁を含むプレキャストコンクリート構法

キッチンユニット / 浴室ユニット / 洗面所・便所ユニット / 間仕切パネル / 間仕切収納ユニット / 耐力壁＋梁 / 耐力壁＋柱＋梁 / 非耐力壁＋梁 / 設備シャフトパネル / バルコニー / 床板

③ 工業化部材を多く用いたシステム工法

スラブメッシュ筋 / プレキャスト片持梁 / ラチス梁 / プレキャスト外壁 / 合成床用プレキャスト板 / プレキャストバルコニー / 大型型枠 / 戸境壁筋

工区6　床スラブ・梁コンクリート　プレキャスト片持梁取付け
工区5　柱・梁配筋　プレキャスト外壁取付け
工区4　鉄骨建方　スラブメッシュ配筋　在来型枠建込
工区3　大型型枠脱型　プレキャスト小梁取付け　合成床用プレキャスト板敷込
工区2　大型型枠建込　壁・柱コンクリート打設
工区1　戸境壁配筋　プレキャストバルコニー敷込

すべての部位は1層分ずつ分けて施工される。全体の作業はいくつかの工区（タクト）に割りふられ各タクトは一定のタイムモジュール（この例では1日）ごとに隣接する次の工区へ移動する。
鉛直部位（壁・柱）と水平部位（床スラブ・梁）は分離して打設される。

116　外構　路面・部品

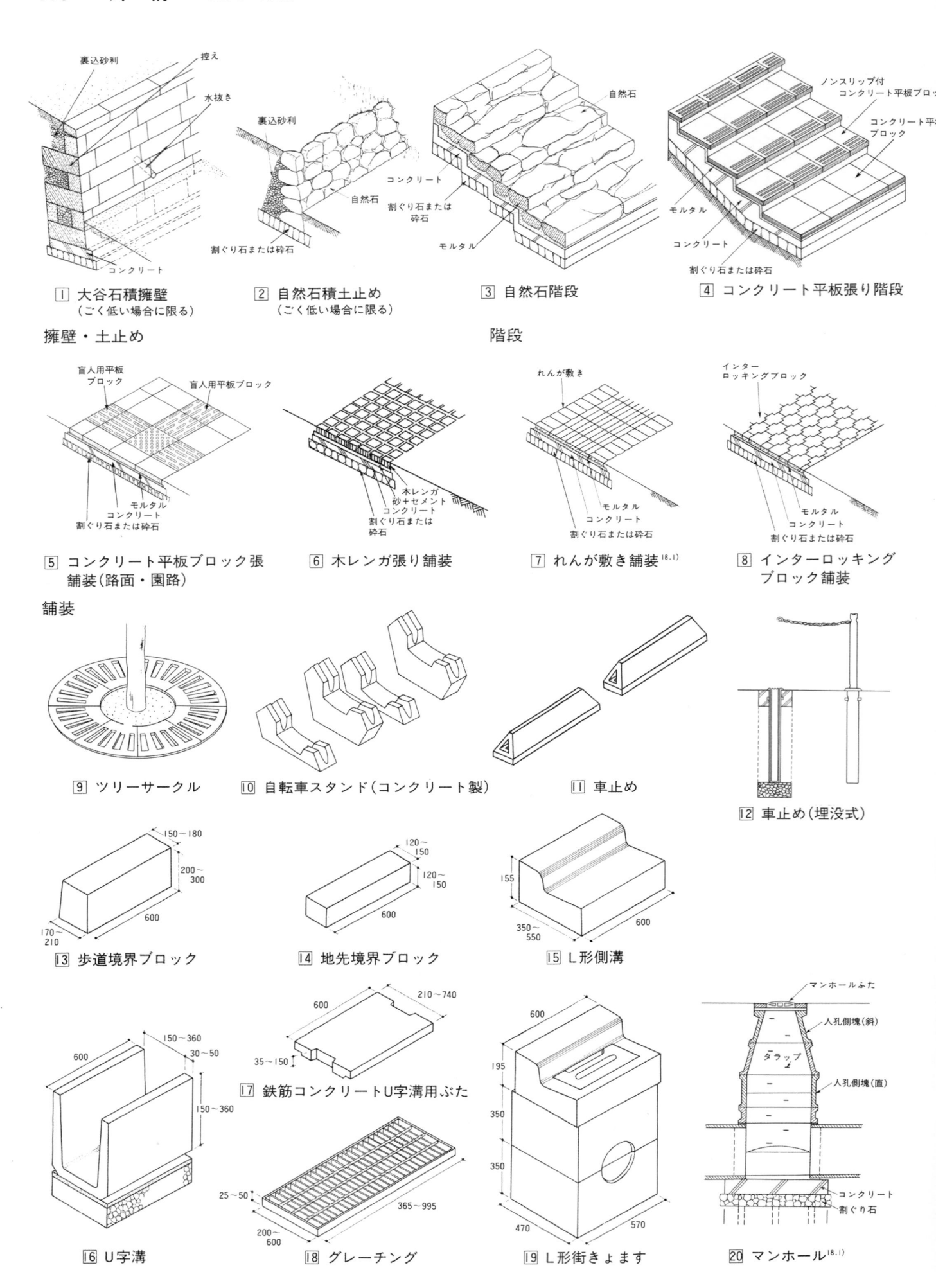

擁壁・土止め

1 大谷石積擁壁（ごく低い場合に限る）
2 自然石積土止め（ごく低い場合に限る）

階段

3 自然石階段
4 コンクリート平板張り階段

舗装

5 コンクリート平板ブロック張舗装（路面・園路）
6 木レンガ張り舗装
7 れんが敷き舗装[8.1]
8 インターロッキングブロック舗装

9 ツリーサークル
10 自転車スタンド（コンクリート製）
11 車止め
12 車止め（埋没式）

13 歩道境界ブロック
14 地先境界ブロック
15 L形側溝

16 U字溝
17 鉄筋コンクリートU字溝用ぶた
18 グレーチング
19 L形街きょます
20 マンホール[8.1]

へい・門　外構

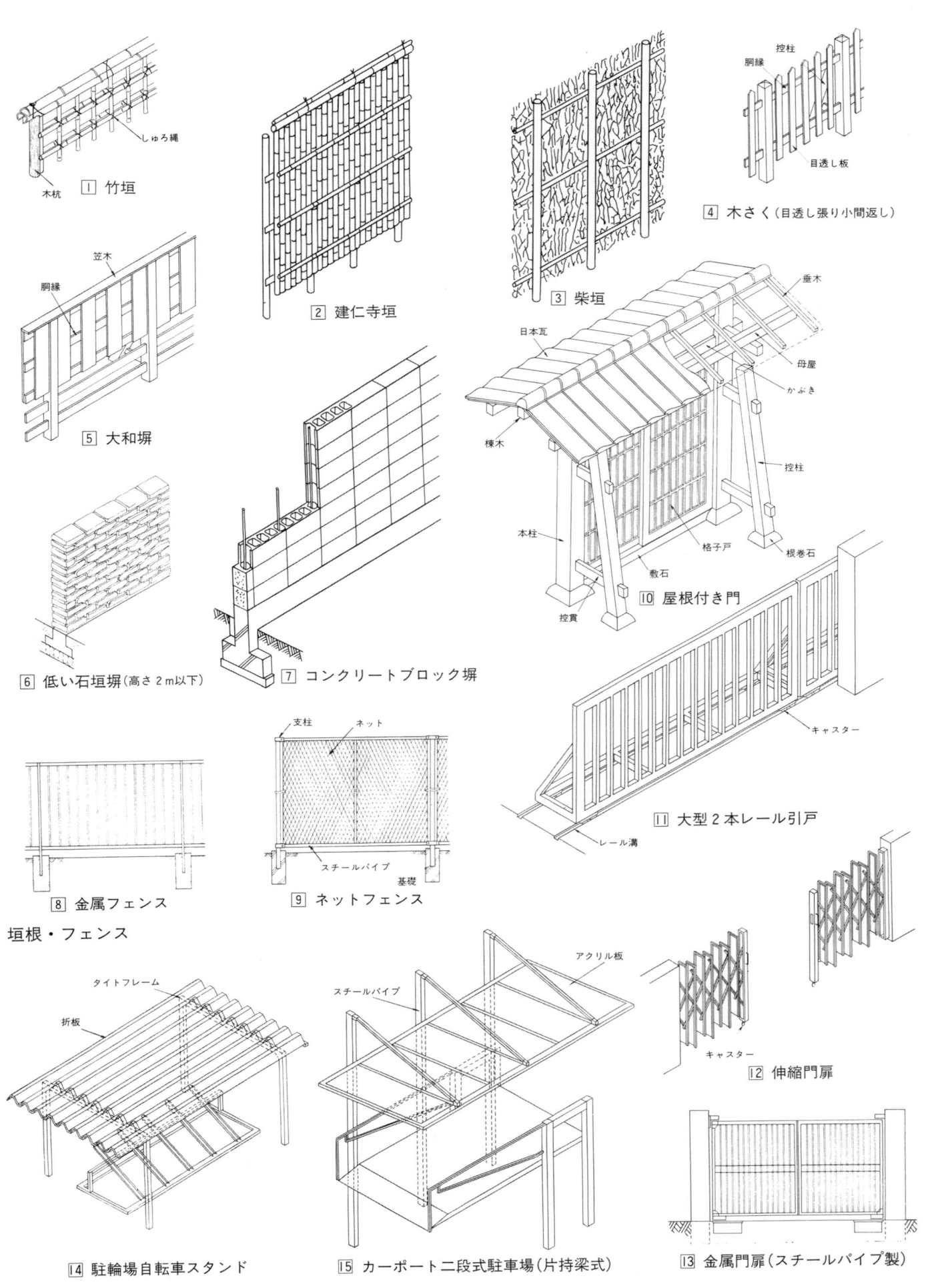

1. 竹垣（木杭、しゅろ縄）
2. 建仁寺垣
3. 柴垣
4. 木さく（目透し張り小間返し）（控柱、胴縁、目透し板）
5. 大和塀（胴縁、笠木）
6. 低い石垣塀（高さ2m以下）
7. コンクリートブロック塀
8. 金属フェンス
9. ネットフェンス（支柱、ネット、スチールパイプ、基礎）
10. 屋根付き門（日本瓦、垂木、母屋、かぶき、棟木、控柱、本柱、格子戸、根巻石、敷石、控貫）
11. 大型2本レール引戸（キャスター、レール溝）
12. 伸縮門扉（キャスター）
13. 金属門扉（スチールパイプ製）
14. 駐輪場自転車スタンド（タイトフレーム、折板）
15. カーポート二段式駐車場（片持梁式）（アクリル板、スチールパイプ）

垣根・フェンス

門扉・駐車場

118　改修構法

1 屋根改修　カバー工法 21.1)

取付ビス（新設）／屋根（新設）／安全作業床／接続金具（新設）／波形スレート（既存）／母屋（既存）／金属下地（新設）

2 屋上防水改修　かぶせ工法 21.2)

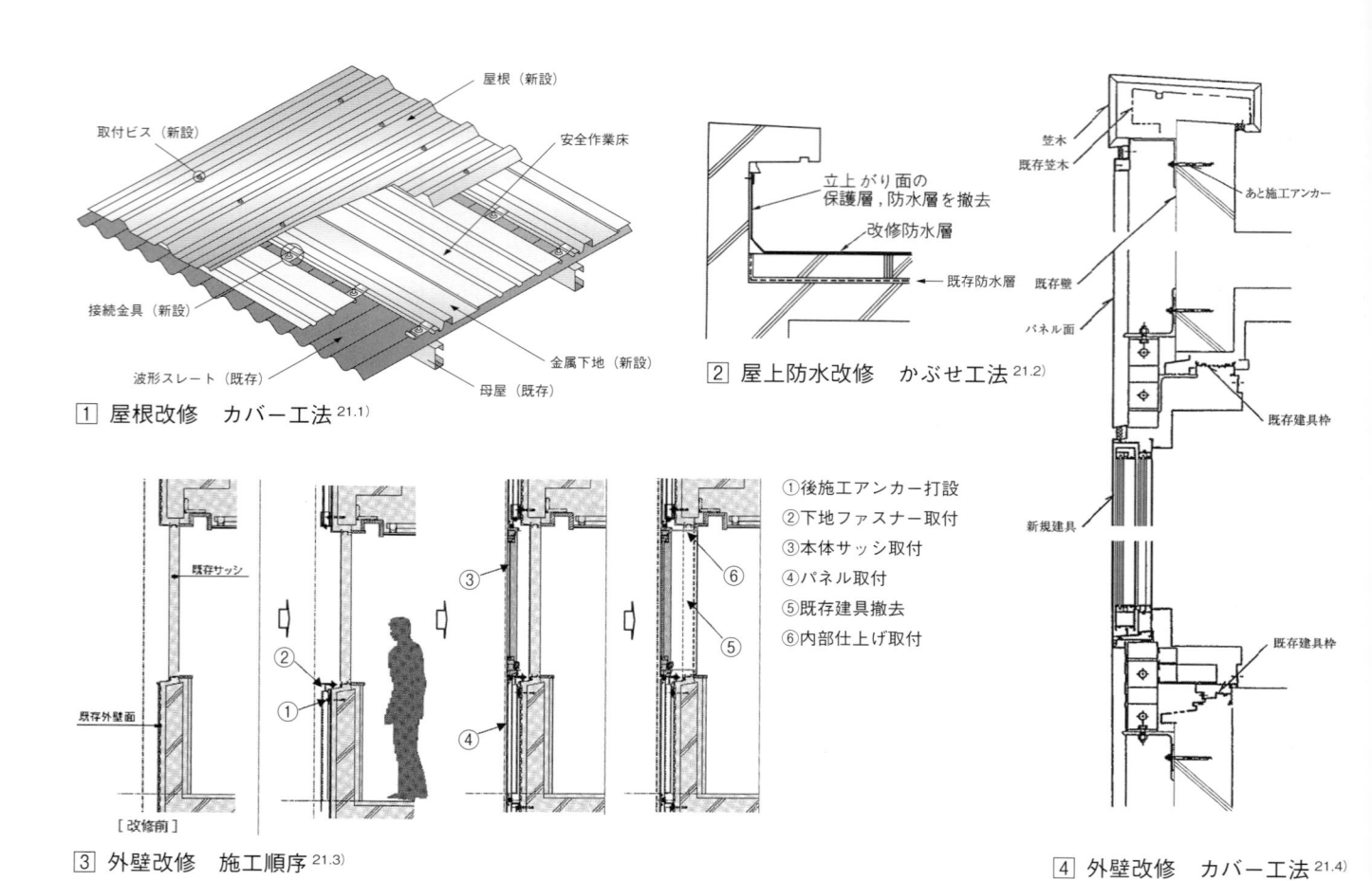

立上がり面の保護層，防水層を撤去／改修防水層／既存防水層

3 外壁改修　施工順序 21.3)

既存サッシ／既存外壁面／[改修前]

①後施工アンカー打設
②下地ファスナー取付
③本体サッシ取付
④パネル取付
⑤既存建具撤去
⑥内部仕上げ取付

4 外壁改修　カバー工法 21.4)

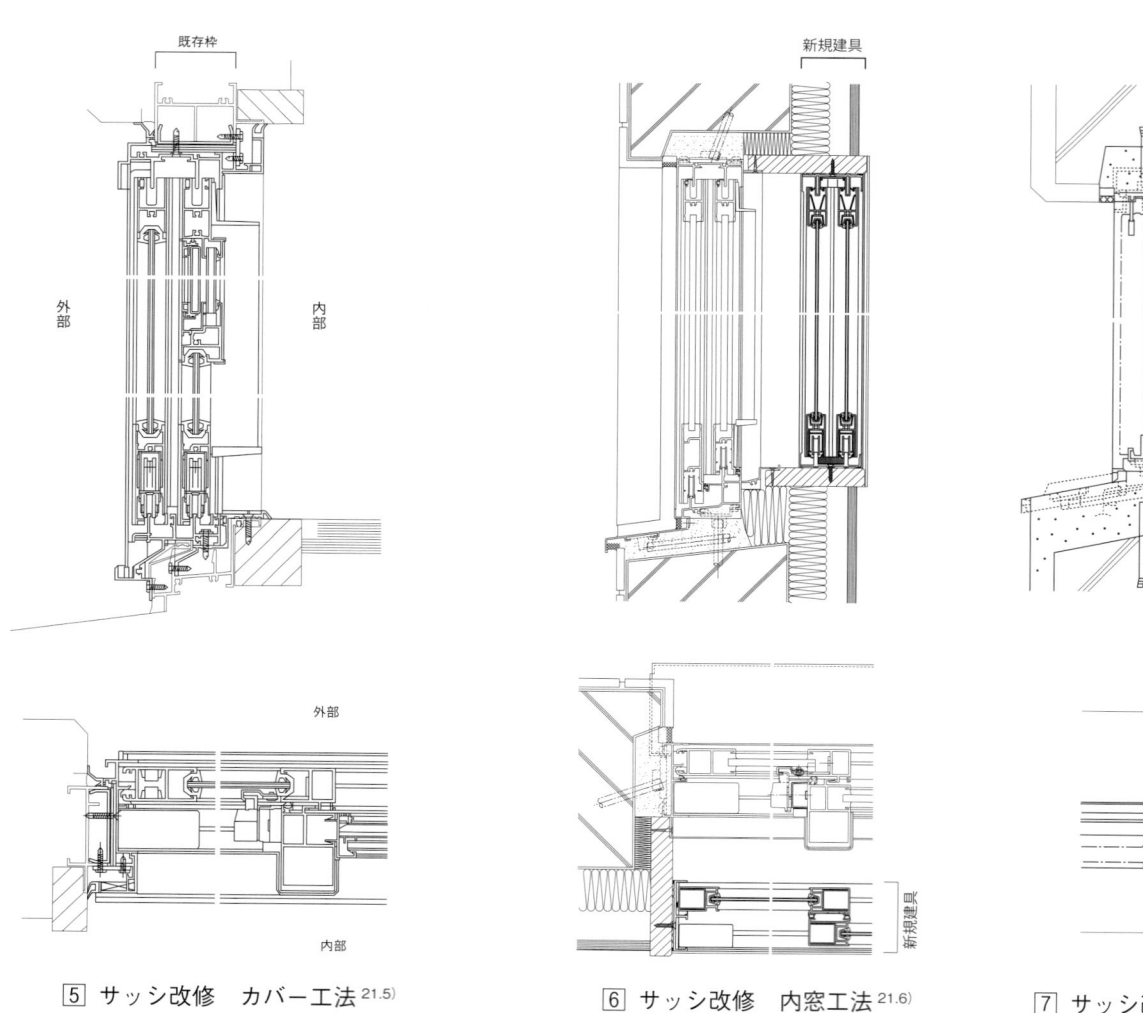

笠木／既存笠木／あと施工アンカー／既存壁／パネル面／既存建具枠／新規建具／既存建具枠

既存枠／外部／内部

新規建具

既存建具枠撤去／モルタル補修／あと施工アンカー

外部／内部

5 サッシ改修　カバー工法 21.5)

6 サッシ改修　内窓工法 21.6)

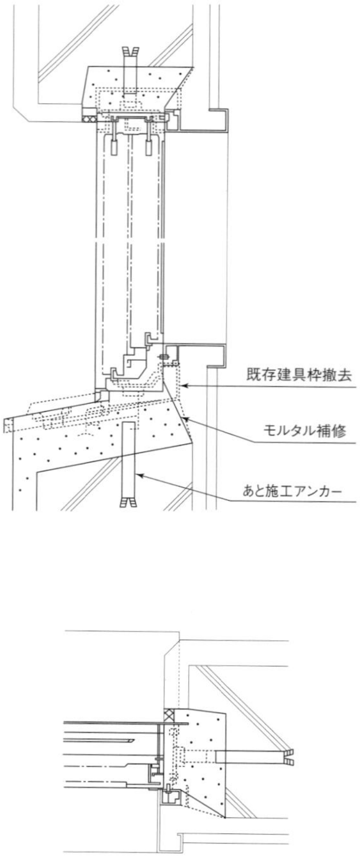

新規建具

7 サッシ改修　はつり工法 21.4)
（新規建具の詳細は略）

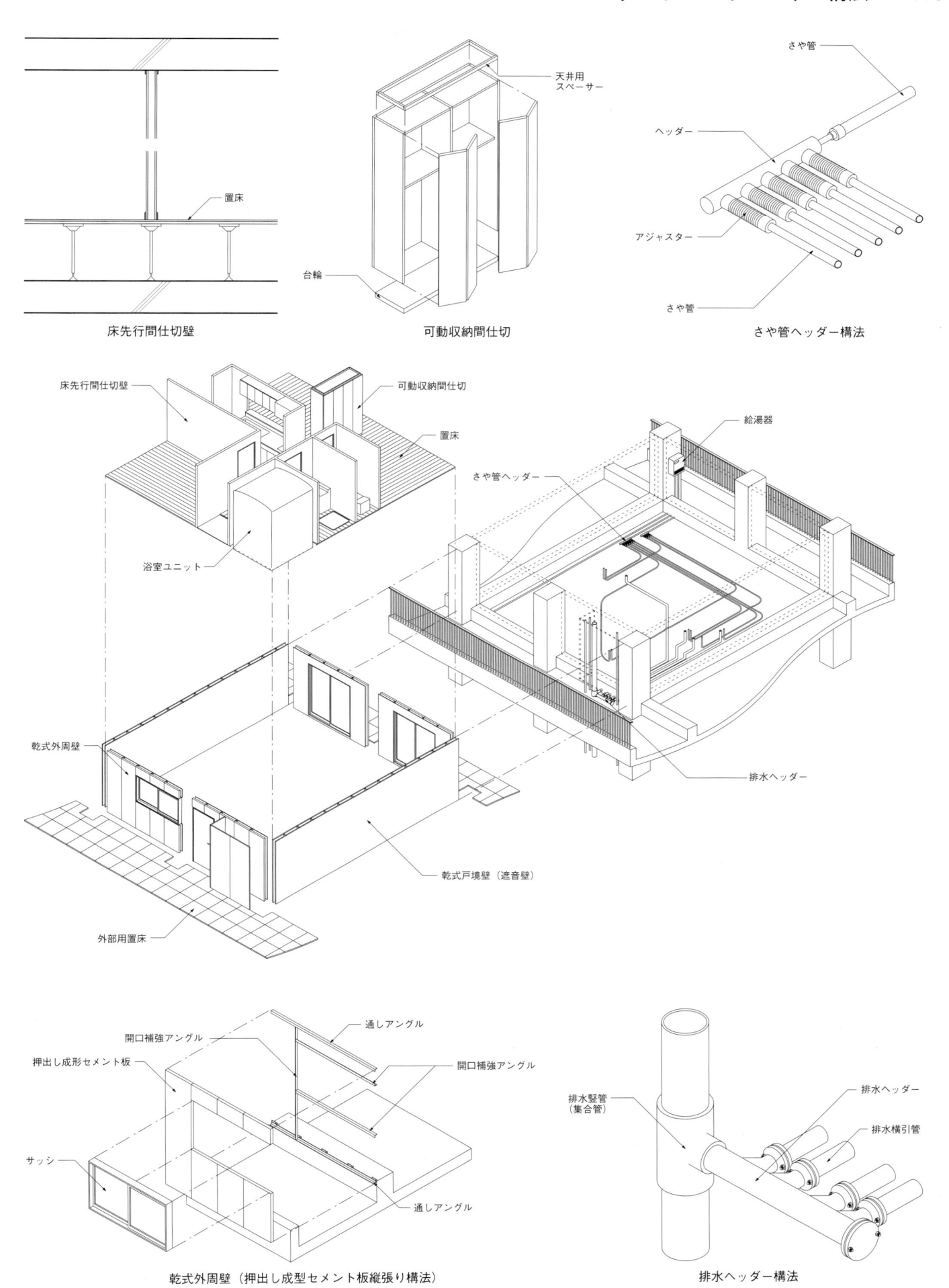

スケルトン・インフィル構法 119

床先行間仕切壁

可動収納間仕切

さや管ヘッダー構法

乾式外周壁（押出し成型セメント板縦張り構法）

排水ヘッダー構法

1 集合住宅におけるスケルトン・インフィル構法の概念図

［構造編］解説

第1章 荷重外力・構造原理

◆荷重の分類とモデル化（p.1）

1 各種荷重・外力の分類

作用方向による分類	原因による分類	作用期間による分類
鉛直荷重 （重力による力）	固定荷重	常時荷重 （長期）
	積載荷重	
	雪荷重	
主に水平荷重 （空気・地盤の作用による力）	風荷重	非常時荷重 （短期）
	地震荷重	
	土圧・水圧	常時荷重
その他	振動・衝撃・熱・強制変位	実況による

表1には荷重の作用方向，荷重の原因，作用期間により各種荷重・外力を分類して示してある。ただし，作用方向は，雪荷重でも側圧として作用する場合には水平荷重であるし，風荷重も屋根面に作用する場合には屋根に垂直な力として考慮する必要があるので単純ではない。荷重のモデル化にあたってはこのように外力を想定する力を磨くことが必要である。また，許容応力度設計においては，常時作用している荷重は長期許容応力度と，非常時の荷重は短期許容応力度と照らし合わせて設計する必要がある。

2 建築物に作用する各種荷重の概念

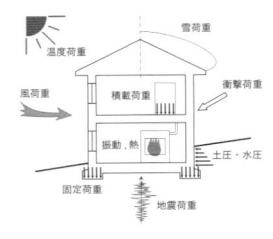

図2には，これらの荷重が建物に作用する様子を概念的に示した。常時の温度荷重には日射による場合と空調機器のように熱を発する機器による場合が考えられる。いずれも部材が伸縮することによる内部応力である。衝撃荷重には外部からの衝突のほかに内部での爆発などが当てはまる。建物の建っている場所によっては津波や水害などの荷重も考える必要が出てくるであろう。主要な荷重については以下で別個に解説する。

3 固定荷重・積載荷重

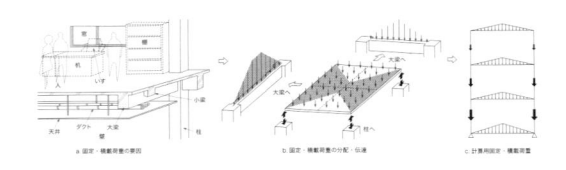

固定荷重は建物の自重であり，積載荷重は家具や設備配管，人間による荷重など，一定の使われ方をしている間は一様と見なすことができる常時荷重である。引越や模様替えの際などに偏荷重となることもある。図3では，重力の作用で鉛直下向きの力となり床に作用した積載荷重が四辺の梁に伝達され，柱を通して最終的に地盤に伝達される様子が示されている。右端の図では下層階ほど柱の軸力が増えていることに注意してほしい。

4 雪荷重

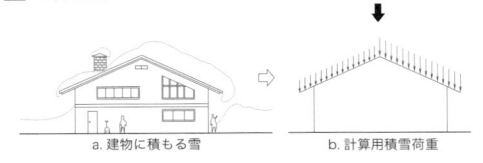

雪荷重は目に見えるのでモデル化はしやすい。ただし，降った直後と圧密が進行してからとでは5倍ほども密度が異なる。年最大積雪深から年最大積雪重量が算定できるような等価密度が用いられる。図4では風下側に吹き溜まる様子が示されている。壁に掛かる側圧にも注意する必要がある。

5 地震荷重

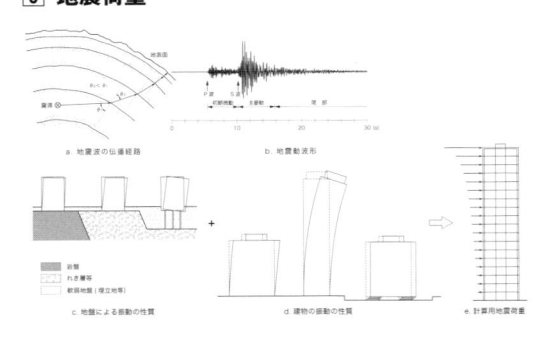

地震は地下数十kmの深さで発生することが多いが，地盤は表層ほど柔らかいので，地震波は屈折を重ね，スネルの法則により地表面ではほぼ真下から入射すると考えて良い。最初に到達するP波は疎密波なので上下動となるが，主要動であるS波はせん断波なので，結果的に地震荷重は水平動が卓越することになる。

同じ地震でも地表地盤条件によりゆれ方が違うということが知られており，岩盤よりも礫，軟弱地盤と柔らかいほど大きなゆれになる。また，建物の形状や免震層の有無などでもゆれ方が異なるので，地震荷重をモデル化するときにはこれらのことを考慮し，計算用地震荷重を求めることになる。

6 土圧・水圧

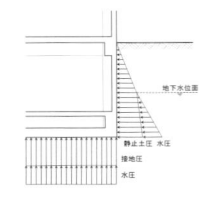

土圧・水圧に関しては，地下室周囲には地表面からの深さに応じて土圧が作用するが，地下水位よりも下では有効応力を考慮することと，水圧を加算することが必要である。圧力は面に垂直に作用するので，建物の底面では鉛直上向きに作用することに注意すべきである。

第1章 荷重外力・構造原理

7 風荷重

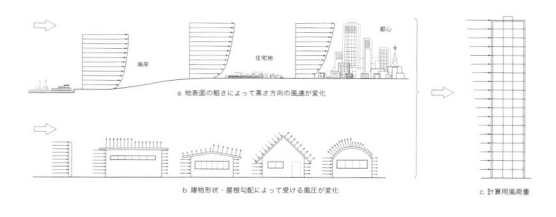

地上の風は海岸のように遮蔽物のないところでは安定して大きいが、市街地のように地表面が凸凹（地表面粗度が大きい）の場合には減衰して、上空に比べて小さな値となる。図7のaではこの様子をベクトルの長さで表しており、ほぼ荷重指針や基準法におけるErの値とプロファイルを合わせて描いてある。図7のbは様々な屋根の形に応じて屋根面に作用する風圧力の様子が描かれている。ベルヌーイの定理にしたがって屋根を持ち上げる向きに作用することが多いが、角度によっては押す力となる場合もある。実際の設計ではaの条件とbの条件を重ね合わせて構造物に入力することになる。

建築基準法や建築物荷重指針では地上から一定高さまでは風速度分布を一様と仮定しており、cではその様子も再現してある。

◆構造物のモデル化と伝達機構（p.2）

1 構造物のモデル化と伝達機構

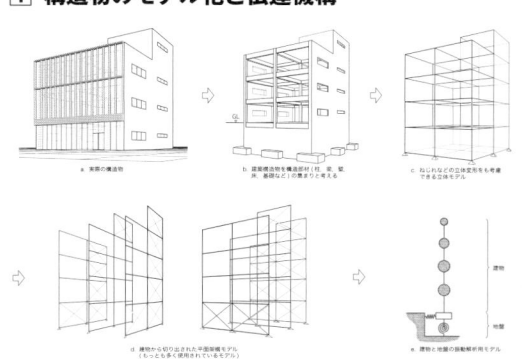

実際の構造物には外装材のパネルや窓などが取り付いているが（図1a）、これらは構造耐力としては考慮されないので、構造部材の集まりとして表現してみるとbのようになる。この状態で構造解析をしようとするFEMなどの手法もあるが、通常の構造設計では、柱・梁を線材に置換したcのような立体モデルか、またはdのように直交2方向にそれぞれモデル化して1方向ずつの解析を行う平面架構モデルが多用されている。図では地下部分までモデル化してあることに留意してほしい。dに示されているように、線材モデルでは壁はブレースで置換して表現することが多い。これは壁の変形しづらさとブレース構面のそれが等価に表現しやすいことによる。cの立体モデルにおいて、床スラブは壁同様にブレース置換される場合もあるが、剛床を仮定して変形しないと見なすこともままある。

超高層建物などの動的特性を計算する場合には、eのように質点系に置き換えて計算することで、おおよその特性を理解することができる。

2 荷重の伝達機構

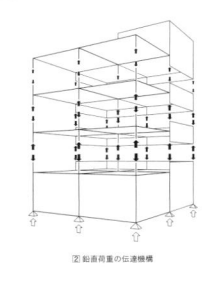

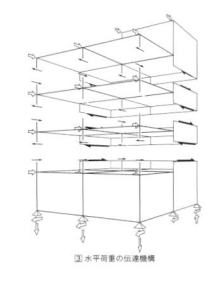

固定荷重、積載荷重、雪荷重など、主に鉛直方向に作用する荷重の場合、床から梁に伝わった荷重は柱の軸力として下の階に伝えられ、最終的には地盤反力によって支えられる。これに対し、風荷重や地震荷重のように主に水平方向に作用する荷重の場合、外力は柱のせん断力として下の階に伝えられ、地盤の水平抵抗と釣り合うことになるが、建物を転倒させようとするモーメントも存在するので、柱や基礎には鉛直反力も作用することになる。建物の形状が超高層建物のように縦長になると建物全体の曲げ変形による軸力が無視できなくなる。

◆安定原理・部位の抵抗機構化（p.3）

1 梁から平板へ

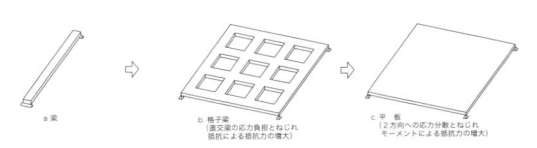

図1aのような梁1本ではねじれたり横座屈を起こしたりして理論上の耐力まで耐えられないことも多いが、bのように格子梁にすると直交梁にも荷重が分担され、ねじれにくくなるために抵抗力が増す。さらにcのように平板とすると、2方向に断面力が分散するとともに板のねじれモーメントが抵抗力を増す効果を示す。

2 基本構造形式の安定原理

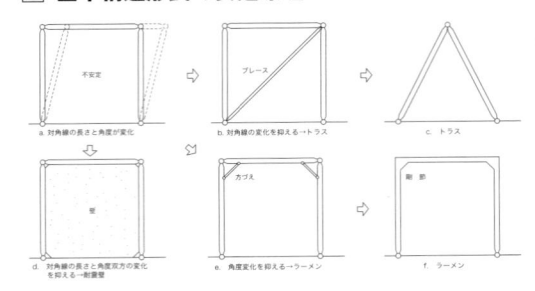

図 2a のように 4 隅がピンの長方形架構は容易に平行四辺形に変形してしまう。このとき，対角線の長さが変わっていることに注意して，b のようにブレースを入れるとブレース材の伸縮には大きな外力が必要なので架構が安定する。また c のようにトラスにすると 3 辺の長さが規定されて形状が安定する。d のように壁を入れても，壁の剛性が非常に大きいので架構は安定する。e のように方杖を入れると柱頭のピンの角度変形が抑えられることで，また f のように節点を剛接にすることでも同様の理由で架構が安定する。

3 基本部材の変形抵抗

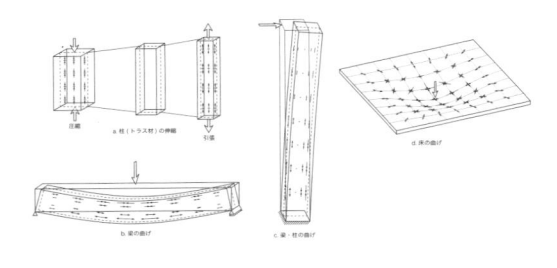

図 3a のように柱またはトラス材に軸方向力が作用する場合，部材内部には一様な圧縮力または引張力が作用し，厳密に見ると圧縮の場合は縮みに応じて断面が増大し，引張の場合は伸びに応じて断面が減少する。この割合のことをポアソン定数と呼ぶ。b のようにピンとローラーで支持される単純梁に鉛直下向きの力が作用する場合，曲げモーメントの作用により，その大きさに応じて部材の上辺では圧縮力が，部材の下辺では引張力が作用することで梁が変形する。c のように片持梁（柱）の端に水平力が作用する場合，曲げモーメントの作用により支持部に特に大きな断面力が生じ，載荷側は引張力，反対側は圧縮力が作用して柱が変形する。床の場合はこれが 2 次元的に作用し，板の上面と下面でも圧縮力と引張力が作用して床が変形する。

4 基本架構の変形抵抗

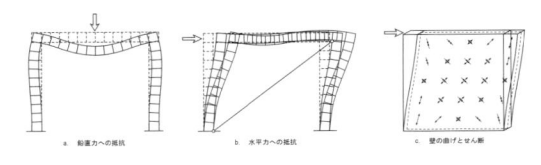

これらの関係を架構で考えれば，a や b のように線材と考えられる場合は主に曲げ変形によって架構が変形し，c のように正方形に近い壁に水平な面内力が作用する場合にはせん断変形が卓越する。なお，b にはブレースによる変形抑制の効果が，c の壁の四隅には曲げの影響が示されている。

第2章 地盤・基礎

◆地形と地層（p.4）

1 土と地盤の生成過程

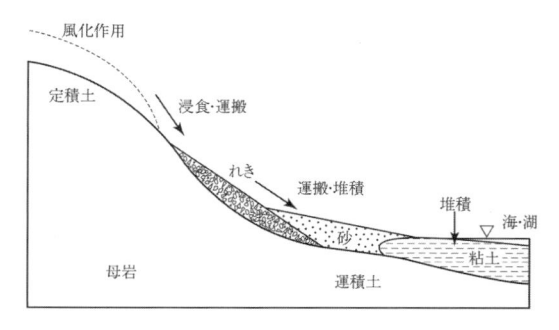

土は一般に岩石が物理的・化学的な風化作用により細かく砕かれ分解されて生成されたものである。岩石が風化によって生成された土が，そのままの位置に残っているものを定積土（残積土）という。これに対して重力，流水，風力，火山，氷河などの力によって運ばれて堆積した土を運積土（堆積土）という。運搬が大規模に行われるのが河川である。図に示すように，河川が平野部に出て流水の運搬力が衰えると，礫（レキ）などの大きい粒子が堆積して扇状地を造る。そこを過ぎるとさらに運搬力が低下し砂粒子が堆積し中流を形成する。最後に海や湖に入ると，運搬力はほぼゼロとなり，最も細かい粘土粒子が堆積する。このように，特定の場所には特定の大きさの粒子が堆積する。これを河川の分級作用という。

2 地質年代と地層区分（東京低地の例）

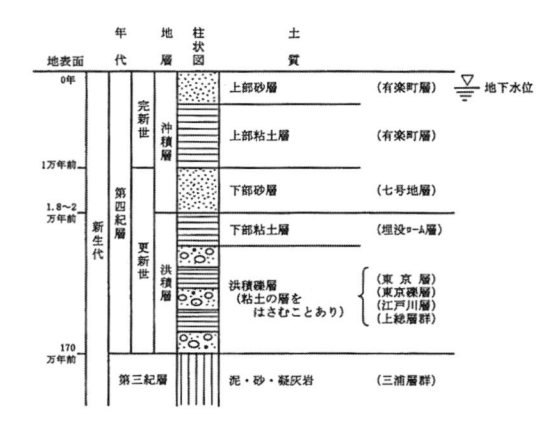

建築物を支える地盤の大部分は，地質年代における新生代の第四紀に堆積してできた地盤である。第四紀は約170万年前から現在に至る時代であり，1万年前を境にして更新世と完新世に分けられる。沖積層とは，1.8～2万年前以降に堆積した地層をいい，それ以前の更新世に堆積した地層を洪積層という。沖積層は標高の低い平野部に，洪積層は沖積層よりやや標高の高い台地に多く見られる。沖積層の軟弱な粘土層では圧密沈下により建物に不同沈下が生じたりする。また沖積層のゆるい飽和した砂層は地震時に液状化する場合があり，基礎の設計・施工を行う上で注意を要する地層である。一方，洪積層は沖積層に比べ堆積してからの時間が長く比較的安定した地層である。

洪積層は中規模以上の建築物の杭基礎の支持層となる。

3 地形模式図

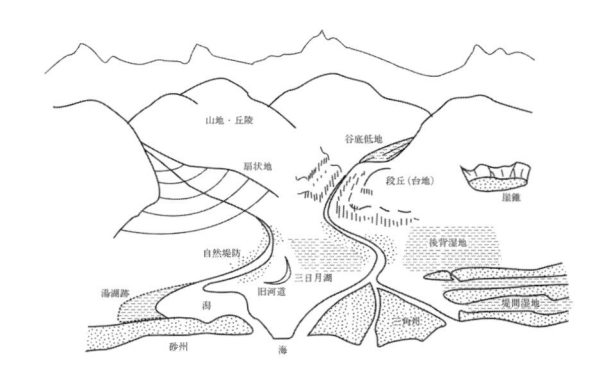

地形の成り立ちや周辺地域の地質分布を調べた後に地盤調査に入るほうが，地盤を多面的にとらえることができる。地形や地質が分かれば，表層地盤の性質と工学的な問題点をある程度類推することができる。

【山地・丘陵】：山地とは標高約500m以上の山間部をいい，丘陵はそれより低くなだらかな地形をいう。これらの地形は地すべり，がけ崩れの危険性がある。【崖錐】：崩れ落ちた岩や土砂が堆積してできた地形。【扇状地】：山地から平野部の出口。砂礫を主体とした安定した地盤。【谷底低地】：谷部に堆積した沖積地盤で軟弱地盤を形成していることが多い。【後背湿地】：河川の氾濫や移動によってできた平地で，一般に水田のあるところで水が長期間滞留した軟弱地盤。【旧河道】：昔の河が切り離されて陸地化したところで液状化しやすい。【潟湖跡】：昔海があったところが陸地化して干拓地になった地盤。極めて軟弱である。【三角州】：河口付近にできた三角状の地形であり，粘土・シルト・細砂を主体として軟弱である。【砂州】：粘土・シルト・細砂の細かい粒径の土は流されて砂だけからなることが多く，地盤としては比較的良好であるが液状化に注意。【自然堤防】：河川沿いに帯状をなす微高地。沖積層であるが，砂や礫からなり，住宅の宅地地盤としては良好。

4 東京の地層断面図（東西断面）

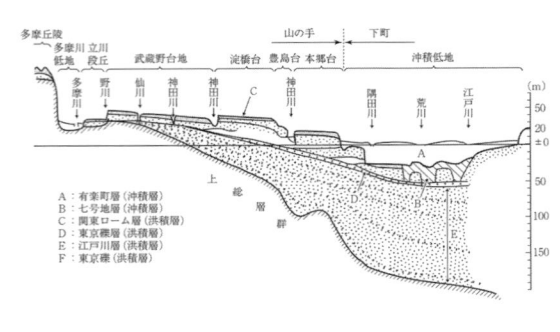

東京中心部の東西方向の地層断面図である。図中の淀橋台が新宿区付近，本郷台が文京区付近である。地層は西から東に深くなるように傾斜しており，地表面の標高も西が高く，東が低くなっている。西部の山の手は，標高20～30mの台地をなしており，地表面付近に関東ローム層や武蔵野礫層などの洪積層の比較的堅固な地層が現れている。東部の下町は，比較的堅固な東京礫層が地表面下50mほどの深さまで下がっており，その上には軟弱な粘土層や砂層で構成される七号地層や有楽町層などの沖積層の新しく堆積した層が地表まで続いている。東京礫層の下部には堅固な江戸川層や上総層が続くので，これらはいずれも十分な支持層となる。このように，浅い深度に比較的堅固な地層が存在する東京中心部から西部にかけては，直接基礎により構造物を支持できる。しかし，軟弱な層が厚く堆積する東部の低地では，杭基礎により深いところにある堅固な地層まで荷重を伝える必要がある。

A：有楽町層（沖積層）
B：七号地層（沖積層）
C：関東ローム層（洪積層）
D：東京礫層（洪積層）
E：江戸川層（洪積層）
F：東京礫（洪積層）

◆地盤調査 (p.5)

1 調査ボーリング（ロータリー式ボーリング）

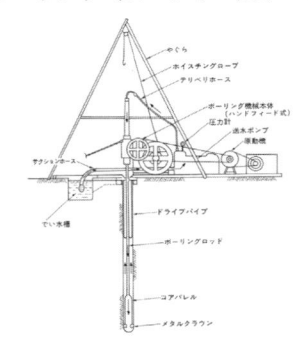

調査ボーリングは地層構成の確認や室内の土質試験用の試料採取，標準貫入試験，ボーリング孔内載荷試験，速度検層などの現場における試験を行うために孔を掘削することをいう。ロータリー式ボーリング試験装置の場合は先端にコアバレルと呼ばれる地盤を掘削し土試料を採取する筒状の鋼製器具を回転させながら掘進してゆく。採取された土の種類を地上で判別し，地層構成を把握する。標準貫入試験を併用する場合は，1mごとに，70cmの区間をボーリングし30cmの区間に対して標準貫入試験を実施する。

2 標準貫入試験

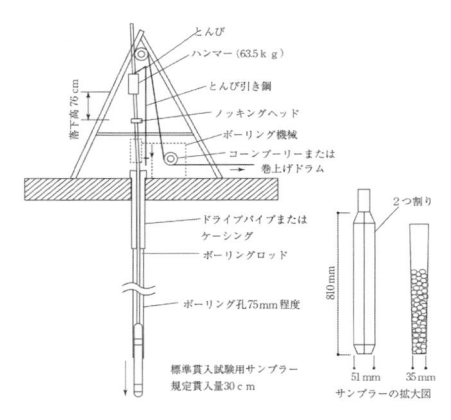

標準貫入試験は土の硬軟，締り具合を判別するための試験であり，同時に乱された土試料も採取し，土の種類や地層構成を把握する。試験方法は，ボーリングロッドの先端に2つ割りの外径51mm，内径35mmのサンプラーを取り付け，このサンプラーを孔底に降ろし，質量63.5kgのハンマーを76cmの高さから落下させてロッドを打撃し地中に貫入させる。このときにロッドが30cm貫入するのに要する打撃回数をN値として記録する。試験終了後に試料を地上に取り出し，標本箱に詰めるとともに現場作業員が目視により土の種別を判別し記録する。その後ボーリング試験装置に切り替え，以後上記作業を繰り返す。通常は支持層が十分に現れるまでこの試験を実施する。

3 速度検層（PS検層）

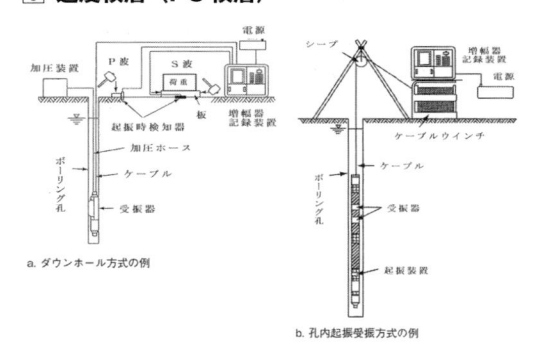

PS検層は縦波のP波および横波のS波と呼ばれる2種類の弾性波が地盤内を伝わる速さの深度方向の分布を測定するものである。PS検層にはダウンホール方式と孔内起振受信方式（サスペンション方式）の2種類がある。ダウンホール方式はボーリング孔近傍の地表で板たたき法などによって起振し，ボーリング孔内で受信する方法である。測定深さが増すと起振装置も大きくなる欠点を有する。孔内起振受信方式は，ある一定の距離の間を伝わる波の速度を測定するので深さの制限はないが，孔内に地下水がない場合は適用できない。PS検層は建築の分野では，設計用地震動を入力する基盤を工学的基盤と呼び，その基盤を確認できる深さまで測定を行う。工学的基盤は便宜的にせん断波速度$Vs = 400$ m/s，厚さ5m以上を目安にすることが多い。

4 スウェーデン式サウンディング試験（手動式）

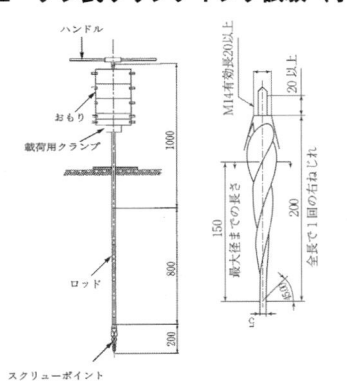

スウェーデン式サウンディング（SWS）試験は深さ10mまでの土の硬軟や締り具合を判別するための試験であり，戸建住宅など小規模建築物の宅地用の代表的な地盤調査法である。試験は最大1kNまでの重りを載荷し，自沈荷重を計測し1kNでも貫入しない場合は25cm貫入までハンドルを回転させる。記録は自沈荷重W_{SW}と25cm当たりの半回転数を貫入量1m当たりの半回転数に換算したN_{SW}の2つである。試験装置には手動式，半自動式，自動式の3種類がある。W_{SW}とN_{SW}を用いてN値や一軸圧縮強さおよび地盤の許容支持力度を経験式によって推定することができる。この試験は簡便ではあるが，土質判別が難しいことや貫入能力に劣ること，および自沈荷重のコントロールが難しいなどの問題点がある。

5 土質柱状図

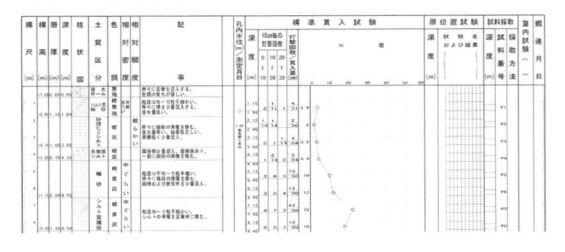

標準貫入試験から得られる情報（N値，土質）は，土質柱状図に整理する。N値は多くのデータをもとに，様々な地盤定数や支持力との関係が提案されており，構造物の基礎の設計に利用される。土質区分の名称は後ろに表記された土質が主となる。例えば「砂混じりシルト」であれば，主たる土質がシルトであり，それに砂が混じっていると解釈する。

◆土の分類（p.6）

1 地盤材料の粒径区分とその呼び名

土は，粒径が小さい順に，粘土，シルト，砂，礫（れき），石に大きく分けられ，その力学的性質や透水性などが大きく異なる。

2 粒径加積曲線

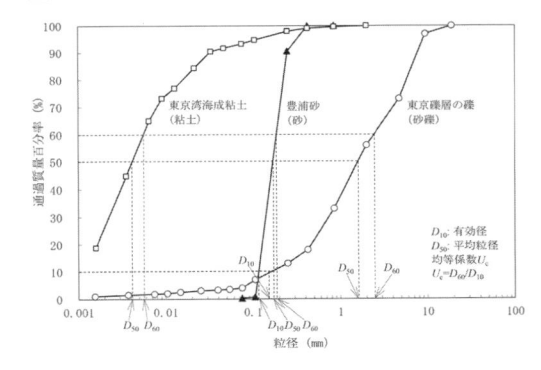

土の粒径は粒度試験によって求められる。粒度試験は粒径0.075mm以上の土の粒度を求めるふるい分析と，粒径0.075mm未満の土の粒度を求める沈降分析からなる。これらの結果から，ある粒径未満の土の乾燥質量を土全体の乾燥質量で除し，百分率で示した図が粒径加積曲線である。粒径加積曲線において通過百分率60%の粒径をD_{60}，50%の粒径を平均粒径D_{50}，10%の粒径を有効径D_{10}と言い，D_{60}/D_{10}を均等係数U_Cと言う。均等係数$U_C \geq 10$を「粒径幅の広い」土と呼び（図では東京礫層の礫が相当する），$U_C < 10$を「分級された」土と呼ぶ（図では豊浦砂が相当する）。これらの値は，粒径0.075mm未満の通過質量百分率である細粒分含有率F_Cとともに，液状化のしやすさの判定などにも使用される。

3 土粒子の構造

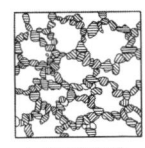

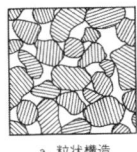

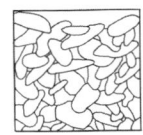

土粒子の大きさや構造は，粒子のでき方や堆積方法，土を構成する物質などで異なる。土粒子の特徴的な構造の例として，砂の粒状構造(a)，粒径の小さいシルトや粘土では，粒子が集まり蜂の巣状になった蜂の巣状構造(b)，土粒子が綿毛のように絡み合った綿毛状構造(c)や，板状の土粒子の面と端部が主に接触し，立体的に重なりあった三次元カードハウス構造(d)などが挙げられる。

土粒子の間には，図のようにすき間（間隙（かんげき））があり，この間隙は通常，水や空気で満たされている。土粒子の体積に対する間隙の体積の割合を間隙比と呼び，その値は砂で0.6～1程度，粘土で1～3程度と，一般に砂より粘土の方が大きい。

4 土粒子の顕微鏡写真

土粒子の顕微鏡写真を示す。写真 a は石川県千里浜の砂である。この砂の平均粒径 D_{50} は 0.2mm 前後，均等係数 U_C は 1.7 前後であり，細粒分をほとんど含んでいない。また，写真 b は京都の丘陵地の粘土で，三次元カードハウス構造に近い構造をしている。この粘土の粒径は μm（1000 分の 1mm）単位と非常に小さい。

a. 千里浜の砂　　b. 京都粘土

5 土の工学的分類体系

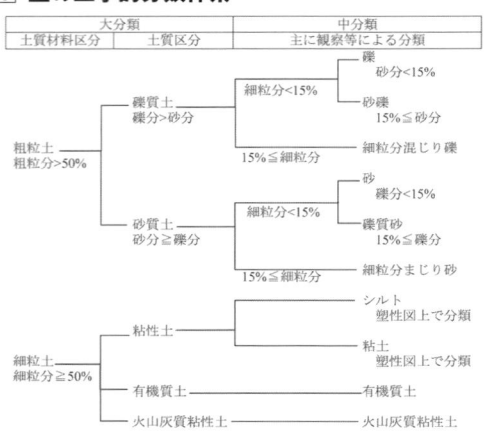

土は大分類で，粗粒分の質量が 50% を超える土は粗粒土，細粒分の質量が 50% 以上の土は細粒土と分類される。中分類では，粗粒土は主に観察によって，細粒土は観察と液性限界・塑性限界試験の結果から分類される。粗粒土の小分類は，細粒分，砂，礫がどの程度混入しているかにより分類される。粗粒分に混入する細粒分に関しては，原則として粘土，シルトの区別はせず，「細粒分」の表記で良い。

6 細粒土の分類に使用する塑性図

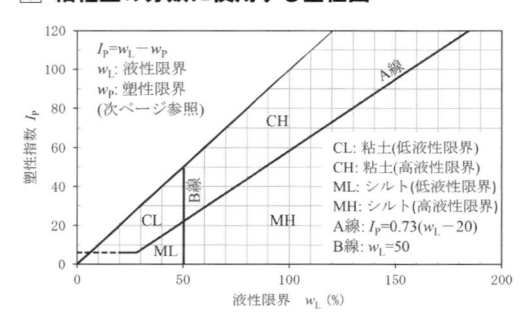

細粒土である粘土とシルトの分類は，次頁「土質試験」に示す液性限界・塑性限界試験の結果をこの塑性図に当てはめて行われる。これは，一般的に，土には液性限界が大きくなるほど土の圧縮性が増加し，塑性指数が大きくなるほど粘性が増加する性質があり，特に細粒土に関しては，粒度組成よりも液性限界や塑性限界などの土の硬さと含水比（土に含まれる水の質量／土の乾燥質量）の関係が，圧縮性や粘性などの工学的性質を表すパラメーターとして重要となるためである。

図の A 線は粘土とシルトの境界で，ある液性限界 w_L を持った土の塑性指数 I_P（液性限界 w_L と塑性限界 w_P の差）がこの線より上部にある場合は粘土とし，下部にある場合はシルトとする（中分類）。また，B 線は低液性限界と高液性限界の境界で，この線より液性限界が大きいと「高液性限界」，小さいと「低液性限界」とする（小分類）。

$I_P = w_L - w_P$
w_L: 液性限界
w_P: 塑性限界（次ページ参照）
CL: 粘土（低液性限界）
CH: 粘土（高液性限界）
ML: シルト（低液性限界）
MH: シルト（高液性限界）
A線: $I_P = 0.73(w_L - 20)$
B線: $w_L = 50$

◆土質試験（p.7）

1 塑性限界試験

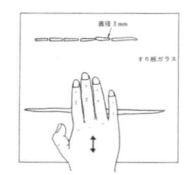

塑性限界試験は，これ以上水が無くなると半固体状になる限界の含水比を求める試験である。すりガラス上で土を手でころがし，直径 3mm で土が切れ切れになった時の含水比を塑性限界 w_P(%) とする。

2 液性限界試験

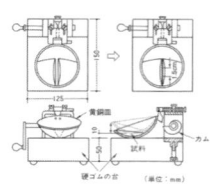

液性限界試験は，これ以上水を含むと液状となる限界の含水比を求める試験である。皿に入れた試料に溝をつけ，その皿を高さ 1cm から落下させる。この落下を繰り返して，溝が 1.5cm 合流したときの落下回数と，その時の土の含水比を計測する試験である。

3 液性限界の求め方

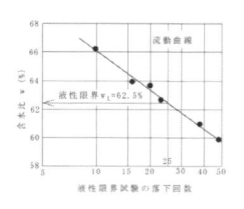

流動曲線は，縦軸を含水比，横軸を落下回数とした図に液性限界試験結果をプロットし，直線で近似したものである。この線上で，落下回数 25 回に相当する含水比を液性限界 w_L(%) とする。

第2章 地盤・基礎

4 一面せん断試験と破壊規準

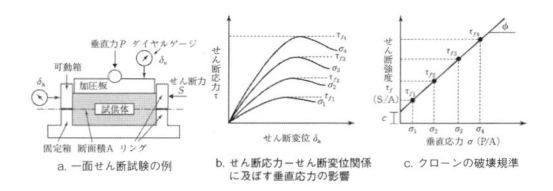

一面せん断試験では，図aのように垂直力Pとせん断力Sを加えて，せん断力応力τとせん断変位δ_hを計測する。図bは，試験結果である。せん断強度をそれぞれ$\tau_{f1} \sim \tau_{f4}$として，せん断強度と垂直応力の関係を描くと図cのような関係となる。$\tau_{f1} \sim \tau_{f4}$を結んだ直線は，ある垂直応力のときのせん断強度を表している。この線の傾きの角度を内部摩擦角ϕ，せん断応力軸の切片を粘着力cと呼ぶ。図から，せん断強度τ_fは垂直応力σの関数$\tau_f = c + \sigma \tan\phi$となり，これをクーロンの破壊規準という。

5 モール・クーロンの破壊規準

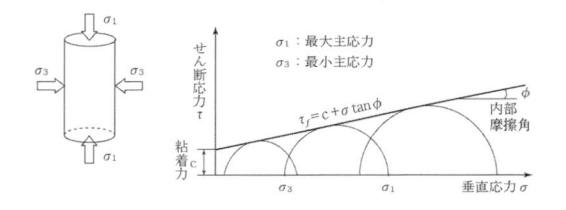

モールの応力円は，せん断応力を縦軸に，垂直応力を横軸にとり，最大主応力σ_1と最小主応力σ_3を通る円を描いた図である。ここで，あるσ_3の時，σ_1を増加させ，破壊時のσ_1とσ_3を通る円を描き，さらに異なるσ_3で同様の作業を行い，これらの円の包絡線を描く。この包絡線は，図4で得られたクーロンの破壊規準に相当し，これをモール・クーロンの破壊規準という。σ_1とσ_3を通る円がこの包絡線に接すると土は破壊する。

6 一軸圧縮試験

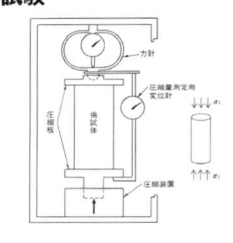

一軸圧縮試験は，主に飽和粘性土に行われる強度試験である。透水性が低いために圧縮時に排水しない土の場合，圧縮強さは拘束圧に依存せず拘束圧は不要となる。この試験から一軸圧縮強度q_uが求められ，土の滑り破壊の計算や地盤改良の品質管理などに使用される。

7 三軸試験

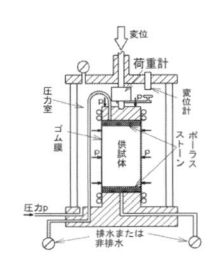

三軸試験は，圧力室内にゴム膜でカバーした供試体を入れ，圧力室の圧力（拘束圧）を所定の値に高めた後，鉛直荷重を増加させて供試体を破壊する強度試験である。一軸圧縮試験と異なり粘性土から砂質土まで，その適用範囲は広い。この試験を行うことで，図5のモール・クーロンの破壊規準が求められる。

8 圧密試験（圧密箱）

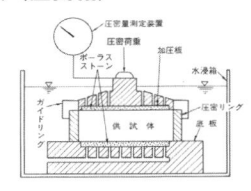

圧密とは，水で飽和した粘性土地盤に荷重が作用したとき，土から間隙水が排出され，時間をかけて圧縮する現象をいう。圧密試験は，圧密応力と圧密量（変位量）を計測し，圧密の特性を調べる試験であり，圧密時間の計算に使用する圧密係数C_Vなどを求めることができる。

9 圧縮曲線

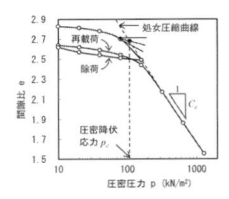

圧縮曲線は，圧密試験の圧密量から計算される間隙比と圧密圧力の関係である。ここから，土の圧密量の計算に使用する圧縮指数C_C，過去の履歴応力を表す圧密降伏応力P_Cが求められる。

10 地盤の圧密過程での応力変化

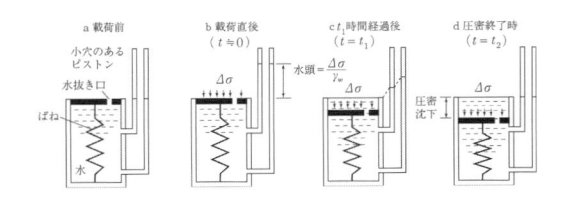

図は圧密過程を模式化したものである。a:容器の中に土粒子のばねと間隙水の水を入れ，蓋につけた水抜き口の大きさで土の透水性を表した。b:水抜き口が十分小さいとき，上載圧$\Delta\sigma$を加えた瞬間はほとんど排水されない。この圧力は間隙水が負担する（過剰間隙水圧Δuという）。そのため，土粒子のばねは縮まず，土は圧力を負担しない。c:水圧差により排水が進行し，ばねが縮み，土粒子が上載圧を負担（有効応力σ'という）し始めると，過剰間隙水圧は低下する。d:圧密が終了すると，上載圧$\Delta\sigma$と土粒子のばねの反力（有効応力の増分$\Delta\sigma'$）が釣り合い，過剰間隙水圧Δuは0となる。

11 部圧密過程における過剰間隙水圧Δuと有効応力Δσ'の経時変化の模式図

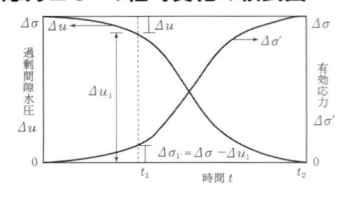

図10の時間的な経過を表すと図11のようになり、有効応力増分、上載圧増分、過剰間隙水圧の関係は$\Delta\sigma' = \Delta\sigma - \Delta u$となる。

◆土の動的性質（p.8）

1 有効応力、全応力、水圧

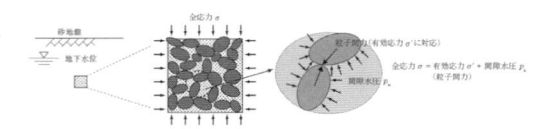

地下水位より下の地盤では、土粒子の間隙が水で満たされている。この地盤要素に外力（全応力）が作用すると、その応力は、粒子間に作用する力（有効応力）と間隙にある水の圧力（間隙水圧）に分けることができる。全応力は有効応力と間隙水圧の和で表わされる。有効応力は土の強度や変形特性に影響するのに対し、間隙水圧はそれらに影響を及ぼさない。

2 せん断剛性比と減衰定数のひずみ依存性の例（G～γ、h～γ関係）

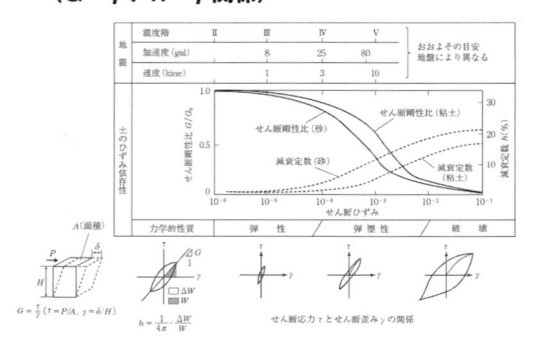

表層地盤における地震波の増幅特性を評価するうえで、地盤のせん断剛性比と減衰定数のひずみ依存性が重要になる。地盤要素（高さH、面積A）にせん断力応力（$\tau = P/A$）が作用し、地盤要素がせん断変形（δ）し、せん断ひずみ（$\gamma = \delta/H$）が生じたとする。せん断応力とせん断ひずみの比をせん断剛性（$G = \tau/\gamma$）と呼ぶ。また、せん断応力とせん断ひずみのループから、減衰定数（$h = \Delta W/(4\pi W)$）が算定される（ΔWは履歴面積、Wは図中のハッチの面積）。せん断ひずみが大きくなると、せん断剛性は減少し、減衰定数は増加する。あるせん断ひずみのせん断剛性を、微小せん断ひずみ（$\gamma = 1 \times 10^{-6}$程度）の初期せん断剛性で正規化したもの（$G/G_0$）をせん断剛性比と呼ぶ。一般的に、砂のせん断剛性比は、粘土のそれよりも、せん断ひずみとともに低下しやすい。一方、砂の減衰定数は、粘土のそれよりも、せん断ひずみとともに増加しやすい。

3 地震時における砂地盤の液状化

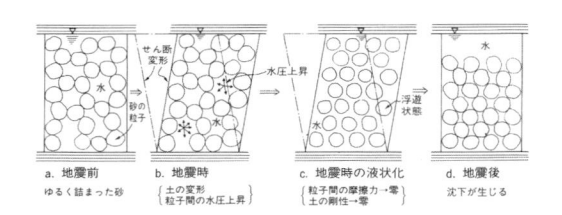

aは「地震前の緩い飽和した砂地盤」である。砂粒子間に隙間が多く、隙間は水で満たされている。建物の荷重が地表面に作用すると、砂粒子を介して力（摩擦力）が伝わる。bは「地震時の液状化の進行過程」である。地盤にせん断力が作用し、地盤がせん断変形をする。砂粒子のかみ合わせがはずれ、砂粒子が間隙に落ち込もうとする。しかし、水がすぐに抜けないため、水が砂粒子を支え始める（間隙水圧の上昇）。cは「地震時の液状化」である。水が砂粒子を支えているため、粒子間の摩擦力が失われ、剛性・強度がゼロに近くなる。砂粒子は浮遊状態になり、地盤は液体状になってしまう。dは「地震後の砂地盤」である。飽和度が100％（間隙に空気が存在しない）の場合、地盤の体積は、砂の体積と水の体積の和となる。砂の体積が減少するため、地表面に水が溜まる。なお、粘性土が液状化しないのは、せん断強度が粘着力にも依存するため、粒子間のかみ合わせがはずれにくいためである。

4 液状化による被害

液状化が発生すると、地上にある比重の大きいものは沈下し、地中にある比重の小さいものは浮き上がる。aは、1964年新潟地震で転倒した鉄筋コンクリート建物である（この地震をきっかけに、液状化の研究がスタートした）。bは、2011年東北地方太平洋沖地震で浮き上がったマンホールである。マンホールは、内部が空洞であるため比重が小さく、液状化によって浮き上がるケースが多い。液状化が発生した地域は、ライフライン（水道、下水道、ガス）が長期間使用不可能になるケースが多い。

◆基礎構造計画 (p.9)

1 基礎の種類

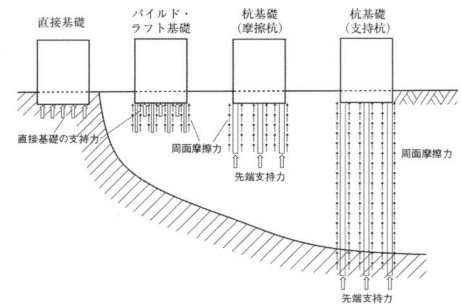

直接基礎は，基礎スラブの支持力で荷重を直接地盤につたえる基礎形式である。杭基礎は，杭の周面摩擦力と先端支持力で荷重を地盤につたえる基礎形式である。主に周面摩擦力で構造物を支持する杭を摩擦杭，主に先端支持力で構造物を支持する杭を支持杭と呼ぶ。杭基礎は，杭のみで構造物を支持するのに対し，パイルド・ラフト基礎は，杭と基礎スラブ（ラフト）で構造物を支持する。

2 基礎構造計画の手順

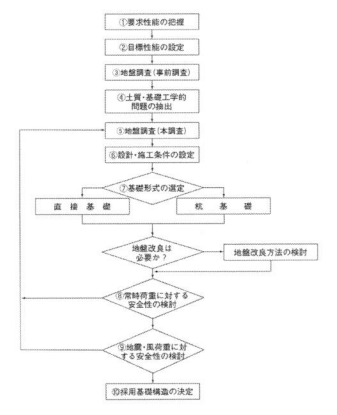

基礎構造計画の手順は，(1) どのような建物が計画されているかを把握する。(2) 敷地の状況（広さ，高低差等）や近隣構造物の状況等を把握する。(3) 基礎の支持性能を，常時作用する固定荷重・積載荷重，短期的も作用する地震荷重・風荷重・雪荷重等から設定する。(4) 近隣の地盤調査結果や地形図(現在および旧版地形図)等を収集し，敷地の状況を把握する。(5) 可能な基礎形式の想定とその問題点を検討する。特に圧密沈下，液状化，傾斜地の安定性，支持地盤の連続性等の把握が必要である。(6) ボーリングの調査位置と数および深さを決定する。(7) 地盤の状況を十分に把握したうえで，基礎の設計を行う。

3 直接基礎の種類

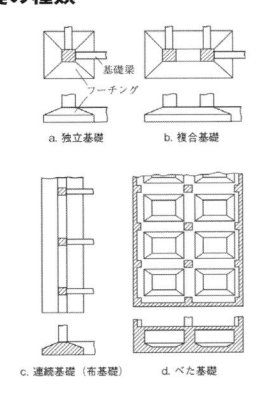

直接基礎は，複数の基礎スラブで上部構造物の荷重を直接地盤に伝えるフーチング基礎と，単一の基礎スラブ（フーチング基礎が平面的に連続したもの）で上部構造物の荷重を地盤に伝えるべた基礎に大別できる。さらに，単一の柱からの荷重をフーチングで支持しているものを独立基礎，2本ないし数本の柱からの荷重を1つのフーチングで支持しているものを複合基礎，壁または一連の柱からの荷重を帯状のフーチングで支持しているものを連続基礎（布基礎）と呼ぶ。

4 直接基礎に作用する荷重と地盤からの反力

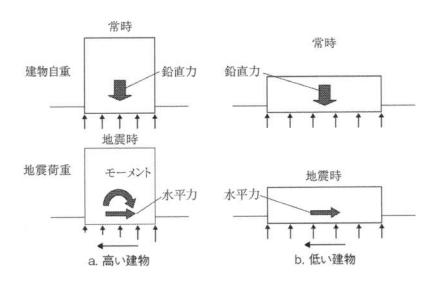

常時においては，建物自重と積載荷重の和が直接基礎に作用する。地震時では，建物に慣性力が作用する。高層建物のようにアスペクト比（高さ／幅）の大きいケースでは，常時の荷重に加えて水平力と転倒モーメントが直接基礎に作用する。低層建物のようにアスペクト比の小さいケースでは，常時の荷重に加えて水平力が直接基礎に作用する（転倒モーメントは小さい）。

5 杭基礎に作用する荷重

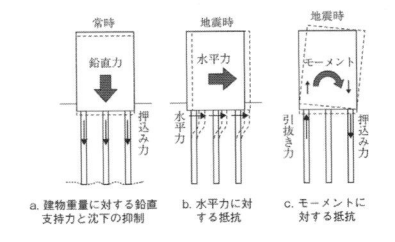

軟弱地盤等で直接基礎では建物の沈下が大きいと予想されるとき，杭基礎が用いられる。常時においては，建物自重と積載荷重の和が杭基礎に押込み力（鉛直力）として作用する。また，地震時には，建物の慣性力（水平力）および転倒モーメントに伴う押込み力と引抜き力が杭に作用する。

6 建物沈下量分布の模式図

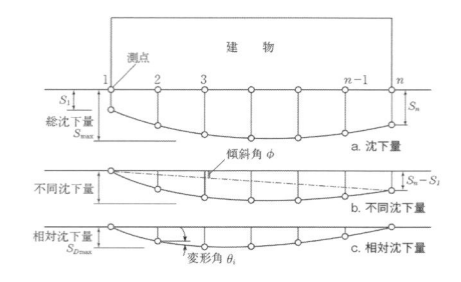

建物の沈下形状の例をaに示す。沈下量の最大値を総沈下量S_{max}と呼ぶ。各位置の沈下量から建物の外端の沈下量（沈下が小さい方）を引くと、bに示す不同沈下量が得られる。bの曲線から傾斜分を差し引いたのが相対沈下量であり、その最大値を最大相対沈下量S_{Dmax}と呼ぶ。また、cの各区間の勾配が変形角θである。各沈下量のうち構造上問題になるのは相対沈下量である。総沈下量が大きくなると、建物周辺地盤との間にギャップが生じ、ガス管等のライフラインの損傷の原因になる。また、傾斜は、人間の不快感や設備機器の障害につながる。

◆土圧・基礎の支持力と沈下 (p.10)

1 土圧とすべり面

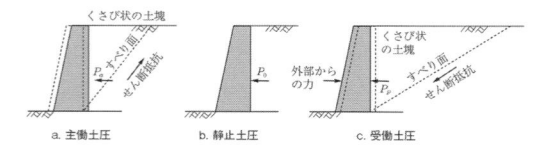

擁壁は背面の土圧によって移動や回転を生じやすい。その場合、擁壁背面のくさび状の土塊が横方向かつ下方へ滑動する塑性すべり状態（主働状態）において擁壁に作用する土圧を主働土圧という。擁壁が前面からの外力によって背面側にすべり上がる塑性すべり状態（受働状態）において擁壁に作用する土圧を受働土圧という。主働状態と受働状態の間の擁壁が変位せず背面土が変形しない静止状態の土圧を静止土圧という。

2 壁の変位と土圧の関係

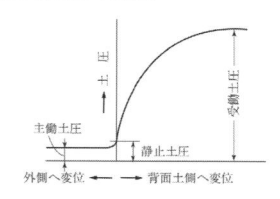

静止土圧は土被り圧（上方にある土の重量によって生じる鉛直圧）に対して概ね半分程度と考えてよい。擁壁に作用する土圧は、擁壁の僅かな変位によって静止土圧から減少して主働土圧に変わる。一方受働土圧に至るまでの変位は比較的大きく、土圧は土被り圧の数倍に及ぶこともある。

3 応力影響範囲

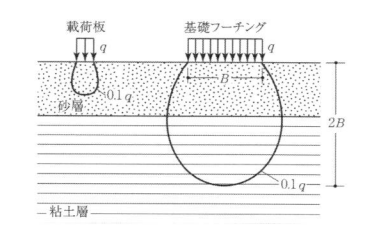

幅Bの正方形等分布荷重qが地表面に作用した場合、地盤中の鉛直応力はほぼ$2B$の深さで$0.1q$に減少する。したがって、その深さまでの地盤の性状が基礎の沈下に影響すると考えてよい。図のような2層地盤の場合、地盤の支持力を求めるための平板載荷試験（通常ϕ300mmの載荷板を使用）結果には表層の砂層の性状しか反映されない。実際の基礎フーチングの支持力および沈下量には下層の粘土層の性状も影響することを考慮する必要がある。

4 基礎の剛性と沈下および接地圧分布

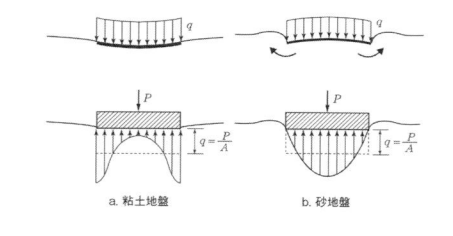

粘土地盤は低応力では比較的弾性材料に近い挙動をするため、地表面に等分布荷重が作用した場合（上側の図）は、中央直下の鉛直応力が大きくて沈下量も大きくなる。砂地盤は粘着力がなく、せん断強さは有効土被り圧（有効鉛直応力）に比例するため、荷重面周辺部では砂が外側に向かって滑動して沈下量が大きくなる。剛な基礎スラブを設けた場合（下側の図）は沈下量が一定となるため、上述の理由により図のような接地圧分布となる。

5 直接基礎の荷重～沈下量関係

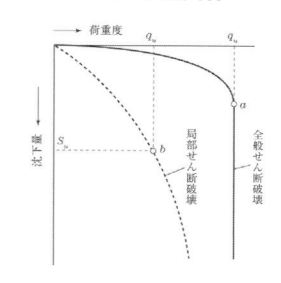

基礎スラブに鉛直荷重が作用した場合、荷重度qと沈下量Sとの関係曲線は図のようになる。実線は、かなり密な砂質土地盤あるいはかなり堅い粘性土地盤の場合で、初期剛性は大きいが、a点で地盤がせん断破壊して沈下量が増大する（全般せん断破壊）。緩い砂質土地盤あるいは軟らかい粘性土地盤の場合は、破線のように載荷の初期から沈下量が増大していくが、実線のような極限状態が現れない（局部せん断破壊）。このような場合は、ある基準の沈下量S_uに達したときのb点の荷重度を極限荷重度と定義する。

第2章　地盤・基礎

6 地盤のせん断破壊

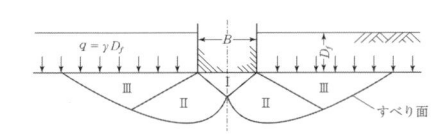

地盤のせん断破壊を剛塑性論に基づいて理論的に解析したものの代表として，連続フーチング基礎を想定したPrandtl-Terzaghi系の対称型破壊形の考え方がある。塑性すべりの領域として，Ⅰ. Rankineの主働状態あるいはくさび型の弾性領域，Ⅱ. 放射状せん断領域，Ⅲ. Rankineの受働状態があり，すべり面に沿ってせん断破壊して極限状態に至るとするものである。

7 直接基礎における根入れ深さ D_f の取り方

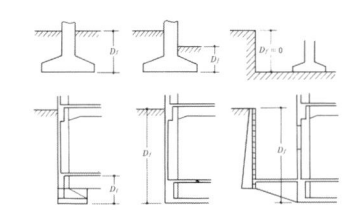

直接基礎の極限鉛直支持力算定式において，基礎の根入れ深さ D_f は基礎に近接した最低地盤面から基礎底面までの深さとし，隣接地で掘削が行われている場合はその影響を考慮することとしている。これは，基礎底面下の地盤の破壊に対して有効な押さえとなる深さを考慮するためである。べた基礎の場合は地表面から基礎底面までの深さを採用できるが，地下室まわりにドライエリアなどがある場合は，その基礎部分が十分に剛な場合に限り地表面からの深さを採用できる。

8 支持力算定用の支持力係数

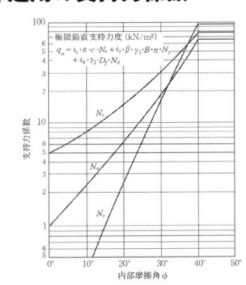

支持力係数 N_c, N_γ, N_q は基礎底面下の地盤の内部摩擦角 ϕ の関数として与えられている。$\phi = 0$ の場合は $N_\gamma = 0$ となるが，$N_c = 5.1$, $N_q = 1.0$ となることに注意が必要である。また，$\phi > 40°$ においては曲線が急激に上昇し，支持力係数が極めて過大となることから，設計上は安全側の評価として増加しないものとする。

◆杭基礎の種別（p.11）

1 杭基礎の抵抗形式による種別

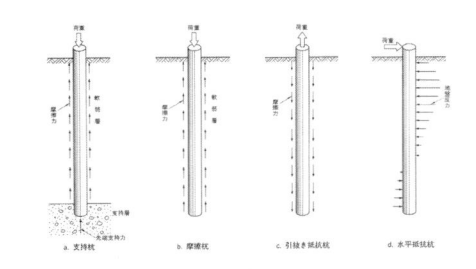

杭に作用する押込み荷重は，建物の常時荷重および地震時などの付加的な荷重であり，杭は周面摩擦力および先端支持力によって抵抗する。先端が支持層に達している場合は先端支持力が大きく発揮される（支持杭）。杭先端が軟弱層に止まっている場合は先端支持力が小さく，周面摩擦力が大部分となる（摩擦杭）。引抜き荷重は，地震力や風圧力，地下水位が高い場合の建物の浮力などによって生じ，杭は周面摩擦力によって抵抗する（引抜き抵抗杭）。水平荷重は，地震力や斜面地の偏土圧などによって作用し，杭は前面の地盤反力によって抵抗する（水平抵抗杭）。

2 PHC杭の構造図

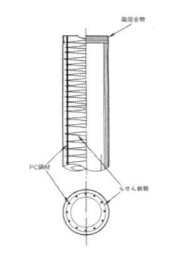

既製コンクリート杭として最も多く使用されている遠心力高強度プレストレストコンクリート杭（略称PHC杭）は，PC鋼材およびらせん筋を配置し，遠心力を利用して中空円筒のコンクリートとした杭である。PC鋼材にプレテンション方式によりプレストレスを導入して，曲げ強度を高めている。コンクリートの設計基準強度は $80N/mm^2$ 以上で，有効プレストレス量はA種（$4N/mm^2$），B種（$8N/mm^2$），C種（$10N/mm^2$）の3種類がある。

3 プレボーリング工法の施工順序

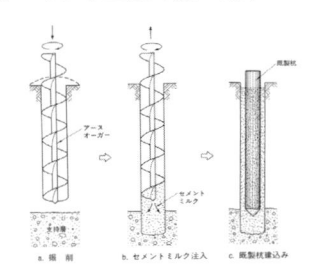

杭の施工法は，①打込み工法，②埋込み工法，③圧入工法および④場所打ちコンクリート杭工法に大別される。埋込み工法の一つであるプレボーリング工法は，アースオーガー先端より清水や安定液などを吐出しながら地盤を掘削し，アースオーガーを引き上げる際に先端よりセメントミルクの根固め液や杭周固定液を注入して土と混合する。次いで既製杭を建て込み固定させる。掘削時に先端付近を拡大掘削して先端支持力を増大させる拡大根固め工法や，打撃を併用した最終打撃工法もある。

4 中掘り工法の一例

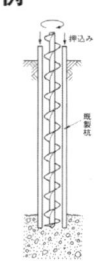

中掘り工法は埋込み工法の一つであり，先端が開放した既製杭の内部にアースオーガーを挿入しておき，掘削と同時に杭を押し込んで設置する。掘進を容易にするため，杭先端には鋼製のフリクションカッターが取り付けられている。先端部を拡大ビットやセメントミルクの高圧噴射などによって拡大し，セメントミルクと土を混合攪拌して築造する拡大根固め工法や，杭に打撃を加える工法もある。

5 回転貫入工法の一例

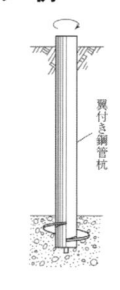

回転貫入工法は圧入工法に分類されており，先端部に羽根（翼）を付けた鋼管をねじ込んで設置する工法である。地盤を掘削する必要がなく，排出土もほとんど発生しない。また低騒音・低振動で施工できるため，主に小径のものが住宅用の基礎として多用されている。先端翼の形状としては，らせん状のもの，傾斜を付けた平板状のもの，鋼管先端をプレス加工したものなど多くの種類が開発されている。

6 場所打ちコンクリート杭の施工順序

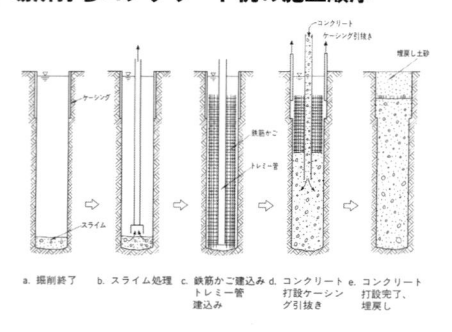

場所打ちコンクリート杭は図7の各種施工法によって掘削を行ったのち，掘削底に沈殿したスライム（掘りくず）を水中ポンプ等で処理する。次いで地上で組み立てた鉄筋かごを建て込み，トレミー管を用いて掘削底よりコンクリートを打設する。この際，トレミー管先端を打設コンクリート中に2m程度挿入した状態を保持してコンクリートの分離を防ぐ。ケーシングやスタンドパイプはコンクリートの打ち上がりに併せて引き抜く。

a. 掘削終了　b. スライム処理　c. 鉄筋かご建込み トレミー管建込み　d. コンクリート打設ケーシング引抜き　e. コンクリート打設完了、埋戻し

7 場所打ちコンクリート杭の各種施工法

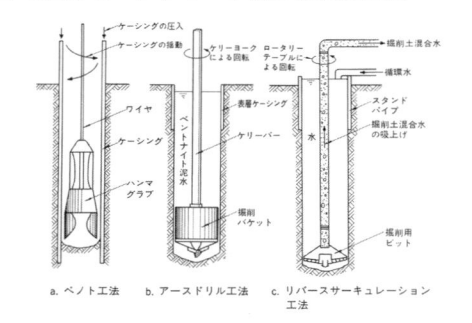

オールケーシング工法はケーシングチューブを圧入しながら内部を掘削する工法であり，孔壁の崩壊を防ぐことができる。アースドリル工法はバケットを回転して内部に土を取り込み排土する工法であり，経済性や施工性がよいことから場所打ちコンクリート杭工法の主流となっている。リバースサーキュレーション工法はビットを回転させて掘削し，ケリーバー内部を通して掘削土を排出する工法であり，途中でビットを引き上げる必要がないが，掘削土の沈殿処理設備が必要となる。なお，アースドリル工法およびリバースサーキュレーション工法では，バケットやビットの拡大機構によって拡底杭の施工を行うことができる。

a. ベノト工法　b. アースドリル工法　c. リバースサーキュレーション工法

◆杭基礎の支持構造（p.12）

1 杭の支持機構の概念　2 支持杭と摩擦杭

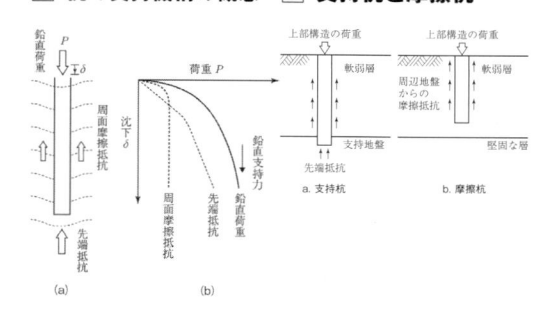

杭の基本機能は鉛直荷重に対する支持力の確保と沈下の抑制である。杭頭部に作用する鉛直荷重は杭の先端地盤による先端抵抗及び杭周面と地盤の間の周面摩擦抵抗の合計で支持される（図1(a)）。図1(b)に杭頭に荷重を受けた杭の二つの抵抗要素と沈下の関係を模式的に示した。杭頭に荷重がかかると沈下が生じ，まず杭周面と周面地盤の間の摩擦抵抗が先行して発揮される。やがて，摩擦抵抗は最大値に達し，一定となる。その後に先端地盤の抵抗が発揮される。一方，実務設計では周面摩擦抵抗を無視して，杭の鉛直支持力を主として先端支持力で評価する杭を先端支持杭と言う（図2(a)）。これに対して，杭の鉛直支持力を主として杭周面地盤の周面摩擦抵抗で評価する杭を摩擦杭と呼ぶ（図2(b)）。

a. 支持杭　b. 摩擦杭

第 2 章 地盤・基礎

3 単杭と群杭での等地中応力分布範囲

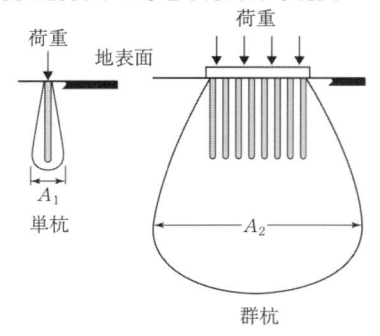

通常，杭支持の建築構造物は複数の杭で支持される。その場合，杭の間隔が狭すぎると「群杭効果」と言われる要因で，複数の杭（n 本）の合計の支持力 $P(n)$ は，一本当たりの杭の支持力を P とすると $P(n) < P \times n$ となることが知られている。その理由は，図 3 に示すように，杭の間隔が狭すぎると，独立した複数の杭は全体が一体となって（1 本の径の大きな杭：群杭）構造物を支持するためである。その結果，杭群を介して地盤に伝達される応力の範囲が独立した 1 本の杭（A_1）よりもかなり広くなる（A_2）（図 3）。そのため，杭先端の下部に軟弱な地盤が存在すると，支持力の低下や沈下の増大をもたらすことがあるので，注意する必要がある。

4 正の摩擦力と負の摩擦力
5 地盤沈下と杭の軸力

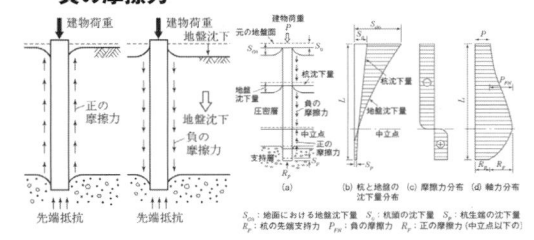

砂地盤や圧密が完了した粘土地盤の場合，杭に作用する周面地盤の摩擦抵抗は杭頭に働く荷重と逆向きに働く（図 4(a)）。これを「正の摩擦力」という。一方，基礎下部の地盤が圧密未了の粘土の場合，支持杭が用いられると，杭自体の沈下は先端の支持地盤で抑制されるが，杭周りの地盤が圧密沈下する結果として地盤が杭体を下向きに引きずる力（杭頭に働く荷重と同じ方向）が働く。これを「負の摩擦力」と言う（図 4(b)）。負の摩擦力が働く場合，図 5 に示すように杭の軸力は杭頭部での荷重よりも大きくなるので，軸力が杭体の耐力を超えないこと，かつ，杭先端での軸力が先端地盤の支持力を超えないように設計する必要がある。

6 鉛直載荷試験の種
7 段階載荷試験結果
8 logP-logS 曲線

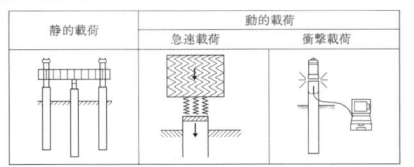

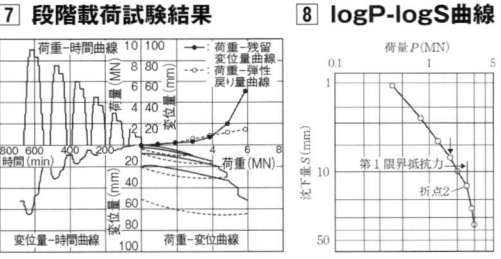

杭の鉛直載荷試験は本設と同じ工法で設置された杭に載荷し，荷重～変位関係，支持力を求める試験である。図 6 に示すように，載荷試験は静的試験と動的試験の 2 種類ある。動的載荷試験はさらに，急速載荷と衝撃載荷の 2 種類ある。静的載荷試験は大掛かりな装置が必要であるが，信頼性は高い。動的載荷試験は載荷時間が短く効率が良い。図 7 は荷重～時間，変位量～時間，荷重～変位量，荷重～弾性戻量，荷重～残留変位量関係を示している。図 8 は荷重～沈下関係を両対数で示し，代表的折れ点の荷重を第 1 限界抵抗力と呼び，降伏点と定義する。さらに，杭径の 10％に相当する杭先端沈下量または杭頭沈下量を生じる荷重度を第 2 限界抵抗力として，この荷重に対する抵抗力を極限支持力としている。

◆根切り・山留め（p.13）

1 掘削に伴う土圧の変動と地盤の変形
2 切梁工法の支保工の詳細
3 根切り山留めの工法

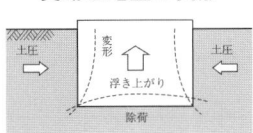

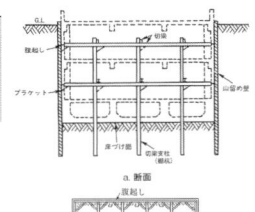

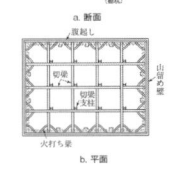

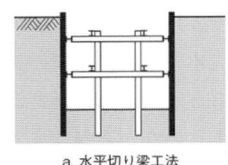

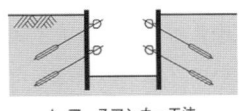

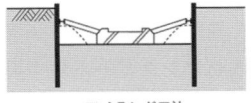

建築構造物の建設にあたって，殆どの場合，基礎や地下階の建設のため，地盤を掘削する。図 1 に示すように，安定した地盤の一部を掘削すると，地盤の水平方向の力の釣り合いが破られ，周辺地盤からの土圧により，掘削領域へ周辺地盤が倒れるように変形する。そして，掘削領域の底面は，掘削土の排除により鉛直方向の力の釣り合いが成り立たなくなって，掘削底が浮き上がる。掘削に伴う地盤のこのような変位を抑制しないと，掘削領域の中で基礎や地下階を安全に建設することができない。通常，地下掘削の前に，山留め壁と呼ばれる壁を掘削領域の四周に構築して，周辺地盤の過大な横方向変形を防ぐ。山留め壁の建設工法は敷地の広さ，掘削深さ，地盤の土質性状などを踏まえて選択される。代表的な山留め工法に切り梁工法がある。図 2(a) に示すように，山留め壁が内側に倒れないように，水平な梁により山留め壁を支える。図 3(a), (b) は切り梁工法の詳細を示している。一方，切り梁の配置状況によっては，地下掘削作業の妨げになる場合がある。その場合は，図 2(b) に示すように，切り梁ではなく，掘削領域外に反力を求めるアースアンカー工法がある。その他，図 2(c) の様なアイランド工法もある。

4 地下掘削で注意すべき問題

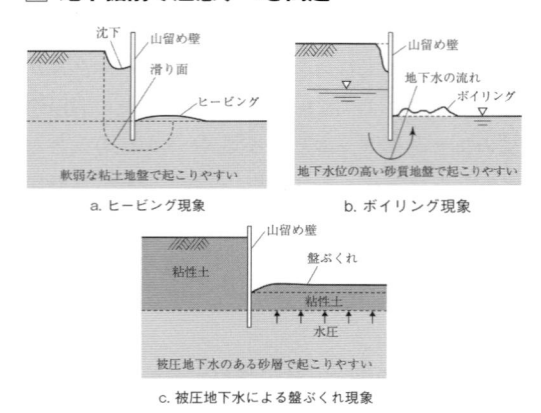

a. ヒービング現象
b. ボイリング現象
c. 被圧地下水による盤ぶくれ現象

掘削底が軟弱地盤で，山留め壁の根入れ深さが不十分な場合，掘削に伴う山留め壁両側の地盤の自重の不釣り合いにより生じるせん断応力に対して，地盤のせん断強度が不十分だと，掘削内側の山留め壁の根入れ付近で地盤が膨れる現象（ヒービング現象）が生じることがある（図4(a)）。一方，掘削底が砂地盤で地下水位が高い場合，山留め壁の根入れ深さが不十分だと根入れ付近の地盤が掘削領域内外の水位差による上向きの浸透流により砂が流出し（ボイリング現象），山留め壁が崩壊する可能性がある（図4(b)）。根切り底地盤下部の砂礫層の地下水が被圧している場合（その様な地下水を「被圧地下水」と言う。），掘削に伴い水圧によって根切り底面地盤が膨れ上がる様な現象がみられる（盤ぶくれ現象，図4(c)）。このような現象が発生しないように注意する必要がある。

5 順打ち工法

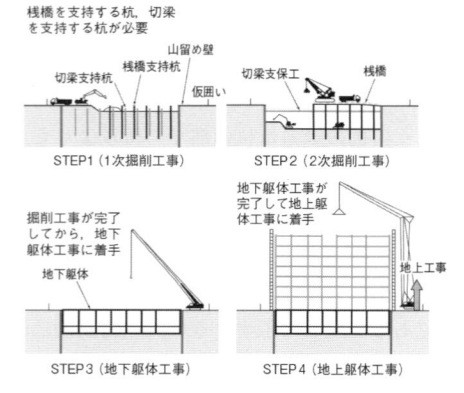

STEP1 (1次掘削工事)
STEP2 (2次掘削工事)
STEP3 (地下躯体工事)
STEP4 (地上躯体工事)

一般には，建築構造物の建設はまず地盤を掘削して基礎を建設し，その後，地下階を建設して順次上層階を作る。これを「順打ち工法」と言う（図5）。一方，施工期間の短縮および掘削に伴う根切り底面地盤の過大な膨れ上がりを防ぐため，「逆打ち工法」と呼ばれる工法が広く用いられている（図6）。この工法ではまず，仮設の杭（本設の杭と兼用の場合もある）と構真柱を施工して，1階の躯体を先に施工して山留めの過大な変形を防止する切り梁の代わりにする。その後，地下部分の掘削・構築と2階以上の上部階の建設を同時に行う。基礎底面地盤の過大な膨れ上がりを上層階の自重で防ぐ。

6 逆打ち工法

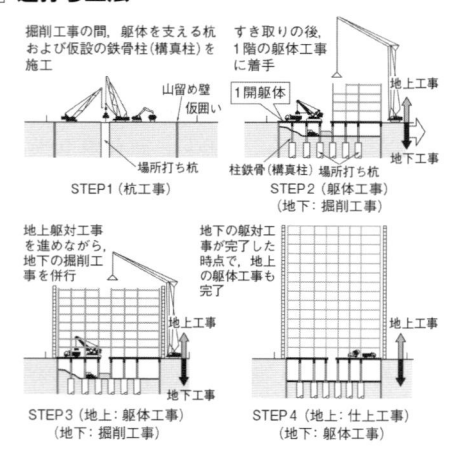

STEP1 (杭工事)
STEP2 (躯体工事)(地下：掘削工事)
STEP3 (地上：躯体工事)(地下：掘削工事)
STEP4 (地上：仕上工事)(地下：躯体工事)

◆山留め壁・擁壁 (p.14)

1 山留め壁

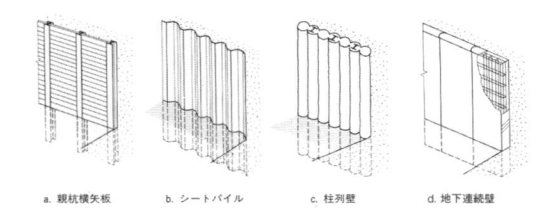

a. 親杭横矢板
b. シートパイル
c. 柱列壁
d. 地下連続壁

地下工事をする際に，無計画に掘削したり地下水を排水すると，周辺地盤を変形させたり沈下を生じさせる。このような地盤の変形を止めるために山留め壁が用いられる。山留め壁には，親杭横矢板，シートパイル，柱列壁，地下連続壁がある。親杭横矢板とは，1.0m～2.0mの間隔でH形鋼等の杭を打ち込み，根切り（掘削）の進行に伴い，木製または鋼製の板や鋼管をはめ込んで築造してゆく壁体である。シートパイルとは形鋼あるいは鋼管の継手部を噛み合わせて連続して地中に打ち込みながら築造する壁体である。柱列壁とは場所打ちコンクリート杭，既製コンクリート杭あるいはソイルセメント柱を地中に連続して構築する壁体である。地下連続壁は，正式には場所打ち鉄筋コンクリート地中壁といい，地中に築造した鉄筋コンクリートの連続した壁のことをいう。

第 2 章　地盤・基礎

2 地下連続壁の概念図

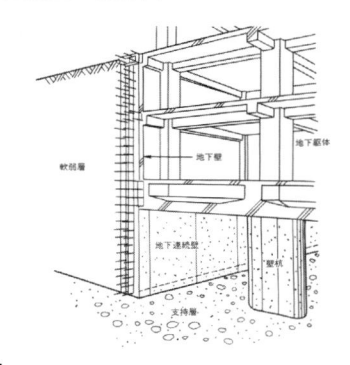

地下連続壁は，根切り工事期間中は山留め壁として使用され，内部の構造体ができ上がった時点から，構造体として耐力壁および基礎杭として，単独もしくは組み合わせて使える機能を有する。現在，各種の工法があり，掘削深さ（壁長）が 100m にも及ぶ壁体も造成されるようになった。工事を確実に行うためには，施工実施体制，掘削方法，泥水管理と処理，スライムの除去，鉄筋かごの製作および建込み，コンクリート打設，後打ち躯体との接合など慎重な施工管理及び品質管理が要求される。

3 擁壁

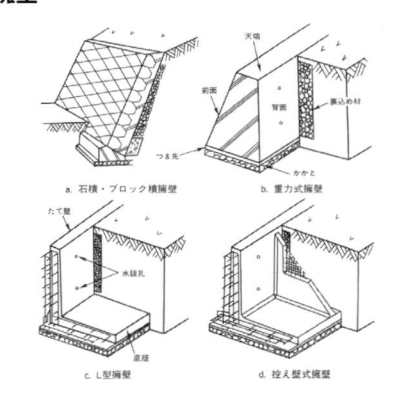

擁壁の種類は構造によって，石積み・ブロック擁壁，重力式擁壁，片持ち梁式擁壁，控え壁式擁壁などに分けられる。石積み・ブロック擁壁は，石やコンクリートブロックを積み重ねた簡易擁壁で土圧が小さい場合に適用される。重力式擁壁は自重により土圧を支持する無筋コンクリートの擁壁で基礎地盤が良好な場合に用いられることが多い。片持ち梁式擁壁はたて壁と底版からなり，たて壁の位置により，逆 T 型，L 型，逆 I 型と呼ばれる。控え壁式擁壁は，たて壁と底版間の剛性を控え壁により高めたもので，控え壁が土圧の作用側に配置される。

4 鋼製切ばりを使った山留めの例

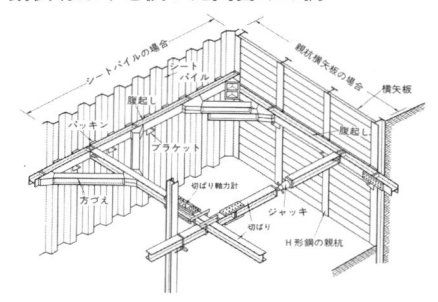

山留め支保工には，切ばり方式，アンカー方式，逆打ち方式などがある。切ばり方式とは山留め壁とその変形を押える腹起こし，腹起こしを支える切ばりと支柱からなる。市街地の根切り工事では最も一般的な工法である。どの種類の山留め壁とも組み合わせが可能で，適用範囲が広い。使用材料としては，I 形鋼・H 形鋼などの一般構造用鋼材が使用され，特にワイドフランジの H 形鋼が多く使用されている。また，ジャッキを使用することにより壁変形を抑制することも可能で，比較的工費も安い。

5 擁壁の安定計算

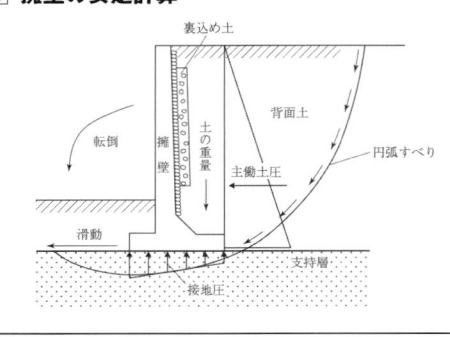

擁壁はがけ面の崩壊を防止するとともに，背面地盤を安全に支持する役目を持つ構造体である。擁壁には外力として土圧荷重が常時作用するので，この外力に対して安全であるとともに，擁壁の転倒や滑動，擁壁底版直下の支持力，地盤の変形に対して安全であるように設計する。また，擁壁には壁面の面積 $3m^2$ ごとに 1 箇所以上の水抜き孔を設ける。擁壁の設計にあたっては，適用法令，設置場所の自然条件，施工条件，周辺の状況を十分に調査する必要がある。

◆地盤改良（p.15）

1 バイブロフロテーション工法

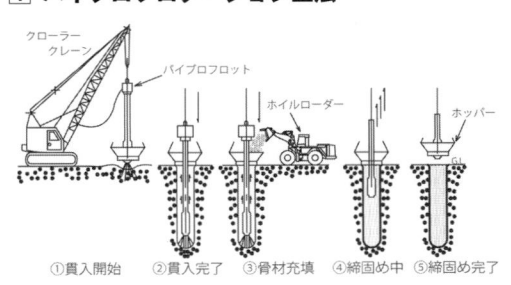

バイブロフロテーション工法は，水平振動と水締めを効果的に利用して，緩い砂地盤を締め固めて地盤支持力の増加や沈下の低減，液状化抵抗の増加を図る地盤改良工法である。対象とする砂地盤の所定深度間で，偏心錘を内蔵した棒状振動体（バイブロフロット）を偏心荷重の回転から生ずる水平振動と先端からの射水（ウォータージェット）によって貫入させる。次にこの棒状振動体を引き抜きながら補強材（砕石・砂利・鉱さいなど）を投入し，フロットの水平振動と上下振動によって地盤を締め固める。

2 サンドコンパクションパイル工法

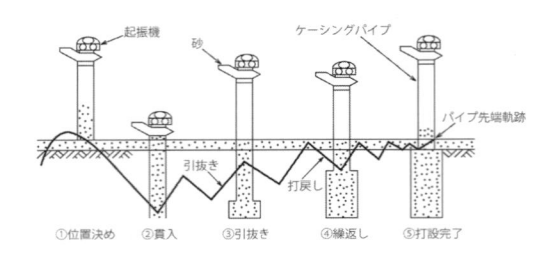

サンドコンパクションパイル工法は，鉛直振動を利用して地盤内に締まった砂杭を造成し，周辺の地盤を締固めて地盤支持力の増加や沈下の低減，液状化抵抗の増加を図る地盤改良工法である。バイブロハンマーでケーシングパイプを打込み，このパイプを通して先端より砂を供給しつつ，パイプの引き抜き打ち戻しを繰り返すことによって砂杭の径を拡大することで周辺地盤を締固める。砂の代わりに砂利や礫を使うこともある。

3 ディープバイブロ工法

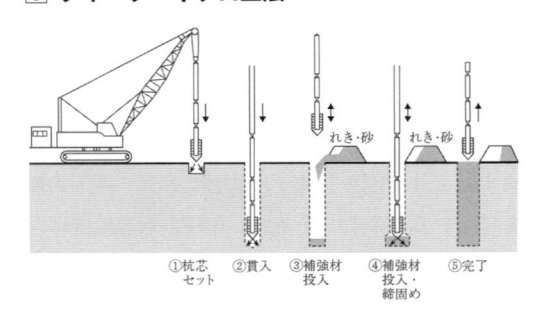

ディープバイブロ工法は，砂・礫などの中詰め材をバイブロフロットの外側から供給しながら，地中深くまでバイブロフロットを油圧モーターによって水平振動させ，周辺地盤や中詰め材を締め固めることにより，地盤支持力の増加や沈下の低減，地盤の液状化抵抗の増加を図る地盤改良工法である。比較的低振動・低騒音で施工できることが特徴である。

4 静的締固め砂杭工法

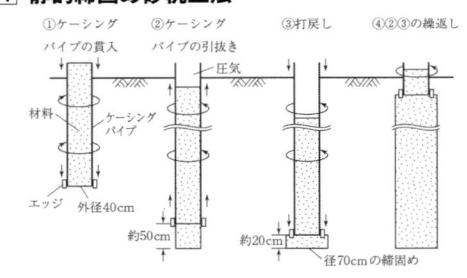

静的締固め砂杭工法は振動機を用いて締め固めるので，市街地では騒音・振動が問題になることがある。静的締固め砂杭工法は，改良原理と目的は基本的にサンドコンパクションパイル工法と同じであるが，強制昇降装置を用いてケーシングの貫入と引抜きを繰り返すことにより，振動エネルギーに頼らずに砂杭を造成する地盤改良工法である。

5 深層混合処理工法

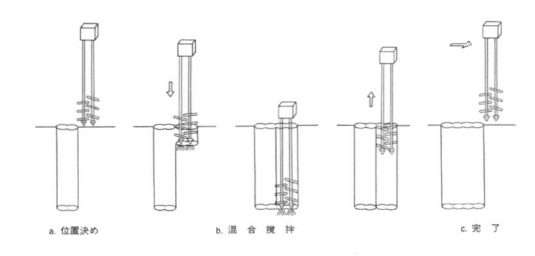

深層混合処理工法は，セメントと水の混合液を攪拌機械の先端から吐出しながら地盤中の原土と攪拌混合させ，円柱状の改良体を造成する工法である。目的は地盤支持力の増加である。この工法は排土を少なく施工できる特徴を有しているが，固化体の均質性の評価が難しく，通常は施工後に採取したコアサンプルの圧縮強度で品質を管理している。特に，ソイルセメントの強度は土の性質に大きく作用されるので，室内にて配合試験を行い，固化材の添加量を事前に決定しておく必要がある。

6 改良地盤の形式

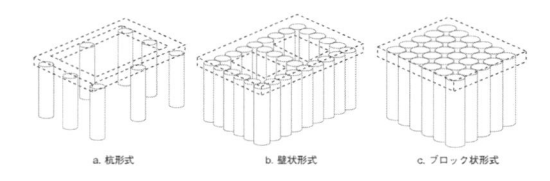

深層混合処理工法による改良体の配置には，杭形式，壁状形式，ブロック形式がある。さらに，改良体相互をラップさせる配置もあり，その種類は非常に多い。これらの形式は建物の規模や荷重条件ならびに地盤の状況から採用が決定される。壁状形式の場合は，液状化対策工法として有効である。小規模建築物の改良体は単に鉛直荷重を支持させるにすぎないが，建物の規模が大きい場合は，杭と同様に改良体には水平力による曲げモーメントやせん断力が発生するものとして設計される。

7 浅層混合処理工法

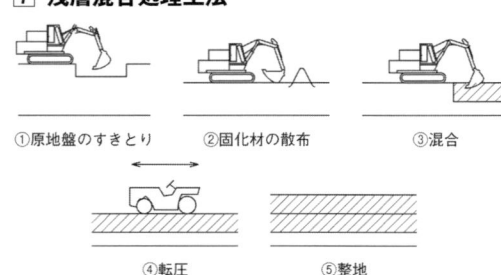

浅層混合処理工法とは，基礎下部の原位置土とセメント系や石灰系などの固化材を混合した後，機械で転圧して締め固め，版状の固化体を造成する工法である。通常は，改良厚さの限界を2mとする場合が多い。支持層が比較的浅く，基礎直下の地盤支持力の増加を図りたい場合はこの地盤改良工法が用いられる。

第3章 木質構造

◆木材の性質と強度特性 (p.16)

1 樹形

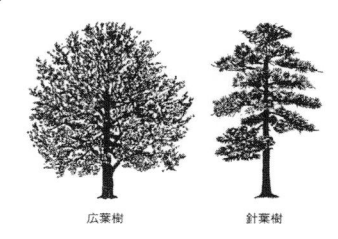

広葉樹　針葉樹

建築構造用に使われる木材としては，針葉樹ではスギ，ヒノキ，アカマツ，クロマツ，カラマツ，ベイマツ，ベイツガなど，広葉樹では，ケヤキ，クリなどがある。広葉樹は一般に葉が広く樹形も広がっているが，針葉樹は葉が松のように尖り，あるいはヒノキのように鱗片状で枝に密着し，樹形は一般に細い。

2 丸太の断面

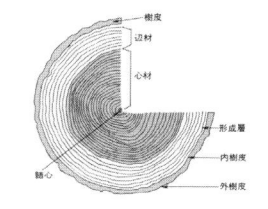

丸太の断面は心材，辺材，樹皮から成る。心材は髄心に近く色の濃い部分で，生命活動を終えた部分であり，樹脂が豊富で一般に耐久性に優れている。辺材はその外側の色の薄い部分で，樹液分が多く，耐久性に劣る。辺材の最も外側の部分は，形成層と呼ばれ，細胞分裂により樹木として肥大成長している部分である。

3 木理

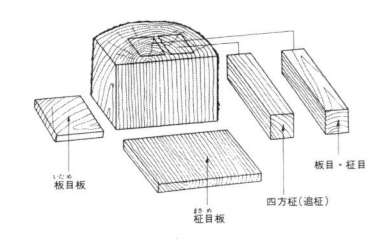

木材の材面には，年輪が木目として現れるが，その形状を木理という。年輪の放射方向に近い角度の切断面には，ほぼ平行な木目が現れる。これを柾目という。これに対し，放射方向からそれた断面には，円錐を切り取ったような木目が現れる。これを板目という。

丸太から切り出された製材には，強度低下の原因ともなる欠点として，目切れ，丸身，あて材，節などがある。

4 目切れ

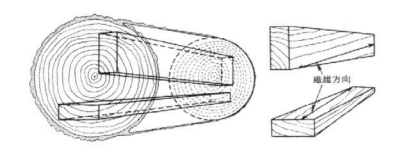

繊維傾斜により木目が材縁で切れることを目切れという。強度低下の原因となり，製材の欠点の一つとされる。特に，カラマツ等の一部の樹種では，繊維がらせん状（旋回木理）に成長するために材軸方向に対して繊維走向が傾く傾向にあり，乾燥が十分ではない場合，施工後に狂い（ねじれ）を引き起こす要因となる。

5 丸身

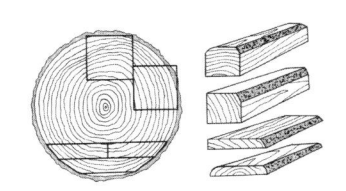

製材等の際に，のこやかんながかからなかった，丸太の表面がそのまま残っている部分であり，断面欠損による施工上の不都合，外観上の欠点となる。

6 あて

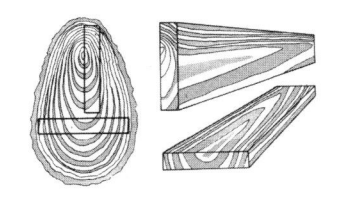

傾斜地に育った場合などで，針葉樹では傾斜の下側に，広葉樹では傾斜の上側に形成され，それぞれ圧縮あて材，引張りあて材と呼ばれる。圧縮あて材の場合，一般に密度が高いために圧縮強さは高いが，引張り強さは低く，加工しにくく狂いを生じやすい。

7 節のあらわれ方

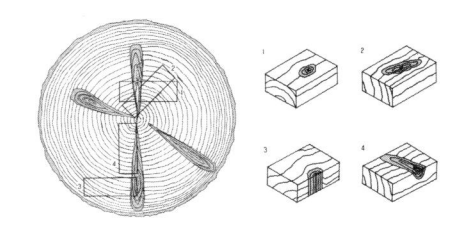

節は枝が樹木内に取り込まれたものであり，髄心から放射状に伸びる。このため木取りに応じて節のあらわれ方が異なる。節の大きさは製材の曲げ強度等に与える影響が大きく，辺長に対する節の径の比（節径比）は，日本農林規格における針葉樹の構造用製材の等級区分においても重要な品質基準の一つとなっている。特に材縁部に現れる節は曲げ強度に与える影響が大きい。

8 いき節と死に節

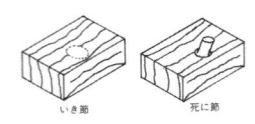

枝が生きたまま樹木内に取り込まれたものがいき節，枝が枯れてから取り込まれたものが死に節となる。死に節は周囲の繊維とつながりが無く，強度的には空隙と同様である。

9 木表と木裏

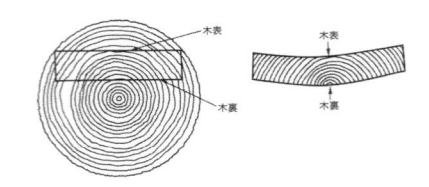

髄心を避けて木取りした場合に，髄心に近い側を木裏，樹皮に近い側を木表という。乾燥時に，年輪の放射方向と接線方向とでは収縮率が異なり，接線方向の収縮率が大きいため，木表側が凹むように反る。

10 末口と元口

丸太材などで，樹木の根に近い側を元口，梢に近い側を末口という。丸太材などの断面寸法は末口の方が小さく，一般に末口の寸法で表示される。

11 木材の異方性

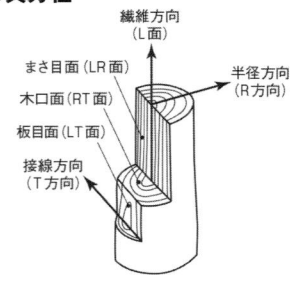

木材の力学的性質は加力する方向で異なり，繊維方向に強く，繊維に直角方向に弱い。ヤング係数の場合，繊維方向，放射方向，接線方向の直交する3方向の比はおおよそ100対10対5である。つまり，3方向に同じ圧縮力を加えると，半径方向に加えた場合には繊維方向の10倍，接線方向の場合には繊維方向の20倍の縮みが生じる。このような性質を「異方性」と呼び，強度をはじめ多く物理的性質にも同様の傾向がみられる。特に，収縮率の異方性は，乾燥割れ，狂いを引き起こす主要因となる。

12 荷重角度と強度の比率の関係

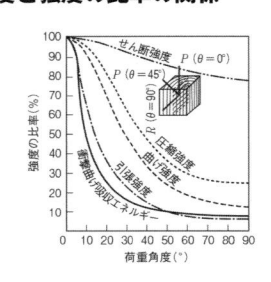

繊維方向からの角度に応じて，圧縮強度，曲げ強度，引張強度は大きく低下し，繊維方向から90度の場合，繊維方向に比べて圧縮強度で30％程度，曲げで15％程度，引張では10％以下となる。

13 木材の応力度－ひずみ度関係

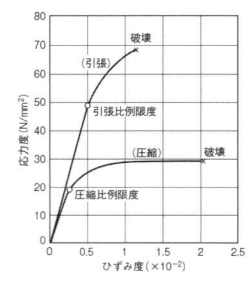

木材（無欠点の小試験片）の繊維方向の圧縮と引張における応力度とひずみ度の関係について，一例を示したもの。いずれも初期においては応力度とひずみ度の間に直線関係が見られるが，強度の3分の2程度に比例限度が現れる。ヤング係数は圧縮と引張で若干異なるが，実用的には等しいと考えている。

14 含水率と強度の関係

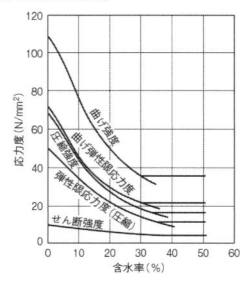

木材の細胞壁内に水分（結合水）が満たされているが，細胞内部の空洞に水分（自由水）が存在しない状態の含水率を「繊維飽和点」といい，樹種によらず28～30％程度である。図はスプルース（無欠点の小試験片）に対する実験結果を整理したものである。一般に，生材状態からの乾燥過程において，木材の強度は繊維飽和点以上ではほぼ一定であり，繊維飽和点以下において含水率が低下するに伴って強度は増加する。

15 耐力壁の荷重−変形関係

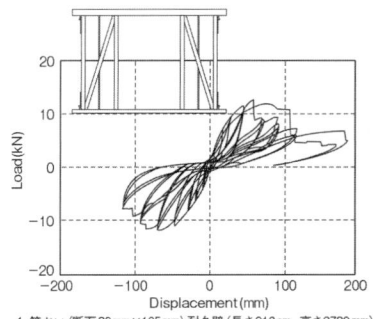

木質構造の構造特性を表す代表的なものとして、筋かい耐力壁と構造用合板耐力壁について、水平荷重を加えた場合の荷重変形関係の一例を示す。それぞれ、一方向に変位を増大させる単調載荷の場合と、同一変位で3回ずつの正負繰返しを加えた漸増載荷の場合とを示している。筋かいは変位の小さい領域では、圧縮時に筋かい端部が柱や横架材にめり込み、引張時に接合金物のくぎ接合等が変形して、軸組全体のせん断変形が生じる。最終的には筋かいが面外に座屈して急激に耐力低下を示す。一方、構造用合板耐力壁は、構造用合板を軸組に止め付けている釘接合部が変形し、比較的高い変形能力を示す。最終的には、釘の引き抜き、釘頭が面材を貫通するパンチングアウト、あるいは釘の破断などを生じるが、面材の四隅に近い箇所から徐々に破壊が進展するため、最大荷重後の荷重の低下は比較的緩やかである。

1. 筋かい（断面30mm×105mm）耐久壁（長さ910cm、高さ2730mm）を2枚設けた軸組の実験結果

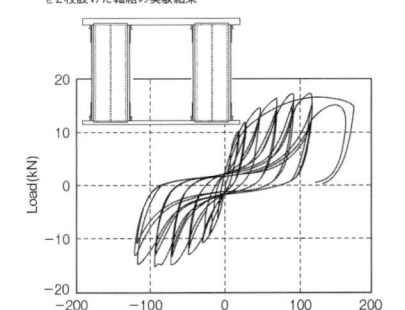

2. 構造用合板（1級、厚さ9mm）を釘打ち（N50@150mm）した耐力壁（長さ910mm、高さ2730mm）2枚を設けた軸組の実験結果

◆在来軸組構法・枠組壁工法の架構（p.17）

1 在来軸組構法住宅

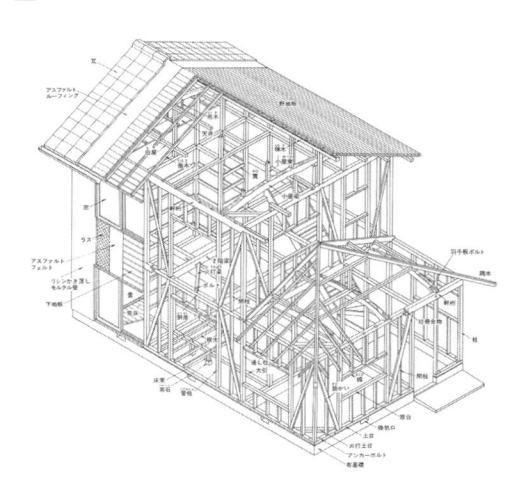

在来軸組構法は伝統的な構法を原形としており、柱梁などによる軸組を基本とし、鉛直荷重は軸組で負担する。比較的細い木材を用いても十分な耐震性能、耐風性能を得られるよう、筋かいを設けたり、構造用合板などの面材を釘打ちしたりした耐力壁を設けている。またその力を地盤に伝えるよう、土台や布基礎などを設け、土台は基礎にアンカーボルトで緊結する。

2 枠組壁工法（ツーバイフォー構法）住宅

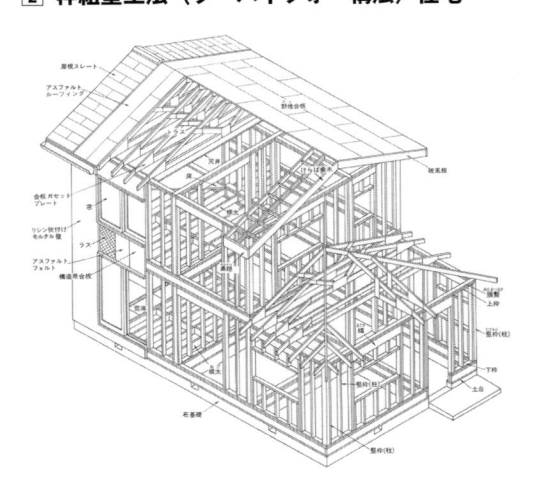

枠組壁工法は北米で発達した構法で、1980年に建築基準法に枠組壁工法の技術基準告示ができて一般に建てられるようになった。公称寸法2インチ×4インチ（実際の寸法は0.5インチずつ小さく、1.5インチ×3.5インチ、mmで表示すれば、乾燥材で38mm×89mm）などの断面の枠材を釘打ちした枠組に構造用合板などの面材を釘打ちで張って壁や床とする。壁の縦枠は在来軸組構法の柱に比べて断面が小さく、構造用合板などを釘打ちした壁全体で鉛直荷重を負担する。今日ではプラットフォーム工法といって、1階の壁を立ち上げた後に2階床を張り、その上に2階壁を立ち上げる構法が主流である。この場合、縦枠は各階ごとの管柱状になり連続しない。

◆木造の小屋組概要（p.18, 19）

1 和小屋・切妻

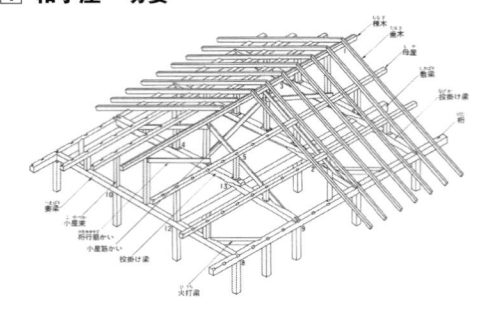

和小屋は曲げ材である梁を掛けて，その上に小屋束を立て，棟木や母屋を支え，垂木を掛ける小屋組である。梁の掛け方によって下の構造とは切り離して小屋の構造を成立させる構法である。

束の転倒防止に張間方向に小屋筋かい，桁行方向に桁行筋かいを設ける。桁梁でできた水平構面を固めるため，隅角部には火打梁（ひうちばり）を設ける。

2 和小屋・寄棟

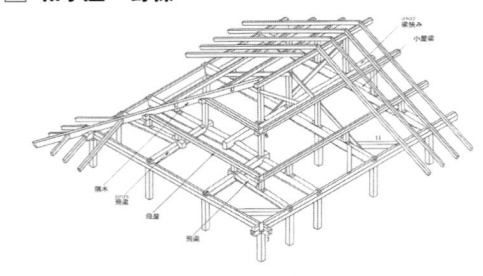

寄棟とする場合には，隅木の下の束を受ける梁を設ける。このために小屋梁から桁に掛ける梁を飛梁という。

3 和小屋・入母屋

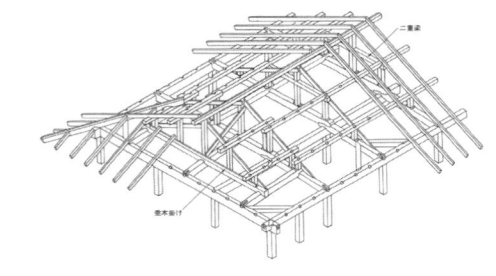

入母屋とする場合には，妻面の下部に梁を設けて妻の束と母屋を受ける。図は，妻面において化粧となる束，母屋を内部とは異なる位置に設けたものである。

4 蔵などの小屋組

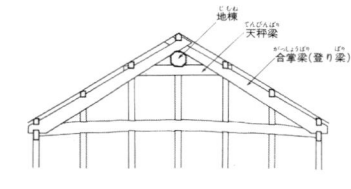

蔵など，小屋梁を省略して内部空間を有効活用する場合には，妻あるいは内部に部分的に設けた天秤梁で棟木の下の地棟を受け，地棟に合掌梁を掛けて母屋を受ける形式とする。

5 和小屋・小屋貫による構成

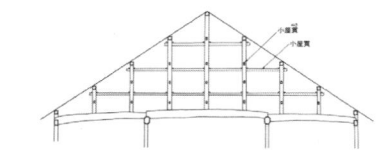

伝統的には小屋組を固めるため，梁間方向，桁行方向に小屋束相互を繋ぐ小屋貫を入れる構成がある。

6 和小屋・扠首構造

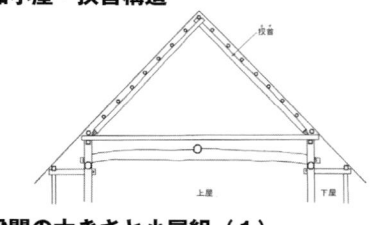

伝統的に茅葺き屋根の場合には，勾配を大きく取る必要があり，小屋梁の上に扠首で大きな三角形を造る扠首構造とするのが一般的である。

7 梁間の大きさと小屋組（1）

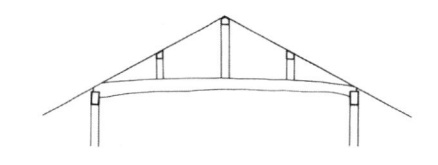

梁間が2間程度（4m程度）と小さい場合には，小屋梁は1本でスパンを飛ばすことが可能であり，高さ方向にも梁は一段で，束が母屋を受ける形となる。

8 梁間の大きさと小屋組（2）

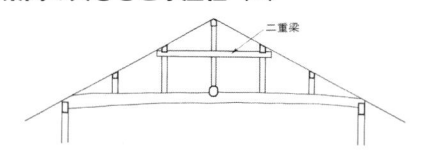

梁間がやや大きくなると，束が高く不安定となるので二重梁を設ける。

9 梁間の大きさと小屋組（3）

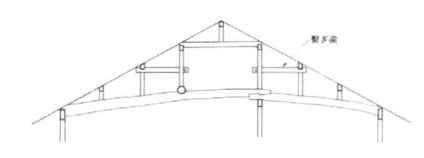

梁間がさらに大きくなると小屋梁を途中で継ぐことになる。小屋梁は通常，下に柱や直交する横架材があって，その上で継ぐ。また，二重梁を受ける束も長くなることから，この束の中央の高さに繋ぎ梁を設ける場合がある。

10 梁間の大きさと小屋組（4）

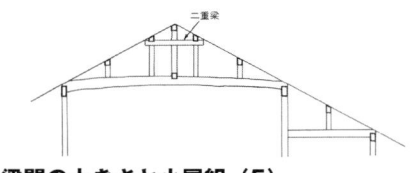

上屋桁の下の柱から下屋の柱に掛けて繋ぎ梁を設け，下屋として小屋組を拡張する場合もある。

11 梁間の大きさと小屋組（5）

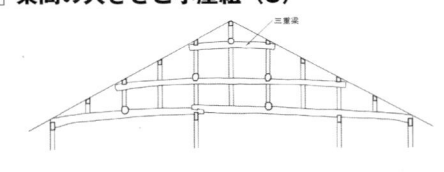

梁間が特に大きくなると三重梁を設ける。

12 ツーバイフォー構法・片流れ

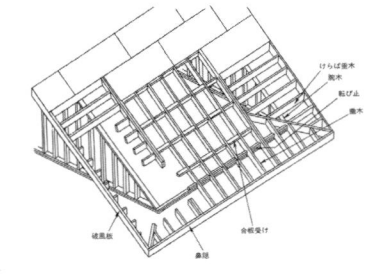

ツーバイフォー構法においても，片流れ，切妻，寄棟，入母屋などの屋根形状が可能である。ツーバイフォー構法では母屋に相当する部材がないため，けらばを支えるために，内側に引き込んで片持ち梁として支えるけらば垂木が必要となる。

13 ツーバイフォー構法・切妻

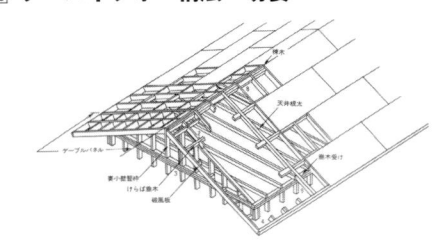

ツーバイフォー構法の小屋組は，妻で棟木を支えて垂木を掛ける垂木方式，小屋トラスを用いるトラス方式がある。棟木のスパンを飛ばす場合には棟木の板に代わり，あるいは棟木の下に屋根梁を補う場合もある。図は垂木方式で切妻とした場合である。

14 ツーバイフォー構法・寄棟

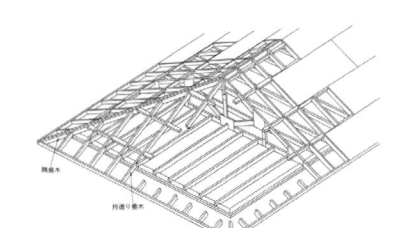

図は寄棟とするため，隅垂木の頂部の下にトラスを設けている例である。他の部分は垂木方式で支えている。

15 ツーバイフォー構法・入母屋

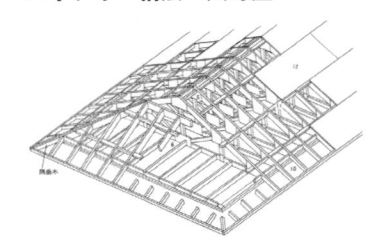

隅垂木をトラスの中間の高さで収めることにより，入母屋とすることが可能である。図は内部もトラス形式としている例である。

144　[構造編] 解説

16 片流れ屋根

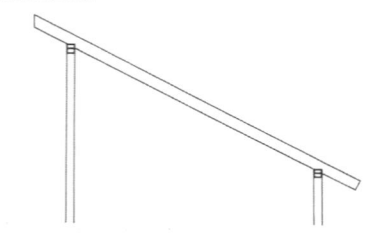

ツーバイフォー構法で，垂木形式の片流れとする場合の断面。

17 棟木板方式

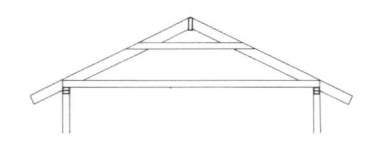

棟木を公称寸法2インチ幅などの板材として，垂木方式とする場合の断面形状。棟木の下には，両側の垂木に掛けて垂木つなぎと呼ばれる水平材を入れ，両側の壁の上部の頭つなぎの間は天井根太で繋いで安定を図る。

18 棟木梁方式

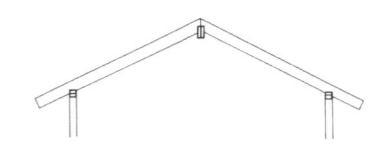

棟木の位置に，合わせ梁や集成材などによる梁を通してこれに垂木を掛ける垂木方式の小屋組。垂木つなぎや天井根太を省略することができる。

19 キングポストトラス（1）

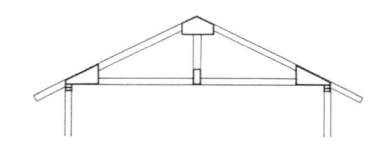

比較的スパンが小さく，小屋組をキングポストトラスとした場合の例。接合部は構造用合板をガセットプレートとして用いて釘打ちした合板ガセットとしている。ネイルプレートとする接合方法などもある。

20 キングポストトラス（2）

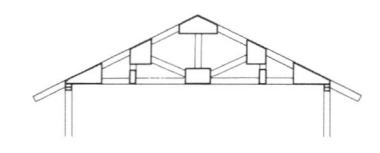

スパンが大きく小屋組をキングポストトラスとした場合の例。

21 フィンクトラス

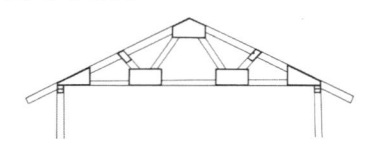

フィンクトラスなど他のトラス形式とする場合もある。

◆木造の小屋組詳細（p.20, 21）

20ページと21ページの見開きには，上段に伝統和風木造，中段に在来軸組構法，下段にツーバイフォー構法の，小屋詳細が相互に対比できるように描かれている。

1 伝統和風の小屋詳細

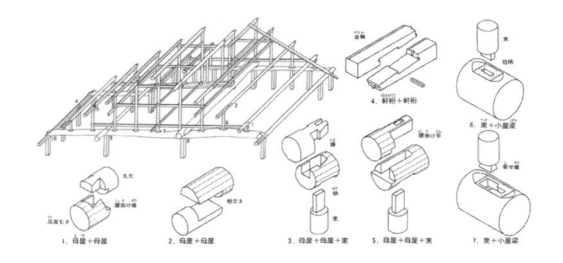

伝統和風木造の小屋組詳細として，ここでは高木家住宅の例を示している。
　母屋の継手には腰掛け蟻（あり），相欠（あいか）き，鎌（かま），腰掛け竿（さお）などが使われ，軒桁の継手は金輪継（かなわつ）ぎとなっている。小屋束は小屋梁に対し，一般の部分では短柄差（たんほぞざ）しであるが，重要な箇所では引張に抵抗しうる寄せ蟻としている。
　柱の上で梁などが直交する場合には，柄が重柄（じゅうほぞ）となる。
　丸太材の小屋梁同士がT型に接合される仕口では兜蟻が使われている。軒桁と小屋梁の仕口には蟻は設けず，柱の重柄（じゅうほぞ）が貫通している。桁が下になる収まりを京呂（きょうろ），逆に梁が直接柱に載ってその上に桁が収まる収まりを折置（おりお）きという。折置きの所では渡（わた）り顎（あご）が使われている。小屋梁相互は支持のある箇所で継がれ，台持ち継ぎが使われる。

第3章　木質構造

2 在来軸組構法の小屋詳細

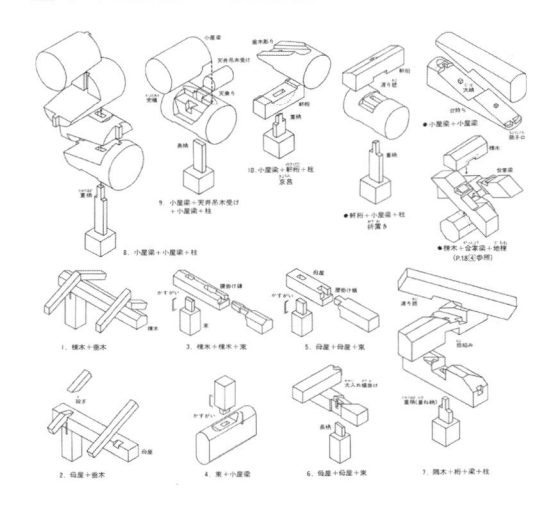

それぞれの図は18ページ図1, 2の詳細図であり，その図中に付された番号に対応している。

棟木の継手は腰掛け鎌，母屋の継手は腰掛け蟻としている。母屋にも腰掛け鎌が使われる場合もある。垂木の継手は母屋の位置で殺ぎ継ぎとし，継手の位置で母屋に釘打ちがなされるのが一般的である。束の上下は柄差しであるが，吹き上げなどを考慮して引張に抵抗するようかすがいを用いる。隅木の下で桁と梁が相欠きになるが，部材の断面欠損が偏らないよう，相欠きの面が隅木勾配の半分の角度で傾斜している。これを捻組と称している。

桁梁の仕口は大入れ蟻掛けや兜蟻である。引張に対して必ずしも十分な強度を持たないので，羽子板ボルトで補強する。

柱と桁は長柄差し込み栓として引張に抵抗する。火打ち梁の端部は桁や梁にボルト締めとする。小屋梁相互は支持のある箇所で台持ち継ぎとなる。

3 ツーバイフォー構法の小屋詳細

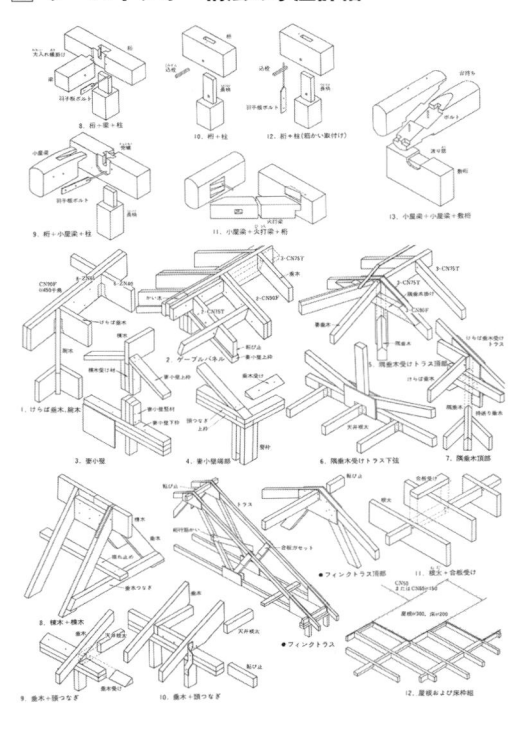

それぞれの図は，18ページ図12から19ページ図15の詳細を示している。

図1は図12の詳細で，けらばを出すために，妻からひとつ内側に釘打ちで2枚合わせとした垂木をかけ，ここから垂木受けの金物を用いて，けらば垂木を設けている例である。隅行きには腕木を設け，けらば垂木を釘打ちしている。

図2から4は18ページ図13の詳細である。図1のようにけらば垂木を逐一止めるのではなく，ゲーブルパネルと呼ばれるけらば部分のパネルをあらかじめ組んで組み立てる場合の図である。ゲーブルパネル端部の垂木は，平の垂木と2枚合わせとなり，釘打ちで接続される。

釘打ちの記号F, E, Tについては，27ページ図4ツーバイフォー構法用金物を参照されたい。

図5は19ページ図14の寄棟の隅垂木を受ける部分の詳細で，棟木と妻垂木の間に帯金物を設けて補強している。

図8から図10は垂木構造の場合の詳細で，図8は棟木継手を添え板釘打ちとした収まり，図9と図10は，垂木の外壁頭つなぎ上での収まりを示している。図9のように垂木せいが小さい場合には垂木受けを設け，図10のように垂木せいが大きい場合は垂木を欠いて収める場合もある。

いずれも頭つなぎには天井根太が掛かる。また，垂木せいの大きい場合には垂木の間に転び止めを入れる。

◆木造の軸組詳細—2階床—（p.22, 23）

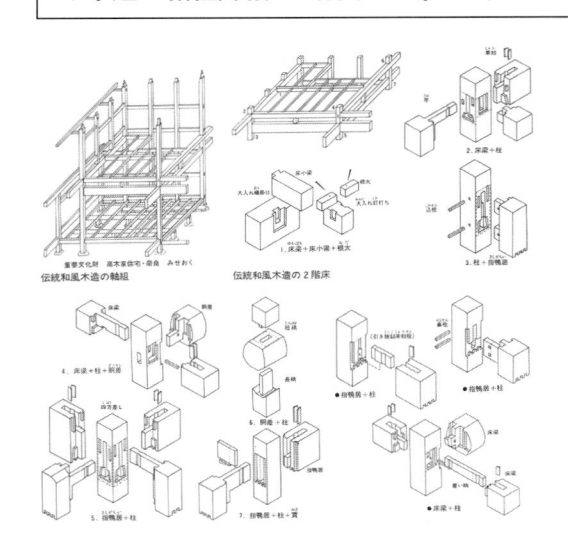

22ページから25ページまでには，20ページの小屋組と同様，上段に伝統和風木造の軸組，中段に在来軸組構法の軸組，下段にツーバイフォー構法の枠組が相互に対比できるように描かれている。伝統和風木造は，高木家住宅を例にとって図示している。

22ページと23ページの見開きは，2階床の詳細である。詳細図の番号は，インデックスとなっている床組全体の図中の番号と対応している。

床梁と床小梁の仕口には大入れ蟻掛けが使われている。蟻は引張耐力が小さいが，周囲の梁組全体が引張に抵抗する仕口で構成されているので，小梁の端部は蟻で可としたものであろう。

柱と床梁，胴差し，差し鴨居などの横架材との仕口は，横架材が片側のみであれば柄差し込み栓，連続する相手があれば床梁同士を竿車知継ぎとして，引張に抵抗し得る仕口としている。横架材の柄の根元近くにある小さな突起は，鉛直荷重を柄だけではなく，こうした小胴突きで受けようと

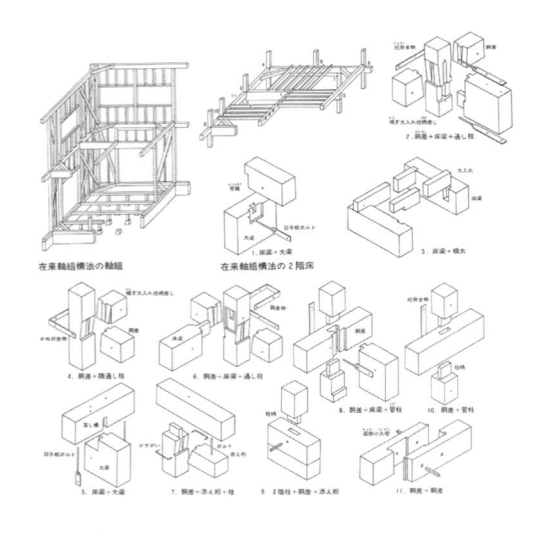

する配慮である。

番外の図として雇い柄を用いた場合，込み栓ではなく鼻栓とした場合の収まりの図を示している。雇い柄は，部材長が不足する場合や組み立て手順の関係などで，やむを得ず柄を別に付ける場合に用いられる。寄せ蟻で柱側に取り付ける雇い柄は，その形状からの連想と思われるが，引き独鈷と呼ばれている。独鈷とは密教で用いる法具のひとつである。

在来軸組構法の軸組は，近年，性能の確保と施工の合理化を求めて急激に変化しつつある。ここに描かれた在来軸組構法は，柱頭柱脚の接合部について建築基準法に詳細な規定がなされる 2000 年以前のイメージである。また，今日では継手仕口を工場で機械加工するいわゆるプレカットの導入が進み，その場合には継手仕口がプレカットに特有の形状となっている。

床梁と大梁の仕口には蟻が使われているが，引張に抵抗し得るよう，羽子板ボルトで補強される。

柱と横架材の仕口は，近年では短柄として羽子板ボルト等で補強されることが多い。

根太は床梁に対して，載せかけるだけの場合，梁を欠き込んで根太をいくらか落とし込む場合，完全に落とし込んで上端揃いとする場合などがある。構造用合板の床板を釘打ちするような場合には，欠き込みが大きい方が水平構面としてのせん断性能は向上する。

傾ぎ大入れ短柄差しは，鉛直荷重を横架材の下端で支える形状となっており，柄自体は短柄で，引張に抵抗するために羽子板ボルト，かね折り金物，短冊金物等で補強される。

柱の上下も短柄とすることが多い。上下階の管柱同士は，短冊金物などで補強する。2000 年の基準法施行令改正以降は，耐力壁の仕様に応じて，必要な耐力を有する仕口とすることが求められ，かど金物，引き寄せ金物，その他金物メーカーが開発する柱頭柱脚用の金物を設けることが多くなっている。

胴差など比較的せいの大きな重要な横架材同士の継手には，伝統的な継手の中では接合効率が比較的高い追掛け大栓継ぎを用いる。

ツーバイフォー構法の2階床は，1階の壁の頭つなぎの上に寸法型式210（公称寸法2インチ×10インチ）などの根太を掛け渡し，周囲は側根太と端根太を回すことによって枠組が構成される。この上に構造用合板や構造用パネルなどの面材が釘打ちされる。

側根太は根太に平行に2枚合わせとし，端根太は根太に直交する方向に，内部の端根太転び止めと2枚合わせで設置される。これらは下にある頭つなぎにCN75@250の斜め釘打ちとなる。

根太の端部は端根太からCN90を3本平打ちで止め付ける。根太を継ぐ場合は，内部の頭つなぎの上で添え板釘打ちとし，転び止めを設ける。床開口の周囲は根太を2枚合わせなどにして補強する。こうした床開口における根太の端部や，床梁を設けてこれに根太を掛ける場合には，根太受け金物が用いられる。オーバーハングを設ける場合には，内部から根太を持ち出して片持ち梁とする。

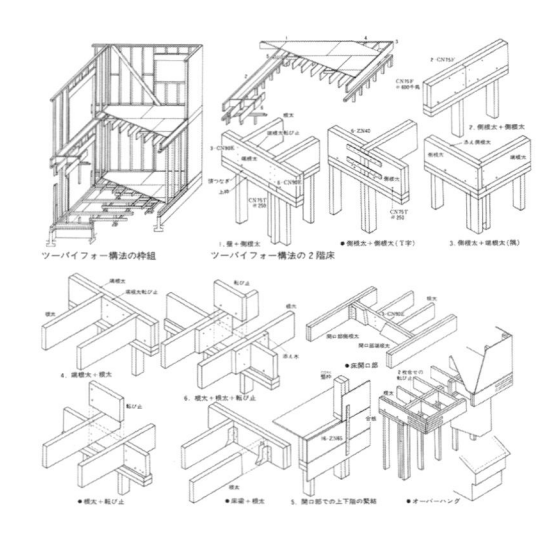

第3章　木質構造

◆木造の軸組詳細—壁—（p.24）

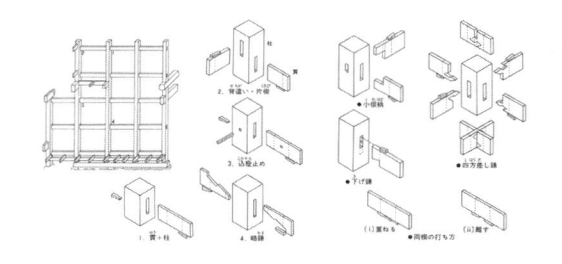

伝統和風木造の壁内には，貫を3段から5段設け，通常はこれに竹木舞を掻いて土塗り壁とする。貫は平部分では柱に貫通して楔締めとするが，継手位置では略鎌継ぎなどとする。隅角部では小根柄や下げ鎌で収める。楔には，重ねる場合と離して収める場合とがある。直交する貫の楔は，上下を逆にすることが多い。貫が四方から取り付く四方差しの例を掲げた。内部ではそれぞれの方向に略鎌継ぎとなっており，直交する相互の貫は相欠きの形で納まる。

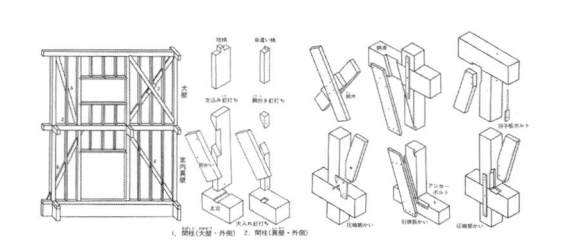

在来軸組構法では，柱間に半間（1m弱）間隔で間柱を設け，耐震耐風要素として筋かいを設けることが多い。近年では構造用合板などの面材を釘打ちした耐力壁も多く用いられるようになってきた。筋かい端部は筋かいが15mm程度の薄い場合は釘打ちとする。この場合，筋かいは座屈しやすく圧縮には効かないと考える。厚さ30mmの筋かいの端部は，かつては欠き込んで釘打ちとすることも多かったが，今日では厚さ30mm，45mmそれぞれに対応する専用の筋かい金物が端部の止め付けに用いられる。厚さ30mm以上になると，引張よりも圧縮に対して大きな耐力を示す。間柱に対しては，筋かいを傷めないよう，間柱の側を切り欠いて筋かい勝ちの納まりとする。

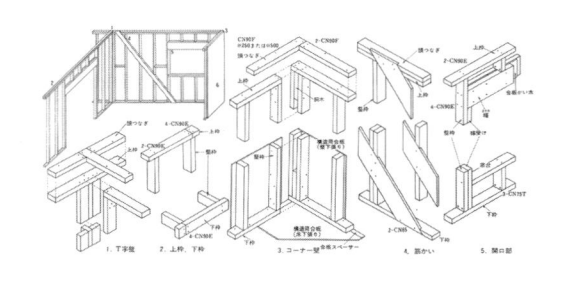

ツーバイフォー構法の壁は，通常910mmモデュールに対し455mm間隔で縦枠を設ける。隅角部では縦枠を3枚合わせなどとして納める。耐震性能，耐風性能を確保するため縦枠に構造用合板などの面材を用い，面材の四周をCN50，100mm間隔（内部の縦枠に対しては200mm間隔）で釘打ちして耐力壁とする。また，製材の筋かいを設ける場合もある。ツーバイフォー構法では，その他の釘もすべて，在来軸組構法より一回り太いCN釘が使われる。開口部の上にはまぐさを設け，その両端は縦枠に沿わせたまぐさ受けで受ける。

◆木造の軸組詳細—1階床—（p.25）

1 伝統和風木造の1階床

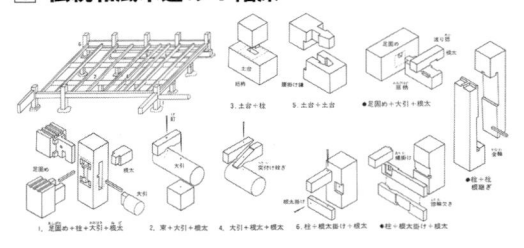

伝統和風木造の柱脚部には，土台を設けて柱を建てる場合と，礎石上に柱が建つ石場建てとする場合があり，1棟の中でも外周などに部分的に土台を設ける場合もある。石場建てと柱の間は，通常，足固めを設けて床組を固める。この例では角材の足固めで敷居を兼ねているが，足固め貫を設ける場合もある。床根太は大引きに載せる場合，根太掛けに掛ける場合などがある。柱脚部は腐朽や蟻害を受けやすく，このような柱の脚部だけを取り替えて，柱を継ぐ場合がある。このような柱の根継ぎには，金輪継ぎが用いられることが多い。

2 在来軸組構法の1階床

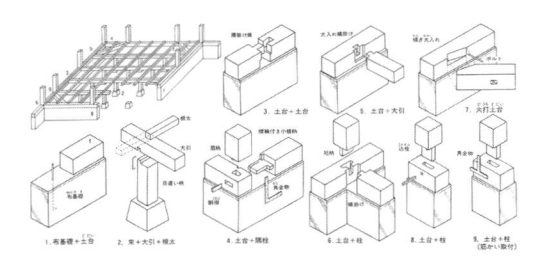

在来軸組構法では，一般に，主要な柱列には布基礎またはべた基礎の立ち上がりを設け，土台をアンカーボルトで基礎に緊結する。大引は端部では土台に大入れ蟻掛けとし，内部では床束で支持する。近年では鋼製の床束なども用いられている。土台の隅角部には火打土台を設け，土台に傾ぎ大入れとしボルト締めとする。土台隅での仕口は小根柄差しなどとする。柱脚と土台の仕口は，筋かいその他の耐力壁の有無，およびその種類により，必要に応じて引抜き力に抵抗し得る補強を行う。金物補強は，引き抜き力がそれ程大きくない場合にはかど金物，引き抜き力が大きくなると引き寄せ金物が用いられる。

148 ［構造編］解説

3 ツーバイフォー構法の1階床

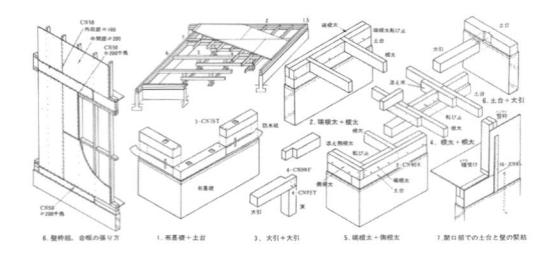

ツーバイフォー構法では，布基礎（またはべた基礎の立ち上がり）の上に公称寸法4インチ角の土台を設け，その上に公称寸法2インチ×4インチの側根太、端根太を設けて根太を端根太から釘打ちで止め付ける。土台と同じレベルに大引きが設けられ，内部では大引きに根太を乗せて納める。

◆基礎（p.26）

1 石場立て
2 土台敷き

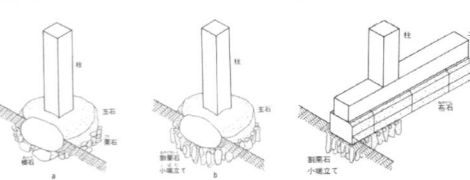

伝統的には柱に石場立てが用いられる。穴を突き固めて根石を置き，または割栗石を並べて突き固めた上に玉石を据える。土台を設ける場合には，同様に割栗石を突き固めた上に布石を並べる。

3 蝋燭基礎

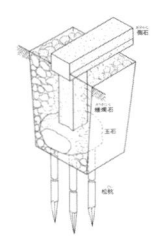

蝋燭基礎は，松杭を地下水面下に用いて玉石等を設ける場合や，地山まで下げて玉石を設ける場合などで，そこから地盤まで高さをかせぐために蝋燭石を用いる伝統的な方法である。

4 コンクリート基礎

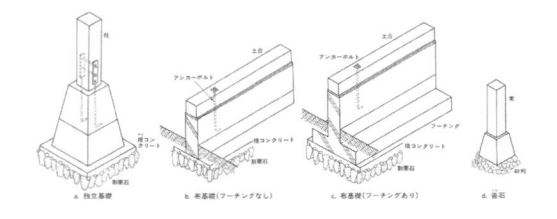

布基礎には，かつては無筋のコンクリートが多く用いられた。2000年の基準改正以降でも地盤がよい場合には必ずしも鉄筋コンクリートでなくても良いこととされているが，耐力壁からの引き抜き力などを考えると，通常の在来軸組構法住宅等では鉄筋コンクリートとする必要がある。割栗石（今日では砕石を用いることが多い）を突き固めた上に捨てコンクリートを打ち，型枠を設け，アンカーボルトを所定の位置に設置してコンクリートを打設する。独立基礎，フーチングのない布基礎，フーチングのある布基礎などがある。束に対しては沓石を据える。

5 鉄筋コンクリート布基礎

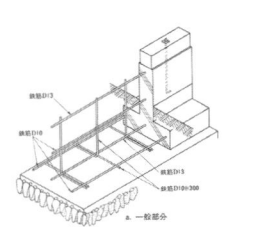

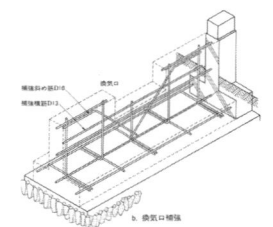

今日の在来軸組構法住宅，ツーバイフォー構法住宅では，一般に鉄筋コンクリートの布基礎や鉄筋コンクリートスラブ基礎（いわゆる「べた基礎」）が設けられる。耐力壁線の直下には布基礎やべた基礎の立ち上がりを設け，耐力壁からのモーメントを負担する必要がある。布基礎の立ち上がり部分の上下主筋にはD13，その他の横筋にはD13またはD10が用いられる。立ち上がり部分の補助筋（縦筋）はD10とし，間隔は300mm以下とする。換気口まわりでは，換気口の下に補強筋D13を設け，さらに斜め筋D10を入れて補強する。最近では，ねこ土台または基礎パッキンと称する部材を土台下に設けて通気を確保し，換気口を設けないことも多い。なお，補助筋の端部は，適切に溶接された組み立て鉄筋を用いる場合を除き，フックを設ける必要がある。

6 鉄筋コンクリートスラブ基礎
7 鉄筋コンクリート布基礎＋土間コンクリート

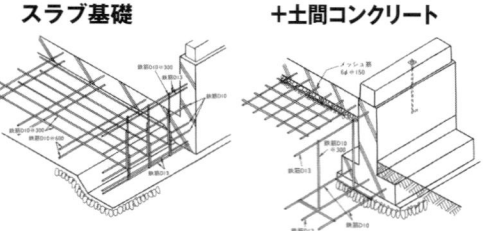

近年，地盤が悪い場合に限らず，鉄筋コンクリートスラブ基礎（べた基礎）を用いることが増えてきている。スラブの厚さや配筋は，地盤条件のほか上部構造の重量や立ち上がりの配置によって変わるため，一般に構造計算によって決められている。立ち上がり部分の配筋については布基礎の場合と同様である。土間コンクリートを設ける場合には，盛土をして，その上にメッシュ筋の入ったコンクリートスラブを設ける。

第3章　木質構造

◆継手仕口・接合金物（p.27）

「継手」は長手方向の接合、「仕口」はそれ以外のL字、T字、X字などの接合を指すのが一般的である。伝統的な木造建築物において、継手・仕口は部材を組合せ、構造物の耐力を確保する上で極めて重要であった。在来軸組構法となって筋かいなどの耐震要素が加えられると、特に接合部の引張力に抵抗するために金物補強が増え、その結果として、木材自体の継手仕口は簡略化され、使われる種類も少なくなる傾向にある。

1 継手

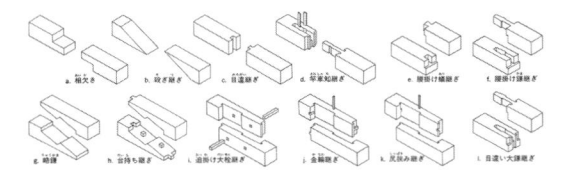

簡単な継手としては、2材を半々に切り欠く「相欠き」、接触面が斜めとなる「殺ぎ継ぎ」などがある。それ自体では力の伝達ができないので、釘打ちなどで止める必要がある。例えば殺ぎ継ぎは垂木の継手に用いられ、上から釘打ちで母屋に止められる。小さな凹凸を組み合わせる「目違」は、それのみで継手として用いられることはむしろ少ないが、様々な継手仕口の形状の一部に、ずれを抑えるなどの目的で付加される。

柄のように延ばした竿の部分に堅木の小片（車知）を差して止める「竿車知継ぎ」は、柱を挟んで差し鴨居などの横架材同士を止める場合のように、挿入する方向が部材の長さ方向に限られる場合によく用いられる。引張りを受けると車知が回転して女木を押し広げるので、割れを防止するため、竿の根本に両目違いを設ける。

「腰掛け蟻継ぎ」、「腰掛け鎌継ぎ」は、土台や母屋など、それ程大きな力を受けない部材の継手として、今日でも良く用いられる継手である。

「略鎌」は以下の台持ち継ぎ、金輪継ぎなどの基本となる形状であるが、単独では貫を柱内で継ぐ際の継手として用いられる。台持ち継ぎは、下に柱や横架材などの支持がある箇所で梁を継ぐ場合の継手として使われる。追掛大栓継ぎは、桁など、比較的大きな部材で曲げの掛かる部材を継ぐ場合に用いる継手である。金輪継ぎ、尻挟み継ぎも曲げを受ける横架材に用いられる。先端にT字形の目違いがあり、2材の顎（あご＝引っ掛かりのある箇所）を組み合わせてから長さ方向に目違いを納め、顎の所にできた隙間を堅木の栓で埋めると抜けない継手が完成するというものである。

「目違い大鎌継ぎ」は、鎌継ぎを元にして、鎌の首の両側と首の下に目違いを付加しており、基本的な形状に目違いを組み合わせた継手の例として載せてある。

2 仕口

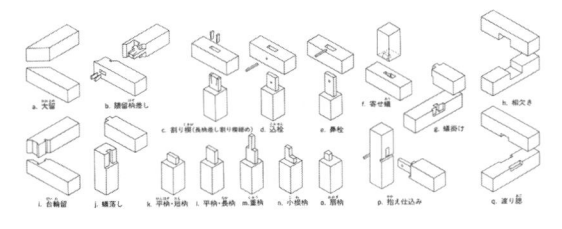

左から2材をL字、T字、十字に組み合わせる仕口の代表例が並んでいる。

L字の隅を45度に合わせる仕口を留と呼ぶ。「大留」は全体を留にした仕口であるが、これ自体では強度を持たない。「隅留柄差し」や「台輪留」は、土台の隅などに使われ、柱の下に隠れる部分で柄や目違いなどにより2材を止め付け、見えがかりとなる出隅、入り隅の一部分が留となっている。「蟻落し」は横架材－柱などの接合に用いられる蟻を使った仕口である。

柱の上下その他、T字形仕口などで柄が多く用いられる。長さにより「短柄」、「長柄」がある。「重柄」は、重なった横架材2材を柄が貫く際に使われる。「小根柄」や「扇柄」は、相手の横架材が端部（木口の近く）である場合に、柄穴から先のせん断破壊を防ぐため、柄の位置を内側にずらし、形状に工夫を加えたものである。柄で引張に抵抗する場合には、「割楔」、「込栓」、「鼻栓」などが用いられる。「寄せ蟻」は、蟻の女木の横の角穴に男木を納めてずらすと蟻が効いて引張に抵抗するもの。鴨居と吊束の仕口、跳ね出し梁の内側にある小屋束のように上向きの力を受ける小

屋束と小屋梁の仕口などに用いられる。

「抱え仕込み」は，柱に横架材を柄差しとしたものであるが，横架材下端に目違いを設け，鉛直荷重を横架材下端で受けるようにしたものである。

横架材同士のT字形仕口には，「蟻掛け」が用いられる。材せいが異なる大梁と小梁の仕口などでは，断面の小さな部材を大きな部材に大入れとして蟻を設ける大入れ蟻掛けとなる。

2材を十字形に組む場合，2材の高さをそろえる場合には「相欠き」が，2材の高さが異なる場合には「渡り腮」が用いられる。渡り腮の方が部材の断面欠損が少なく，強度的には有利である。

③ 在来軸組構法用金物

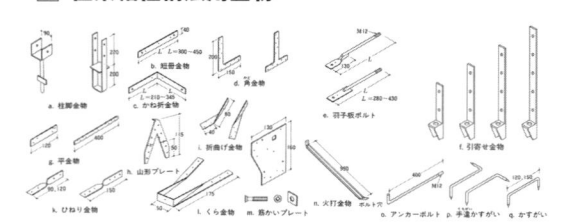

在来軸組構法に用いられる金物の代表的なものを並べている。

「柱脚金物」は，玄関ポーチなどの独立柱の柱脚で，コンクリートの基礎に埋めて使用するものである。「短冊金物」は，柱や横架材の継手，「かね折金物」は柱を挟んだ出隅の横架材相互の補強に用いる金物で，P.22からP.24に使用方法が示されている。「角金物」は柱頭柱脚において横架材との仕口の補強に用いる金物で，P.25にも示されている。T字形の角金物は平の部分に，L字形の角金物は建物隅に用いられる。「羽子板ボルト」は，柄差しや大入れ蟻掛けなどのT字形接合の補強に広く用いられる金物である。「引き寄せ金物」は柱頭柱脚において許容耐力で10kN以上の引張耐力が必要な場合に用いられる。M16のアンカーボルトまたは座金付きボルトとセットで用いられる。この図の形状に限らず，様々な引寄せ金物が開発され市販されている。

「平金物」は短いもの（長さ120mm）は母屋などの横架材の継手や，大引と床束，小屋束と小屋梁・母屋などのT字形仕口の補強に，長いもの（長さ400mm）は上下階の管柱の緊結や梁継手の補強に用いられる。短冊金物と同じ用途で用いられるが，短冊金物では両端にボルト（M12）が用いられるのに対して，平金物は釘打ち（太め鉄丸くぎ）のみで止め付ける金物である。

「山形プレート」は柱頭柱脚での柱－横架材仕口の補強に用いられる。図1の「筋かいプレート」との併用を考えた形状となっている。「折曲げ金物」や「くら金物」は風による垂木の吹き上げに抵抗するために桁と垂木の緊結に用いられる。「ひねり金物」は梁と根太の緊結に用いられる。

図1の「筋かいプレート」は，厚さ30mmの木材の筋かいの端部に用いられる補強金物である。柱と横架材に対しては釘打ち，筋かいに対しては釘打ちとボルトの併用となる。筋かい側のボルトは根の部分の断面が角で，頭が平らな専用のボルトを用いる。厚さ45mmの筋かいに対しては，一回り大きな筋かいプレートが用意されている。

「火打金物」は，火打梁，火打土台として木材の火打材の代わりに用いるものである。「アンカーボルト」は住宅であれば通常はM12ボルト，引き寄せ金物用にはM16が用いられる。「かすがい」は床束と大引きなどのような比較的軽微な仕口の補強に用いられる。「手違かすがい」も同様に軽微な仕口の補強に用いられるが，交差する部材の間に用いられる。

④ ツーバイフォー構法用金物

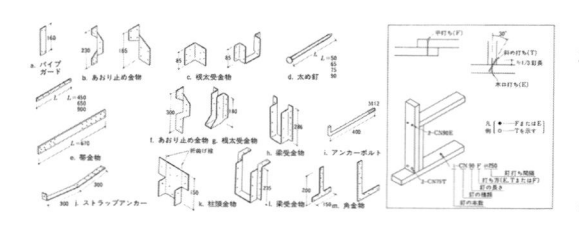

ツーバイフォー構法に使用される金物の代表的なものを並べている。

「パイプガード」は配管等のために縦枠を幅の4分の1以上切り欠いた場合，切り欠いた側の外側に取り付けて補強するのに用いられる。「あおり止め金物」にはいくつかの種類があるが，風による垂木の吹き上げに対して，垂木を頭つなぎや上枠，さらには縦枠に及ぶものもあるが，これらと緊結するのに用いられる。「根太受金物」や「梁受金物」は，支持のない箇所で根太や梁の端部を梁などの横架材に止め付けるのに用いられる。

「太め釘」は，日本工業規格のCN50など，太め鉄丸釘を指しており，ツーバイフォー構法では枠材相互あるいは耐力壁の面材と枠材の釘打ちなど，あらゆる箇所の釘接合にN50などの鉄丸釘より一回り太いCN釘を使用する。釘の打ち方は右の四角囲みの図のように，平打ち，斜め打ち，木口打ちがあり，止め付ける部材構成と施工手順から使い分けられる。「帯金物」は枠材相互の継手の補強用金物として，様々な箇所に用いられる。P.22からP.25を参照されたい。「ストラップアンカー」は，縦枠の引抜き力が大きい箇所で，アンカーボルトを介して縦枠を基礎に緊結するのに用いる金物である。「柱頭金物」は，柱とその上に設ける梁などの横架材とを緊結するのに用いられる。また，在来軸組構法と同様にアンカーボルトは基礎と土台の緊結に用いられ，角金物は柱－梁接合部などに用いられる。その他，近年では縦枠の引き抜き力に対して，在来軸組構法と同様の引き寄せ金物も使用される。

◆洋風（真束）小屋組・丸太組構法（p.28）

1 トラス小屋組

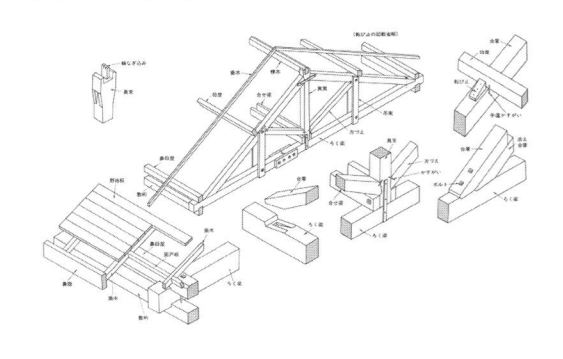

製材で作る洋風小屋組としてキングポストトラスの例を示している。鉛直荷重に対してろく梁（陸梁）は引張材となるので1本ものとするのが理想であるが，1本で取れなければ継手を設ける。合掌は圧縮材で，ろく梁に対して傾き大入れ短柄差しとする。合掌からの圧縮力に対して，ろく梁側は仕口から木口までのせん断で抵抗するので，せん断長さは十分に確保する必要がある。方づえも圧縮部材となり，真束を欠き込んで傾き大入れ短ほぞ差しで納める。あるいは，真束の頂部で合掌を受けるのと同様に，真束の部材太さを変えて受ける場合もある。方づえの圧縮力の鉛直成分は真束の引張で抵抗することとなる。方杖・真束間の仕口で力の伝達が行われるので，理屈の上では真束とろく梁間には引張力は生じないが，コの字形の箱金物で補強することが多い。これは，ろく梁を吊るため，さらには真束の仕口から先がせん断破壊した場合の安全のためと考えられる。左右の吊束は，引張材であるので，通しボルトとする場合もある。

2 積層材の断面形状

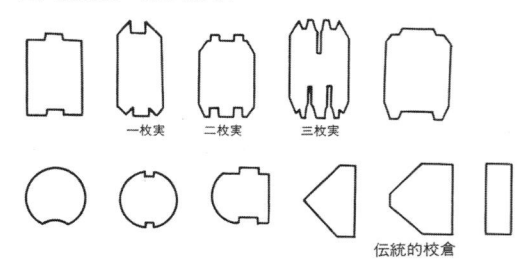

丸太組構造はログハウスとも呼ばれ，もともとは丸太材を積層して壁とする構造であるが，近年では角材に近い形状で実を設けた断面の専用部材を用いる構法もある。これらを含めて丸太組構造と総称している。その他にも，古代から倉庫として用いられた校倉のように五角形や六角形断面とするものがある。我が国の現代的な丸太組構造は，昭和50年代から大臣認定により別荘などに用いられ始めたが，1986年に丸太組構法（「丸太組構法」は建築基準法上の用語）の技術基準告示が出されて一般化された。

3 間伐材利用の丸太組の例

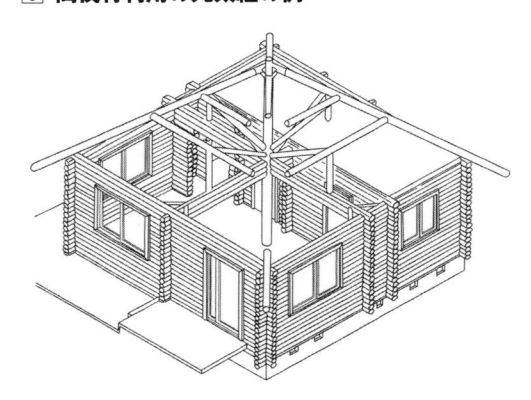

我が国でまだ丸太組構法が一般的でなかった1983年に建てられた丸太組構造の事例。入之内瑛＋都市梱包工房による「千樹想館」。森林の育成過程では，伐期に満たない樹の伐採が行われ，間伐材が出されるが，この建物では建築家と林業家が協力して間伐材の有効利用を図り，様々な樹齢で伐採され径も様々なスギの磨き丸太を組み合わせて，丸太組構造としている。

4 積層材の取付け方

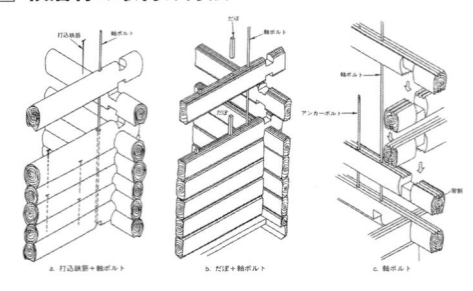

積層材は隅角部において相互に勘合させ，また，平の部分では，相互にだぼで止め付けて，水平力によるせん断に抵抗する形とする。木製のだぼの他，鋼材（図のような打ち込み鉄筋や丸鋼など）も用いられる。隅角部近傍には，軸ボルトを通して積層材相互の一体化を図るとともに，水平力に対する浮き上がりを防ぐ。隅角部における相互の勘合は，材せいの半分の高さだけずらして上下の積層材と勘合させることが多いが，図cのように高さをそろえ相欠きとする場合もある。

◆木質系プレハブ住宅（p.29）

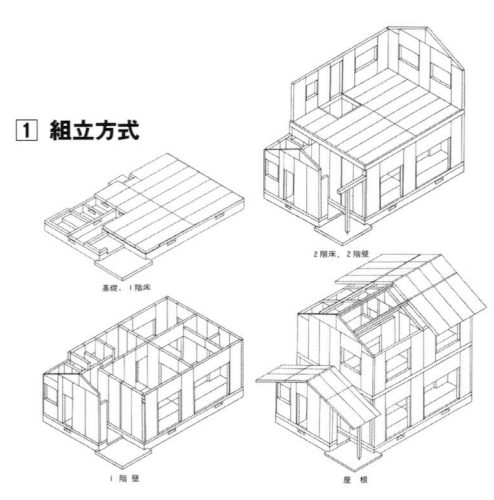

今日，我が国で木質系プレハブと言えば，一般に木質系接着パネル構法を指す。すなわち，工場で枠材に構造用合板を接着したパネルを床，壁，屋根などに用い，現場ではパネル相互をボルトや接着剤併用の釘打ちなどで止め付けて組み立てる構法である。

1 組立方式

鉄筋コンクリート造の基礎を設けた上に，床パネルを敷き，壁パネルを立ち上げる。開口部上下の垂れ壁や腰壁の部分にも同様のパネルを設ける。1階壁パネルの上に2階床パネル，2階壁パネルを同様に設置し，矢切パネル，梁，屋根パネルで屋根を構成する。

2 詳細図

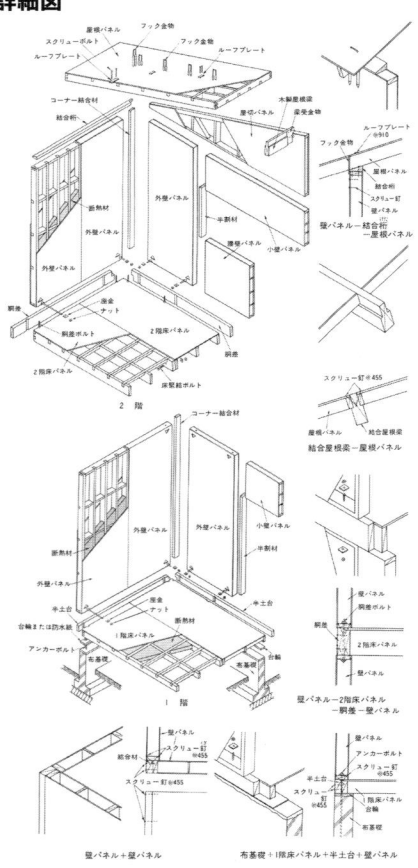

木質系プレハブ住宅の壁パネル，床パネル，屋根パネルの内部には枠材が設けられており，枠材だけを見れば，ツーバイフォー構法の枠材の構成によく似ていることが分かる。

1階床パネル，2階床パネルの寸法が心押え（モデュール心までの寸法）の場合には，寸法調整の必要もあり図のように半土台や胴差を設ける。壁パネルの上下は大きな引き抜き力が生じるため，床パネルの部分を挟んで相互にボルト接合とする。パネルの両面に面材が張られる場合には，接合部の施工のために面材に施工用の穴を空けておく必要がある。または，片側の面材を現場施工として，パネルの設置後に面材を釘打ちする。

壁パネルのコーナーの納まりでは，心押えとした一方の壁パネルに対して結合材と呼ばれる部材を付加し，他方の壁パネルを内側に納めて接合するなどの納め方となる。

開口の上下には小壁パネル，腰壁パネルが設けられ，鉛直荷重に対処するために開口部の両側には，ツーバイフォー構法のまぐさ受けと同様に，半割材が挿入される。

屋根の支持には屋切パネルと呼ばれるパネルが妻，あるいは内部に設けられ，屋根梁を掛けて，これに屋根パネルを載せ掛ける。屋根パネルは，外壁の上では台形の結合桁を挟んで，金物で壁パネルの枠材に緊結される。内部では屋根ばりに屋根パネルの枠材をスクリュー釘等で止め付ける。

◆集成材構造（p.30）

1 集成材を用いた山形架構

2 積ラミナの積層　**3 集成材の形状**

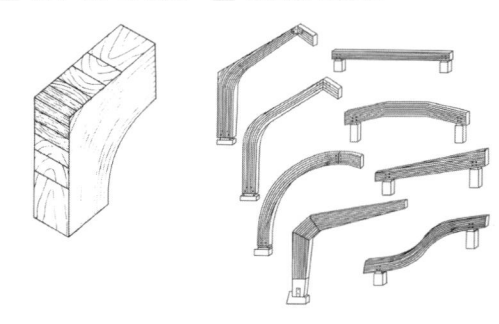

4 集成材構造に用いられる接合具

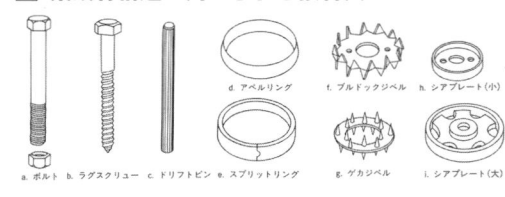

a. ボルト　b. ラグスクリュー　c. ドリフトピン　e. スプリットリング　d. アペルリング　f. ブルドッグジベル　h. シアプレート（小）　g. ゲカジベル　i. シアプレート（大）

5 シアプレートの使用例

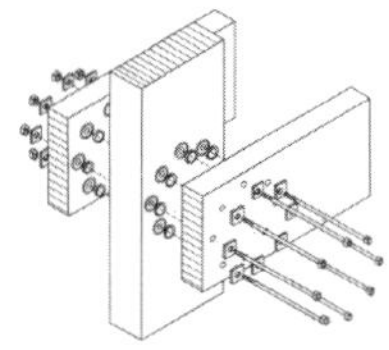

6 集成材構造の接合部

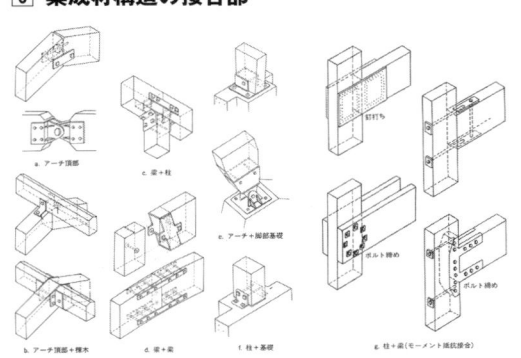

a. アーチ頂部　b. アーチ頂部＋棟木　c. 梁＋柱　d. 梁＋梁　f. 柱＋基礎　e. アーチ脚部基礎　g. 柱＋梁（モーメント抵抗接合）

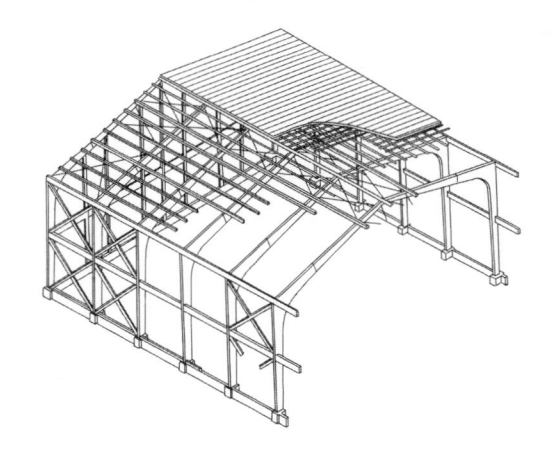

集成材は，厚さ30mm程度のひき板（ラミナ）を長さ方向にたて継ぎし，繊維方向をそろえて接着積層して軸材料としたものである。集成材を用いた山形架構やアーチは，我が国では昭和30年代に体育館などに多く用いられたが，昭和40年頃をピークとして，建築基準法の規制強化などもあり鉄骨造などに取って代わられ激減した。その後，1980年代に建築基準法の規制緩和もあって，再度，大規模な集成材建築物が建てられるようになった。

図は体育館などに用いられる架構の典型的な構造方法で，梁間方向を集成材山形架構，桁行方向をブレース構造としている。頂部で金物を用いてピン接合とするが，その片側だけでも大きな部材となり運搬に支障があるため，頂部と肩の中間の位置に継手を設けている。脚部は鋼板を基礎から立ち上げて集成材に対しては添え板ボルト接合などとするが，十分にモーメントに抵抗し得る接合ではなく，スリーヒンジ架構と見なして構造計算が行われる。

断面が変化しない通直材であればラミナの積層は容易であるが，変断面の場合は単純ではなく，この場合は山形架構の肩の部分でラミナの積層を増している。

集成材は工場でラミナを積層接着するため，部材形状を比較的自由に設計することができる。等断面の通直材の他，テーパが付いた変断面部材とすることがあり，また，山形架構やアーチの部材は，肩の部分の作り方も様々である。近年では通直材を用いてモーメント抵抗接合とする場合が多くなっている。梁を意匠上の要求から曲線とすることも多い。

集成材構造の接合具としては通常のボルトの他，大きなビスのようにねじ切りがあるラグスクリュー，丸棒であるドリフトピンなどが使われる。せん断接合としてボルトを使用する場合には，ボルト穴は施工上の必要から通常，ボルト径よりも2mm程度大きくするため，初期のがたを生じやすい。このため，図5のように2材の間に各種のジベル類を設け，初期の剛性を高める工夫がなされる。アペルリング，スプリットリング，シアプレートなどは，専用の工具で穴をあけてそこにこれらの金具を納める。ブルドッグジベル，ゲカジベルは，圧入式ジベルと呼ばれ，プレスを掛けて2材に埋め込む。

ラグスクリューやドリフトピンは，金具の径と同寸かむしろ小さな穴をあけて納めるので，このような初期がたが生じにくい。

集成材構造の各部における接合部の例を示している。

図aはアーチ頂部で，上の図は比較的軽微な構造でピン接合と見なすことのできる接合。鋼板添え板ボルト接合で引張力を伝え，シアキーでせん断力を負担する。下の図は鋼板を溶接した金物でピン接合を作る例である。図b，アーチ頂部には，棟木を載せる場合と側面に棟木受けの金物を設けて納める場合がある。図cは柱の上で梁を継ぐ場合の納まりの例である。図dの上の図は大きなせん断力を伝達する梁継手の例。下の図は梁の上下にモーメントの伝達をするための鋼板添え板ボルト接合を設け，別途，木口にはせん断力に対してシアキーを設けている。図eはツーヒンジまたはスリーヒンジのアーチの脚部であるが，上の図はピン接合と見なせる簡

易な接合，下の図は鋼材でピン接合を作る場合の例である。図 f は一般的な柱と基礎の接合の例である。図 g には柱 – 梁間の各種のモーメント抵抗接合を並べている。左上は構造用合板をガセットプレートとして釘打ちしたもの，右上は羽子板ボルト状の金物を上下に配したもの，左下はせん断ボルトを円形に配置したものである。右下は，特殊な金物を用いて柱側では引張に抵抗するボルトを 2 本水平に配置し，梁側は鋼板添え板ボルト接合としている。

◆集成材等を用いた架構（p.31）

1 半剛節接合を用いたラーメン架構

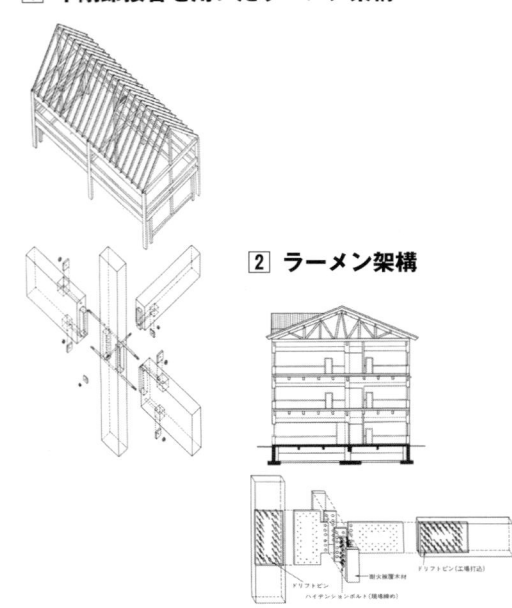

黒川哲郎＋デザインリーグの設計による大断面集成材を用い，引きボルトによる半剛節接合を用いたラーメン架構の住宅の事例。構造設計は浜宇津構造設計室。1985 年竣工。住宅に集成材ラーメン構造を用いた早い例で，開放的な空間を実現している。引きボルトは特殊な金物を用いずにモーメント抵抗接合が可能な接合形式で，この建物では桁行方向の横架材には上下に 2 本のボルトを配し，モーメントに対する接合効率を高めている。

2 ラーメン架構

帯広営林局の 3 階建て庁舎で，集成材のラーメン構造である。1992 年竣工。接合部は鋼板挿入ドリフトピン接合で，やはり半剛節接合の骨組みとして構造計算がなされている。鋼板は工場で集成材の柱，梁にドリフトピンで止め付けられ，現場では鋼板同士をハイテンションボルトで止め付けるという施工上の工夫がなされている。防火上は 3 階建てであることから，当時改正された直後の基準に従い，燃えしろ計算を行って準耐火構造としている。燃えしろ計算は，火災で木材表面から炭化が進んでも，炭化速度は集成材で 1 分間に 0.6mm と遅いので，一定時間の後に鉛直荷重を支持できれば可とするものである。このため，接合部の鋼板同士の接合部分にも木材のカバーが取り付けられている。

3 わん曲集成材による架構

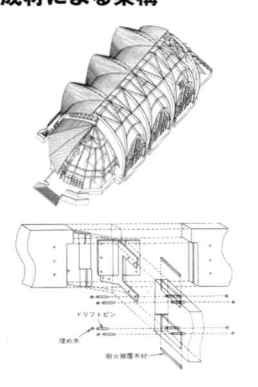

宿泊施設の多目的ホールとして作られた建物で，湾曲集成材を組み合せて大規模な 3 次元架構としている。設計は田邊博司＋レーモンド設計事務所。1988 年竣工。集成材の接合部は特殊な金物を用いた鋼板挿入ドリフトピン接合とし，準耐火構造とするために，鋼板が表面に現れないように耐火被覆木材を設けている。

4 わん曲集成材とトラスによる架構

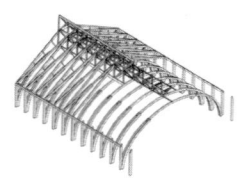

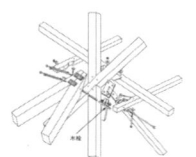

博物館の展示棟として 1992 年竣工。設計は内藤廣，構造設計は構造設計集団 SDG。集成材アーチの上にこれと斜行して集成材通直材による山形架構を設け，その長手方向に立体トラスを設けた構造となっている。アーチと山形架構が斜行することで水平構面剛性を高めるのに役立っており，立体トラスはこの架構を頂部で繋ぎながら，トップライトを支える構造となっている。これら 3 つの構造の組合せにより，個々の部材寸法を小さくすることが可能となっている。

第3章　木質構造

5 張弦構造

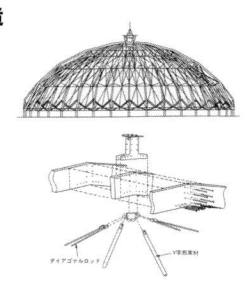

　1992年竣工の木造ドーム。直径140.7m，高さ48.9mで木造建築物としては当時世界最大級といわれた。設計は鹿島デザイン，斎藤公男。木とスチールを組み合わせた張弦構造で，テフロン膜を張る。大断面集成材による36本のアーチ材を放射状に用い，膜をケーブルで押えることでV字型の膜形状となり，集成材が圧縮力を負担する。また，内側に配置されたリングケーブルやダイアゴナルロッドが引張材としてアーチの座屈と変形を抑える。施工時にはプッシュアップ工法が採用された。

6 立体トラス構造

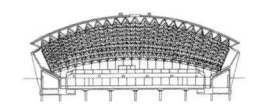

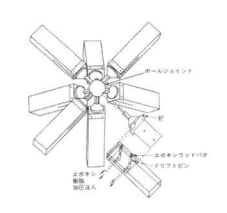

　地元のスギ間伐材の製材を用いた立体トラス構造で，桁行56m，梁間46mの大架構を作っている。設計は葉デザイン事務所。構造設計は松井源吾＋アトリエ浮来。1988年竣工。立体トラスの接合部はボールジョイントであるが，これと木材との接合に，木材の開き止めを設け，鋼板挿入ドリフトピン接合にエポキシ樹脂を充填するなどの工夫が加えられている。下部は鉄筋コンクリート造で屋根部分のみを木造とし，木造部分は床面の炎が届かない高さとすることで防火に関する大臣認定を取得している。

◆住宅設計図例（在来軸組構法）（p.32，33）

1 1階平面図
2 2階平面図
3 西側立面図
4 南側立面図
5 北側立面図

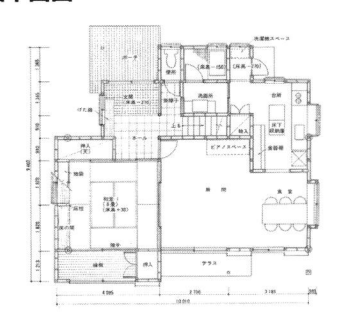

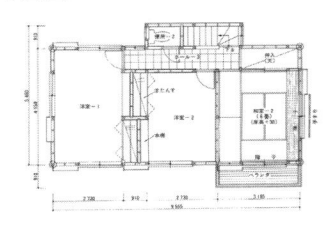

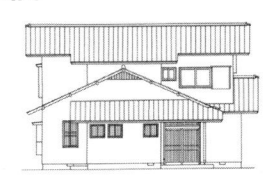

　在来軸組構法の住宅設計例で，屋根は瓦葺き，切妻，2階がセットバックしており，1階にやや広い居間・食堂があるプランである。我が国の住宅は北面の開口は小さくて壁が多く，南面に壁が少なくなりがちであるが，この平面では，南側外壁に910mmの長さの壁を3枚配置して，耐力壁配置のバランスに配慮している。また，上下階の構造の一体性を図り，2階の四隅の柱は1階から連続する通し柱となっている。壁の配置も，桁行方向（東西方向）では上下階ができるだけ一致するよう配慮されているが，梁間方向（南北方向）の壁配置は上下階でずれが目立っている。好ましいことではないが，現実には普通にあり得る平面である。

6 矩計図

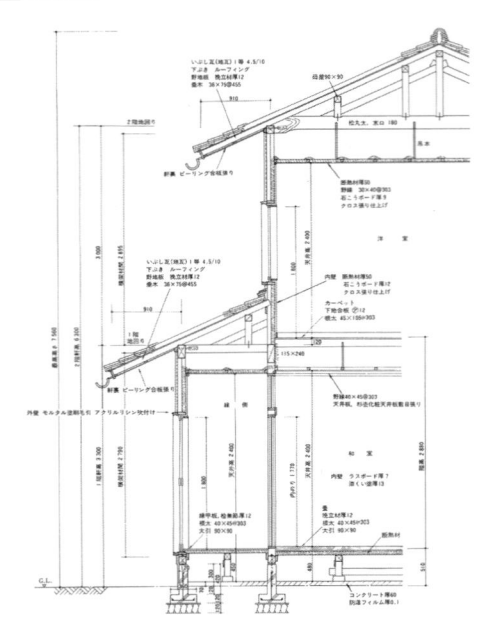

7 小屋伏図

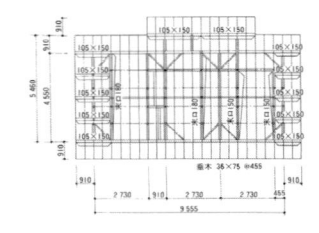

8 2階床伏図

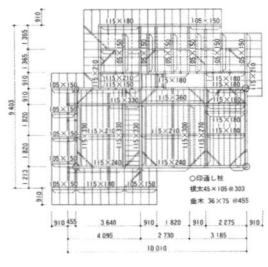

9 1階床伏図

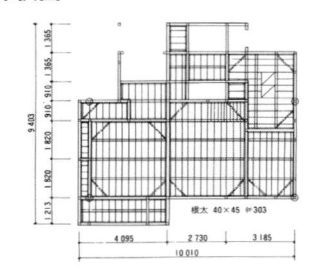

10 基礎伏図

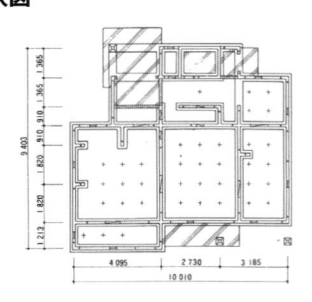

　布基礎は鉄筋コンクリート造とし，床下の防湿と蟻害の防止を図って地盤面に厚さ60mmのコンクリートを打つ。1階の軒高（GLから1階地回り＝軒桁や胴差の上端まで）は3,300mm，1階地回りから2階の地回りまでは3,000mm，1階階高は2,880mm，2階の横架材間は2,895mmとなっている。屋根は引掛け桟瓦葺きで4.5寸勾配，外壁はモルタル塗りアクリルリシン吹付けで，和室の内壁仕上げはラスボードに漆喰塗り，洋室は石こうボード張りクロス張り仕上げである。床下，外壁，2回天井には断熱材を設ける。小屋組は小屋梁に小屋束を立てて母屋を受ける。小屋束には小屋筋かいが打ち付けられている。軒の出は910mm，垂木は36mm×75mmの455mmピッチとしている。

　小屋に松丸太を使っているが，丸太の寸法は通常，末口で示す。軒の出が910mmと大きいため，化粧母屋を455mmまたは910mm引き込んで，内部では末口150mmの小屋梁に納めている。

　2階床，小屋ともに，主要な隅角部には，火打ち梁を配置している。1階床には火打ち土台を配置している。在来軸組構法では，通常，梁のスパンは2間（3,640mm）までが無理のない範囲と考えられている。スパンが大きい場合や，小梁，孫梁というように梁の端部が柱で支持されていないような場合には，たわみ等の問題が生じやすい。

　布基礎は1階外壁と主要な耐力壁線の直下に設け，外回りには換気口，内部には床下の点検等のために人通孔を設けている。

第4章 鉄骨構造

◆鉄骨構造の実例・骨組形式（p.34, 35）

a：豊田スタジアム

a. 豊田スタジアム

長さ224m，幅92mの可動屋根を持つスタジアムである。上部架構は鉄骨造，下部架構は鉄筋コンクリート造。可動屋根は「チューブ式空気膜＋折り畳み方式」という二つのシステムを併用した独特の方式を採用しており，メインスタンドとバックスタンドを100%覆う固定の屋根が，最高高さ92mの4本の巨大なマストによって空中高く吊り上げられている。可動屋根は13に分割された空気膜のユニットで繋がれ，平行に伸びた長さ250mの2本のキールトラス上を移動する。この特徴的な可動屋根と4本のマストで支えられた大屋根により，日照や通風に配慮したスタジアムを実現している。

b：名古屋ドーム

b. ナゴヤドーム

屋根直径187mの世界最大級の鉄骨単層ラチスドーム構造を採用した大空間構造建築である。周辺環境に配慮し，非常に低い屋根（ライズ／スパン比 =H/L=0.179）を実現している。軸力が卓越した応力場のシェル構造であるが，複層形式に比べ単層形式は面外剛性が小さく，荷重の偏在や形状の不整に比較的敏感である。そこで，屋根架構は一辺約10mのトラスで構成し，ラチス材に直径650φの鋼管，外周部のテンションリング材は大断面の直径900φの鋼管部材を使用している。

この屋根をしっかり支持するため，屋根の下部構造には，剛性の高い鉄骨鉄筋コンクリート造を採用している。屋根を構成するラチス材鋼管の接合部には球形鋳鋼を用い，屋根施工にはリフトアップ工法を採用するなど，製作上かつ施工上の配慮がなされている。

c：東京スカイツリー
（高さ 634m）

c. 東京スカイツリー

自立式鉄塔としては世界1位の高さ634mを有するデジタル放送用電波塔である。中央コアは直径約20mの円形平面であり，内部にはエレベータと特別避難階段を利用した心柱（プレキャストコンクリート造，直径約8m）を配している。心柱は質量付加機構を利用した制振システムの一部であり，高い耐震・耐風性能を確立している。

構造形式は，主材に丸い断面の鋼管を用いた鋼管トラス構造であり，高強度の鋼材（F値 $400N/mm^2 \sim 630N/mm^2$）を使用している。適正な高強度の鋼材を採用することでタワーを軽量化して建設時の揚重付加を軽減し，かつ見付面積を減らすことで風圧力を低減し耐風性能を向上させている。

基礎地業にはSRC造連続地中壁杭地業を採用することで，上部構造の軽量な鉄骨造の自重による浮き上がり抑止力不足を補い，抵抗力を確保する計画としている。

d. モード学園スパイラルタワーズ

高さ170m，延床面積約49,000m²の螺旋状の外観をもつ超高層建築である。特徴的な外観は，センターコア（インナートラスチューブ）とそれを取り巻く3つの扇型平面（ウイング）を回転させながら各階に配置することにより形成されている。センターコアは，円弧状に配置した12本の直立鋼管CFT柱と鋼管ブレースから成るトラス状のチューブ構造であり，軸力系架構として最小限の鋼材で堅牢な構造となっている。このことより，外周部のウイングを支持する斜柱架構は地震力を受け持たない繊細な細柱架構となっている。

地震力に対しては，外周柱の軸変形を利用した制振カラムダンパーと，建物頂部にTMDを配置することにより，効果的に地震力低減を行っている。

d：モード学園スパイラルタワーズ（高さ：170m）

e. 洋上風車

発電を目的とした洋上に建設された風車建築である。洋上は風況も良く，陸上に比べて大きな風力が得られるため，より大きな電力が供給できる。海洋上だけでなく湖や港湾内などにも設置できる。水深によって様々な形式の基礎が用いられる，浮体式基礎についても研究されている。地上に設置した場合に比べコスト面で割高であるが，再生可能エネルギー施設として着目されている。

e：洋上風車

6 EXPO'70 お祭り広場大屋根（鋼管製立体格子トラス）

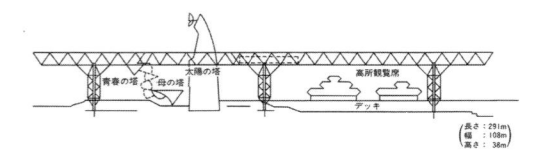

6 お祭り広場大屋根

1970年に開催された日本万国博覧会の各施設を覆う大規模空間建築である。お祭り広場の大屋根は，長さ291.6m，幅108m，せい7.64mのスペースフレームで構成され，上下弦材面が10.8mの正方形グリッドから成り，その間を長さ10.8mの斜材でつないだダブルレイヤーグリッド構造となっており，高さ30mの6本の柱によってこの大屋根は支持されている。大屋根を構成する各部材の節点は，鋳鋼による機械式ジョイントで構成されている。大屋根の上面には，弦材間に透明フィルム膜によるエアークッションが設置され，万博の各施設を自然環境から保護している。

（長さ：291m，幅：108m，高さ：36m）

7 東京タワー

7 東京タワー

1958年に竣工した，高さ333mの総合電波塔である。鉄塔は，山形鋼，溝型鋼からなる組立材をトラス状に組み上げた大型形鋼トラス方式を採用しており，受風面積の小さい鉄骨部材を使うことにより支配的な外力となる風圧力を減らすことで，鋼材の使用量はエッフェル塔（高さ315m）の約7,300tに対して東京タワーでは約4,000tとなっている。風力の評価には，風洞実験による風力係数の検討が行われており，後にこのデータが日本建築学会の「建築物荷重指針・同解説」に活かされている。

（高さ：333m，スパン：80m）

第4章 鉄骨構造

◆鋼材の性質・部材の挙動（p.36, 37）

[1] 単調荷重の場合　[2] 繰返し荷重の場合

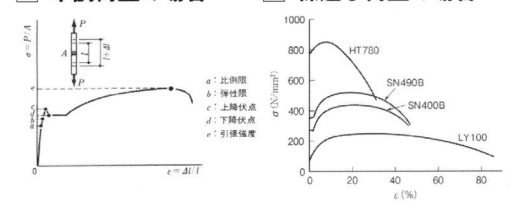

[3] 曲げ材の曲げモーメントと曲率の関係

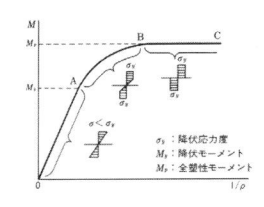

[4] 単調荷重時の荷重－変形曲線　[5] 局部座屈性状

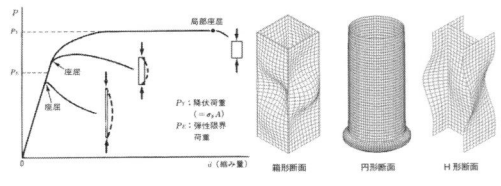

[6] 単調荷重時の荷重－変形曲線　[7] 局部座屈

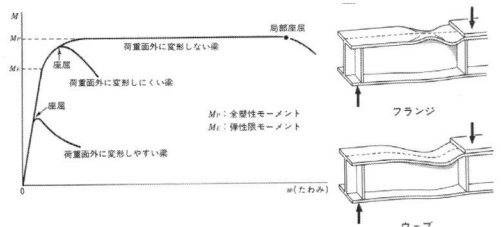

[8] 横座屈の例　[9] ねじりを伴う荷重面外への変形

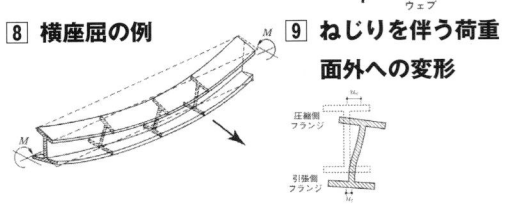

[10] 溶接柱梁接合部のフランジ破断

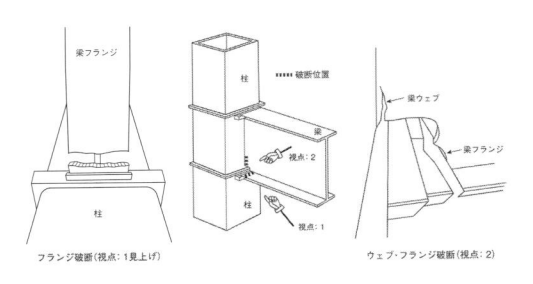

鋼材の応力度―ひずみ度曲線（p.36）

[1] 単調載荷の場合

建築構造用の鋼材（軟鋼）に引張力を加えると，図に示すような応力度とひずみ度の関係が得られる。縦軸の応力度は単位面積当りの引張力で $\sigma = P/A$，横軸のひずみ度は単位長さ当りの伸び $\varepsilon = \Delta l/l$ である。ここで，A は試験片断面積，Δl は測定区間の間で生じた伸び，l は標点間距離である。軟鋼では，応力度とひずみ度が直線関係にある範囲（a点），応力度がほぼ一定の値で進行する降伏棚（c点からd点），応力度が再び上昇するひずみ硬化領域（d点からe点まで）からなる。

[2] 鋼材の応力―ひずみ度関係

鋼は，鉄（Fe）を主成分として種々の合金元素を調合することで特性を変化させることが可能である。そこで，必要な構造性能にあわせて様々な特性を持った鋼材が実用化されている。SN400，SN490は最も一般的な建築構造用圧延鋼材（軟鋼）であり，強度と素材としての靭性を兼ね備えた材料である。また，高い強度を実現した高強度鋼材HT780，繰返しの累積塑性変形にも高い性能を発揮する低強度鋼LY100などが用途に応じて建築構造材として利用される。

圧縮材の挙動

[4] [5]

細長い鋼部材が圧縮力を受けると荷重が小さい間は一様な軸方向の縮みが生じるが，荷重がある大きさを超えると変形が急に横にたわみ始め耐力を失う。この現象を圧縮材の座屈という。部材が十分に太くて短い場合は，部材を構成する板要素が局所的に面外に変形し耐力を失う。この現象を局部座屈という。局部座屈現象は断面形状によって異なった変形を示す。

曲げ材の挙動

[7] [8] [10]

梁部材のように曲げモーメントを受ける部材を曲げ材という。部材に作用する荷重が小さい間は曲げモーメントが作用する面内に梁がたわむが，モーメントがある大きさを超えるとねじれを伴いながら横にたわみ始め耐力を失う。この現象を梁の横座屈という。横座屈しにくい梁部材は，部材を構成する板要素の局部座屈によって耐力を失う。

接合部の破断現象

[10]

接合部等の形状が不連続となる部分では，応力集中がおきやすい。とくに溶接接合部では溶接欠陥の有無によって想定する耐力や変形能力が大きく異なる。引張力を受ける鋼材にくびれが生じて破壊する現象が延性破断であり，くびれが生じることなく破壊する現象が脆性破壊である。柱梁接合部では，溶接が多用されるため応力集中が生じやすく，適切な品質管理が行われないと接合部近傍で破断が生じて耐力を失う場合がある。

[構造編] 解説

1 節点が移動しない場合

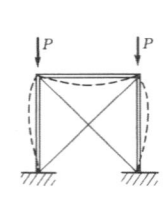

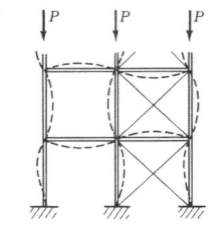

2 節点が移動する場合

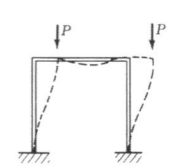

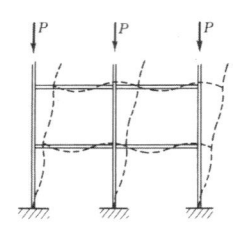

3 純ラーメンの例

4 両筋かいラーメンの例

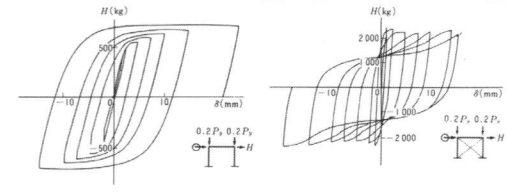

5 座屈拘束ブレース付きラーメンの例

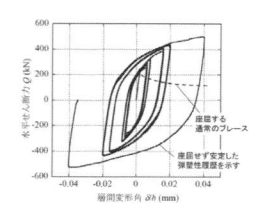

6 座屈拘束ブレースの概念

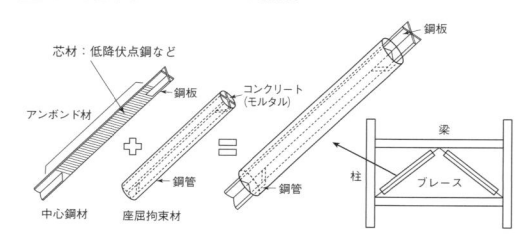

7 座屈拘束ブレースの構成例

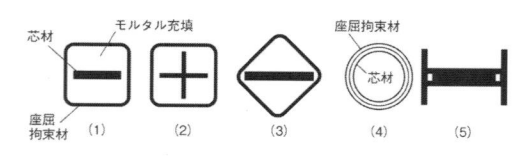

8 座屈拘束材内の芯材の挙動

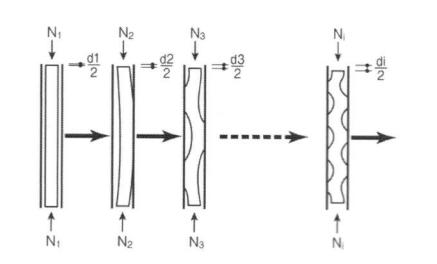

ラーメンの座屈（p.37）

1 2

　構造骨組は柱梁だけで構成される純ラーメンと筋かいなどをもつラーメン（筋かい付ラーメン）に分けられる。P.36図4のように細長い部材が圧縮力を受け，荷重がある大きさを超えると急に横にたわみ座屈する。骨組では柱が圧縮力を負担するため，設計では柱の座屈を防ぎ，骨組が不安定にならないようにする必要がある。筋かいを有する骨組[図1]では，節点の水平移動が抑えられるため，座屈に伴う部材のたわみは図の点線のようになる。したがって，柱の座屈長さは階高よりも短くなる。一方，柱と梁のみで構成される骨組[図2]では節点の水平移動が抑えられていないため，骨組全体が水平方向に移動しながら座屈する。この場合，柱の座屈長さは階高よりも長くなる。

水平荷重時のラーメンの挙動

3 4

　純ラーメンを構成する柱や梁が降伏し，横座屈や局部座屈が生じない場合には，骨組の履歴特性は安定した紡錘形となる[図3]。両筋かい付きラーメンでは，純ラーメンに似た履歴特性を示すが[図4]，筋かいが圧縮力を受けるため座屈が生じ，その筋かいは荷重を負担できなる。座屈が生じた後は，載荷初期の荷重よりも低いレベルで変形が進行する。しかし，荷重方向を逆転させた場合は，座屈した筋かいが引張力を受け座屈に伴う変形を戻った後には荷重を負担するようになり，再度荷重の上昇が起こる。両筋かい付きラーメンの履歴特性は筋かいの座屈を伴うため，その特性が筋かいの細長さによって大きく異なる。

座屈拘束ブレース

5 6 7 8

　座屈拘束ブレースは軸力を負担する芯鋼材（芯材）の周囲に座屈拘束材を設けて全体座屈を防止した軸力部材である。座屈拘束ブレースは軸力を受ける芯材と，芯材の座屈を防止する座屈拘束材より構成されている[図6]。芯材は圧縮力を受けて拘束材内で座屈しようとするが，拘束材に阻止されより高い軸力下で高次の座屈モードに移行していく[図8]。やがて芯鋼材が全断面塑性化領域に達すると耐力が頭打ちとなり，ほぼ材料特性を反映した復元力を示す。座屈拘束ブレースは圧縮軸力下の弾塑性挙動が引張り軸力下の弾塑性挙動とほぼ同等となるためブレース特有の座屈の影響が無く，ラーメン構造と同等の安定した履歴特性を示す[図5]。したがって，耐震部材・弾塑性制振部材として骨組に筋かい材として配置され利用されることが多い。

　座屈拘束材には鋼管や芯鋼材との間にモルタルを充填したものが比較的多く使用されているが，拘束材の形式や芯鋼材の断面にはさまざまなものが実用化されている[図7]。ただし，拘束形式や製造条件によって，履歴性状や限界安定変形，許容繰り返し回数などに差があるので注意が必要である。芯材には通常の構造用鋼材の他，伸び能力が高く降伏点が低く管理された低降伏点鋼等が用いられることも多い。

第4章　鉄骨構造

高温時の鋼材の挙動

⑨ ⑩ ⑪

鋼材の応力度とひずみ度の関係は温度に影響され、高温になるほど、降伏強さ、引張強さ、ヤング率Eが低下する。一般的な鋼材は、温度が350℃になると降伏強さが2/3程度まで低下するが、耐火鋼は600℃まで降伏強度を2/3以上に保持できる鋼材であり、火災に対する設計には有利な鋼材である。通常、鋼材には耐火被覆が施されるが、耐火鋼を用いた場合には、耐火被覆を低減、あるいは無被覆での使用も可能である。

鋼材を火災から防護する耐火被覆には、乾式タイプと湿式タイプがあり、乾式は被覆材を部材に張り付けてピン等で固定する方法であり、湿式はロックウール等を部材に直接吹き付けて行う方法である。

⑨ 応力度―ひずみ度曲線

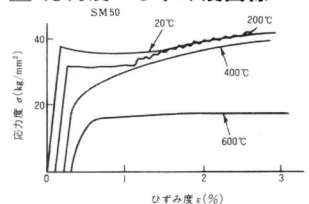

⑩ 490N級鋼材の降伏強さ、引張強さ、およびヤング係数

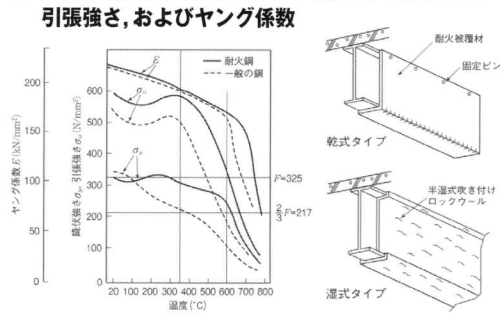

⑪ 耐火被覆の例

◆形鋼などの種類・接合（p.38）

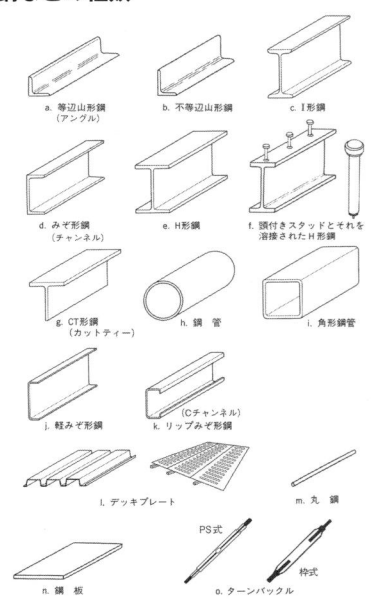

形鋼などの種類

① 形鋼などの種類

鉄骨構造は、製鋼された形鋼を用いて柱や梁などの部材を工場で加工・製作し、溶接や高力ボルト等を用いて部材を接合して建てられている。形鋼は用途に応じて、様々な形状が製造されている。建物の柱には、角形鋼管、H形鋼、円形鋼管が一般的に用いられ、梁にはH形鋼が多用される。デッキプレートは各階床スラブのコンクリート打設の型枠と同時に、スラブの剛性と強度の確保にも用いられている。ターンバックルは筋かいの長さを調節する装置であり、意匠性も考慮したPS式と枠式が多用される。

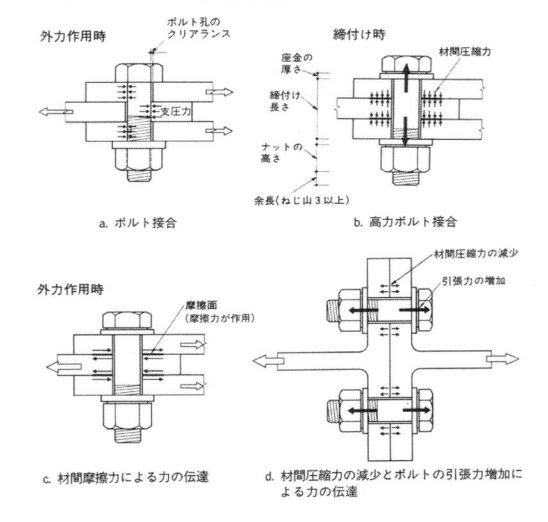

ファスナーによる接合

②

部材を接合する方法として、ボルト・高力ボルトを用いた接合法がある。ボルト（呼称：中ボルト）を接合に用いた場合には、接合部での応力伝達は中ボルトのせん断と鋼板の支圧によって行われる。また、ボルト孔はボルト径よりも大きくなるため、ボルトと鋼板が支圧状態になるためには、ボルト孔のクリアランスだけすべりが生じる。

高力ボルト接合は、ボルトに高い張力を導入することにより材間に長じさせた高い摩擦力によって応力を伝達する接合形式である。したがって、摩擦接合部にすべりが起こるまでは高力ボルトにはせん断力は生じず、剛性が非常に高い接合形式である。高力ボルト摩擦接合を引張力が作用する接合部で用いた場合、初期張力が高力ボルトに導入されているため、鋼板の材間圧縮力と高力ボルトへの引張力の釣合から、導入張力に近い荷重まで接合部に離間は生じない。

3 トルシア形高力ボルトによる締付け

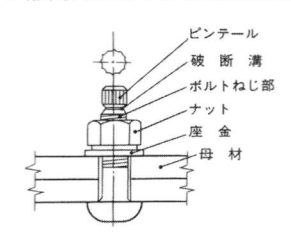

トルシア形高力ボルトによる締付け

3
　トルシア形高力ボルトは，ピンテールをつかんでナットを回すことにより，ナットの回転トルクが反力としてピンテールの破断溝に伝わり，その部分がある一定のトルクで破断する。このときの破断トルクでボルトに導入する張力をコントロールしている。締付けには専用のレンチが必要である。建築物に使用される高力ボルトの90％以上が構造用トルシア形高力ボルトである。

4 ボルト・高力ボルトの配置

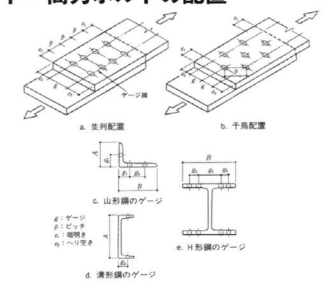

ボルト・高力ボルトの配置

4
　高力ボルト接合は，材間摩擦力による応力伝達とすべりが生じた後は高力ボルトと鋼板の支圧によって応力伝達が行われる。ボルト孔による断面欠損が生じても接合部で確実に応力伝達が行われ，かつ局所破壊が生じないように，ボルト孔配置は，一定の間隔を確保するための最小ピッチ，はしあき，へりあき等について十分留意することが重要である。

5 溶接接合

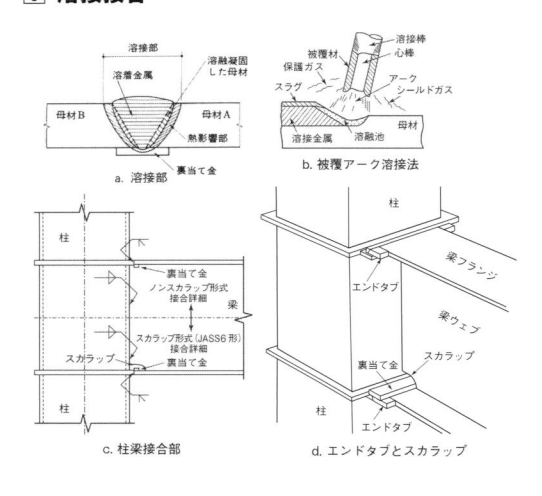

溶接接合

5
　鋼板との間にアークを飛ばすことで溶接金属を溶融し，溶着金属を介して鋼板を接合する方法である。高温で溶接金属を溶融し，鋼板同士を接合するため，接合部分は熱影響を受ける。この部分を「熱影響部」と呼び，熱影響を受けない「母材」，溶かして流し込んだ「溶着金属」とは特性が異なる。
　板が直交する部分では溶接接合が多用され，梁フランジの溶接では，始終端の溶接を確実に行うために，エンドタブが設置される。また，初層の溶接を確実に行うために，フランジの裏側には裏当て金が設置される。梁フランジと梁ウェブの接合部では，溶接線の交差をさけるためにスカラップ（開口）を設けて行われる。近年では，溶接技術の向上もあり，スカラップを設けないノンスカラップ工法も多用されている。

◆鋼材の種類・接合（p.39）

1 溶接継手の例

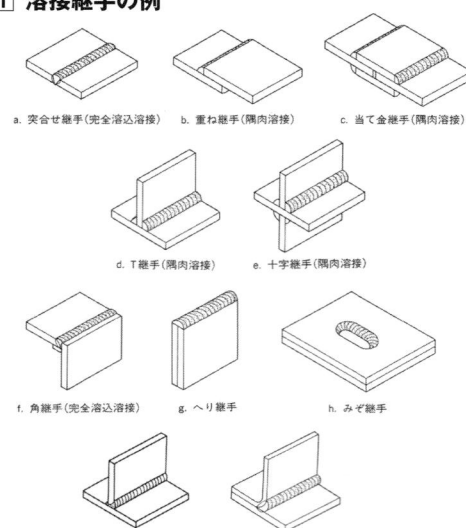

溶接継手の例

1
　部材と部材は様々な角度で取付くため，溶接継手にも種々の種類がある。建築で多用される溶接は，完全溶込み溶接と隅肉溶接であり，その他に部分溶込み溶接，フレア溶接等が利用される場合もある。溶接の種類は作用する応力に関係しており，主に引張力が作用する継手では，完全溶込み溶接が用いられ，母材と同等の耐力として設計される。隅肉溶接は，主にせん断力が作用する継手で用いられ，溶接長さと隅肉サイズによって耐力が調節可能である。

第4章　鉄骨構造

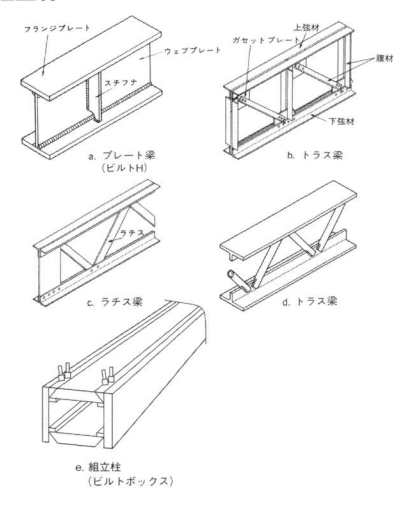

溶接継目の種類
2 3 4

完全溶込み溶接は，適切な形状を確保することでその継手性能が確保できる。溶接する部位は適切な開先形状である必要があり，開先角度・開先深さ・ルート間隔を適切に設定する必要がある。隅肉溶接は，せん断力によって応力を伝達する継手であり，隅肉サイズによって決まるのど厚を用いて設計が行われる。設計では，のど厚部分の断面積が用いられる。鉄骨製作図面には，溶接記号と寸法を記入し，溶接技能者がその情報に基づいて製作を行う。

組立材
5

多くの部材は形鋼を用いて製作されるが，適当な部材が無い場合は，鋼板から必要なサイズの板を切り出し溶接することで，ある断面形状の部材を作成することも多い。フランジとウェブを隅肉溶接で製作したH形鋼，あるいは4枚の板を箱状に完全溶込み溶接で製作した角形鋼管などが一般的である。これらのような部材は圧延で製作された形鋼と区別するため，H形断面の部材をビルトH，箱形断面の部材をビルトボックスと呼称している。

横架材の重量，あるいは鋼材使用量を減らす目的で，アングル等の形鋼を用いてトラス梁やラチス梁を組み立てて部材として用いる場合もある。

◆中層骨組，低層山形骨組（p.40〜43）

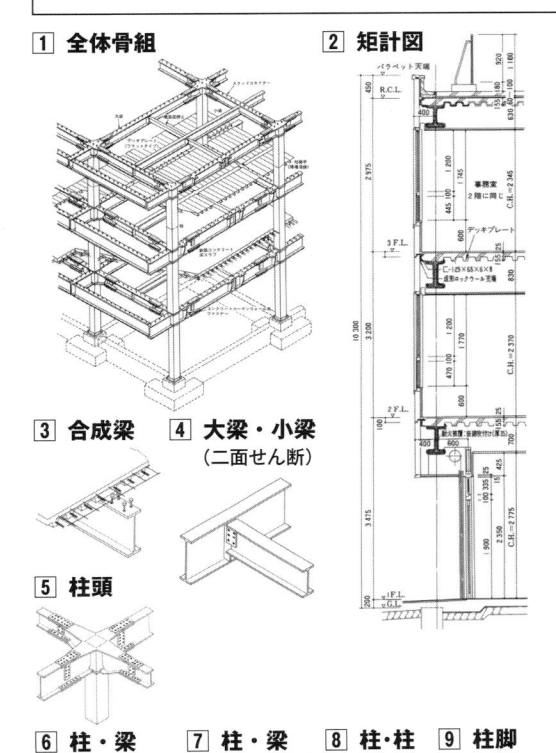

両方向ラーメン（P.40）
1 全体骨組

両方向ラーメン構造では，柱に角形鋼管，梁にH形鋼を用いるのが一般的である。鉄骨製作工場で柱に梁ブラケットを溶接接合し，現場でブラケットと鉄骨梁を高力ボルトで接合する。一般に，柱の現場継手には溶接接合が用いられる。

スタッドコネクタはそれを打設した鉄骨梁とコンクリート床板との合成効果を期待するために使用する。この合成効果によって，コンクリート床板は鉄骨梁の一部となりT形梁とみなすことができ，梁剛性を高くすることができる。また，梁の横座屈を防止する効果を期待できる。

デッキプレートはその上にコンクリートを打設するための型枠として使われる。鉛直荷重に対しては，デッキプレートのみで支える構造，硬化後の鉄筋コンクリートで支える構造，デッキプレートとコンクリートが一体化して支える構造がある。

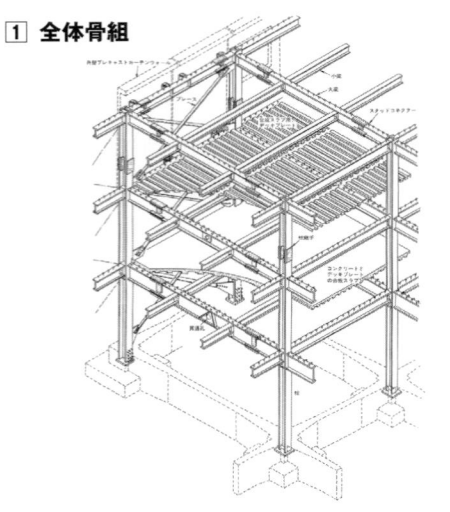

一方向ブレース（p.41）

1 全体骨組

　一方向ブレース構造では，一般に柱にH形鋼または角形鋼管，梁にH形鋼を用いる。鉄骨製作工場で柱に梁ブラケットを溶接接合しておき，現場でブラケットと鉄骨梁を高力ボルトで接合する。柱の現場継手は，H形鋼の場合は高力ボルト接合とするが，角形鋼管の場合は溶接接合とするのが一般的である。H形鋼は，強軸と弱軸とでその剛性・耐力の差が大きいので，柱の強軸方向をラーメン架構に，弱軸方向をブレース架構とする。ラーメン架構は水平力に対して柱梁の曲げで抵抗するが，ブレース架構はブレースの軸力で抵抗する。

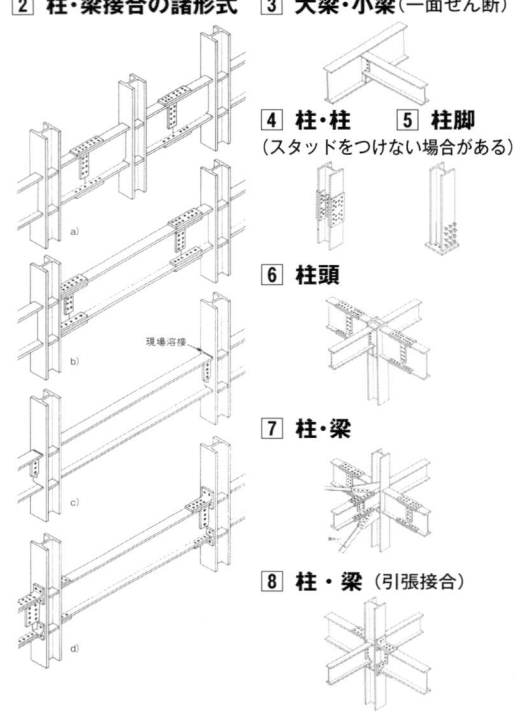

2 梁接合の諸形式

　a) 柱スパンが狭い場合に使われる事がある。梁が短くなりすぎる場合には，このように中央1ヶ所で接合せざるを得ないことがある。この場合，精度誤差の吸収が難しいため，高度な精度管理が必要である。

　b) 一般的な接合形式である。

　c) 柱に梁ウェブを高力ボルトで接合し，上下フランジを溶接接合する。この部分でスプライスプレートと高力ボルトが不要となる。コスト低減が主目的であるが，現場での溶接管理が必要となる。

　d) スプリットティー接合といわれる高力ボルトの引張接合である。工場加工は簡単であるが，精度が要求される。

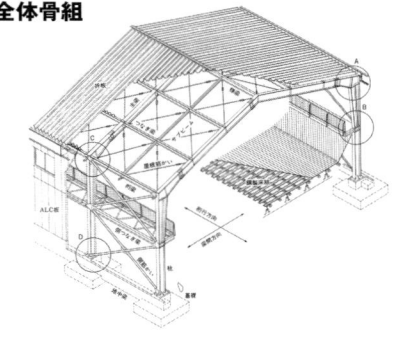

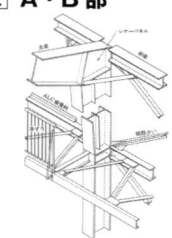

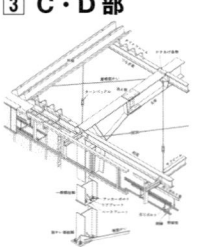

低層山形骨組・山形ラーメン（p.42）

1 全体骨組

　梁間方向をラーメン架構，桁行方向をブレース架構としている体育館の例である。一般に柱梁接合部の曲げモーメントが大きいので，梁端部のせい，柱頭のせいを大きくしている。屋根には水平剛性を保つため，屋根筋かいを配している。

第 4 章　鉄骨構造

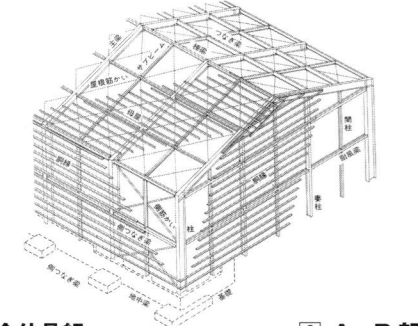

④ 母屋・胴縁を用いた場合

鉛直荷重の伝達は，屋根仕上げ⇒母屋⇒サブビーム⇒小梁⇒主梁⇒柱⇒基礎である。また，風荷重を想定すると，梁間方向水平荷重の伝達は，外壁⇒胴縁⇒間柱⇒サブビーム⇒屋根筋かい⇒大梁⇒柱⇒基礎であり，桁行方向の水平荷重の伝達は，外壁⇒胴縁⇒妻柱⇒つなぎ梁⇒屋根筋かい⇒桁梁⇒側筋かい⇒基礎となる。

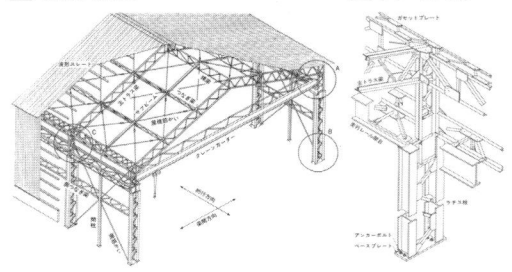

低層山形骨組・山形トラス (p.43)

① 全体骨組

柱梁をトラス構造としている。スパンが大きくなると柱梁の応力が大きくなり，既製品のH形鋼では対応できなくなる。また，部材サイズが大きくなると，鉄骨重量が重くなるので不経済となることがある。このような場合にトラス構造とすることで，軽く経済的な構造とすることができる。

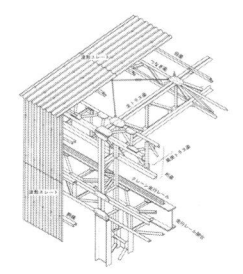

③ C部

トラス材には山形鋼，H形鋼，CT形鋼，鋼管などが使われる。図では弦材，ラチス材とも山形鋼としている。トラス部材に鋼管を使用すれば，圧縮性能がよいので鋼材量を減らせるが，接合部の加工が煩雑になる。

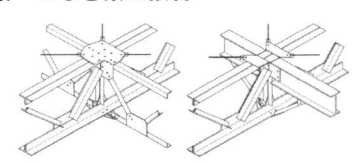

④ 主梁，つなぎ梁の接合

つなぎ梁や，小梁は主トラス梁のラチス交点で受けるようにし，弦材に曲げモーメントが生じないようにする。母屋等を上弦材のラチスとの交点以外に置く場合は，上弦材に曲げモーメントを考慮する。

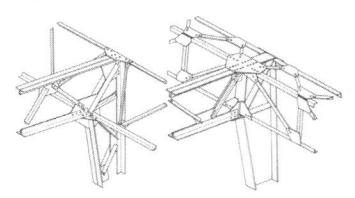

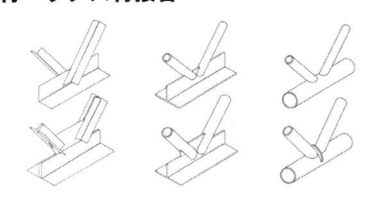

⑥ 弦材，ラチス材接合

弦材及びラチス材には山形鋼，CT形鋼，鋼管などを用いる。ラチス材の重心軸の交点は弦材の重心軸に一致させる。弦材の重心軸に一致しない場合は偏心により生じる曲げモーメントを考慮する。

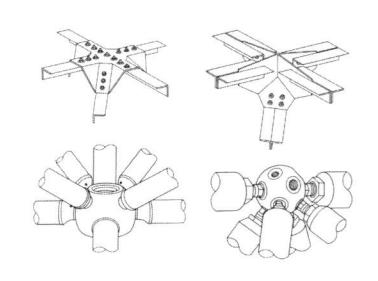

⑦ 立体トラス接合

立体トラスの接合部は，材が多方向から集まるため複雑になる。上段の2例は接合金物を工夫したもの，下段の2例は鋼管の先端を工夫し鋼球とボルトを介して接合しているものであり，一般的にシステムトラスと呼ばれている。

◆継手・仕口，筋かい・柱脚（p.44, 45）

1 梁継手

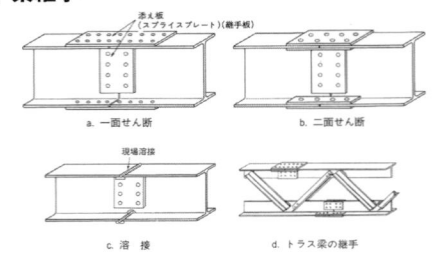

a. 一面せん断
b. 二面せん断
c. 溶接
d. トラス梁の継手

（添え板（スプライスプレート）（継手板），現場溶接）

2 柱継手

a. 一面せん断
b. 二面せん断
c. フランジの溶接接合
d. H形鋼のサイズダウン
e. 角形鋼管の現場溶接接合

（フィラープレート，現場溶接，エレクションピース（溶接途中で除去））

3 大梁・小梁仕口

a. 小梁下フランジを上フランジより短く加工し，スチフナーと接合する形式
b. スチフナーを切欠いた形式とし小梁を接合する形式
c. スチフナーと小梁を添板を介して接合する形式

4 柱・梁仕口

a. 柱圓軸ブラケット形式
b. ノンダイアフラム形式
c. スプリットT形式
d. 柱圓軸ターンバックル形式
e. 通しダイアフラム
f. 内ダイアフラム
g. 外ダイアフラム
h. スチフナーリング

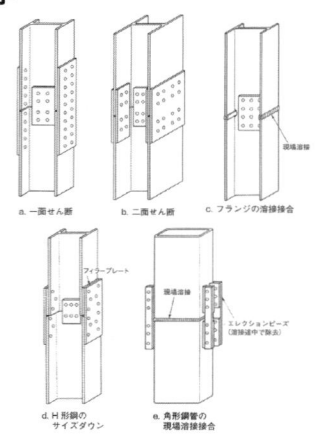

継手・仕口（p.44）

1 2 梁継手，柱継手

H形鋼の継手は，高力ボルト接合とするのが一般的で，サイズの小さいものではフランジを1面摩擦，ウェブを2面摩擦とするが，多くはフランジ，ウェブとも2面摩擦接合とする。外観上の適否あるいは突出部があると不都合な場合には現場で溶接することもある。[図1] 梁継手 c，[図2] 柱継手 c はウェブを高力ボルトで接合し，材を固定させてからフランジを溶接する方式である。

柱継手 e は角形鋼管の継手である。エレクションピースを使って柱を固定させてから溶接を行う。溶接が終了したらエレクションピースは撤去する。

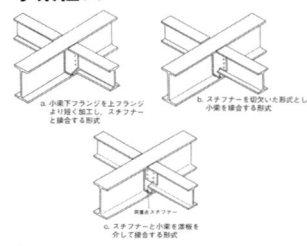

3 大梁・小梁仕口

小梁をウェブのみで大梁と接合する場合は，小梁の端部をピンと仮定し，せん断力のみ伝えるとするのが一般的である。

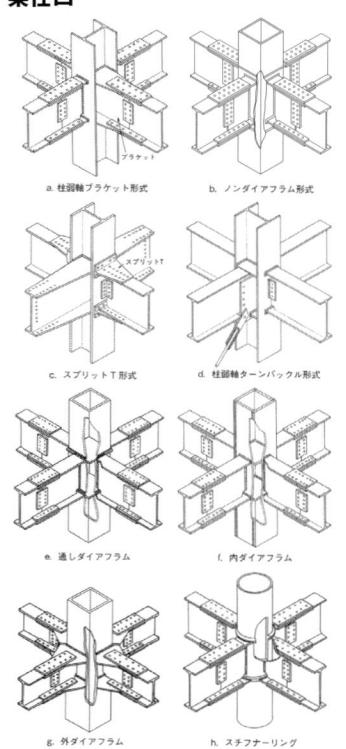

4 柱・梁仕口

[b] 接合部に既製品の厚肉鋼管を用いたノンダイアフラム形式の柱梁接合である。取り付く梁の高さはある程度自由で，ダイアフラムが無いので，工場加工が容易になる。[e] 角形鋼管とH形鋼梁との接合は，通しダイアフラム形式が多く使われている。上下のダイアフラム間でテーパーをつければ，上下柱のサイズ変更が可能である利点がある。また，溶接ロボットを使いやすい。[f] 内ダイアフラム形式は，外からダイアフラムが見難いのが欠点で，溶接及び精度管理が特に重要である。角形鋼管を製造する過程でダイアフラムを溶接し，ダイアフラム内蔵品として鉄骨製作工場に納入されるものと，鉄骨製作工場で溶接施工されるものとがある。[g] 外ダイアフラムは，形状が大きくなる事からほとんど使用されない。製作過程での溶接作業性も良くない。

第4章　鉄骨構造

筋かい・柱脚（p.45）

1 筋かい

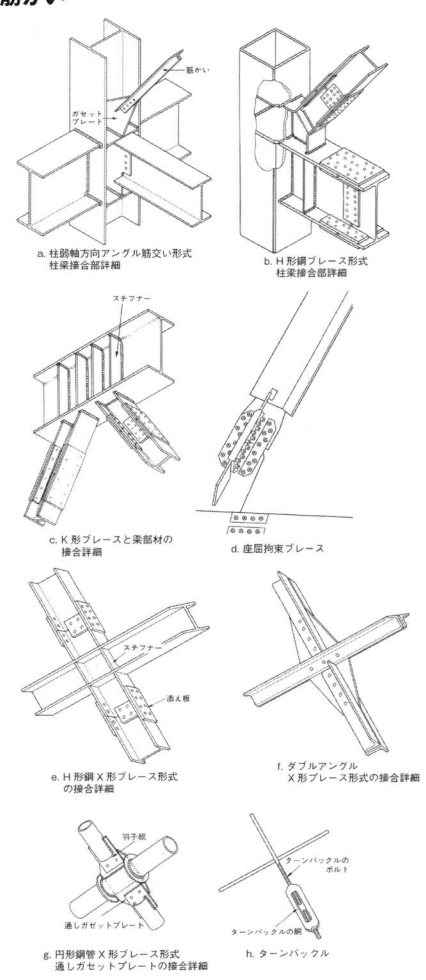

[a] 一方向ラーメン一方向筋かいの接合例である。筋かい軸力の鉛直成分はガセットプレートと柱ウェブとの溶接で伝え，水平成分はガセットプレートと柱ダイアフラムとの溶接で伝える。山形鋼筋かいは，断面に対してその長さが長い場合は圧縮力を負担しないとすることが多い。[b] 柱が角形鋼管で筋かいにH形鋼を使用した接合例である。ブレースフランジの軸力を柱鋼管内ダイアフラムと梁リブプレートに伝えている。大きな圧縮力が発生する場合は接合部の構成部材を座屈させないようにする。[c] H形鋼を使用したK形ブレースと梁との仕口部の例である。一般には筋かいの重心軸交点を梁重心軸に一致させる。一致させない場合は偏心により発生する曲げモーメントを考慮する。

[d] 座屈拘束ブレースの接合は，ブレース芯材の十分な塑性化が確保されるように接合部を設計する。[g] 鋼管ブレースの交差部の例である。交差部で，通し方向の鋼管にスリット孔をあけガセットプレートを通す。ガセットプレート両脇のスチフナーはガセットプレートの座屈を防止している。

2 柱脚

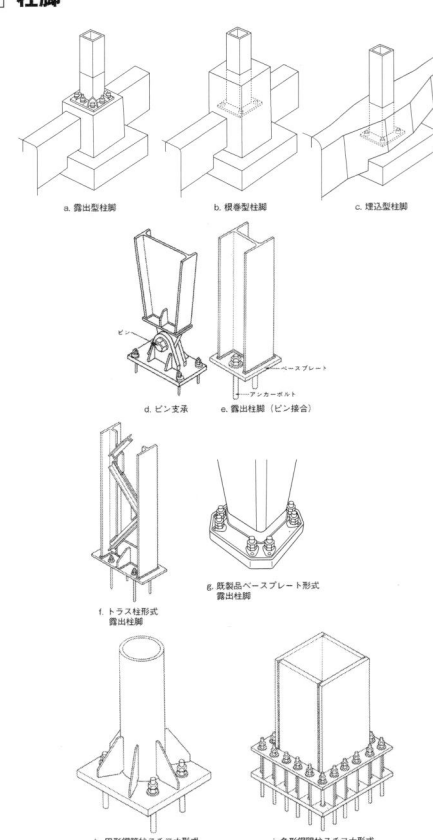

[a] 露出型柱脚は，アンカーボルトとベースプレートにより鉄筋コンクリート構造に接合されたもので，アンカーボルトの伸び剛性によって半固定となり，その回転剛性に応じて曲げモーメントが発生する。露出柱脚では，一般にアンカーボルトは太くなるので，その位置精度管理が重要である。ベースプレートと基礎コンクリートとの間のレベル調整用のベースモルタルにも大きな荷重がかかるので十分な施工管理が必要である。アンカーボルトはその位置を固定するため基礎柱型内にアンカーフレームを設置する事があり，基礎および地中梁の鉄筋と当たらないようにする。[b] 根巻型柱脚は，下部構造から立ち上げられた鉄筋コンクリート柱で鉄骨柱を包み込んだもので，根巻高さは柱径の2.5～3倍とし，ベースプレートに柱の鉄筋が当たらないように根巻断面を決める。鋼管柱の根巻直上部ではコンクリートからの大きな支圧力が作用するので，鋼管内にコンクリートを打設するなど，局部座屈に対する配慮を要する。[c] 埋込型柱脚は，鉄骨柱が下部の鉄筋コンクリート構造に埋め込まれたもので，埋込み深さは柱径の2倍程度とする。鋼管柱の埋込み直上部ではコンクリートからの大きな支圧力が作用するので，鋼管内にもコンクリートを打設するなど，局部座屈に対する配慮を要する。鉄骨柱が地中梁配筋の障害とならないように注意が必要である。[d] ピン支承の例である。[e] 間柱程度の軽微な柱の柱脚例である。[f] トラス柱の柱脚例である。[g] 既成品を用いた露出柱脚工法の例である。[h] 鋼管柱の柱脚例である。[i] 大規模な柱脚の例で，リブがないのでナットを締めやすい。

第5章 鉄筋コンクリート構造

◆実例とラーメン構造（p.46）

1 鉄筋コンクリート構造の実例

鉄筋コンクリート構造は，中・低層の建物から超高層の建物まで我が国の社会基盤を構築する基幹的な構造である。フランスで19世紀後半に誕生した鉄筋コンクリート構造は，20世紀初頭に我が国に導入され（例，写真1 a.)，耐火性や耐震性などに優れた構造として多くの建物に採用されてきた。また，構造技術の飛躍的な発展により，現在では，高さ約200mに達するような超高層住宅が建設されている（例，写真1 b.)。さらに，鉄筋コンクリート構造は，自由な形態を創出できることが他の構造に見られない大きな特長であり，建築表現の優れた建物を数多く実現している（例，写真1 c.)。

2 ラーメン構造

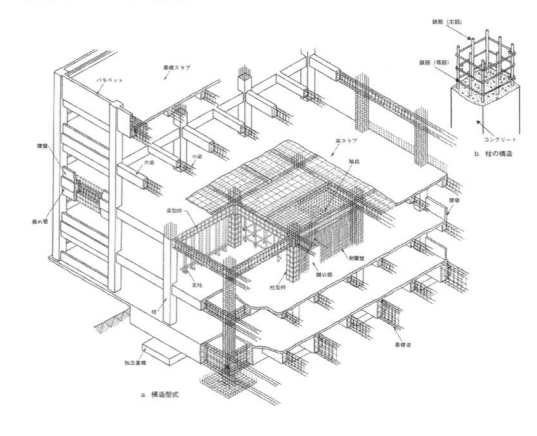

鉄筋コンクリート構造は，鉄筋とコンクリートから構成される構造であり，略称としてRC構造（英語のReinforced Concrete の頭文字）と呼ばれている。RCとは，「補強されたコンクリート」という意味である。RC構造では，その名前の通りに鉄筋とコンクリートがそれぞれの弱点を相互に補うことにより，その構造特性が活かされている。コンクリートは圧縮力には強いが，引張力に弱いので，小さな引張力でひび割れが発生する。そのため，引張力に強い鉄筋を用いてコンクリートを補強することにより，圧縮力にも引張力にも強いRC構造が生まれる。

RC構造の建物に数多く用いられている代表的な構造形式がラーメン構造である。ラーメン構造は，各節点において部材が剛に接合されている骨組である。ラーメンという言葉は，額縁を表すドイツ語のRahmenに由来する。図2a.を見ると，柱と大梁が剛に接合されて，額縁のような長方形の枠組を連続的に構成していることがわかる。小梁は，大梁の間に設けられており，床スラブを支持している。また，柱は最下部において基礎で支持されており，柱と柱の間には基礎梁が設けられている。

RC部材の一例として柱を見ると（図2 b.)，コンクリートの中に2タイプの鉄筋が配置されていることがわかる。鉄筋を配置することを配筋すると言う。これらの鉄筋には，垂直方向に配筋される太い鉄筋とそれに直交する方向に配筋される細い鉄筋がある。前者を主筋，後者を帯筋と呼んでいる。

◆構造原理（p.47）

1 曲げモーメントを受ける梁

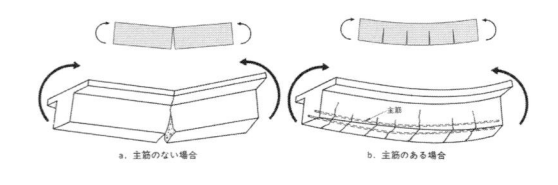

a. 主筋のない場合：一様な曲げモーメントを受ける無筋コンクリート梁では，どこか1か所で曲げひび割れが生じると，そのひび割れのみが拡大してもろく壊れる。つまり脆性的に破壊する。

b. 主筋のある場合：曲げひび割れが発生しても，その箇所で主筋が引張力を肩代わりするため，脆性的な破壊にはならない。曲げモーメントを増やしていくと，他の場所にも次々と曲げひび割れが発生し，粘り強い挙動を示す。

2 せん断力を受ける梁

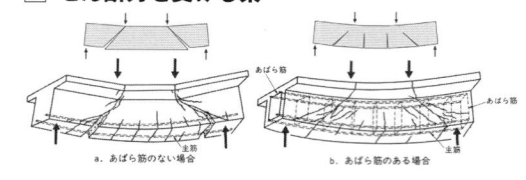

a. あばら筋のない場合：若干の曲げひび割れが発生した後，斜めひび割れが発生・拡大して脆性的に破壊することが多い。

b. あばら筋が十分にある場合：斜めひび割れが発生しても，その箇所であばら筋が引張力を肩代わりするため，脆性的な破壊は生じない。曲げひび割れが卓越し，粘り強い挙動を示す。

第5章　鉄筋コンクリート構造

3 柱の破壊

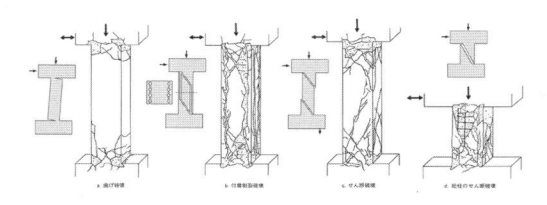

a. **曲げ破壊**：主筋と帯筋が適切に配された柱に大きな地震力が加わると曲げ破壊が生じる。一般には粘り強い挙動を示す。ただし，軸力が過度に大きい場合は，コンクリートの圧縮破壊により脆性的な破壊になる。
b. **付着割裂破壊**：主筋が多すぎると，主筋が周囲のコンクリートを割り裂くような脆性破壊が生じる。
c. **せん断破壊**：帯筋が不足すると，斜めひび割れが卓越し，脆性的な破壊になる。
d. **短柱のせん断破壊**：柱の長さが断面せいの2倍以下となる柱を短柱と呼ぶ。短柱では斜めひび割れによる脆性的な破壊，すなわちせん断破壊が生じやすい。

4 ト形接合部のひび割れ

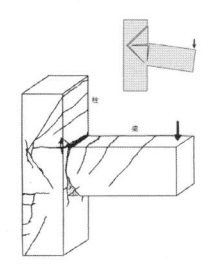

柱の片側に梁が接続する接合部をト形接合部と呼ぶ。ここでは梁の主筋が折り曲げ定着される。梁主筋の量が多すぎると，折り曲げ位置を起点として，図のような斜めひび割れが生じることがある。

5 門形ラーメンのひび割れ

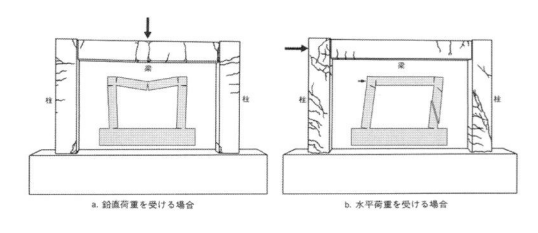

a. 門形ラーメンで鉛直荷重を増やしていくと，梁と柱に曲げひび割れが生じる。梁中央のひび割れが最も大きくなる。
b. 門形ラーメンで水平荷重を増やしていっても，梁と柱に曲げひび割れが生じる。ただし，梁の中央に曲げひび割れが生じることはない。柱にせん断ひび割れが生じることもある。

6 柱軸力および水平荷重を受ける有壁ラーメンのひび割れ

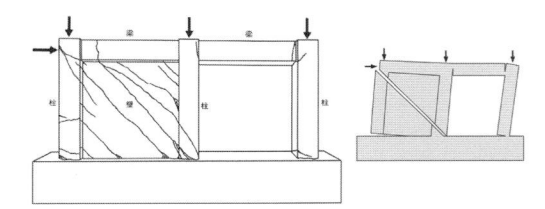

右側の柱や梁に比べて，壁には顕著なせん断ひび割れと曲げひび割れが生じる。これは，壁の水平剛性は柱・梁に比べて非常に高いためである。水平力の大半が壁によって負担される。

◆共通事項（p.48）

1 鉄筋とコンクリートの応力-ひずみ関係

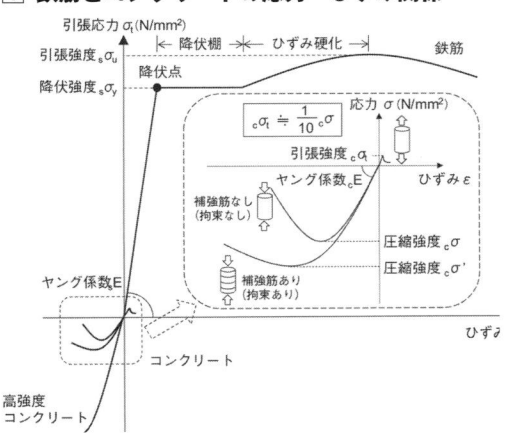

鉄筋とコンクリートの応力-ひずみ関係を模式的に示したものである。鉄筋は降伏点まで応力とひずみが比例関係（傾きをヤング係数と呼ぶ）にあり，降伏点以降はしばらく降伏強度を保ったままひずみが増加する（降伏棚）。その後，ひずみの増加と共に応力が増加し（ひずみ硬化），最大応力（引張強度）に至る。引張強度以降，ひずみの増加と共に応力が低下し破断に至る。

コンクリートの圧縮強度は一般的に$18N/mm^2$～$60N/mm^2$程度であり，$60N/mm^2$を超えるものは高強度コンクリートと呼ばれ，$200 N/mm^2$程度まで実用化されている。コンクリートは，圧縮強度が大きい程ヤング係数が大きくなる。また，横補強筋の拘束効果によって圧縮強度が上昇すると共に変形性能も向上する。一方，引張強度は圧縮強度の1/10程度である。

2 異形棒鋼（異形鉄筋）と末端部の折曲げ形状

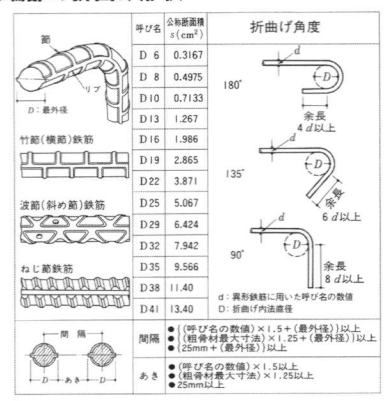

鉄筋コンクリートには異形鉄筋が用いられる。異形鉄筋にある軸方向の突起をリブ，円周方向の突起を節と呼び，コンクリートと鉄筋の一体性（鉄筋の付着性能）を高めるために設けられている。また，節にはその形状によって竹節，波節，ねじ節などがある。一般的に用いられる異形鉄筋の径は，6mm（D6）〜41mm（D41）である。鉄筋同士のあきは，隣接する鉄筋の表面間の最短距離であり，コンクリートの分離防止および鉄筋とコンクリートの付着性能確保を目的に最小値が定められている。折曲げ時の余長は折り曲げ角度ごとに決まっており，角度が小さい程長くなる。

3 かぶり厚さ

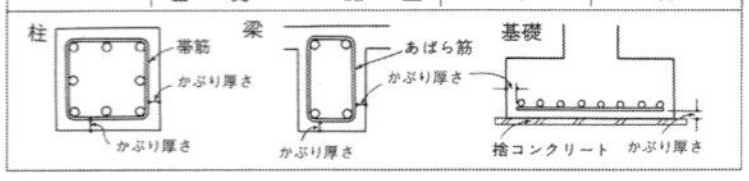

かぶり厚さは，鉄筋表面からコンクリート表面までの最短距離であり，鉄筋コンクリートの耐久性，耐火性を確保するために最低値が定められている。適切なかぶり厚さを確保することで，鉄筋の錆や火災時の熱による鉄筋強度の低下，鉄筋の引き抜きによるコンクリートのひび割れを防止することができる。設計かぶり厚さの値は，施工時の誤差を考慮しているため，建築基準法施行令で要求されているかぶり厚さの最低値より大きくなっている。

4 鉄筋の定着および重ね継手の長さ

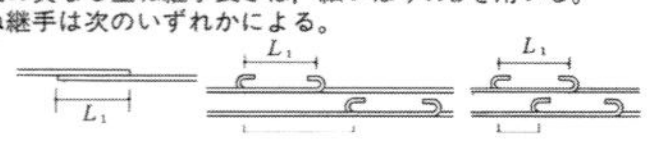

鉄筋の定着は部材同士（例えば梁と柱）を連結する役割を持ち，継手（重ね継手）は鉄筋同士を連続させる役割を持つ。重ね継手では相互の鉄筋は密着させるのが原則である。定着および重ね継手の長さは，鉄筋の種類とコンクリート強度を段階的に大きく区分して，フックの有無に応じて定められている。

5 各部配筋（L 定着長さ）

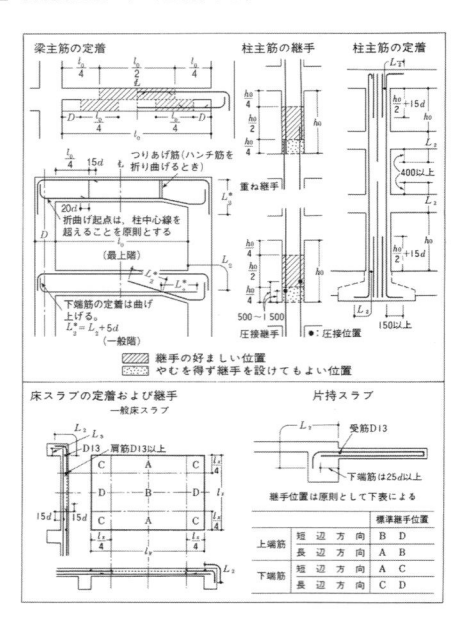

継手位置は応力の小さいところに設けるという原則から継手の好ましい位置が決まっている。梁下端筋の定着は曲げ上げることが基本となっている。片持ちスラブの場合，下端筋の定着長さは一般床スラブよりも長くする（25d以上）。

第5章 鉄筋コンクリート構造

6 型枠の構成

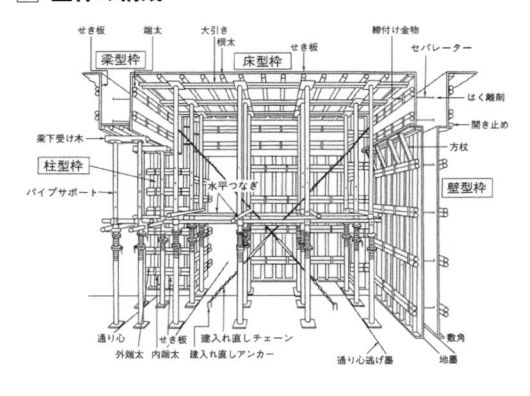

型枠はコンクリートを所定の形状および寸法に保ち，コンクリートが適当な強度に達するまで支持するための仮設の構造物である。せき板には合板や鋼板が用いられる。セパレーターで側圧を支えてせき板の間隔を一定に保っている。

◆基礎梁・基礎スラブ・柱の配筋（p.49）

1 直接基礎

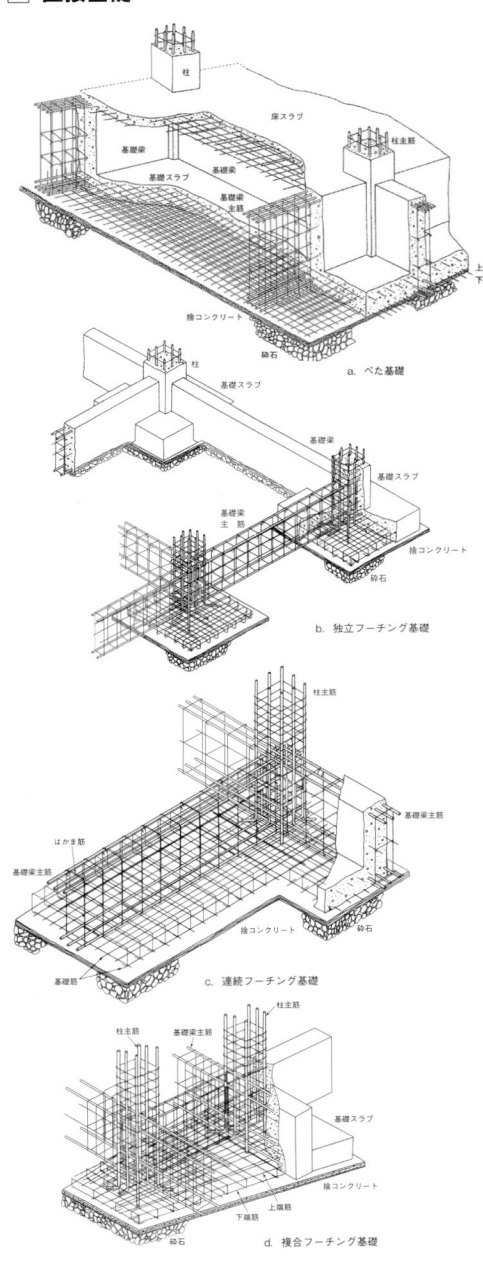

直接基礎では建物底部にある地盤で建物を支持するので，基礎スラブに地盤からの上向きの反力（地反力）が作用する。基礎スラブでは，地反力により発生する曲げで引張側となる部位に比較的多くの量の鉄筋を配置する。また，引張側でない部位にも，乾燥収縮などによるひび割れ抑制のためにはかま筋などを配置する。基礎梁は上部構造の梁と同様の配筋を行なうが，基礎スラブから地反力が伝達されるかどうかで主筋の配筋量が異なってくる。即ち，べた基礎や連続基礎では，通常の梁とは曲げモーメント分布が異なり，常時荷重時に端部では下側引張，中央部では上側引張の曲げが生じるため，これに応じた主筋の配筋となる。柱は基礎部分においても上部構造と同様に配筋し，主筋を基礎スラブの下端筋の上から立ち上げることが多い。基礎梁と基礎スラブの下には，捨てコンクリートと砕石地業を設ける。

aのべた基礎では建物底部全体に基礎スラブを設け，地反力は基礎スラブから周囲の基礎梁に伝達される。基礎スラブの上端筋・下端筋は，地反力により発生する曲げに抵抗するための鉄筋であり，床スラブと同様に網状に組まれており，基礎梁内に定着される。bの独立フーチング基礎ではそれぞれの柱の下に独立した基礎スラブを設け，地反力は基礎スラブから直接柱に伝達されるので，基礎スラブは片持ち梁と同様な応力状態となり，下端が引張となる曲げが発生する。従って基礎スラブ下端に基礎筋を比較的配筋量を多く2方向に配置する。cの連続フーチング基礎では，基礎梁の下部に連続して基礎スラブを設ける。基礎スラブは基礎梁からの片持ちスラブとなり，地反力により下端が引張側となる曲げが発生するので，基礎梁の軸方向と直交する方向の下端の基礎筋の配筋量が比較的多くなる。建物の外周では，掘削量を減ずるためなどで片側にのみ基礎スラブを設けることもあるが，この場合は基礎梁にねじれモーメントが発生する。dの複合フーチング基礎では複数の柱の下に1つの基礎スラブを設ける。地反力は均等になることが望ましいので，図では一般に柱軸力が大きい中柱側の基礎スラブの面積が大きくなるように台形の平面形状の基礎スラブとなっている。基礎スラブには，発生する曲げに抵抗できるようにスラブ筋（上端筋，下端筋）を配置する。

2 杭基礎

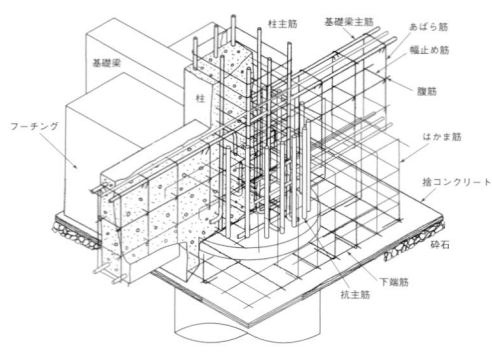

a. 場所打ちコンクリート杭

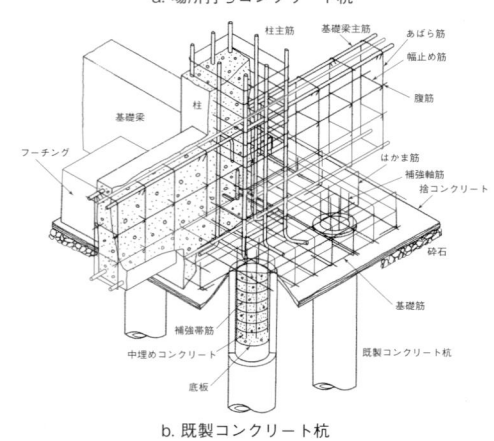

b. 既製コンクリート杭

杭で建物を支持する基礎形式で，RC造建物で良く用いられる場所打ちコンクリート杭と既製コンクリート杭について示している。杭基礎では，柱下に独立フーチングを設け，杭と基礎梁，柱を接合するのが一般的である。aの場所打ちコンクリート杭では，通常，柱1本に対して杭1本であり，柱径よりも杭径が大きい。従ってフーチングに大きな応力は発生しないが，ひび割れ抑制のためにフーチングの下端に下端筋，外周部にはかま筋を配置する。地震水平力などにより杭頭に発生する曲げを基礎梁に伝達するため，杭の主筋をフーチング内に定着する。bの既製コンクリート杭では，柱1本に対して杭が複数あることが多い。各杭は構造性能や施工性を確保する上で必要となる間隔で配置される。常時の柱の軸力はフーチングを介して柱から杭に伝達されるので，フーチングには下端が引張側となる曲げが生じる。この曲げに抵抗するためにフーチングの下端に比較的多くの鉄筋（基礎筋）を配置する。ひび割れ抑制のためにフーチング外周部にはかま筋を配置する。杭頭に発生する曲げを基礎梁に伝達するため，杭頭補強を設ける。図では杭の中空部に補強筋を挿入し，コンクリートを充填する補強方法を示している。

3 L形擁壁

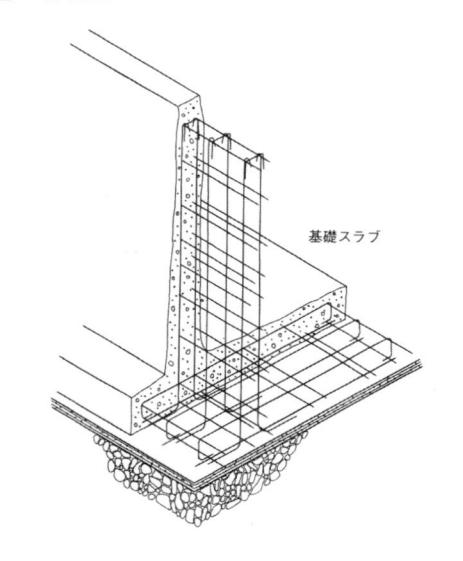

擁壁の種類は地盤・基礎（14ページ）で記載しているが，ここではその中で一般的なL形擁壁について示している。L形擁壁に土圧が作用すると壁，基礎スラブとも片持ちスラブと同様の応力状態となり，盛土側（図では壁の右側）が引張側となる曲げが発生するので，比較的配筋量を多く，壁の右側の縦筋と基礎スラブの上端筋（主筋）を配置する。

◆柱・梁・柱梁接合部の配筋 (p.50)

1 帯筋（せん断補強筋）の種類

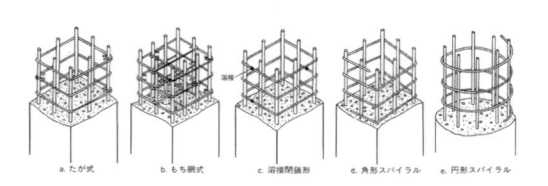

a. たがた式　b. もち網式　c. 溶接閉鎖形　d. 角形スパイラル　e. 円形スパイラル

柱主筋をぐるりと取り囲む形状の鉄筋を帯筋（フープ）と呼び，その配筋例を図1に示す。帯筋はせん断力に対する補強，コア・コンクリートの拘束および主筋の座屈防止の各機能を有している。帯筋の種類には，両端部に135度フックを設けて柱主筋に引っ掛ける形式（標準的なタイプ，図1a），外周の帯筋の内部に中子筋を配筋してもち網状にしたもの（図1b），帯筋の端部にフックを設けずに鉄筋同士を溶接によって接合し，閉鎖型としたもの（図1c），一本ものの鉄筋を連続的にスパイラル状に加工したもの（図1dおよびe）などがある。

第5章　鉄筋コンクリート構造

2 あばら筋（せん断補強筋）の種類

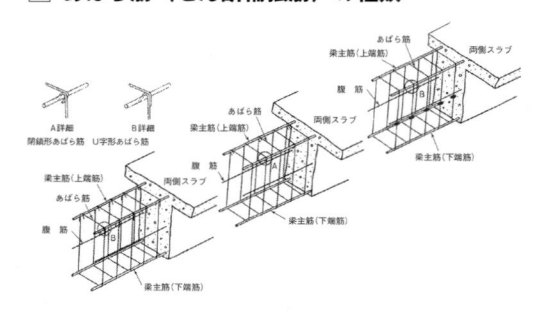

柱部材と同様に，梁主筋をぐるりと取り囲む形状の鉄筋をあばら筋（スターラップ）と呼び，その配筋例を図2に示す。その機能は帯筋と同様である。あばら筋の種類には，両端部に135度フックを設けて梁主筋に引っ掛けて閉鎖形にしたもの（A詳細），U字形の両端を135度フックとして梁主筋に引っ掛け，その上部を塞ぐように下向きのU字形筋をかぶせて，作業性を良好にしたもの（B詳細），端部にフックを設けずに溶接によって接合して閉鎖型としたもの（C詳細），などがある。

3 4 5 柱梁接合部の配筋

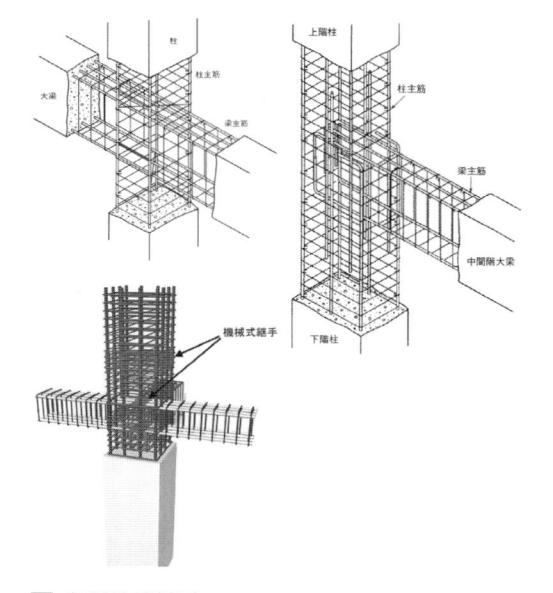

内柱と大梁との接合部においては，図3のように梁主筋および柱主筋を通し配筋するのが通常である。上階の柱断面が下階の柱断面よりもかなり小さくなる場合には，図4の右側主筋のように上柱の柱主筋は柱梁接合部内に直線定着し，下柱の柱主筋はL字形定着することが多い。なお，外柱梁接合部内において大梁の下端筋は曲げ上げて，上端筋は曲げ下げてそれぞれ定着することが，柱梁接合部内部での応力伝達機構を確保するために有効である。

高層建物における内柱梁接合部の例を図5に示す。上柱の下部に柱主筋の機械式継手が，柱梁接合部中央に梁主筋の機械式継手がそれぞれ設置されている。また，直交梁の主筋端部には定着金物を設けることで梁主筋の定着性能を確保している。

6 各種鉄筋継手

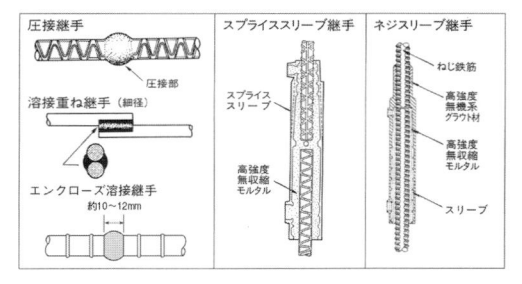

鉄筋同士を接合して必要な軸応力伝達を可能とする手法を総称して鉄筋継手と呼ぶ。鉄筋継手の例を図6に示す。ここでは鉄筋同士を重ね合わせるだけの重ね継手には触れない。鉄筋同士を圧接あるいは溶接（フレア溶接，エンクローズ溶接など）によって接合する継手，さや管（スリーブ）の両端に鉄筋を挿入し，モルタルや樹脂を注入して一体化する継手，鉄筋端部およびさや管内部にねじを切削して機械的に噛み合わせ，さらにモルタルや樹脂を注入して一体化する継手などがある。

7 梁主筋端部に定着金物を使用した外柱梁接合部の例

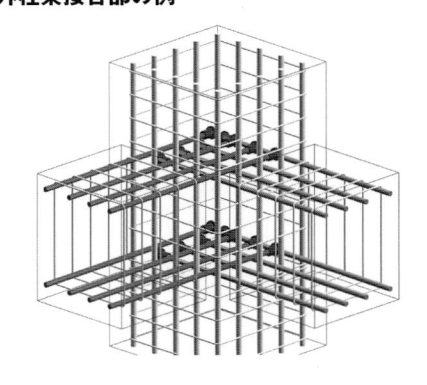

外柱梁接合部や隅柱梁接合部では梁主筋を折り曲げて定着すると，柱梁接合部内部で鉄筋が錯綜して配筋が困難になるとともに，コンクリートの充填が不良となることが多い。そのような鉄筋の混雑を避けるために，図7のように梁主筋の端部に定着金物を設けることで梁主筋の定着性能を確保することが行われている。

◆柱梁接合部の配筋 (p.51)

1 柱梁接合部の配筋例
（柱と中間階大梁および最上階大梁の交差部）

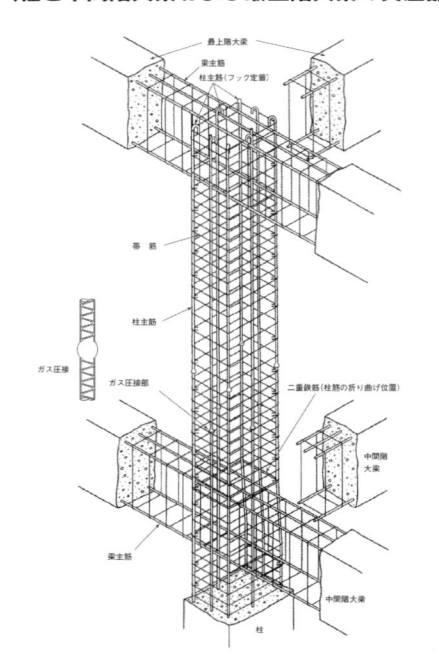

図1は一般階および最上階における柱梁接合部の配筋例である。一般階における十字形の柱梁接合部では、柱主筋と梁主筋はともに接合部内で継ぐことなく通り抜ける形で配筋される(通し配筋)。

主筋同士の継ぎ手は塑性ヒンジが形成される部材端部を避けて設けられる。図中に示されている柱主筋の継ぎ手は「ガス圧接継手」であるが、このほかに「機械式継手」や「溶接継手」などの継手工法がある。これらの継手の位置は、全ての鉄筋で同じ位置とせず半数ずつ上下方向に40cm以上ずらして設ける必要がある。

柱のサイズは一般的に上階にいくにつれ徐々に小さくする。図1では中間階大梁の少し上で柱断面の絞りが行われ、これに伴い主筋を折り曲げた位置に帯筋を2重にした「二重鉄筋」が配されている。2重鉄筋は、主筋に引張力が作用した時に主筋が外方向にはらみ出すことに対する補強の役割をはたす。

2 最上階柱頭部の主筋の定着配筋例

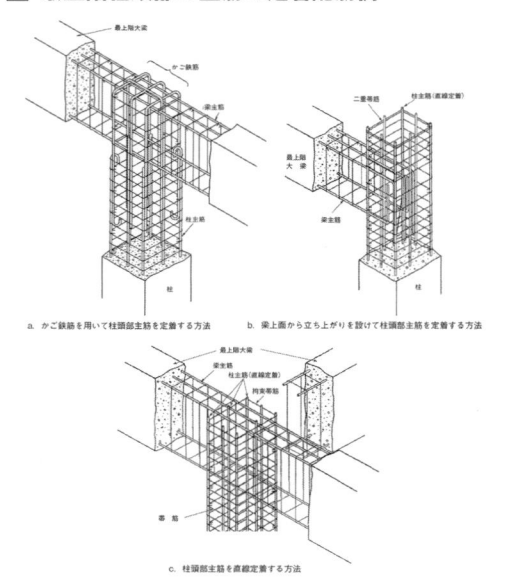

図1に示されている最上階柱頭部の主筋は、先端に180度フックを設けることによって定着されている。最上階柱頭部の主筋の定着方法にはこの他に、図2a., b., c.に示すような方法がある。図2a.は柱筋を梁下で止め、上からかご鉄筋をかぶせて重ね継ぎ手とする方法である。また、図2b.は梁上面から立ち上がりを設け主筋を直線定着する方法である。図2b.のように梁上端筋の上に柱筋を突出させる場合には、柱筋頭部を拘束するためにD13以上の帯筋を2重に配する等して堅固に結束するのが良い。

図1の最上階柱頭部の主筋先端にフックを設ける定着方法は従来からよく行われてきたものである。しかしながら、この定着方法は柱頭部に設けるフックが梁主筋と干渉するため実際の施工では困難となる場合があるとの指摘がある。また、図2b.のかご筋を用いる方法も同様に必ずしも施工性は良くない。このため最近では、図2c.に示すように、主筋の先端にフックを設けず直線のまま定着する方法が採用されている。この際、拘束帯筋を柱主筋の先端に設けることおよび、梁のせいが十分大きく柱主筋の必要定着長さが満たされていることが求められる。

3 パラペット・垂れ壁が取り付いた最上階接合部の配筋例

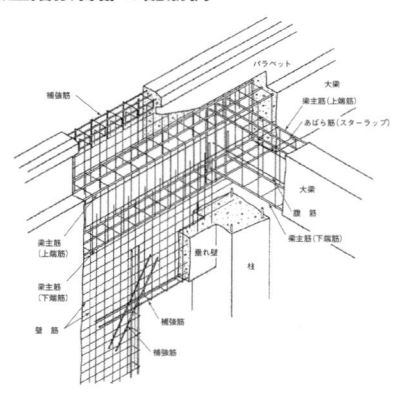

図2b.は側柱の柱頭におけるL型接合部の配筋例である。図2b.は柱と梁のシンプルな接合部なのに対して、図3ではパラペットや垂れ壁の配筋が複雑に交差するL型接合部の配筋例となっている。

ト型やL型接合部における梁主筋の接合部への定着は、柱中心より外側の位置で上端筋は曲げ下げ、下端筋は曲げ上げて定着する。以前は、梁の下端筋を曲げ下げて柱に定着していたが、柱梁接合部における梁と柱の応力伝達機構に関する研究が進み、現在では梁下端主筋からの合理的な応力伝達が可能な曲げ上げ定着が標準となっている。

なお、日本建築学会の鉄筋コンクリート造配筋指針には、梁の下端主筋の接合部への定着は曲げ上げ定着を原則とするが、やむを得ない場合には工事監理者の承認を得た上で曲げ下げ定着も可とする、としている。

第5章　鉄筋コンクリート構造

◆梁・壁の配筋（p.52）

1 大梁・小梁の接合部

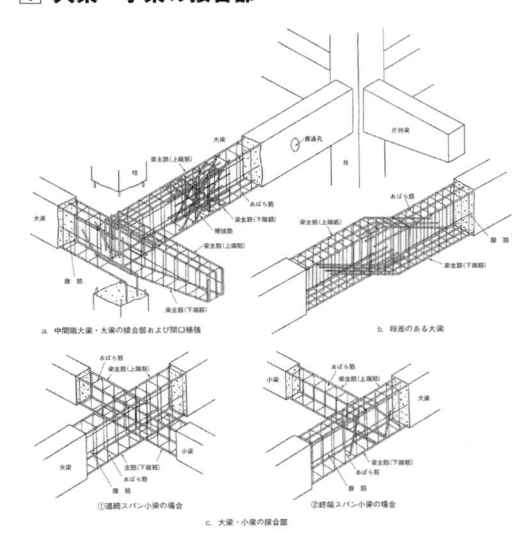

　aに示すように，大梁と大梁の接合部では，終端となる梁の上端筋，下端筋が定着されることになる。梁が損傷を受けた後も主筋が所要の引張力を負担するためには，これら梁主筋は有効に定着される必要がある。その為，梁主筋は，上端筋は曲げ下げ，下端筋は曲げ上げて接合部コア内に定着する。

　また，梁には設備配管などのために貫通孔があけられることがある。その場合は，貫通孔が無い部分と同等以上の性能を有するように，開口部まわりに補強筋（開口補強筋）を配する。

　大梁と小梁の交差部分では，c①の様に小梁が大梁を挟んで連続して配されている場合と，c②.の様に小梁が終端となる場合がある。連続する場合は，大梁および小梁の主筋が通し配筋となり，あばら筋に関しては，接合部分内も配筋する。終端部では，梁主筋の折り曲げ定着長が確保できない場合は，図のように斜めに折り曲げる。小梁は鉛直荷重を支えることを目的としており，端部では上端引張のモーメントのみが生じるため，下端筋は曲げ上げずに直線部でカットする場合もある。

2 耐震壁の配筋造

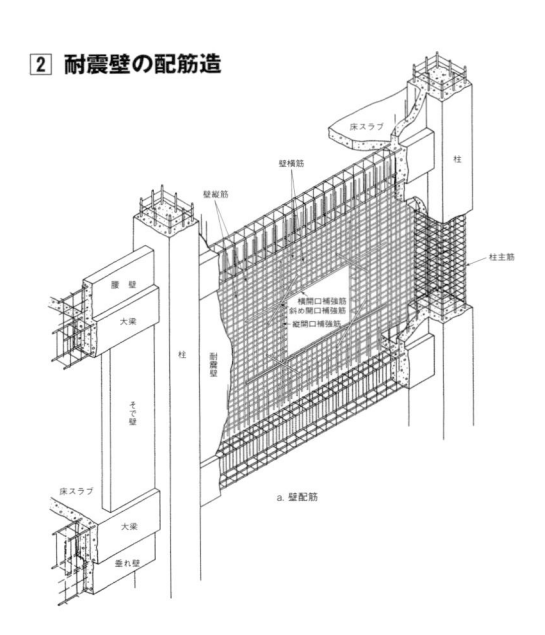

　耐力壁の縦横筋は，一般的には異形鉄筋が用いられ，端部は周辺の柱・梁内に直線定着される。壁縦筋の座屈を防止するため，壁横筋は壁縦筋の外に配される。耐震壁が連層に配される場合は，縦筋は一般的に梁上で重ね継ぎ手される。耐震壁の壁板部分は，板としてせん断力に抵抗する。その際，壁縦筋・壁横筋はともにせん断力により発生する引張力を負担することになる。その為，壁縦筋と壁横筋の間隔と鉄筋径はなるべく同じであることが望ましい。開口部の周辺では，隅角部からのひび割れの発生を抑制するため，開口部補強筋を縦，横，および斜め方向に配する。壁厚の関係から，斜め筋を配することが困難な場合は，斜め筋の効果と同等となる量の縦および横補強筋に置き換える。また，一カ所にまとめて配筋することが困難な場合は，ある程度の幅の中に配されることになる。

　腰壁・垂れ壁部分の配筋は，壁厚によってはシングル配筋となる。壁端部（腰壁上端および垂れ壁下端）には，曲げ補強筋を配する。そで壁も同様である。

◆床および階段の配筋（p.53）

1 周辺固定スラブ

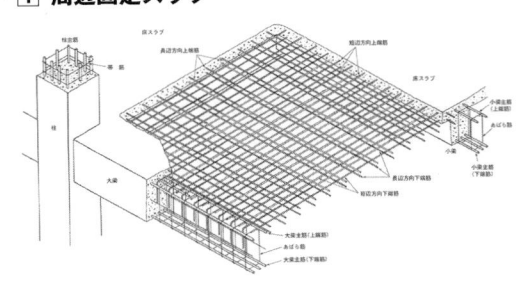

　周辺固定スラブは図に示すように周囲をRC造の梁で支持されたスラブであり，床に作用する鉛直荷重は短辺方向・長辺方向の2方向に伝達される。従って，鉛直荷重時にスラブ端部は上側，中央部は下端が引張となる曲げが発生し，この曲げに抵抗するために細径の鉄筋を網状に組んだスラブ筋を上端と下端に配置する。スラブ筋は梁に定着する。

2 各部の配筋

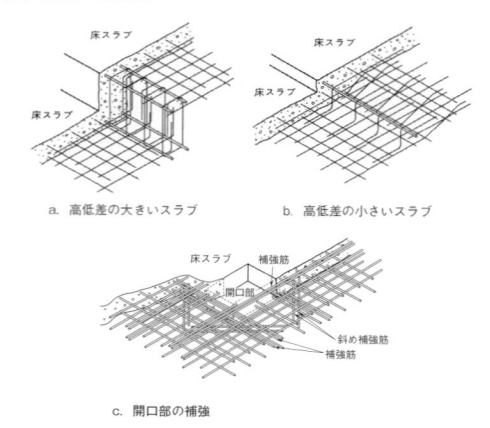

a. 高低差の大きいスラブ
b. 高低差の小さいスラブ
c. 開口部の補強

　室の用途などにより床レベルを変える場合や床仕上げ，床下の設備機器のスペースの確保などのため，RC造スラブでは段差を設けることがよくある。段差部においても曲げを伝達できるようにするため，aのように段差が大きい場合は段差部に小さな梁形を設けてスラブ筋をそれに定着することで，bのように段差が小さい場合はスラブ筋を折り曲げて連続させることで対処する。床には設備配管を貫通させるなどのために開口を設けることがある。開口の廻りには，切断された鉄筋の補完やひび割れの抑制のため，cに示すように縦・横・斜めに補強筋を入れる。開口補強筋は，開口の端部からの定着長さを確保する。

3 片持ちスラブ

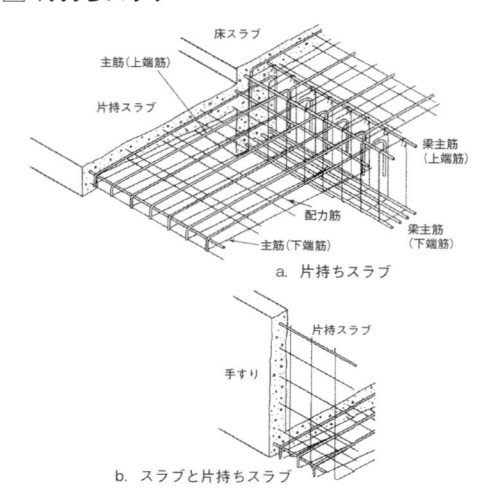

a. 片持ちスラブ
b. スラブと片持ちスラブ

　片持ちスラブは一端を梁で支持され，一端は支持されていないスラブであり，バルコニーなどでよく用いられる。床に作用する荷重は梁へと1方向に伝達される。従って，鉛直荷重時（常時荷重時）では上側が引張となる曲げが生じるので，スラブの上端に比較的多くの鉄筋（主筋）を力の伝達方向に配置する。下端にもクリープ変形の抑制や乾燥収縮などによるひび割れの抑制のため，鉄筋（主筋）を配置する。主筋は梁内に定着する。力の伝達方向と直交方向には，力の分散やひび割れの抑制のために配力筋を入れる。片持ちスラブの先端にRC造の手すりを設けることがあるが，その配筋をbで示している。手すりは壁と同様の配筋を行ない，縦筋をスラブ内に定着する。

4 中空スラブ

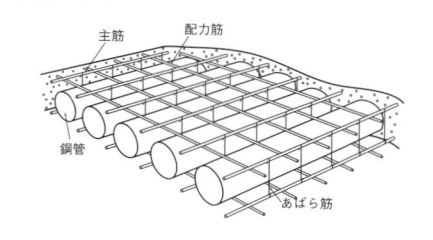

　中空スラブ（ボイドスラブ）は，スパンが大きいスラブなどで，構造性能を確保するためにスラブ厚さが大きくなる場合に，スラブ内に中空部を設け，曲げ剛性と強度を大きく減ずることなく軽量化を行なうために用いる。図では中空部に円形鋼管を用いた例を示している。配筋はスラブの上端と下端に縦・横に主筋・配力筋を配置し，上端筋と下端筋の間にスターラップを入れる。

5 階段

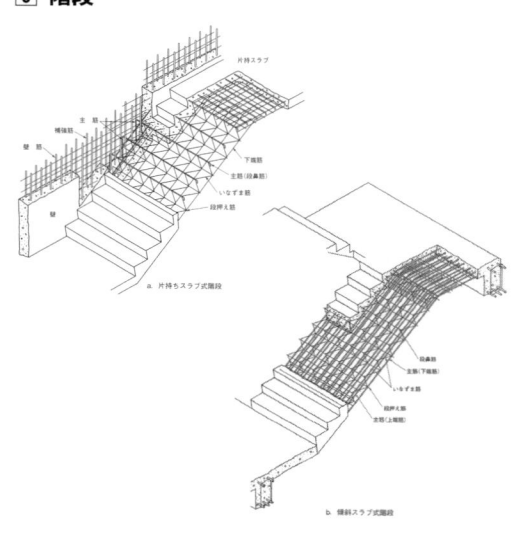

a. 片持ちスラブ式階段
b. 傾斜スラブ式階段

　図示した片持ちスラブ式階段と傾斜スラブ式階段は，RC造階段の一般的な構造である。両階段は階段部分のコンクリートの形状は似ているが，階段に作用する力を伝達する方向が異なるので，配筋が異なる。aの片持ちスラブ式階段は，片側にある壁で階段を支持しているので，階段は片持ちスラブとなる。階段に発生する曲げに抵抗するために主筋を段部分の上端に配置し，それを壁内に定着する。壁では曲げが生じる縦方向の鉄筋の配筋量が多くなる。傾斜スラブ式階段では，踊り場を含む階段を両側の梁で支持している。階段部分は2辺固定支持のスラブとなり，支持梁間を結ぶ方向に発生する曲げに抵抗するため，主筋をスラブの上端・下端に配置し，それを梁内に定着する。両階段ともひび割れを抑制するため，階段の形状に合わせていなづま筋を配置する。

第5章　鉄筋コンクリート構造

◆壁式鉄筋コンクリート (p.54)

1 壁式鉄筋コンクリート造

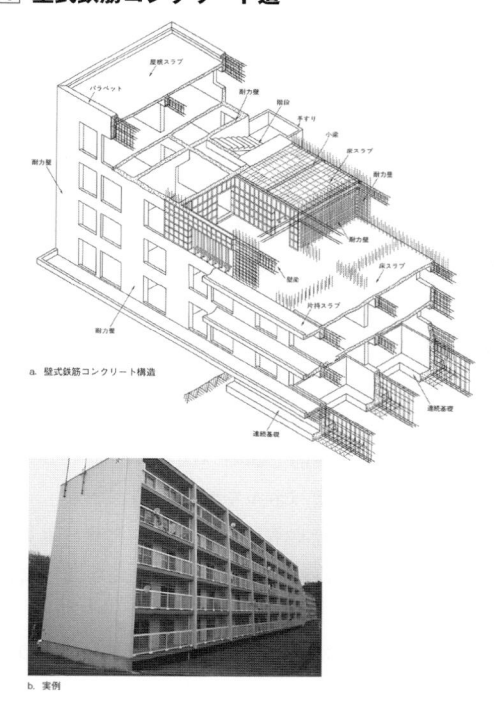

壁式鉄筋コンクリートは，aに示すように，耐力壁，床スラブ，壁ばりからなる構造で，ラーメン構造と異なり，柱が存在しない。耐力壁が，水平力とともに建物の鉛直荷重も支える。その為，bに示すように建物に柱型や梁型が出ず，空間を有効に使える。特に低層集合住宅で広く使われている構造形式である。この構造は，耐力壁の高い剛性と耐力により，地震などの水平力に抵抗する構造形式であり，これまでの地震でも目立った大きな被害の報告は殆ど無く，その高い耐震性能が実証されている。

2 各部の配筋

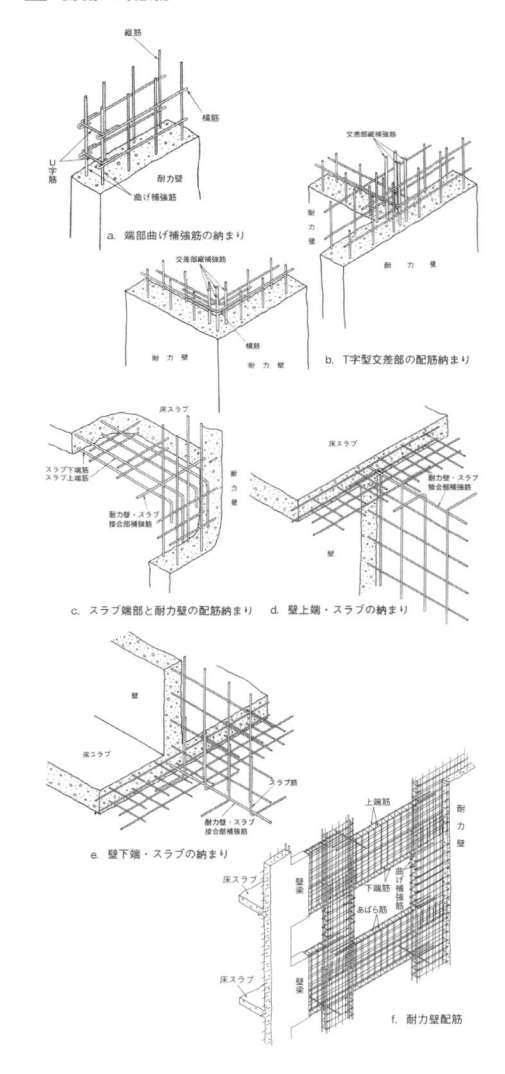

耐力壁内には，縦横に鉄筋が配されており（縦筋および横筋），板状の部材のせん断力を縦筋と横筋の両方を用いて負担する。横筋は，径はなるべく間隔を密に配筋することによって，せん断ひび割れに対処するのがよい。主として面内方向の曲げモーメントに抵抗するため，耐力壁の端部には，曲げ補強筋が配されている。部材軸方向の鉄筋の座屈を防止するため，縦筋がダブルの時は，横筋は縦筋よりも外側に配される（a参照）。壁厚が薄い場合は，ダブルでの配筋が困難となるため，d図やe図の様にシングル配筋となる。縦筋は通常，上下階の耐力壁，基礎ばり，あるいはスラブに定着される。横筋は，耐力壁端部で定着する必要があるため，横筋の端部は，縦筋に対して閉鎖型とするか，あるいはa図のように180度フックにより縦筋にかけ，更にコの字型の鉄筋により閉鎖形状を形成する。耐力壁が立体的に交差する部分（bおよびc参照）では，交差部分に交差部縦補強筋を配する。この鉄筋は，交差部を端部とする耐力壁に対しては，曲げ補強筋として作用する。

d，eおよびfに示すように，耐力壁とスラブの交差部分では，スラブ筋を耐力壁内に曲げ下げて定着する。スラブが耐力壁を介して両側にある場合は，スラブ筋を通し配筋とする場合もある。

壁ばりは複筋ばりとする。横筋は，上下端に曲げに抵抗する端部曲げ補強筋があり，中間部にも中間部横筋がある (f参照)。

fに示すように，壁式鉄筋コンクリート構造では，壁ばりと耐力壁で囲まれた部分が開口となる。その為，構造計算上無視できる小開口を除いて，耐力壁は開口を有しない（解析上，複数の耐力壁と壁ばりを合わせて1枚の開口付き耐力壁としてモデル化することはある）。各耐力壁が端部に端部曲げ補強筋を有していること，壁厚の厚さが全ての鉄筋を配筋するには充分厚くないことから，開口部斜め補強筋は配しない。

◆壁式プレキャスト鉄筋コンクリート造・リブ付薄肉中型コンクリートパネル造（p.55）

1 壁式プレキャスト鉄筋コンクリート造

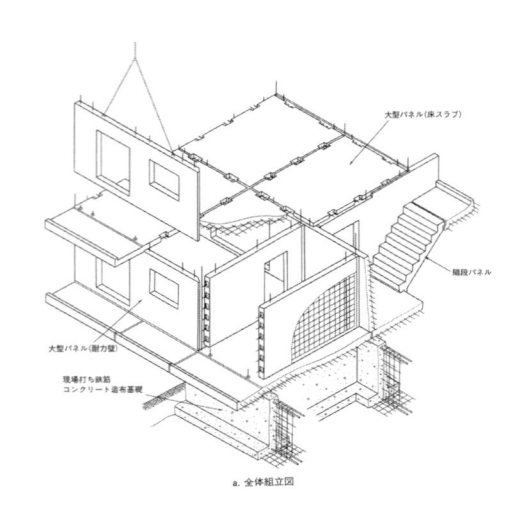

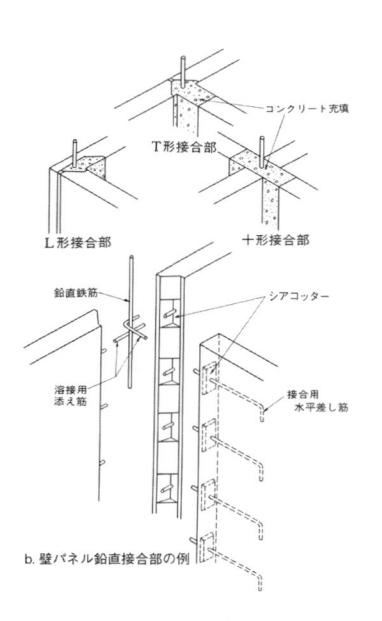

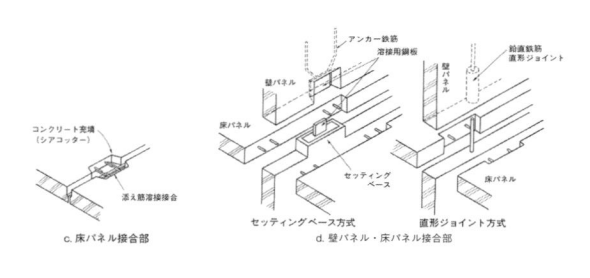

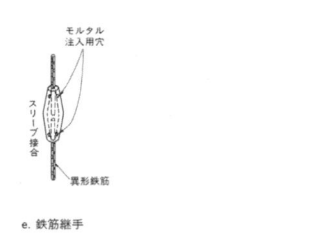

壁式プレキャスト鉄筋コンクリート造は，1965年に日本住宅公団（現，独立行政法人都市再生機構）が千葉県作草部団地で4階建て賃貸住宅の建設をスタートさせ，また同年，日本建築学会が「壁式プレキャスト鉄筋コンクリート造設計規準・同解説」ならびに「JASS10 プレキャストコンクリート工事」を制定したことを契機に，一般化への道が開かれた。さらに，1970年のSPH（公共住宅用中層量産住宅標準設計）の開発，ならびに1971年の日本建築センターによる「壁式プレキャスト鉄筋コンクリート造5階建共同住宅設計指針・同解説」の発刊により本格的に採用されるようになり，高度成長期における住宅大量建設の主役を担った。現在でも，5階建て以下の集合住宅の代表的な工法として広く採用されている。

本構造形式は，次のプレキャスト部材により構成され，これらを現場で組み立てて接合するので，プレキャスト化率は極めて高い。なお，基礎は現場打ち鉄筋コンクリート造布基礎が一般的である（図1-a）。

① 壁パネル：連続あるいは直交する壁パネルを繋ぐ大型パネル
② 床パネル・屋根パネル：平行する壁パネルに掛け渡す大型パネル
③ 階段パネル：平行する耐力壁に掛け渡す踊場パネルと踊場間に掛け渡す段パネル

バルコニーや外廊下部分の片持スラブは，室内側の床パネルと一体の大型パネルとなっている。屋根パネルは，庇やパラペットと一体の大型パネルで，切妻や寄棟などの屋根形式にも対応できる。

プレキャスト部材間の接合は，次のような方法が一般的である。

① 壁パネル鉛直接合部：隣り合う壁パネルや直交する壁パネル相互間に設ける接合部で十形，T形，L形がある。一般に，仕口面にシアコッターを設け，シアコッター部から突出している接合用水平差し筋を溶接用添え筋により溶接接合し，コンクリートを充填して一体化する方式（ウェットジョイント方式）が用いられる。鉛直接合部内には鉛直鉄筋を設け，階の中央付近で溶接接合される（-b）。

② 壁パネル水平接合部：床パネルを挟んで上下の耐力壁パネルを繋ぐ部分の接合部である。当初は，壁パネルの頂部および脚部に埋め込まれたプレートを添えプレートにより溶接接合する方式（セッティングベース方式）が用いられていたが，水平力伝達機構の合理化，施工性の向上，溶接技能者不足などから，床パネルと壁パネル脚部の間に接合用モルタル（敷モルタル）を置き，壁パネル内の鉛直接合筋をスリーブ接合する方式（直形ジョイント方式）が主流になっている。ただし，プラン上や部材の割付上生じる壁梁と壁パネルまたは壁梁相互間の接合部には，添えプレートによるドライジョイント方式が用いられている（-d，e）。

③ 床パネル接合部：壁パネルと床パネル相互間および輸送上分割される床パネル相互間に設けられる。床パネル相互間の接合部は耐力壁鉛直接合部と同様に，仕口部にシアコッターを設け，接合筋を添え筋により溶接接合し，コンクリートを充填するウェットジョイント方式が一般的である。床パネルと壁パネルとの接合部は，耐力壁パネル頂部から突出した接合筋と床パネルの接合筋を溶接接合する方法と，耐力壁パネルの鉛直接合筋を利用してダウエル効果で水平力を伝達する方法がある。ただし，屋根パネルでは，ガス爆発などで吹き上げられたりする事故を防止するために，壁パネルと接合筋を溶接接合する必要がある（-c，d）。

第5章　鉄筋コンクリート構造

④　階段パネル接合部：中間踊場は壁パネルの側面に設けたブラケットに乗せてプレートによる溶接接合を行い，段パネルは踊場間に掛け渡し，同様にプレートによる溶接接合を行う方式が一般的である。

本構造の主な特長には，以下のものが挙げられる。
① 　外壁や間仕切壁を耐力壁として利用するため，合理的かつ経済的である。
② 　柱や梁型が室内に出ないため，居住空間を有効に利用できる。
③ 　プレキャスト化率が極めて高いため，大幅な工期の短縮を図ることができる。また，騒音・振動・粉塵などの建設公害や産業廃棄物の低減，型枠などの合板使用の大幅減量などにより，近隣ならびに地球環境の保護に寄与できる。
④ 　鋼製建具，外装タイル，設備配管などが先付けできるので，現場作業の省力化，技能工の不足や高齢化の解消などが図れる。

一般的に壁式構造は，構造上耐力壁の配置に制限があるため，住戸プランや将来の可変性に制約がある。また，従来は階段室型が主流であったが，近年では高齢化社会対応のためエレベーター設置が要求され，外廊下型に移行する傾向にある。

（参考文献：プレキャスト建築技術集成 第1編　プレキャスト建築総論［社団法人プレハブ建築協会 2003.1］）

② リブ付薄肉中型コンクリートパネル造

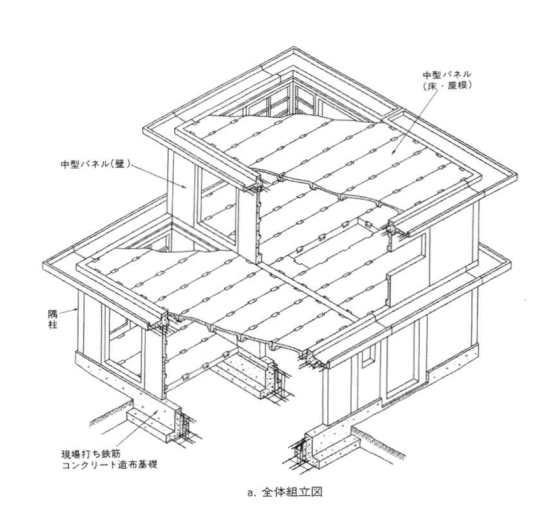

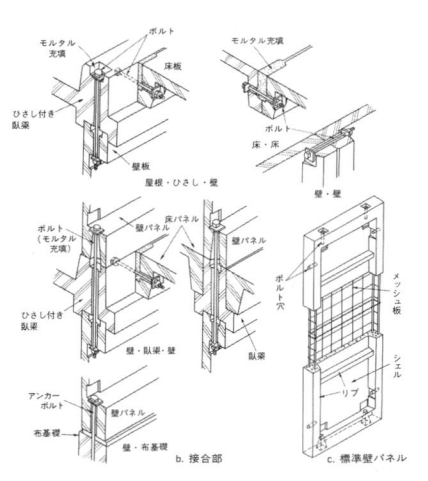

リブ付薄肉中型コンクリートパネル造は，1962年に量産公営住宅として開発され，日本の高度経済成長の中で，公営住宅の建設に重要な役割を果たした。1981年までの約20年間で15万戸ほどの公営住宅が建設されたが，2階建てと平屋に限られたため大型パネル造ほどの発展はしなかったが，民間需要にも応えられる態勢を基盤に，現在でも戸建て住宅を中心に建設が続けられている。

本構造形式は，工場生産によるプレキャスト鉄筋コンクリート造の耐力壁（全厚中型パネルおよび全厚門型パネル），屋根パネル・2階床パネル・庇パネル（リブ付中型パネル）および柱型を主要な構造部材として用いており，パネル相互をボルトにより緊結している。1階床は木造，ALC板，プレキャスト鉄筋コンクリート造または現場打ち鉄筋コンクリート造，基礎は現場打ち鉄筋コンクリート造である（図2-a）。

屋根を勾配屋根とする場合は，2階壁頂部を鉄骨臥梁で連結し，その上に鉄骨造または木造の小屋組を設け，水平剛性はブレースによる。置き屋根の場合は，陸屋根（リブ付中型パネル）の上に鉄骨造または木造の小屋組を設ける。

標準のリブ付パネルは，外周のリブおよび中間のリブならびにリブに囲まれた薄肉のシェルからなっており，メッシュ筋で補強されている。また，外周のリブには接合用のボルト穴が設けてある（-c）。

1階部分では，現場打ち鉄筋コンクリート造の基礎梁に埋め込まれたアンカーボルトに1階壁パネルをボルト接合し，2階部分では，1階壁パネル頂部と2階壁パネル脚部を床パネルまたは庇パネルを挟んでボルト接合する。屋根パネルも2階壁パネルにボルト接合する。屋根パネルおよび2階床パネル相互の接合は，モルタル充填式コッターおよびボルト接合の併用で，庇パネルと屋根パネルまたは2階床パネルも同様である。隣接した壁パネルや柱型は，相互にボルト接合する（-b）。

（参考文献：プレハブ建築協会二十年史［社団法人プレハブ建築協会 1983.4］）

第6章 PC構造

◆構造原理・素材と力学的性状（p.56）

1 プレストレストコンクリート・プレストレスト鉄筋コンクリート・鉄筋コンクリートの比較

名　称	プレストレストコンクリート(PC)	プレストレスト鉄筋コンクリート(PRC)	鉄筋コンクリート(RC)
使用鋼材	PC鋼材	PC鋼材＋鉄筋	鉄筋
コンクリートの設計基準強度	ポストテンション方式 $f_{ck} \geq 30 N/mm^2$ プレテンション方式 $f_{ck} \geq 35 N/mm^2$	$PC鋼材＋鉄筋$	普通 $24 \geq f_{ck} \geq 18 N/mm^2$ 軽量 $f_{ck} \geq 18 N/mm^2$
ひび割れの有無	フルプレストレッシングの設計：ひび割れの発生なし パーシャルプレストレッシングの設計：許容値以下のひび割れ	引張強度以下　曲げ強度以下	幅0.2mm以下のひび割れを想定
コンクリートの設計時の応力度（長期設計応力時）	フルプレストレッシング：圧縮応力 パーシャル：許容引張応力度以下	引張強度以下　曲げ強度以下	鉄筋の許容応力度および許容ひび割れ幅の関係解析
通常の最長スパンと高さ	約15～40m、約スパンの1/20	約10～18m、約スパンの1/15	約5～10m、約スパンの1/10

2 PCの原理

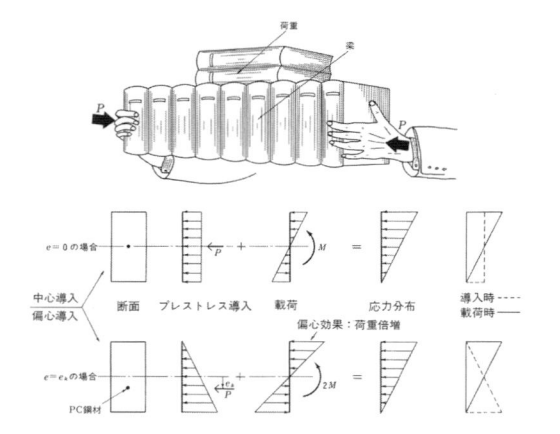

プレストレストコンクリートは，常時荷重下においてひび割れを許容しないプレストレストコンクリートと，ひび割れ幅の制御を行うプレストレスト鉄筋コンクリートに分けられる。プレストレストコンクリートは，さらに常時荷重下で引張応力の発生を許容しないフルプレストレッシングと，発生する引張応力度を許容引張応力度以下に抑えるパーシャルプレストレッシングに分けられる。プレストレスト鉄筋コンクリートも，さらに，発生する引張応力度を引張強度以下に抑える場合，曲げ引張強度以下に抑える場合，そして，曲げひび割れ幅を0.2mm以下に抑える場合の3つに分けることができる。

本を何冊かまとめて梁のような形を作ろうとしても，そのままでは，ばらばらになってしまう。そこで，両側から手を使って圧縮力を加えると梁を形作ることができる。この圧縮力がプレストレス力に相当する。荷重としてその上にさらに本を置くこともできる。

左図は，長方形断面の梁にプレストレス力を導入した場合の断面応力分布に関する説明図である。

上段は，PC鋼材が断面図心位置に配置された場合（中心導入）を示す。

・プレストレス導入時のプレストレス力による断面応力分布は，長方形となる。
・長期荷重による曲げモーメント M が作用することにより，図心より上側で圧縮，下側で引張の応力が生じる。
・プレストレス力による応力と曲げモーメント M による応力を足し合わせると，例えば，下縁での応力が0となる図のような応力分布とすることができる。これにより，長期荷重下で引張応力を発生させず，引張に弱いというコンクリートの弱点を補い，ひび割れを発生させないような部材を製作することができる。

下段は，PC鋼材が断面図心位置から e_k（断面核半径）だけ下側に配置された場合，すなわち，図心位置からの偏心距離 $e = e_k$ の場合を表している（偏心導入）。

・PC鋼材が断面核半径位置に配置された場合，プレストレス力の大きさに関係なく，上縁での応力が0，下縁での応力が圧縮となる。
・中心導入の場合と比べてプレストレス力による下縁圧縮応力は大きくなる。中心導入の場合と同じプレストレス力であれば，2倍の下縁圧縮応力となる。したがって，下縁での応力を0とするために必要となる曲げモーメント M も，中心導入の場合と比べて2倍の $2M$ にすることができる。つまり，PC鋼材を偏心配置することにより効率的に大きな外力による曲げモーメントに抵抗させることができる。
・プレストレス力による応力と曲げモーメント $2M$ による応力を足し合わせると，図のように下縁での応力を0とすることができる。

第6章 PC構造

3 PC鋼材の種類

種類	PC鋼線 JIS G3536	PC鋼より線 JIS G3536			PC鋼棒 JIS G3109	アンボンドPC鋼材
		2本より、3本より	7本より	19本より		
断面	(異形断面もあり)				(異形断面もあり)	PC鋼より線 / PC鋼棒 / ポリエチレン
寸法	5 mm～8 mm	2.9 mm×2 / 2.9 mm×3	9.3 mm～15.2 mm	17.8 mm～28.6 mm	9.2 mm～40.0 mm	防錆材（グリース等）
強度	1420N/mm²～1620N/mm²	1900N/mm²	1720N/mm²～1860N/mm²	1780N/mm²～1860N/mm²	1050N/mm²～1230N/mm²	

PC鋼材には、鋼線、鋼より線、鋼棒、およびアンボンドPC鋼材がある。PC鋼線およびPC鋼より線では引張荷重が規定されているため、その値をそのまま示す。PC鋼棒では引張強さの応力値が規定されているため、これに公称断面積を乗じて引張荷重を示す。（　）内に引張強さの応力値を示す。

アンボンドPC鋼材は、PC鋼より線やPC鋼棒にグリースなどの防錆材を塗布し、さらに、プラスチックのシースで覆ったものである。グラウトを注入する必要がなく、鋼材をほぼ完全に防錆することができる。その名前の通り、コンクリート中に配置されても鋼材と周囲のコンクリート間には、摩擦は作用するが、異形鉄筋のような機械的なかみ合いによる付着作用は生じない。

また、アフターボンドPC鋼材と呼ばれる鋼材もある。表面に未硬化の樹脂を塗布したPC鋼材の外側を凸凹形状のポリエチレンシースで被覆したものである。樹脂は未硬化期間が長く、プレストレス力導入時には付着がなく、その後時間の経過に伴って硬化し付着作用が生じるようになる。施工時にはアンボンド状態であるが、使用時には付着のある鋼材と同様の挙動となるのが特徴である。

4 PC鋼材および鉄筋の応力—ひずみ曲線の例

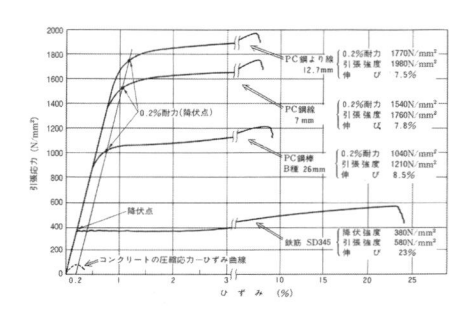

普通強度鉄筋であるSD345とPC鋼棒、PC鋼線、PC鋼より線の応力—ひずみ関係を比較している。ヤング係数は、すべてほぼ同じである。高強度になるほど、降伏点および降伏棚が明確でなくなり、降伏棚の幅が狭くなり、ひずみ硬化域が小さなひずみで始まる。また、破断時ひずみも小さくなる。

PC鋼材では、明確な降伏点が存在しないため、降伏点を0.2%耐力、すなわち、0.2%ひずみの位置からヤング係数の傾きを持った直線と、応力—ひずみ曲線との交点での応力としている。

5 PC鋼材リラクゼーションの概念

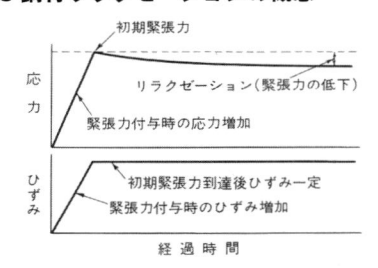

リラクゼーションは、PC鋼材に応力を加え、そのひずみを保持したままにしておくと、時間の経過にともない応力が低下していく現象である。

上の図は、時間に対する応力の推移を、下の図は、ひずみの推移を表す。ひずみが一定で保持されているのに対して、時間が経つに従って応力が徐々に低下していく様子がわかる。

◆定着・部材製作・変形（p.57）

1 定着具の例

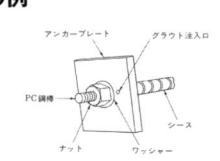

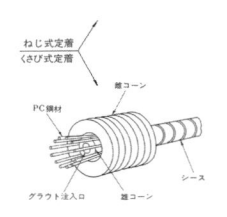

ポストテンション部材において、PC鋼材を定着する方法には大きく分けて、ねじ式定着とくさび式定着がある。PC鋼棒を使用する場合には、ナット、ワッシャー、アンカープレートからなるねじ式の定着具が利用される。PC鋼より線を使用する場合には、くさび式の定着具が利用される。定着具は、雌コーンと、雄コーンあるいはくさび、アンカープレートあるいはキャスティングアンカーからなる。

2 定着部の応力の伝わり方

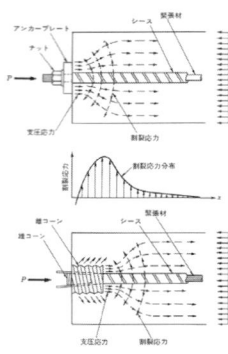

コンクリートにプレストレス力が作用するとこれと直交方向には割裂応力が生じる。プレストレス力によってアンカープレート直下には支圧応力が生じ，この圧縮応力が，部材断面全体に一様に分布するように材軸方向に広がっていく過程で，大きな割裂応力を引き起こすためである。

3 補強法の例

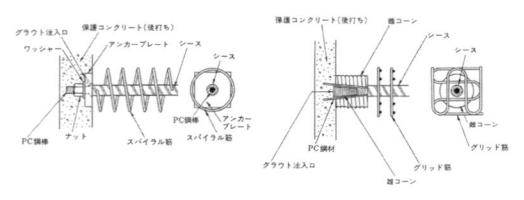

定着部に生じる割裂応力に対してコンクリートを補強するため，スパイラル筋やグリッド筋を配置する。また，定着具を防錆するために保護コンクリートを後打ちする。

4 ポストテンション部材の製作

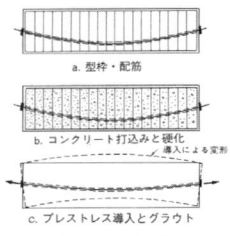

通常の鉄筋とともに型枠内にシースを配置しておき，コンクリートを打設する。コンクリートが硬化した後，シース内に挿入したPC鋼材をジャッキで引っ張ることでプレストレス力を導入する。PC鋼材端部は，定着具によって定着される。このようなPC部材製作方法をポストテンション法と呼ぶ。

5 プレテンション部材の製作と定着部

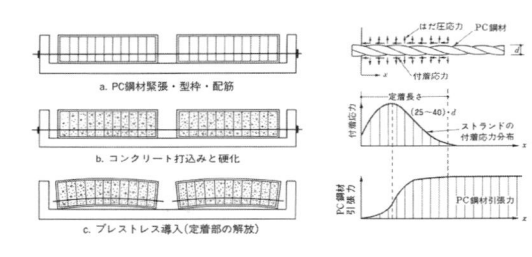

プレテンションベッドと呼ばれる剛強な鋼製枠内に，型枠，通常の鉄筋を配置する。さらに型枠内を通るようにPC鋼材を配置し，引張力を加えた上で，端部をプレテンションベッドに定着する。

コンクリートを打設し，硬化後，PC鋼材を切断したり，定着部を解放したりすることにより，PC鋼材が縮み，コンクリートにプレストレス力が導入される。PC鋼材が縮む際には，鋼材径が少し大きくなるため，コンクリートに対して押し広げるような力が加わり，付着応力が増加する。

PC鋼材が縮むことによってコンクリートに導入される圧縮力は，コンクリートと鋼材間の付着応力により伝達される。通常，PC鋼材径の25〜45倍程度の定着区間が必要となる。

PC鋼材の引張力は，部材端部で0であり，部材内部に進むにしたがって徐々に大きくなり，上記の定着長さを越えると一定値となる。このようなPC鋼材引張力の変化が，付着応力の変化とともに図に表されている。

6 コンクリートとPC鋼材の変形

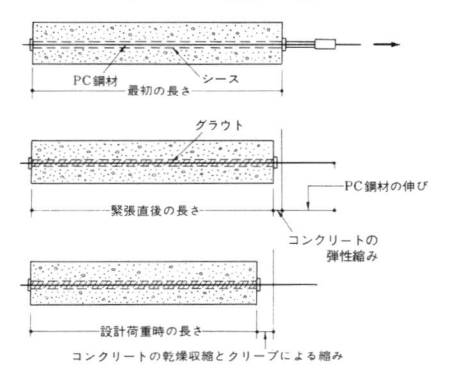

一端を定着したPC鋼材の他端を引っ張ると，PC鋼材は引張力を受けて伸び，コンクリートは圧縮力を受けて縮む。

プレストレス導入後，グラウトが注入され，グラウト硬化後はコンクリートとPC鋼材は一体となって挙動するようになる。

コンクリートは乾燥収縮とクリープによってさらに縮む。これに伴ってPC鋼材も縮み，プレストレス力が減少する。コンクリートを高強度とすることにより，乾燥収縮とクリープひずみを小さくすることができる。

第6章　PC構造

7 一体性

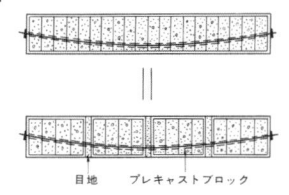

プレストレスを利用することにより，プレキャストブロックを一体化してひとつの部材を作製することもできる。長大な部材はいくつかのブロックに分けてプレキャスト工場から建設現場に運搬されることがある。現場でプレストレスを導入して一体化する。部材間には目地モルタルを充填する場合と，接着剤を利用する場合がある。

8 コンクリートのクリープ変形特性

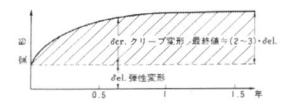

クリープは，応力を一定に保持していると，時間の経過に伴いひずみが増加する現象である。クリープ変形の最終値は，弾性変形 δ_{el} の2～3倍となる。

9 PC部材の力学的特性（高復元性）

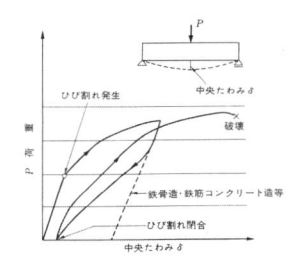

PC部材では，PC鋼材が弾性的に挙動し，プレストレス力が働くため，部材の変形を元に戻そうとする復元力が常に作用する。これによって，通常の鉄骨造，鉄筋コンクリート造の部材に比べて，荷重を受けた後の残留変形が小さくなる。また，一時的に大きな荷重を受けてひび割れが生じても，除荷されるとひび割れが閉じる。

10 部材および架構のプレストレス導入と変形

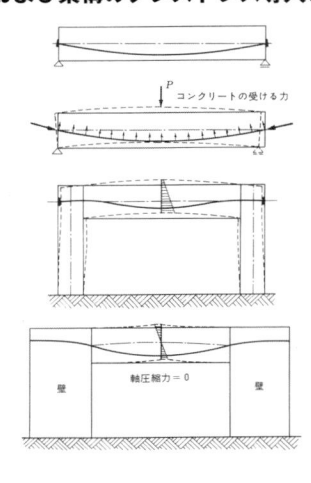

プレストレス力は，主に鉛直荷重による曲げモーメントを低減するために導入されるため，単純梁の場合，PC鋼材は断面図心位置から下方に配置されることが多い。特に長期荷重による曲げモーメントを相殺あるいは低減するために，放物線となる曲げモーメント分布形と相似になるようにPC鋼材も放物線形に配置する。このため，プレストレス力のみが作用し，積載荷重が作用していない状態では，上方にそるように変形する。

不静定骨組の梁にプレストレス力が導入される場合，柱が梁の変形を拘束するため，これを考慮した設計を行う必要がある。すなわち，プレストレス力導入時に柱に応力が生じることと，梁に想定通りの軸圧縮力が導入されない場合があることである。

壁のように極端に剛性が高い部材が梁端部に接続しているような構造形式では，プレストレス力を導入しても，力のほとんどが壁に流れてしまい，梁には想定通りの軸圧縮力が作用しない場合もある。

◆場所打ちPC構造（p.58, 59）

1 場所打ちPC構造の施工順序

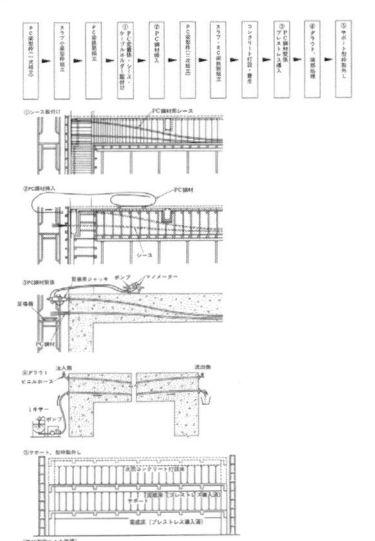

場所打ちPC構造の施工順序を表す流れ図と施工の様子を表す図である。場所打ちPC構造ではポストテンション工法が用いられる。①では型枠内に通常の鉄筋とともにPC鋼材用シースを配置する。②ではシース内にPC鋼材を挿入している。③は，コンクリート硬化後にジャッキでPC鋼材を引っ張り，プレストレス力を導入している様子を示す。④では，グラウト注入の様子を示す。グラウトは，PC鋼材とコンクリート間に付着を与え，両者が一体となって挙動するようにする。また，PC鋼材を防錆する役割を果たす。⑤プレストレス導入前の梁は，下層にある2層以上のプレストレス導入済み梁でその荷重を受けるようにサポート計画を行う。サポートには耐荷重能力だけではなく，十分な剛性も持たせる。

2 型枠組立

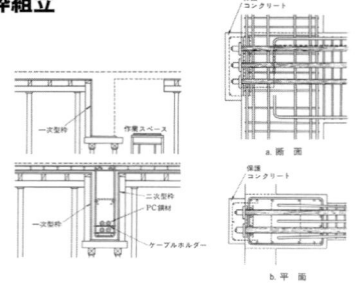

PC 鋼材を納めるシースは，梁材軸方向中央部で梁底部に配置されるので，作業性の点から，側面の型枠を外した状態で配筋などの作業を行うか，型枠の外で鉄筋およびシースを先組みする。

3 シースの使用例

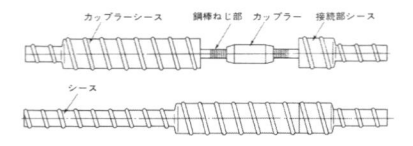

ポストテンション部材の作製では，シースをあらかじめコンクリート中に打ち込み，その中に PC 鋼材を通す。

鋼棒どうしを接続する場合，カプラーと呼ばれる接続具を利用する。この部分では一般部よりも径の大きなカップラーシースを用いる。

4 緊張力の管理

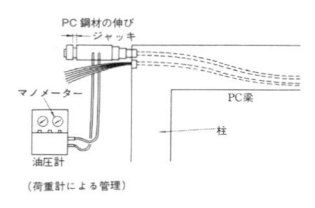

プレストレス力導入時における緊張力の管理は，ジャッキの油圧（荷重計）と PC 鋼材の伸びを測定することによって行う。

5 ジャッキによる PC 鋼材の緊張

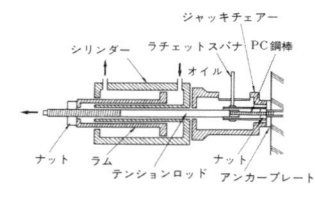

ジャッキによる PC 鋼材の緊張のひとつの方法を示す。部材に配置された PC 鋼棒にカプラーを用いてテンションロッドを接続する。この端部のナットにジャッキのラムをあて，ラム内にオイルを送り込むことによりテンションロッドを引っ張る。緊張完了時にはジャッキ内蔵のラチェットスパナで PC 鋼棒のナットを締め付けて定着する。

6 場所打ち PC 構造の柱梁の仕口

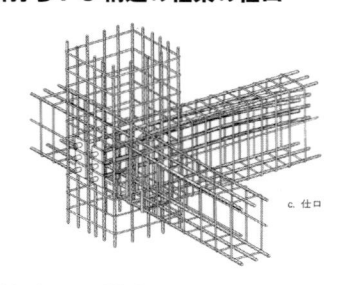

柱梁の仕口部分は，柱主筋，梁主筋，仕口部補強筋などが交錯している。配筋量が多い場合，ここに PC 鋼材定着部を納めるのは難しいため，また，定着部に生じる割裂応力が仕口部に悪影響を与えないように PC 鋼材定着具の一部を仕口部の外に出すことが行われる。定着具の防錆のために，保護コンクリートが設けられる。

7 場所打ち PC 構造ラーメンの配筋・配線例

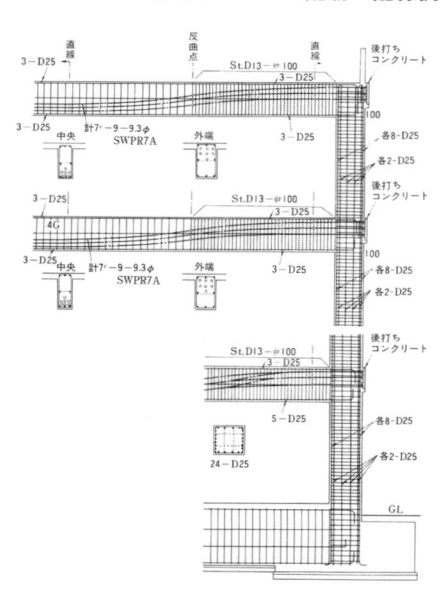

鉛直荷重によって生じる長期曲げモーメントを低減するために，不静定ラーメン骨組の梁においては，曲げモーメント分布と相似形になるように梁中央部で梁断面下側に，また，梁端部では断面上側に PC 鋼材を配置する。配線形状には，図のような円弧や放物線が用いられる。

第6章 PC構造

8 アンボンドによるPRCスラブ
（PC鋼材の配線のみ示す）

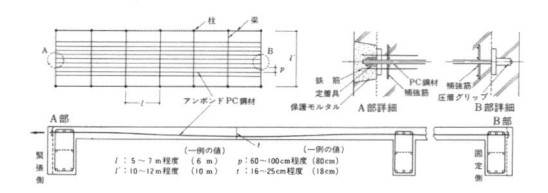

スラブではさほど大きなプレストレス力は必要ないことと，グラウト工事を省くため，アンボンドPC鋼材が利用されることがある。アンボンドPC鋼材は，スラブコンクリート打設時に埋設されるため，B部詳細図のように圧着グリップをコンクリート中に埋め込み，定着する。他端（A部）を引っ張ってプレストレス力を導入した後，防錆のため，端部をモルタルで埋める。

PC鋼材配置方向のスパン長さは5～7m程度，これと直交方向のスパン長さは10～12m程度，PC鋼材配置間隔は60～100cm程度，スラブ厚さは16～25cm程度である。

9 アンボンド工法によるPRCフラットスラブ

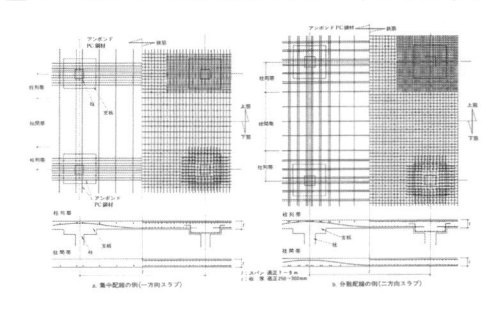

フラットスラブでは，梁を設けないため，柱と柱の間の梁と想定される部分（柱列帯）にPC鋼材を集約して配置する場合（a. 集中配線の例）と，柱間帯にもPC鋼材を配置する場合（b. 分散配線の例）とがある。スラブではPC鋼材の本数が多くなり，グラウト工事の手間が煩雑になるので，アンボンドPC鋼材が利用されることが多い。

フラットスラブでの適正スパンは7～9m，板厚は25～30cmである。

◆プレキャストPC構造（p.60, 61）

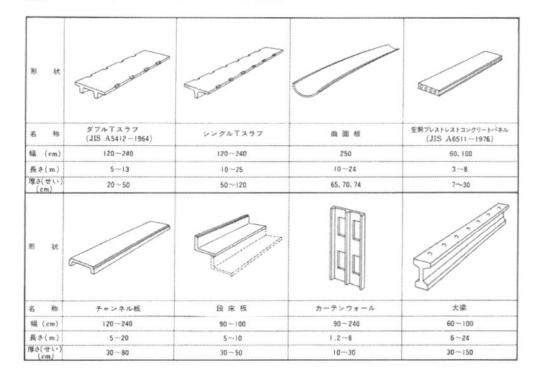

1 プレキャストPC製品

プレキャストPC製品としては，スラブ，段床などがある。表中の曲面板は現在製造されていない。いずれもプレテンション法でプレストレスが導入される。

2 プレキャストPC部材と中間梁の取付け例

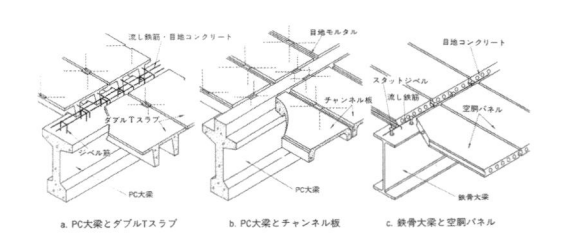

プレキャストスラブのみでスラブを構成する場合プレキャストスラブどうしは，スラブに埋め込まれた取合筋を厚さ9mm程度の鉄板に溶接することにより接合される。

プレキャストスラブのみでスラブを構成することは稀であり，通常，プレキャストスラブ上に配筋し，厚さ100mm程度のトッピングコンクリートを打設し，梁やプレキャストスラブと一体化する。

ジベル筋は，大梁とスラブが一体となって挙動するために設けられる。鉄骨大梁の場合は，スタッドジベルとして設けられる。

3 プレキャストPC部材と外周梁の取付け例

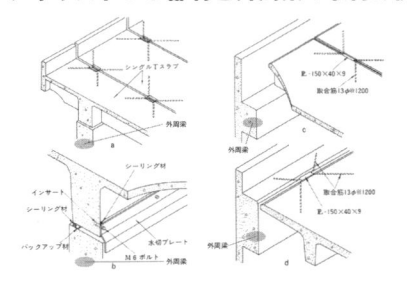

a図は，プレキャストPC部材の一部として，直交する外周梁が一体になっている場合を示している。b図は，プレキャストPC部材の一部である外周梁と現場打ちの梁との接続部分を示している。水切プレート，シーリング材で雨水の侵入を防いでいる。

c図では，PCスラブを外周梁の上に設置している。

d図では，PCスラブと外周梁を，それぞれに埋め込まれた取合筋を，添え板を介して溶接することにより接続している。

4 架構と部材接合，配線例

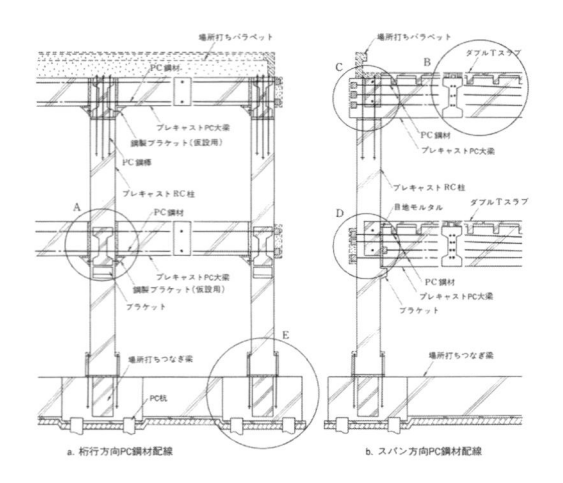

a. 桁行方向PC鋼材配線
b. スパン方向PC鋼材配線

左a図は，桁行方向のPC鋼材配線例を示している。桁行方向は，短いスパンとされることが多い。大スパンを実現するためにプレストレスを導入するということではなく，プレキャスト部材を一体化するという施工上の目的からプレストレスが利用されている。したがって，PC鋼材が直線配置されている。柱に取り付けた鋼製ブラケットにプレキャストPC梁を仮置きし，梁端部に目地モルタルを打設，これが硬化した後にプレストレス力を導入する。

左b図は，スパン方向のPC鋼材配線例を示している。スパン方向は，PC構造の特徴が活かせる大きなスパンとなっている。複数のPC鋼材が配線されているが，運搬時にひび割れが生じないようにプレキャスト工場で緊張される1次緊張用PC鋼材と，現場で組み立てに利用される2次緊張用PC鋼材とがある。柱に設けられたブラケットにプレキャストPC梁を設置した後，梁端部に目地モルタルを打設，これが硬化した後にプレストレス力を導入する。

5 A部詳細（桁行方向内部柱梁接合部）

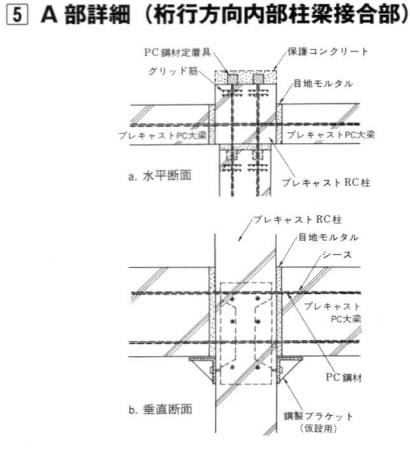

a. 水平断面
b. 垂直断面

水平断面を見るとわかるように，スパン方向のPC鋼材は，柱の外側に定着される。梁と柱から応力が作用し，厳しい応力状態にある柱梁接合部内にPC鋼材を定着すると構造性能に支障を来す恐れがあるためである。また，多くの鉄筋が交錯する柱梁接合部にPC鋼材定着具と，グリッド筋やスパイラル筋の形での補強筋を配置する余裕がないためでもある。一方，定着部が柱面から突出することは意匠的に敬遠されることもあり，柱断面が十分に大きい場合には，柱内に定着具が置かれることもある。

6 B部屋根部詳細架構と部材の剛接合法

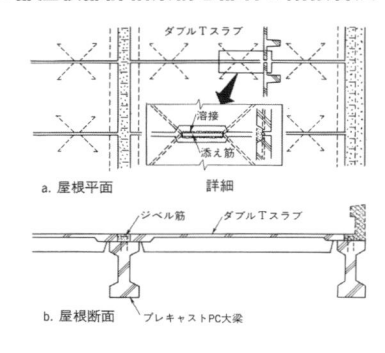

a. 屋根平面 詳細
b. 屋根断面

B部は，屋根スラブとなるダブルTスラブどうしの接合方法，屋根スラブとプレキャストPC大梁との接合方法を示している。ダブルTスラブからなる屋根スラブどうしは，スラブ内に埋め込まれた取合筋が露出している部分を，添え筋を介して溶接することにより接合される。また，スラブと大梁は，大梁上部に設けたジベル筋によりせん断力を伝達できるようになっている。通常，プレキャストスラブの上に100mm程度のトップコンクリートを打設し，スラブ全体が一体として挙動するようにする。

7 C部詳細（スパン方向外部柱梁接合部：最上階）

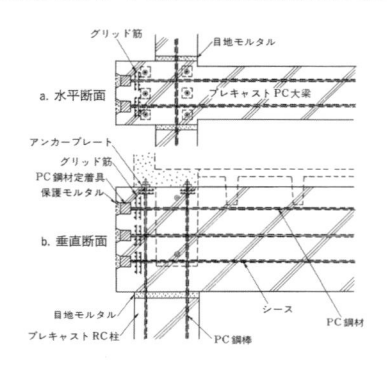

a. 水平断面
b. 垂直断面

C部はスパン方向外部柱梁接合部である。最上階であり，梁を通す形式となっている。梁は柱の上部に設置され，PC鋼棒によって圧着されている。パラペットは場所打ちとなっている。

8 D部詳細（スパン方向外部柱梁接合部：中間層）

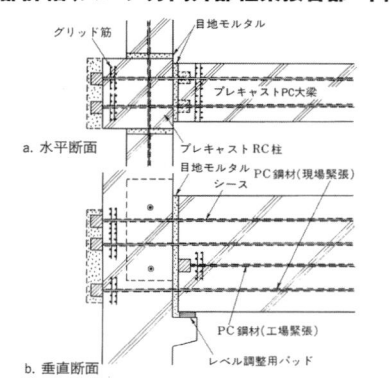

柱に設けたブラケットに，レベル調整用パッドを敷き，プレキャストPC大梁を設置している。運搬時にひび割れが発生しないように工場でプレストレスを導入するためのPC鋼材と，現場で部材を組み立て，大スパン梁を構成するためのPC鋼材が配置されている。PC定着具は，柱外部に配置されており，防錆のため保護コンクリートで覆われている。

9 E部詳細

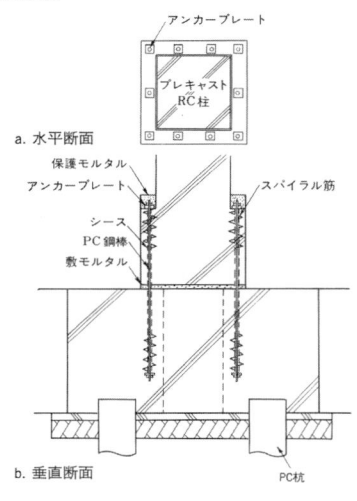

柱脚部を示す。PC鋼材端部は，定着によりコンクリートに割裂応力が発生するので，スパイラル筋によって補強されている。

10 その他の剛接合法（柱―梁，基礎の接合例）

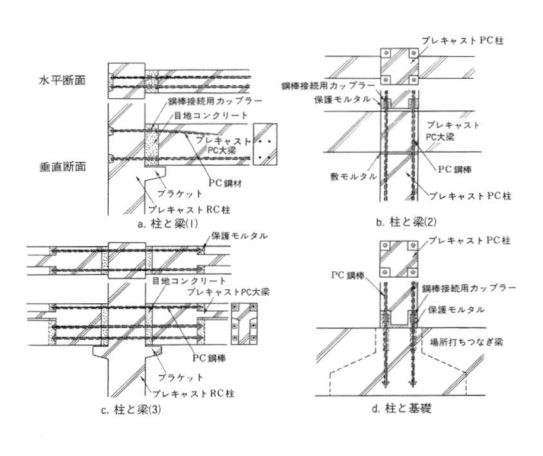

a図はプレキャスト柱と梁の接合方法を示す。定着具は，柱断面内に納められている。

b図は，柱内を通るPC鋼棒を示している。プレキャスト梁が通ることにより，柱が上下の階に分離され，これらが圧着されている。PC鋼棒はカプラーによって接続される。

c図は，プレキャストPC大梁の端部のみでPC鋼棒を使って圧着する骨組を示している。プレキャストPC大梁端部にPC鋼棒を貫通して配置できるようなブロックを設け，この部分を柱に圧着する。

d図は，柱を基礎に圧着する様子を示している。基礎に埋め込まれたPC鋼棒と柱のPC鋼棒をカプラーで接続している。

現在ではb，d図の保護モルタルは必要としないディテールが一般的となっている。

第7章 合成構造

◆合成構造の分類・合成構造の実例（p.62）

1 合成構造の分類

合成構造は，異種材料を組み合わせて構成した合成部材，各部材を単一の合成部材で形成される単一合成部材による構造，および異種の構造部材あるいは異種の構造システムを組み合わせた混合構造に大別される。合成部材は，さらに，合成梁，合成柱，合成床，合成壁，合成筋かい，合成トラスおよび合成アーチがある。なお，鉄筋コンクリート（RC）部材は，鉄筋とコンクリートを組み合わせた合成構造と考えられるが，RCとして設計体系が構築されているので，合成部材から除くことにする。また，単一合成部材による合成構造は，柱梁共SRC部材とするSRC構造等が挙げられる。他方，混合構造の形式を分類すると，異種構造部材の混合化，平面的な異種構造システムの混合化および立面的な異種構造システムの混合化に大別できる。異種構造部材の混合化は，架構構造において，RC柱・鉄骨（S）梁構造のように，柱部材と梁部材に異種の構造部材を用いた混合構造である。また，平面的な異種構造システムの混合化，立面的な異種構造システムの混合化は，建築物平面および立面において，異種の構造システムを混合したもので，外周鉄骨組・RCコア壁構造や上部RC架構・下部SRC架構構造がそれらの例として挙げられる。

2 合成構造の実例

中国銀行タワー（高さ：305m）（SRCの例）
六本木ヒルズ森タワー（高さ：238m）（CFTの例） 

中国銀行タワー

香港に建設された70階建て高さ305mの事務所ビルで，プリズムの様な形状をしたSRCメガストラクチャーに依る混合構造である。SRCメガカラムの採用された理由として，鉄骨構造では接合部の納まりが3次元的となり複雑になるのに対して，SRCにすることに依って，各平面フレームの端部鉄骨柱をRCに依って，一体化が容易にできる利点が挙げられる。

六本木ヒルズ森タワー

東京に建設された，54階建て高さ238mの事務所ビルで，楕円形をした平面形状に対して円形のCFT柱とH型鋼梁を用いた制震ディバイス付きラーメン構造である。高強度コンクリートを鋼管に充填したCFT柱は，従来工法より耐力・変形性能において優れていて，制震装置（セミアクティブオイルダンパ）と組み合わせることにより高い耐震安全性を実現している。

◆構造概念（p.63）

1 構造概念図

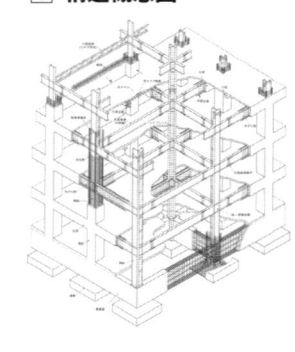

2 構造形式の組合せ

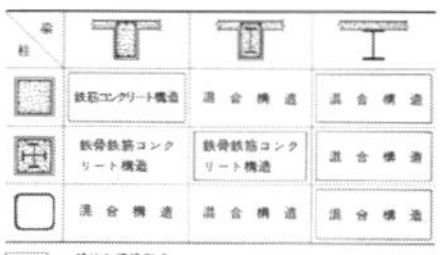

3 鋼管コンクリート柱の断面図

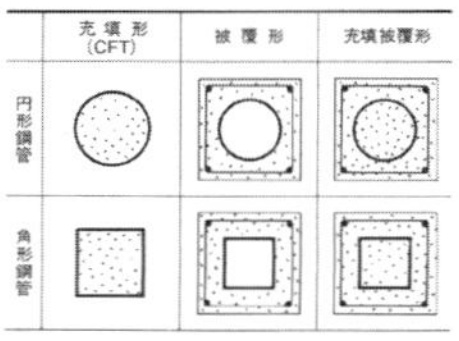

鉄骨鉄筋コンクリート構造（SRC造）は，柱，大梁の断面が鉄骨に鉄筋コンクリートを被覆した構造である。

鉄筋コンクリート造の基礎の上に，工場で加工した鉄骨の柱，梁を高力ボルトまたは溶接で組み立て，次に，鉄骨周りに鉄筋を配筋し，型枠設置後，コンクリートを打設する。

床スラブは鉄筋コンクリート造であり，小梁は鉄筋コンクリート造が一般的ではあるが，鉄骨梁を用いることもある。

第7章 合成構造

◆柱・梁の形式（p.64）

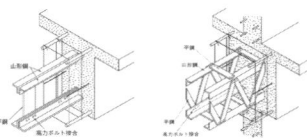

1. 充填形 
2. ラチス形 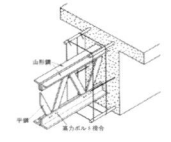
3. ラチス形 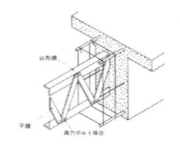
4. 格子形
5. 箱形
6. 合成梁
7. 充填十字形
8. 充填T形
9. 充填L形
10. 充填H形
11. 被覆形鋼管コンクリート
12. 充填形鋼管コンクリート

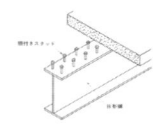

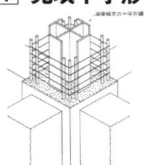

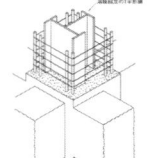

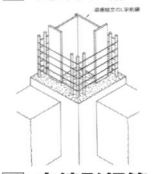

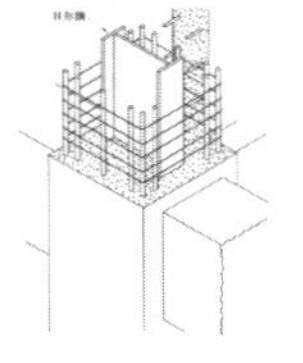

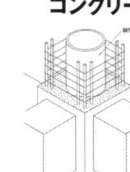

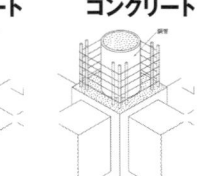

SRC梁に内蔵される鉄骨形状には様々な形があるが，現在では，フルウェブのH形鋼を用いた充腹形が一般的である。

その他，小径断面を斜材で綴ったラチス形，格子形によって鉄骨量の軽減を図った断面形状もある。

鉄骨梁の上フランジに頭付きスタッドボルトを溶接し，床スラブとの一体化を図った合成梁もSRC造に分類される。

SRC柱に内蔵される鉄骨形状は，柱と梁の取り付き方によって，H形鋼を十字形，T字形，L字形を使い分けている。建物の中央部は十字形，外周部はT字形，そして建物の出隅部にはL字形を用いることが多い。この時，柱ウェブ芯と梁ウェブ芯を合わせることが重要である。

その他，柱に生じる応力状態によっては，H形，鋼管を内蔵する場合もある。

◆各部の詳細（1）（p.65）

1. 柱脚詳細 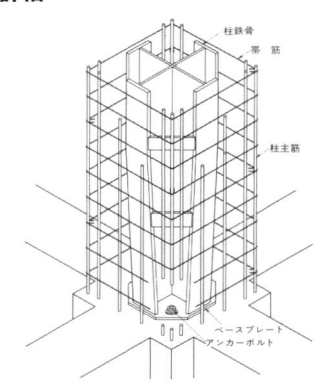 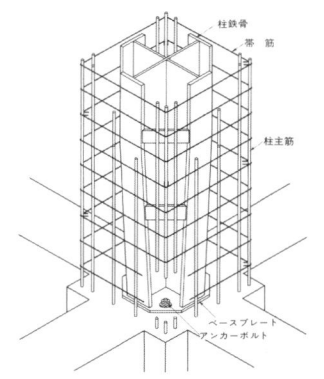
2. 柱脚の形式 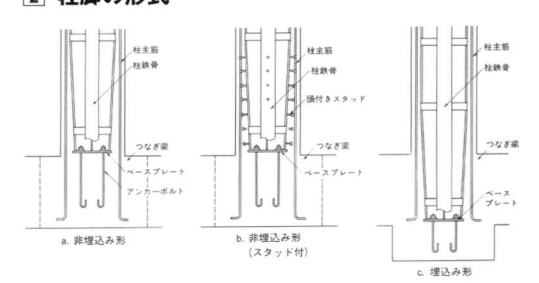
   a. 非埋込み形
   b. 非埋込み形（スタッド付）
   c. 埋込み形
3. ベースプレート形状とアンカーボルト配置

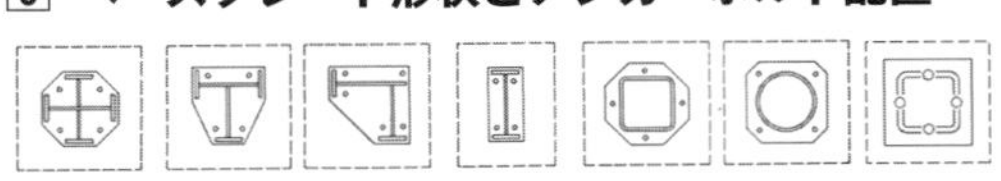

鉄骨鉄筋コンクリート構造の鉄骨柱脚の形式は，「非埋込み形」と「埋込み形」の大きく2種類に分類される。

非埋込み形の柱脚は，鉄筋コンクリートの耐力のほか，アンカーボルトの耐力とベースプレート下のコンクリート支圧耐力で柱脚部耐力が決まる。

一般的には，柱脚部の鉄骨は，ベースプレートのコンクリートかぶり厚の確保，柱脚部で密になる鉄筋との位置関係から約1mの高さから下端に向けて内側に絞り込む。

鉄骨鉄筋コンクリートの場合，鉄骨とコンクリート間の付着力で一体化を考えるが，図bのように頭付きスタッドボルトを打つ場合もある。

一方，埋込み形の柱脚は，鉄筋コンクリートの耐力に鉄骨断面耐力で柱脚部耐力が決まる。この時，基礎に鉄骨を埋め込むことになるので，基礎梁の鉄筋との納まり（鉄骨と鉄筋の配列）に注意する必要がある。

柱の鉄骨形状に合わせてベースプレート形状を決め，平面的にバランスよくアンカーボルトを配置する。

④ RC小梁の納まり

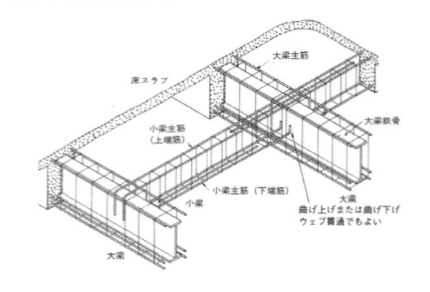

大梁・小梁

鉄骨鉄筋コンクリート（SRC）造の場合，床組の小梁は鉄筋コンクリート（RC）造とするケースが一般的である。

小梁の上端筋は常に引張力が作用しているため，大梁内の鉄骨と干渉しない位置（レベル）とする。ただし，床下がりなど建築的な機能によって，鉄骨位置に小梁主筋を通す場合は，鉄骨フランジとの干渉を避け，ウェブに鉄筋孔を設けて定着する。一方，小梁の下端筋は圧縮領域であるため鉄骨ウェブの手前で折り曲げて定着する。

⑤ 梁貫通孔補強（スリーブ管＋鉄筋補強）

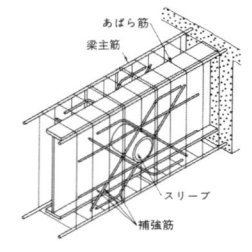

SRC梁の設備配管用開口には，施工の型枠工事の手間を省くために，開口補強も兼ねて，鉄骨に鋼管を予め溶接し，現場で鉄筋による開口補強をすることが多い。

⑥ 梁貫通孔補強（リングプレート＋既製補強筋）

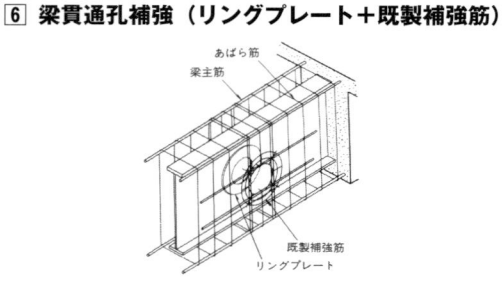

SRC梁の設備配管用開口で，鉄骨のせん断耐力が不足する場合，鉄骨ウェブに補強リングプレートを溶接する。開口補強には既製の補強筋を用いる場合がある。

鉄骨に鋼管を溶接しない場合には内型枠として紙型枠等を使用する。

⑦ 梁と壁の納まり（梁と同一面に壁がある場合）

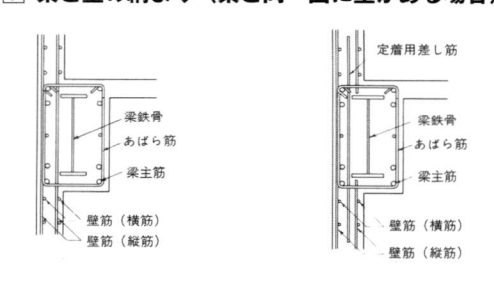

梁と同一面に壁がある場合，壁縦筋が鉄骨フランジと干渉しないように配筋する。壁の縦筋が鉄骨フランジと干渉する場合には，縦筋を鉄骨フランジ手前で止め，重ね継ぎ手による定着通し筋を追加する。または，異型棒鋼を鉄骨面に溶接することによって定着する方法も用いられる。

⑧ 梁と壁の納まり（梁中心に壁がある場合）

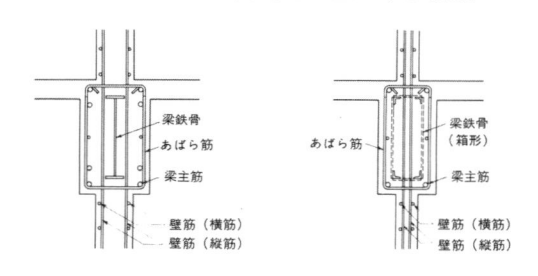

梁中心に壁がある場合，壁厚が大梁鉄骨フランジ幅に比べて十分厚い場合には，壁縦筋をそのまま引き通すことができる。一方，鉄骨フランジと干渉し，鉄筋が引き通せない場合は，異型棒鋼の鉄骨面への溶接によって定着する。

⑨ 柱と壁の納まり（柱と同一面に壁がある場合）

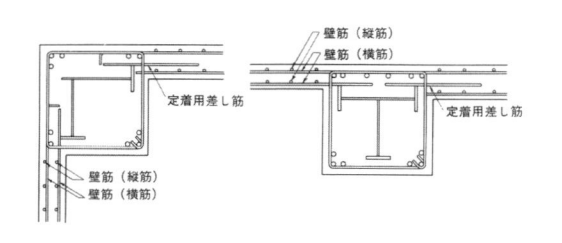

梁と壁の関係と同様に壁横筋が鉄骨フランジと干渉する場合には，定着通し筋，もしくは定着差し筋を追加する。一方，鉄骨フランジと干渉し，鉄筋が引き通せない場合は，異型棒鋼の鉄骨面への溶接によって定着する。

第 7 章　合成構造

10 柱と壁の納まり（柱中心に壁がある場合）

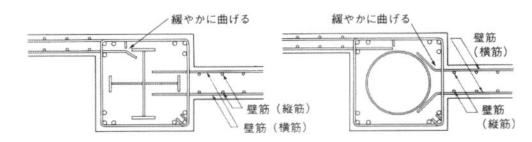

十字鉄骨の場合，直交するウェブ付近まで壁横筋を延ばして定着させる。鉄骨が円形鋼管や角型鋼管の場合，鉄筋を折り曲げて定着させる。または，異型棒鋼の鉄骨面への溶接によって定着させる。

11 床スラブと梁の納まり

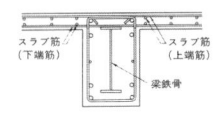

SRC 梁と床スラブの上端がほぼ同じ場合には，床スラブ鉄筋は，SRC 梁の鉄骨上端位置で引き通す。その際，スラブ筋が通し配筋となるよう鉄骨のかぶりを十分に取る。

12 床スラブと梁の納まり（床スラブに高低差のある場合）

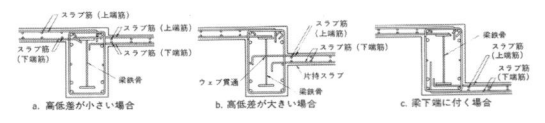

床スラブに段差がある場合は，床スラブ鉄筋と SRC 梁の鉄骨が干渉することになる。その場合，図 a～図 c のように定着長を確保した上で，鉄骨手前で折り曲げるか，鉄骨を貫通して定着させる。

なお，床スラブ下筋は鉄骨の手前で定着をとることもできる。

◆各部の詳細（2）（p.66）

1 柱貫通方式（三角スチフナー）
2 柱貫通方式（水平スチフナー）
3 梁貫通方式

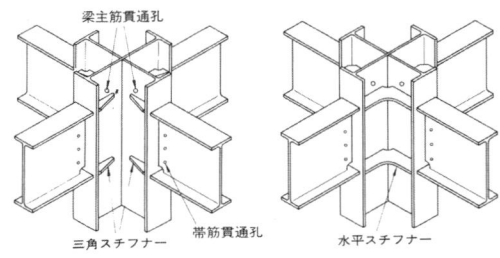

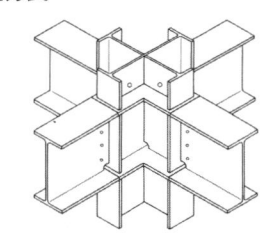

鉄骨部分の柱・端接合部形式

鉄骨の柱と梁の接合部では，応力が円滑に伝達できるような接続方法が必要となる。

「柱貫通形式」とは，柱鉄骨を引き通して梁鉄骨を溶接して繋げる方式である。「梁貫通形式」は，梁の取り付く位置に鉄骨プレートを引き通し，このプレートに柱の鉄骨を溶接する方式である。

柱鉄骨フランジの幅や板厚が梁鉄骨フランジより大きい場合，柱貫通方式を採用する。梁に発生する曲げモーメントを円滑に柱に伝達するよう水平スチフナーを設ける。梁の断面に応じて三角スチフナーとする場合もある。

梁鉄骨フランジの幅や板厚が柱鉄骨フランジより大きい場合，梁貫通方式を採用する。一般的にロングスパン梁だと梁貫通方式となる。

5 側柱の場合
4 中柱の場合
6 隅柱の場合

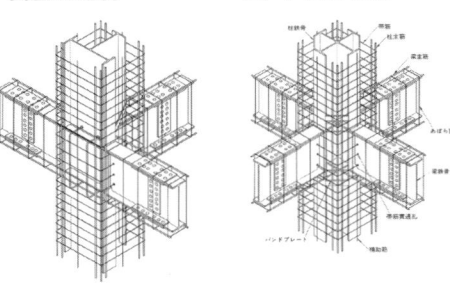

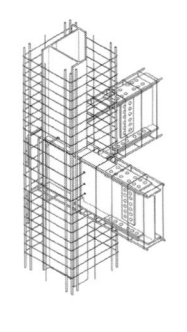

柱・梁端接合部の鉄筋の納まり

柱は，建物内部にある柱を中柱，建物外周部にある柱を側柱，そして，建物の出隅部分にある柱を隅柱と呼ぶ。

SRC 造の場合，柱の位置や柱と梁の取付き方によって，図に示すように柱鉄骨の形状が異なる。

柱と梁の接合部での鉄筋は，鉄骨フランジとの干渉を考慮しながら位置（レベル）を決める。位置によっては本数も限定されるので設計初期の段階で検討することになる。接合部内では，必要に応じて柱鉄骨および梁鉄骨のウェブに鉄筋孔を設けて鉄筋を通す。

柱・梁接合部にも柱帯筋を配置するが，梁鉄骨ウェブと干渉するので，鉄骨ウェブプレートに鉄筋孔を設け，割りフープを通し，フレアー溶接で接合する。

7 梁S造柱SRC造の接合部

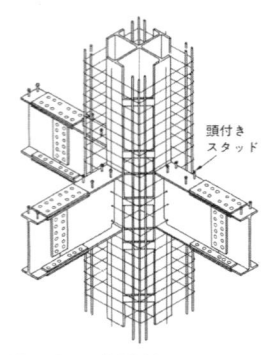

鉄骨鉄筋コンクリート造における留意点

柱・梁接合部には，柱，梁の鉄筋が交錯する箇所でもあり，鉄骨，鉄筋の位置関係をあらかじめ整理しておくことが重要である。

また，柱帯筋の配置は，帯筋が梁鉄骨ウェブと干渉するので，鉄骨ウェブプレートに鉄筋孔を設け，4つの割りフープをそれぞれ通し，フレアー溶接で接合することになる。この時，フレアー溶接は現場での溶接となるので，必要な溶接長の確保とともに溶接品質が重要である。

8 コンクリートの充填性

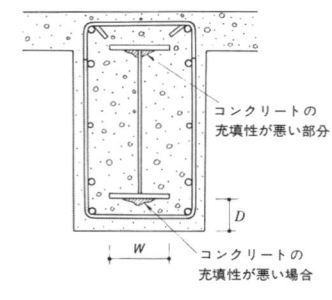

鉄骨鉄筋コンクリート造は，鉄骨と鉄筋がコンクリートで一体化する構造形式となるため，コンクリート打設時のコンクリート充填性に留意する必要がある。

コンクリートの充填性には鉄骨，鉄筋の適正な間隔確保が必要となる。また，コンクリートは鉄骨の下端付近に空隙が出来やすいため，コンクリートが回りやすい鉄骨，鉄筋の納まりに加え，コンクリートの流動性，施工が重要となる。

$W/D \leq 2$ が望ましい

9 鉄筋と鉄骨との納まり

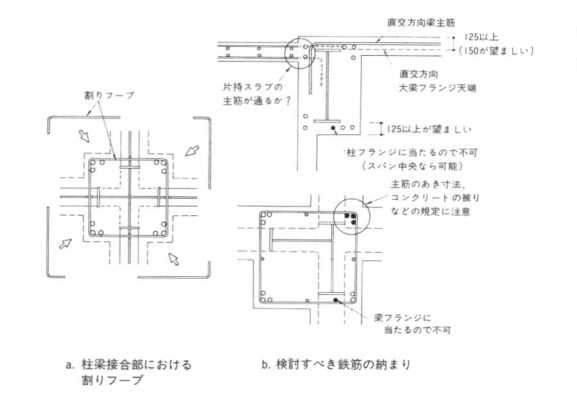

鉄骨鉄筋コンクリート構造は，施工上の制約から鉄筋の形状や本数が限定される。常に鉄骨と鉄筋の位置関係，納まりに配慮した設計を行うことが重要である。

a. 柱梁接合部における割りフープ
b. 検討すべき鉄筋の納まり

◆コンクリート充填鋼管（CFT）構造（p.67）

1 内ダイアフラム形式　2 通しダイアフラム形式
3 外ダイアフラム形式

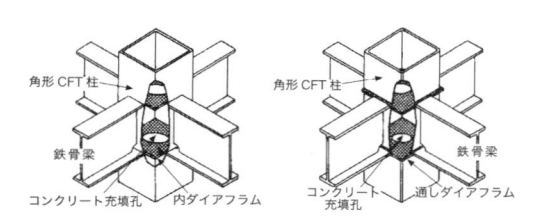

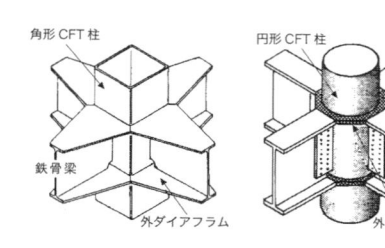

コンクリート充填鋼管（CFT）構造は，鉄骨梁と組み合わせて骨組を形成し，業務ビル等に多用されている。CFT柱・鉄骨梁接合部に関しては，内ダイアフラム形式，通しダイアフラム形式および外ダイアフラム形式の三種類が一般的である。内ダイアフラム形式は，4枚の板を溶接して成形する溶接組立箱形断面鋼管に用いられている接合形式で，補強材のダイアフラムが鋼管内に設置されるため，柱外部の仕上げ材との干渉が生じないが，コンクリート充填に際し，ダイアフラム下端に空隙ができないように施工する必要がある。また，通しダイアフラム形式は，冷間で折り曲げて成形する冷間成形鋼管に用いる接合形式で，内ダイアフラム形式と同様の特徴を有するが，この形式は，鋼管を切断して，通しダイアフラムを溶接するため，柱の芯出しが難しく，加工工数が増し，溶接量も他の形式に比較して多くなる。外ダイアフラム形式は，まったく鋼管を切断することなく，鋼管外部にダイアフラムを設けた形式で，鋼管の切断，再溶接が無く，鋼管内に補強材が無いため，コンクリートの充填作業が容易であるが，補強材と仕上げ材との干渉等，建築上の納まりの問題がある。

第7章　合成構造

4 CFT柱・鉄骨コンクリート(SC)梁構造

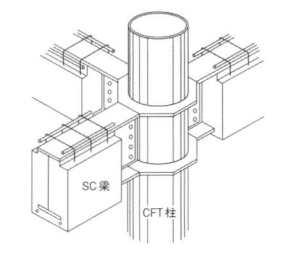

5 CFT柱・フラットスラブ構造

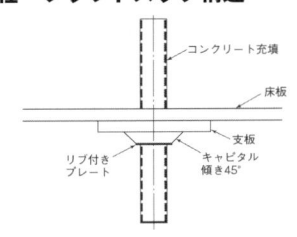

集合住宅の様に住居を目的とする用途に対して，鉄骨梁では振動等の居住性の問題が生じるため，鉄骨梁に鉄筋コンクリート（RC）を巻いた鉄骨コンクリート(SC)梁を用いるのが一般的である。このSC梁に関しては，鉄骨周りのRCを剛性向上および耐火被覆として用いている。他方，CFT柱・フラットスラブ構造は地下駆体，倉庫および配送センター等に適用されている。地下駆体では，フラットスラブを用いることによって，階高が低くなることで地下工事の根切量が低減できるとともに，逆打ち工法の構真柱をCFT柱が兼ねることから，工期短縮，コストダウンが図られる。また，倉庫および配送センターでは，RC柱に比較してCFT柱は断面の縮小化が可能となり，空間有効率を最大限にすることができる。

6 最下層を充填被覆型鋼管コンクリートとした構造

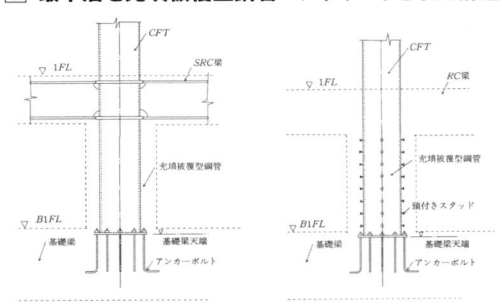

CFT構造は，地下階のある高層建物に多用され，図は最下層を充填被覆型鋼管柱とした場合の柱脚の例で，1階を支える梁がSRC造あるいはRC造の場合である。最下層の柱は充填被覆型でベースプレート位置は基礎梁天端である。この形式の利点は，CFT部から基礎への応力移行を充填被覆型鋼管部の柱全長地下1層分で行う為，ベースプレートおよびアンカーボルトの負担応力を小さく出来，損傷が生じにくいことである。

7 柱梁接合部近傍の切替え　 8 柱中央の切替え

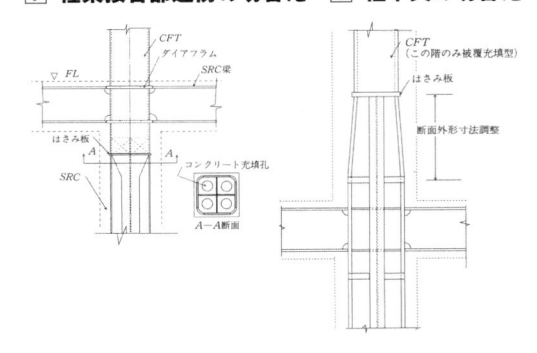

鋼管から十字形鉄骨への応力伝達を円滑にする為，鋼管と十字形鉄骨の間にはさみ板を挿入している例である。このはさみ板にはコンクリート充填孔が設けられる。

9 落とし込み工法　 10 圧入工法

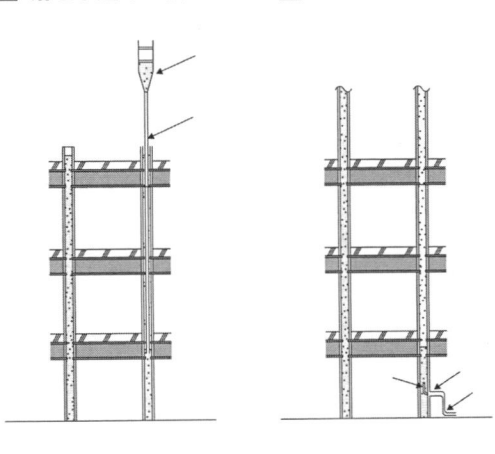

CFT構造の鋼管内へのコンクリート充填方法は，落とし込み充填工法と圧入工法がある。落とし込み充填工法は，鋼管の上部から，コンクリートバケットを用いて，コンクリートを落とし込み，鋼管内にコンクリートを充填する方法である。コンクリートの分離等を避けるため，バケット先端にトレミー管やフレキシブルホースを取り付け，コンクリートの充填とともに，順次バケットを引き上げる。この方法は，落とし込み高さが比較的低い場合や鋼管径が大きい場合に用いられる。圧入工法は，鉄骨建て方後に，鋼管下部の事前に加工されたコンクリート圧入孔に，コンクリート打設用のポンプ車からの圧送配管を接続し，鋼管下部から連続的にコンクリートを圧入する方法である。コンクリートの充填性，特にダイアフラム下端の充填性を高めるため，単位水量の少ない高流動コンクリートを用いる場合が多い。圧入高さも高く充填出来るために，生産性の向上が図られる。

[構造編] 解説

11 圧入工法の圧入孔　12 ダイアフラムの打設孔

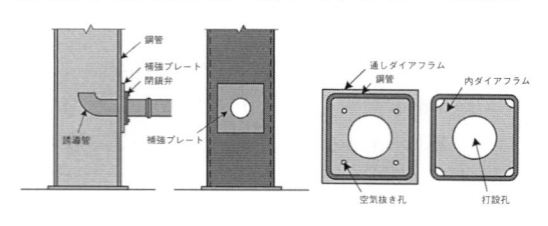

鋼管の圧入部は，鉄骨製作時に圧入口を設けておき，現場で圧入用の治具を取り付け圧入をする。鋼管内の柱梁接合部に相当する部分に設置されたダイアフラムには，中央部に打設穴を設け，四隅に，コンクリート圧入の際に，空気が残らないように，空気抜き穴が設けられている。

◆その他の合成構造（1）（p.68）

1 鋼板コンクリート構造
（原子力発電所建屋など）

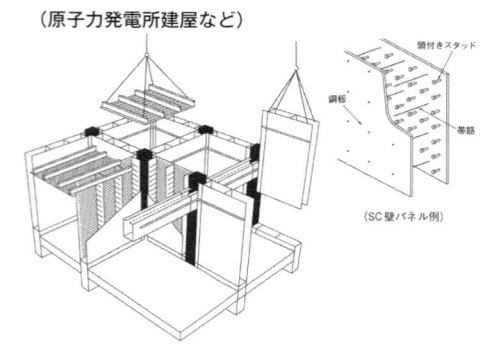

鋼板コンクリート構造は，2枚の鋼板の間にコンクリートを充填した壁式の構造形式である。コンクリートと鋼板は，頭付きスタッドなどのシアキーにより一体化され，充填されたコンクリートが鋼板の局部座屈を拘束するなどの合成効果を発揮する構造である。主に原子力発電所の建屋などに使われているが，最近ではオフィスビルに使われた例もある。

2 CES 構造
（内蔵鉄骨と繊維補強コンクリートによる合成構造）

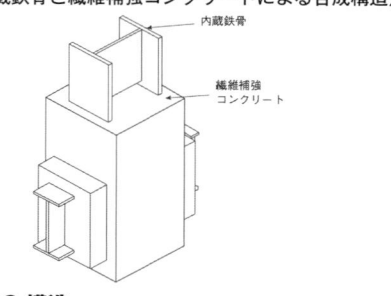

CES 構造は，SRC 構造の鉄筋を省略し，被覆コンクリートに繊維補強コンクリートを用いた構造で，内蔵鉄骨と繊維補強コンクリートによる合成構造である。繊維補強コンクリートを用いることでコンクリートの靭性が向上し，耐震性に富み，高品質な建築物をより短い工期でより安く供給することを可能にするものである。簡単な構造であるため汎用性も高く，低層から超高層，小規模から大規模までの多種・多様な建築物に適用可能である。また，従来の SRC 構造では困難とされたプレキャスト化が容易である。

3 HPC 構造
（コンクリート板で鋼板筋かいの座屈を防止する合成壁を組み込んでいる―集合住宅など）

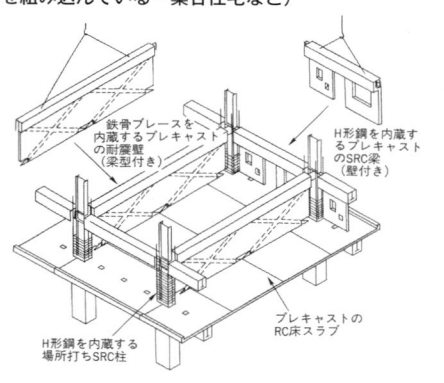

HPC 構造は，H 形鋼を内蔵した場所打コンクリートの SRC 柱と PCa コンクリートの SRC 梁，鉄筋あるいは鋼板筋かいを内蔵した PCa 耐震壁及び PCa 床を組み合わせた構造形式である。PCa 耐震壁は，鋼板筋かいをコンクリート板により被覆することで鋼板筋かいの座屈が防止される。1970 年代に高層集合住宅に用いられていたが，その後 HPC 構造から鉄骨を除き，鉄筋に置き替えて PC 化することでコスト低減化を計った R-PC 工法あるいは WR-PC 工法が採用されるようになった。

4 合成床
（コンクリートを圧縮材，デッキプレートを引張材として利用）

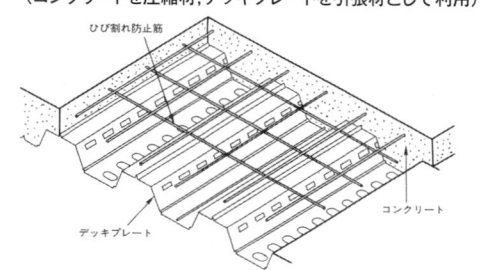

合成床は，型枠代わりのデッキプレートの上に RC スラブを打設した構造である。デッキプレートには，エンボスや鍵溝等の合成機構が設けられ，コンクリートとの剥離やずれを拘束し，合成効果を発揮する。合成床は，デッキプレートがコンクリート打込み時には型枠として，硬化後はコンクリートと一体になって引張鉄筋の働きをし，現場作業が簡略化され，施工性・耐力に優れた合理的，経済的な床構造である。

第 7 章　合成構造

5 合成筋かい（座屈拘束ブレース）
（鋼管コンクリートで鋼板筋かいの座屈を防止した引張力・圧縮力に有効な筋かい）

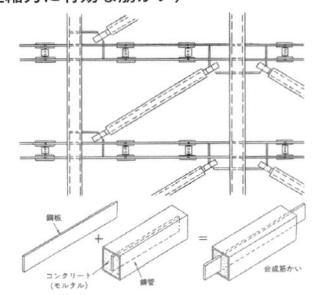

合成筋かいは，非絶縁型合成筋かい，絶縁型合成筋かいに分類できる。CFT 筋かい等の非絶縁型合成筋かいは，筋かい材全断面で圧縮筋かいとして用いられている。一方，座屈拘束ブレース等の絶縁型合成筋かいは，鋼板筋かいの周囲を鋼管コンクリート被覆した構造である。鋼管コンクリートで被覆することにより，鋼板筋かいの座屈が防止されるため，引張力・圧縮力に有効な筋かいである。（なお座屈拘束ブレースの詳細は鋼構造の頁を参照）

6 複合梁構造
（端部をRC造またはSRC造・中央部をS造として梁）

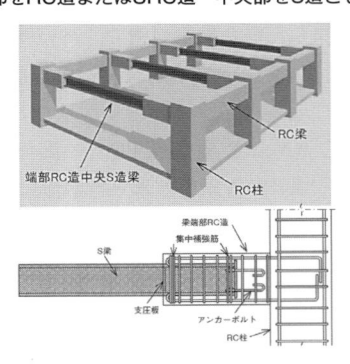

複合梁構造は，梁の材端部を剛性の高い RC 造・SRC 造とし，スパン中央部を軽量の S 造とした構法である。軽量の S 造を組み合わせることで，大スパンが可能であり，また梁間方向と桁行方向で梁の構造形式を変えられる。鉄骨加工が少なくプレキャスト化が可能なため低コスト化，施工の合理化が可能である。

7 柱RC造・梁S造の混合構造
（事務所建築など）

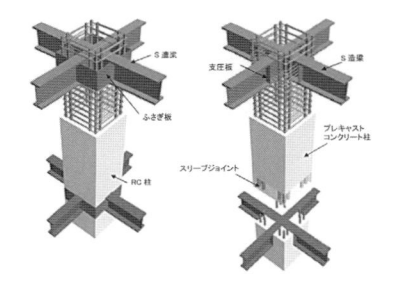

柱 RC 造・梁 S 造の混合構造は，圧縮力に有利な RC 柱と曲げに有効に抵抗できる軽量な S 梁を組み合わせた構法である。この構造の要点は，柱と梁の応力伝達が重要で，多くの接合部ディテールが開発されている。RC 造と比較すると，梁スパンを長くできる，建物を軽量化できる，現場作業を軽減でき施工を合理化できるなどの特徴が挙げられる。

◆その他の合成構造（2）(p.69)

1 S造・RC造・SRC造の混合構造
（ホールなど）

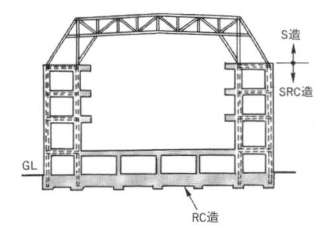

図 1〜6 は，S 造，RC 造，SRC 造，CFT 造等の異なる構造システムを平面的あるいは立面的に適材適所に組み合わせた構造形式である。

・平面的な異種構造システムの混合化 2 b，3，5，6

図 2 b は，平面的に SRC 造と RC 造を混用した混合構造の例である。平面的にスパンが大きく異なる建物に適用され，柱スパンが大きくなる空間に大スパンが可能な SRC 構造を適用し，柱スパンが大きくない空間には RC 構造を適用することで，合理化を図った建物である。事務所建築や商業施設などに適用される場合が多い。図 3, 図 5 は，高層の事務所建築などに多く用いられる構造形式であり，SRC 造または RC 造のコアと S 造の組み合わせによる混合構造の例である。図 3 は SRC 造のコアを事務所の両側に配置したダブルコア形式の建物であり，図 5 は RC 造のコアを平面の中央に配置したセンターコア形式の建物である。この混合構造は，建物に作用する地震力を中央または両端の SRC コア（RC コア）でほとんど負担し，外周または中央の S 造骨組は鉛直荷重のみを負担する構造であり，柱本数を少なく，また小断面で有効空間を確保することができる。

2 RC造・SRC造の混合構造

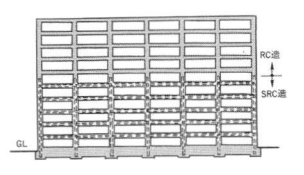

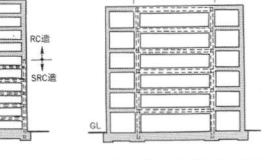

a. 高さ方向に混用（集合住宅など）
b. 平面的に混用（事務所建築など）

③ SRC造コアとS造の混合構造
（事務所建築など）

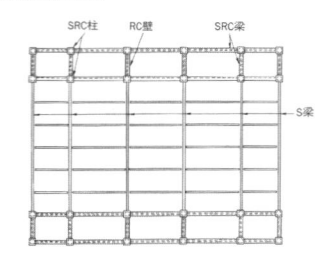

④ S造・RC造・SRC造の混合構造
（高層建築など）

⑤ RC造コアとS造の混合構造
（事務所建築など）

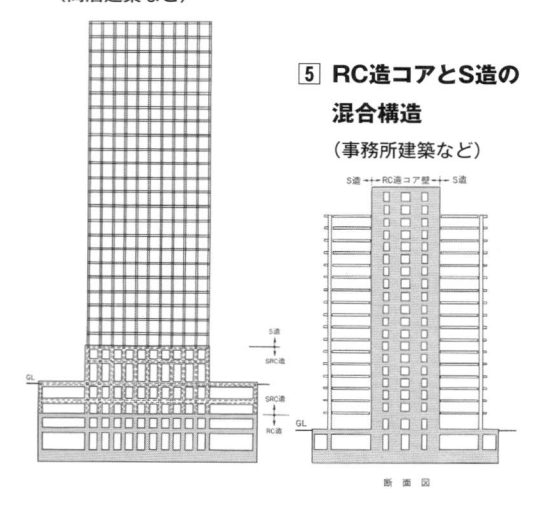

⑥ 外周RC造チューブとCFT造の混合構造
（チューブ構造：骨組を籠状に鋼製して耐震要素とした構造―事務所建築など）

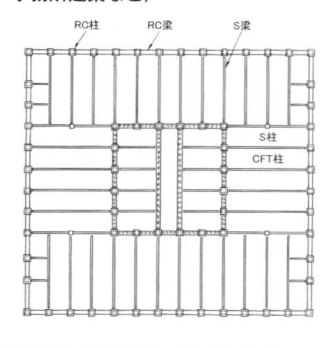

⑦ 各種合成構造柱部材の復元力特性
（水平力と水平変形との関係）

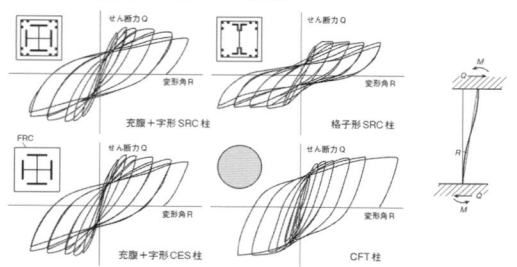

　図6は，（超）高層事務所建築などに用いられる構造形式であり，中央をCFT造，外周をRC造によるチューブ構造とした混合構造の例である。チューブ構造は，骨組を籠状に構成して耐震要素とした構造で，水平力による曲げ変形に対し，外周の柱の一方は圧縮，その反対側の柱は引張に抵抗させるため，大きな剛性が必要となる外周にRC造を適用している。室内は大梁を設けずに自由な空間が実現可能である。

・立面的な異種構造システムの混合化①，②a，④

　図1は，大空間となるホールなどで，S造・RC造・SRC造を混用した混合構造の例である。外周の骨組みを剛性の高いRC造やSRC造とし，屋根に軽量のS造トラスなどを用いた構造である。この場合，一般的に基礎はRC造が用いられる。

　図2aは，RC造・SRC造を混用した混合構造の例で，高い軸方向力と水平力が作用する低層階にSRC造を，高層階にRC造を適用したもので，集合住宅などに適用される。

　図4は，高層建築物にS造・RC造・SRC造を混用したの混合構造の例である。S造を主体とする建物で，高い軸方向力と水平力が作用する低層階にSRC造を，地下階にRC造を適用したものである。

　軸方向力と水平力を受ける各種合成構造柱部材の水平力と水平変形の関係を示したものである。充腹型鉄骨を用いたSRC柱（左上段）は，大変形に至るまでエネルギー吸収能力の高い安定した挙動を示す。非充腹型鉄骨を用いたSRC柱（右上段）は，充腹型SRC柱と比較すると，履歴面積が少なく，エネルギー吸収能力が劣る。CES柱（左下段）は，鉄筋を省略しているにもかかわらず，充腹型SRC柱と同等の性能を示す。円形断面CFT柱（右下段）は，最もエネルギー吸収能力が高く，大変形まで安定した挙動を示す。

第8章 組積構造・プレキャスト組立床

◆れんが造（p.70）

1 東京駅丸の内駅舎

東京駅丸の内駅舎は，辰野金吾により設計され，1914年（大正3年）に建造された。しかし，1945年（昭和20年），戦災により南北のドームと屋根および内装を焼失したが，戦後，3階建ての駅舎を2階建て駅舎として復興した。その後，図1に示すように今回の復原工事（2007～2012年）により，外観を建設時の姿に再現することおよび鉄骨れんが造の下に地下躯体を新設し，機能拡大をはかるとともに，巨大地震にも耐えうる建築とするために，免震工法（免震装置として地上部分と地下部分との間に免震ゴムとオイルダンパーを設置）で施工された。今回，ドーム屋根を創建時の外観に復元するとともに3階以上の内部は創建時の意匠に忠実に復元された。

2 組積法の原則と種類

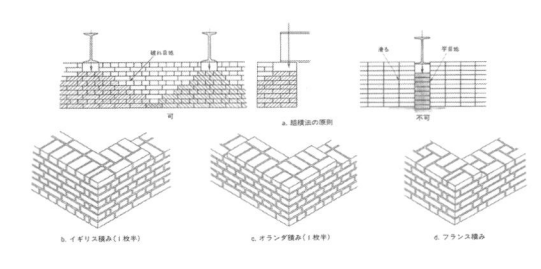

図2は，代表的なれんが組積法の種類である。力学的にイギリス積みの方がフランス積みに比べて合理的である。フランス積みは芋目地（縦方向の目地が一直線になること）ができやすく，イギリス積みに比べて構造的に弱いとされている。オランダ積みは，イギリス積みと基本的には類似しているが，端部の積み方が異なる。日本では，明治初期にはフランス積みの建築物が建てられていたが，その後はイギリス積みが主流になった。東京駅丸の内駅舎は鉄骨れんが造として建造されたが，その積み方はイギリス積みであった。

3 開口部せり持の種類（れんが造・石造）

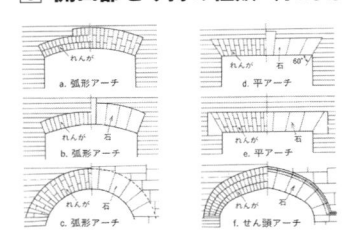

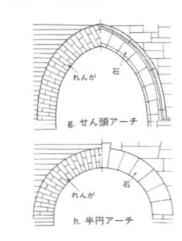

れんが造建築物の開口部の構造的な解決法として，アーチ構造が用いられることがある。とくに，歴史的建築物ではこの構造が多い。アーチ構造は，本来，アーチ部の組積体には圧縮力のみ伝わるようにした構造形式であり，形状は半円形（正確には懸垂線）であるが，図3に示すように多様な形式が用いられている。また，開口部上部のアーチには，れんがとともに石材も用いられている。平アーチなどは，開口部の上部の壁において鉛直荷重の流れにアーチ効果がみられ，荷重が開口部の側壁に流れるようになっている。

4 れんが造の補強法

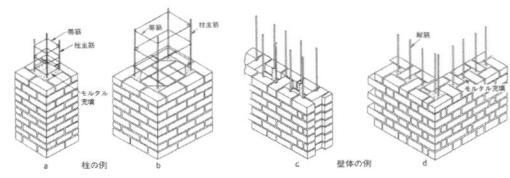

れんが造は，組積体であり，一般に引張や曲げ荷重に対する抵抗は小さい。1891年濃尾地震によって多くのれんが造建築物が被災し，日本ではその耐震的な脆弱性が問題となり，当時，鉄筋コンクリート技術が普及していくなかで，れんがを構造材料として用いた建築物は減少していった。れんがを構造材料として用いるには，基本的には鉄筋等による補強が必要である。図4は，その補強工法の例である。れんが壁には横目地に鉄筋を入れることも必要になる。縦方向の補強鉄筋は，左図に示すように，縦孔に挿入し，縦孔をモルタルで充填するが，空洞が大きい場合には，コンクリートを充填材料として用いることもある。横方向の補強筋は目地モルタル部分に埋め込むことになる。開口部も耐震的には弱点となり得るので，鉄筋等で補強する。

5 れんが造（1枚半積み）の例

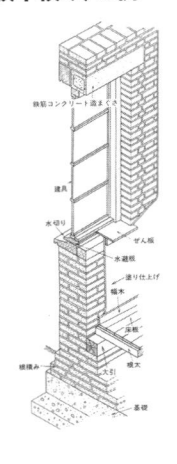

開口をもつ典型的なれんが壁の詳細を図5に示す。開口部上部は，アーチ構造形式ではなく，鉄筋コンクリート造の『まぐさ』を設けて，その上のれんが造壁の崩落を防いでいる。また，基礎は鉄筋コンクリート造を基本とする。壁の厚さは，れんが長手方向の長さの1.5倍であり，1枚半積みと呼ばれている。図に示すように，れんが造といっても，一般に，床組や小屋組は一般に木材を使用することが多い。

◆補強れんがブロック造・補強セラミックブロック造・石造・補強大谷石ブロック造（p.71）

1 補強れんがブロック造

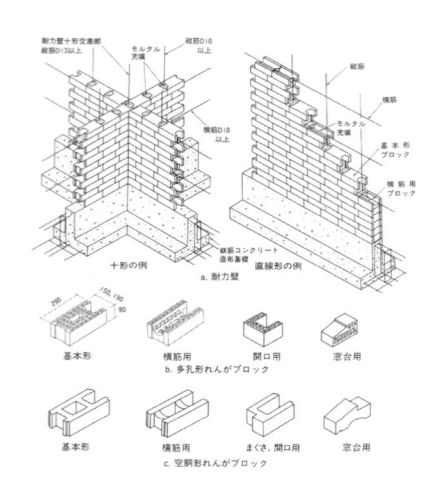

本構造は，補強れんがブロック造設計要項（昭和53年（財）日本建築センターBCJ－LC-9評定）で規定され，補強セラミックブロック造に準ずる構造として認められたものである。この構造の壁体に使用されるメーソンリーユニット（組積単体）は，JIS A 5213（建築用れんが）（この規定は1994年，JIS A 5210（建築用セラミックメーソンリーユニット）に統合された）に規定されている。

ユニットの形状には多孔形れんがブロックと空洞形れんがブロックがある。いずれのユニットでも，壁体の組積時にユニット空洞部には所定の縦筋・横筋を配筋し，その配した空洞部にモルタルを充填する。

空洞形れんがブロックの場合は，鉄筋を挿入する以外の空洞部にもモルタル等を全充填して壁体を構成する。ブロックの形状には，基本形以外に，開口部用など各種の役物が用意されている。組積構造における各層の壁体の頂部および下部には，鉄筋コンクリート造の臥梁を，1層部の下部にあっては鉄筋コンクリート造の布基礎を設けなければならない。

2 補強セラミックブロック造

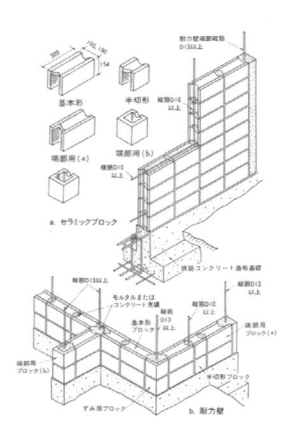

補強セラミックブロック造は，JIS A 5210（建築用セラミックメーソンリーユニット）に規定された，粘土を成形・焼成したセラミック製のメーソンリーユニットのうち，横空洞タイプを用いて設計・施工される建築物である。本構造の設計・施工方法は，補強コンクリートブロック造と同様のものであるが，建設省（現国土交通省）に認定された設計要項（日本セラミックブロック協会：補強セラミックブロック造構造設計規準 昭和37年建設省住指発63号認定）によって設計される。

本構法による建築物は壁式構造で，鉄筋コンクリート造である基礎，臥梁，スラブとセラミックブロック造の壁体によって構成される。

本構造の壁体は，ユニットを組積しながら所定の縦筋および横筋を配筋し，配筋した空洞部はモルタルまたはコンクリートを全充填して形成される。耐力壁の端部および交差部の縦筋はD13以上の配筋規定がされている。本構造で使用されるユニットは焼成品であることから，高い耐久性があることが特徴である。このことから，使用するコンクリートも高耐久性のものを使用することにより，本格的な高耐久性の建築物が期待できる。

3 石造

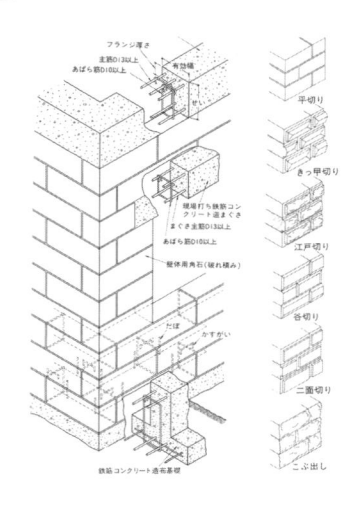

本構造は，建築基準法施行令第51条に規定されている中の石造で，ユニット内部に空洞部のない中実タイプのユニットを組積した壁体と，壁体の上下部に設けられた鉄筋コンクリート造の横架材（臥梁，布基礎）より，建築物としての構造的一体性が確保される構造である。

規定には，石以外のユニットとして，コンクリートブロック，れんがなどがある。使用する石等のユニットを組積する際は，充分に水洗いをしなければならない。また，ユニットはその目地塗面の全面にモルタルが行きわたるよう塗布し組積する。組積においては，芋目地ができないようにしなければならない。ユニットで構成される壁体の壁厚さの下限値は，階数や壁体の長さに応じて規定されていて，その下限値は200mmである。

本構造の壁体には，補強組積造のように壁体内部には連続した補強筋（縦筋，横筋）などの配筋はないが，ユニット間のずれなどを生じさせないように配置された引金物，だぼ，かすがいなどが用いられている。

第8章　組積構造・プレキャスト組立床

4 補強大谷石ブロック造

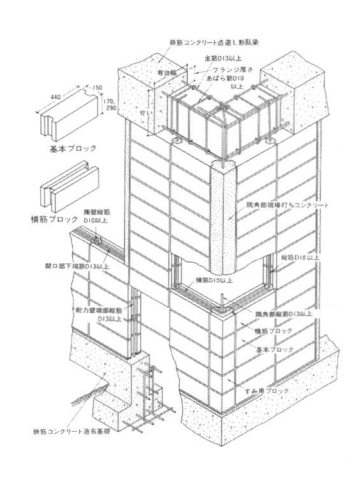

大谷石石材協業組合：補強大谷石ブロック造設計要項（昭和40年（社）日本不燃建築協会 NFK-判-40-26判定）によって，補強大谷石ブロック造は建設されてきた。

大谷石のユニットには縦筋，横筋が配筋できるようにユニット端部または上面に配筋可能な溝が設けられている。溝によって出来る空洞部には，補強筋が配筋されモルタルが充填される。ユニットで構成される壁体は，縦筋，横筋，引金物，だぼ，かすがいなどによって補強されている。

本構造は　図4に示されるように，鉄筋コンクリート造の布基礎，臥梁，床スラブなどの構造部材でも補強されている。

本構造は，壁体および壁体頂部および下部に設けられる連続した横架材（臥梁，布基礎）を配置することにより，建築物の一体性を確保する壁式構造である。

大谷石は比較的強度が小さく，吸水性が大きいことから，ひさしなどを設けてユニットに直接雨水などがかからないように保護する必要がある。

◆補強コンクリートブロック造（p.72）

1 補強コンクリートブロック造2階建

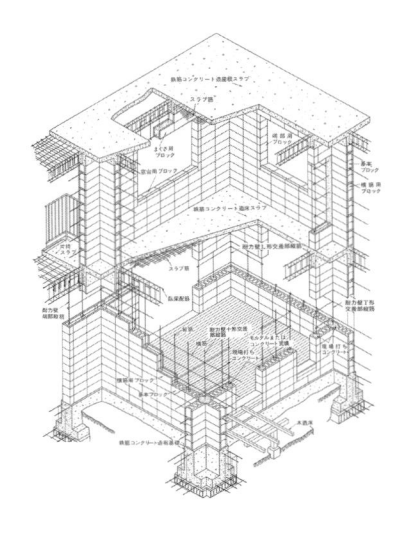

補強コンクリートブロック造（以下，補強ブロック造）は，建物の自重や収容物による鉛直荷重と地震や台風による水平力の両方を壁が負担する壁式構造の一種で，その壁（特に耐力壁という）が鉄筋で補強された空洞コンクリートブロック造によることを特徴とする。主に3階建以下の建物に用いられる。

構造体は以下のように構築される。鉄筋コンクリート造の布基礎から（2階以上にあっては臥梁から）立ち上げられた縦筋の間にブロックが目地モルタルを用いて組積され，所定の間隔で横筋も挿入される。鉄筋が配された縦横の空洞部と縦目地に沿う空洞部にはコンクリートまたはモルタルが充填され，一体的な壁が構成される。その後，壁の頂部を連ねる臥梁と床スラブが鉄筋コンクリート造により構成される。その際，壁の縦筋は臥梁に定着される。このようにして，ブロック造の壁と鉄筋コンクリート造の基礎・臥梁・床スラブ等からなる一体的な箱型の構造体ができる。

構造体自体に耐火性がある。また，基規準を遵守した建物にあっては過去の地震で大きな被害は生じていない。

2 空洞コンクリートブロックの種類

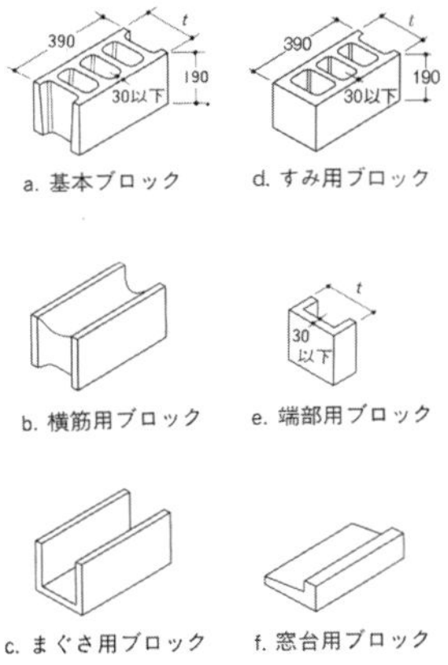

空洞コンクリートブロックの規格は，JIS A 5406（建築用コンクリートブロック）に規定されている。ブロックは形状により，基本形ブロック，基本形横筋ブロック，異形ブロックの3種類に区分される。また，表面に塗装，研磨，模様付けなどを施した化粧ブロックもある。ブロックメーカーは比較的豊富な資源と運搬コストの制約から，地域分散型の企業形態がとられている。このため，ブロックの入手は全国的に容易にできる。一方で，ブロックはプレキャスト製品であることから，災害復興時の需要急増に対して遠方から供給ができるといった側面もある。

図2はモデュール呼び寸法長さ400mm，高さ200mmの製品を示している。標準目地幅が10mmであるため製品の長さと高さはそれぞれ390mmと190mmとなる。製品の厚さは100mm〜190mmまで数種類あるが，補強ブロック造では150mmと190mmが使用される。

3 耐力壁交差部・臥梁接続部

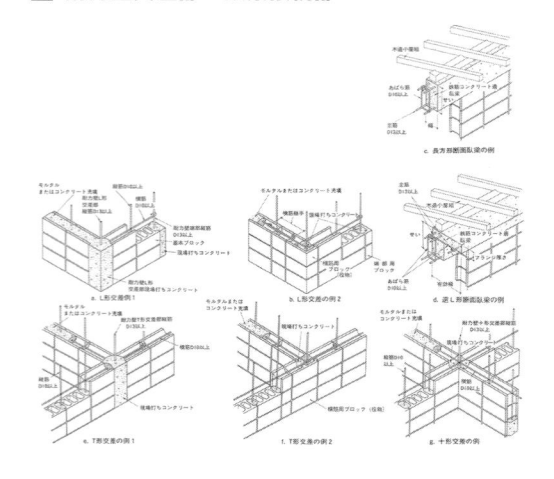

図3に示すL形，T形，十形に耐力壁が交差する部分には二方向から力が作用する。このため，これらの部分には必ず縦筋を配筋しコンクリートまたはモルタルを充填する。現在では，現場打ちのコンクリートまたはモルタルで成形することが推奨されている。

臥梁はコンクリートブロック造耐力壁の上下端に作用する力を分散し，さらには複数の耐力壁を連結し構面を形成するように設けられる。特に屋根スラブがない場合の臥梁は面外方向の力の作用に対しても安全なようにする必要があり，フランジが設けられることもある。

耐力壁の縦筋は臥梁のコンクリートに定着される。一方，耐力壁の横筋は端部を縦筋にフック掛けされる。

◆型枠コンクリートブロック造（p.73）

1 型枠コンクリートブロック造2階建

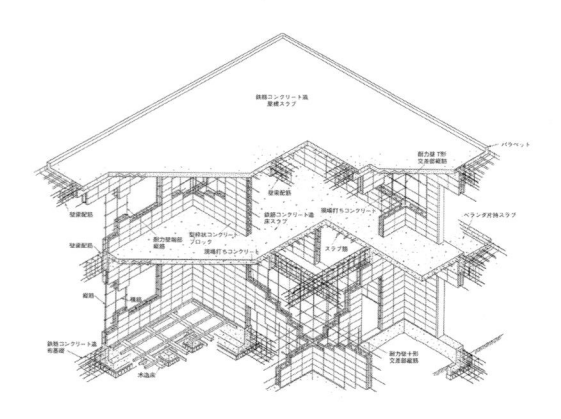

型枠コンクリートブロック造（以下，型枠ブロック造）は，前出の補強コンクリートブロック造や壁式鉄筋コンクリート造と同様な壁式構造の一種であり，型枠ブロック造の耐力壁と鉄筋コンクリート造の壁梁（3階建以下は型枠ブロック造も可），スラブ，布基礎等によって一体性を確保した構造となっている。なお，型枠ブロック造は5階建まで建設でき，本会の設計規準は3階建まで用と4・5階建用の二つ規準がある。

型枠ブロック造では，空洞部の大きい型枠状ブロックを目地モルタルで組積し，その空洞部に鉄筋を配置し，コンクリートを空洞部すべてに充填して耐力壁を構成する。このときコンクリートは1層分を同時に充填する（階高充填とよばれる）。型枠ブロック造は全充填タイプであることが，部分充填タイプである補強コンクリートブロック造との大きな相違点であり，耐力壁の強度・剛性や耐久性などがより優れている。また，壁体のコンクリート打設において型枠を必要としないことも両ブロック造の特長の一つである。

本構造の建築物は，阪神・淡路大震災や東日本大震災など被害調査において，震動による被害はほとんど見られていない。

2 型枠状ブロックおよび耐力壁の詳細

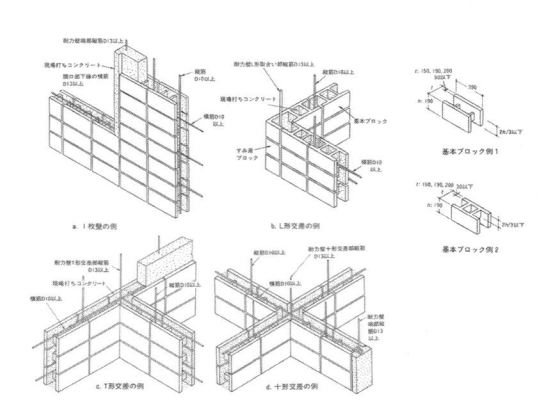

型枠状ブロックの規格は，JIS A 5406（建築用コンクリートブロック）に規定されている。基本ブロックはブロック表面となる2枚の構成部材（フェイスシェル）と，それらを固定する役割をもつ，ブロックの厚さ方向の構成部材（ウェブ）からなり，ウェブがブロック高さ方向の中央にあるもの（両えぐり）と，片側によっているもの（片えぐり）がある。

図2-aは，1枚壁窓横の耐力壁端部を鉄筋コンクリート部材とした場合を合を示している。曲げ補強のための耐力壁端部縦筋は，中間部の縦筋より太い鉄筋が用いられる。また，端部縦筋は壁体内で重ね継ぎをしてはならない。また，このように直交壁が接続しない場合は，横筋は端部縦筋に180°フックでかぎ掛けする。

図2-bは，L形交差部に隅用ブロックを用いた例である。この図のように片えぐりの基本ブロックを用いる場合は，えぐりを下にして組積する。図-b～-dのように耐力壁が交差する場合は交差部に縦補強筋を配筋する。また，横筋の端部は折り曲げて直交壁に定着する。

◆鉄筋コンクリート組積造（p.74）

1 鉄筋コンクリート組積造5階建

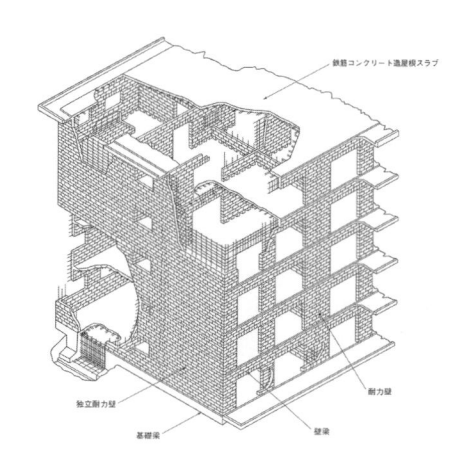

2 RMユニットの種類と役物の例

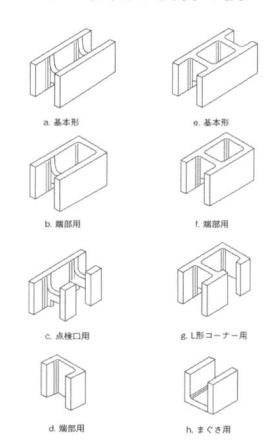

a. 基本形　e. 基本形
b. 端部用　f. 端部用
c. 点検口用　g. L形コーナー用
d. 端部用　h. まぐさ用

3 役物を使用した点検口の例

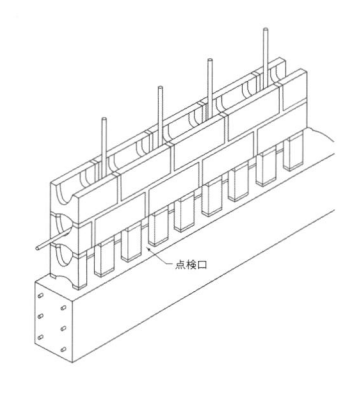

　鉄筋コンクリート組積造（以下,「RM（Reinforced Masonry）造」）は型枠コンクリートブロック構造等を参考として，我が国と米国による日米共同大型耐震実験研究により開発された構・工法であり，国土交通省告示により「RM造」の技術的基準が制定され，現在では建築基準法による一般構法として実績を伸ばしている。また，RMユニットと呼ばれる高品質の型枠状コンクリートブロックを鉄筋を配しながら組積してゆき，ユニット内部にコンクリートを充填して建物を構築する工法であり，図1に示すように，壁厚190mmで5階建まで可能である。

　RM造の利点としては以下のような事項がある。

① 型枠として組積したRMユニットは，内部コンクリートが硬化したあとも仕上げ材として残すことから，RC造のように型枠材を解体する必要がなく，解体手間がかからず建築廃材を減らすことができる。
② RM造部材は内部の鉄筋やコンクリートがRMユニットで覆われていることから一般的には耐久性が増加する。
③ 本構造の建築物は，阪神・淡路大震災などの被害調査において，震動による被害は見られなく，耐震性が高いといえる。

　RMユニットには，建築用コンクリートブロック（JIS A 5406）または建築用セラミックメーソンリーユニット（JIS A 5210）があり，空洞部に充填コンクリートまたは充填モルタルを全充填できる型枠状の断面形状を有するユニットが使用される。材質で分類すると，コンクリート系とセラミック系に分類され，これらは原料や製造方法ならびに物性が異なる。

　RMユニットは使用される部位や組積される位置によって用いられるユニットの外部形状が異なり，図2に示すような基本形（-a、e），端部用（-b、d、f），点検口用（-c），L形コーナー用（-g），まぐさ用（-h）などがある。また，RMユニットの断面形状の種類としてはウェブの位置，ウェブの形状（片えぐり，両えぐり），ウェブの本数（1本，2本）の3つの要素の組合せからなる。

　RMユニットの組積を普通モルタル目地（10mm厚）工法で行う場合は，水平，垂直目地部に厚塗りのモルタルを使用するので，施工中にメーソンリー壁体の空洞部内にモルタルが落下しやすい。また，厚塗りのモルタルが空洞部内にはみ出した場合には，それをかき取る際に落下する。このように，メーソンリー壁体の最下部には落下した目地モルタルが溜まるので，それらを取り除くため，図3に示す点検口を設けておき，落下した目地モルタルは組積作業の終了時に取り除く。これに対し薄目地工法の場合は，標準目地厚さが3mmであり，使用するモルタルの量が少なく，ていねいに組積することにより，空洞部内に薄目地モルタルが落下しないようにすることができ，また縦部分を打込み目地にすることにより，さらに落下を防止することができることから。点検口は必ずしも設けなくてよい。なお，縦および横目地とも打込み目地工法の場合は，モルタルは布基礎または壁梁への根付け以外には使用しないので通常は点検口を設けない。

◆プレキャストコンクリート組立床・コンクリートブロック塀・石塀（p.75）

1 プレキャストコンクリート組立床

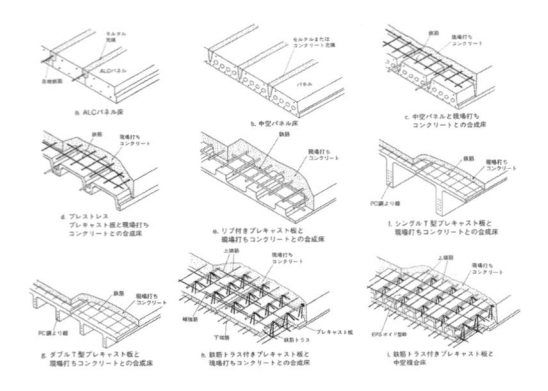

プレキャストコンクリート組立床構造は，あらかじめ工場で製造されたプレキャストコンクリート部材を現場で組み立て，その状態で，あるいは現場打ちコンクリートとともに働かせて床部材とするもので，鉄筋コンクリート造，鉄骨造，補強コンクリートブロック造，型枠コンクリートブロック造などの低層から超高層まで，各種の構造体で用いられている。また，戸建・共同住宅，事務所，商業施設，工場，倉庫，駐車場などあらゆる用途の建築物で使用されている。

床重量の軽減，型枠や支保工の節減，工期の短縮などが図られ，品質の確保，現場作業の省力化，地球・近隣環境保護にも寄与する。

ALCパネルは普通コンクリートの約$\frac{1}{4}$と軽量であるため，住宅をはじめ比較的小規模な事務所・工場，狭小地の建築物などで用いられる。両端支持の単純梁として使用し，小梁を設ける場合が多い。取付けは，梁上に溶接されたスラブプレートに目地鉄筋を通し，この部分にパネル長辺の溝部を配置し，更に目地部にモルタルを充填してパネルを固定するとともに，床パネルの一体化を図っている（図1-a）

中空パネルは，100～200mほどの長いベッド上を自動成型機がコンクリートを打ち込みながら走行し，固定型枠を用いず，側面や軽量化のための中空部は即時脱型方式で成型される。PC鋼より線をあらかじめ成型台上で配筋・緊張してプレストレスを導入するので長大スパンや重積載の床も可能になる。養生後にパネルを所定の寸法に切断し，所要のスリーブや欠込みを加工する。

中空パネルだけで一方向板の床とする場合は，パネル相互の目地にモルタルまたはコンクリートを充填する（-b）。床が水平力を負担する場合は，パネル側面に設けたシアコッターにより一体化する。上面を凹凸にしたパネルを敷設し，現場配筋の後コンクリートを打ち込む合成床は，小梁の無い大型床が可能となる（-d）。

プレストレスを導入した薄肉プレキャスト板を用いた合成床構造では，その特長を生かすためにさまざまな形状のプレキャスト板が用いられている。πタイプあるいはダブルπタイプや（-c），上リブ付きプレキャスト板（-e），シングルT型やダブルT型のプレキャスト板と現場打ちコンクリートとの合成床（-f, g）などから，設計条件に最適な工法を選択する。

集合住宅では，上部に突出するトラス筋を内蔵したプレキャスト板の上に現場打ちコンクリートを打ち込む合成床が一般的である。水平剛性や遮音性の確保が容易で，スラブ部分の現場打ちコンクリートを利用して合成梁としたり，片持スラブの上端筋の定着が可能などさまざまな利点がある。また，鉄筋コンクリート造や鉄骨鉄筋コンクリート造のほかに鉄骨造にも利用される（-h）。

トラス筋を内蔵したプレキャスト板の上にEPS(Expanded Polystyrene)ボイド型枠を取り付けて中空部を形成する合成床は，スラブ厚さを大きくすることによって曲げ剛性を高め，中空部を設けることによって軽量化を図るもので，比較的支持スパンが長くでき，小梁を設けなくてよいため，自由に住戸プランの設計ができる。また，住戸内のバリアフリー化の要求に対しても，一部水廻りなどのスラブ部分のボイド型枠をなくしてスラブ上面段差付スラブとし，設備配管スペースを確保して仕上り内装床面をフラットにすることによって，スラブ下面に段差を設けないで対応できる。この合成床は，トラス筋方向の一方向板として設計されていたが，段差付合成床を合理的に設計するために，トラス筋に直交する方向も有効な二方

第8章　組積構造・プレキャスト組立床

向板としての解析方法が確立された。なお，アンボンド PC 鋼線を現場打ちコンクリート部分のトラス筋位置に配置してプレストレスを導入することにより，さらに長大なスパンのスラブも可能である（-i）。

（参考文献：プレキャスト建築技術集成　第1編　プレキャスト建築総論［社団法人プレハブ建築協会 2003.1］）

2 コンクリートブロック塀・石塀

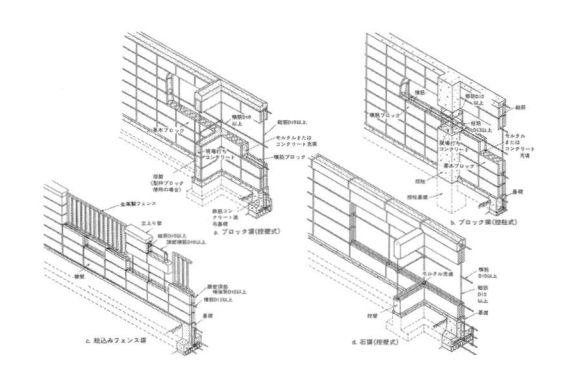

コンクリートブロック造の塀（以下，ブロック塀）は，建築基準法施行令，本会コンクリートブロック塀設計規準，コンクリートブロック塀配筋指針，建築工事標準仕様書・同解説（JASS7）メーソンリー工事などの諸規定に基づいて設計・施工される。ブロック塀に用いられるコンクリートブロックは，日本工業規格（JIS A 5406 建築用コンクリートブロック）に規定される空洞ブロックが主として用いられ，まれに型枠状ブロックも用いられる。

ブロックの厚さは，塀の高さ H ≦ 2.0 m では 12cm（施行令では 10cm）以上，2.0 m ＜ H ≦ 2.2 m では 15cm 以上と規定されている。

控壁（柱）は，建築基準法施行令では塀の高さ 1.2 m（設計規準では基礎の形状および土質により 1.4 m）を超える場合に必要とされ，型枠状ブロックを用い空洞部にコンクリートを全充填する方法（図2-a）のほか，空洞ブロック（隅用）を用いその空洞部全体にモルタルを充填する方法および RC 造控柱（-b）とする方法がある。

石塀は，一般に五十石（15 × 29 × 89cm）が用いられ，塀の高さは施行令で 1.2 m 以下とされている。本会は，鉄筋で補強される組積造の塀（-d）として設計規準および配筋指針（石塀にあっては昭和 62 年 11 月 25 日第 1 版第 1 刷～2008 年 4 月 25 日第 15 刷による）で規定しており，最大高さ 1.7 m までとしている。

金属製フェンス付ブロック塀はフェンスを塀のなかに組込む方法（-c）のほか，腰壁をブロック塀としその上部に連続したフェンスを設ける連続フェンス塀がある。

ブロック塀（石塀）の施工上の注意点は，鉄筋が配置される空洞部およびブロック相互の鉛直方向の接合（空洞）部にはモルタルの充填を十分に行うこと，また縦筋の継手は認められていないことなどであり，いずれにしても施工の良否によって非常に不安定な構造体となるおそれがあるので，入念な施工が必要となる。

第9章 シェル・空間構造 (p.76, 77)

「シェル構造」は，その名称の由来でもある貝殻（shell）や卵の殻の様に，鉄筋コンクリートなどで作られた曲面の連続体を示す。シェル構造は，付加荷重に対して軸力が卓越する性質，すなわち軸力抵抗性能を有することが特徴である。このように力学的合理性を有するため，軽量で丈夫な架構が形成可能であることから，大スパン架構に適している。

時代の経過と共に，シェル形態を鉄骨部材などを用いた離散的な構造（連続体でない構造）が生まれ，さらに平板のような曲げ構造をラチス部材で形成した架構にまでシェル構造分野の研究成果が適用されるようになり，遂にはシェル構造の概念を拡張して「シェル・空間構造」と称されるようになった。現在では，ケーブルや膜材などの特殊な性質の材料を用いた構造も，シェル・空間構造に含まれるようになっている。

シェル・空間構造は，力学的性質の観点から「形態抵抗」と「立体抵抗」に大別できる。

1 形態抵抗

多くの場合，支配荷重の等分布荷重に対してであるが，一般には対象とする荷重に対して軸力抵抗系（軸力が卓越し，曲げモーメントが小さい状態で荷重を伝達する架構）を形成するために，形態を工夫することがある。このように得られた「形態抵抗」は，シェル構造本来の性状を示したものである。以下に形状に着目して，形態抵抗の説明を行う。

(1) 凸曲面

(1)では荷重方向に対して逆方向に湾曲した形状（凸形状）を対象とする。

a) 放物線アーチ

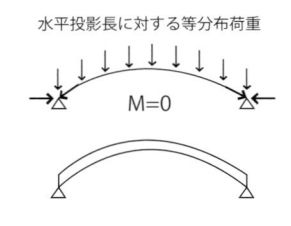

水平投影長に対する等分布荷重

放物線アーチは形態抵抗構造の基本である。両端をピン支持された放物線アーチは，等分布荷重時に曲げモーメント M が発生せず，圧縮力のみが発生する。$M=0$ になるためには，ピン支点部に生じる内向きの水平反力（水平スラスト）の存在が重要である。単純支持の場合に発生する曲げモーメント（アーチの下側が引張）を，水平反力による曲げモーメント（上側が引張）でキャンセルすると考えればよい。この水平反力の大きさ H は，等分布荷重 w，アーチのスパン ℓ，アーチのライズ h の時，$H=w\ell^2/8h$ で表わされる。つまり，ライズが小さくなり扁平になると，水平反力は大きくなる。

なお，ある荷重に対して軸力のみが生じる形状を「フニクラ形状（フニクラはイタリア語でケーブルの意味）」と云う。等分布荷重に対するフニクラ形状は，放物線である。

b) 円弧アーチ

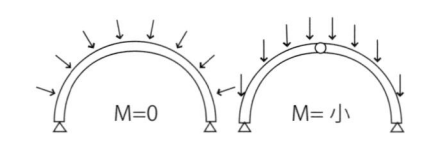

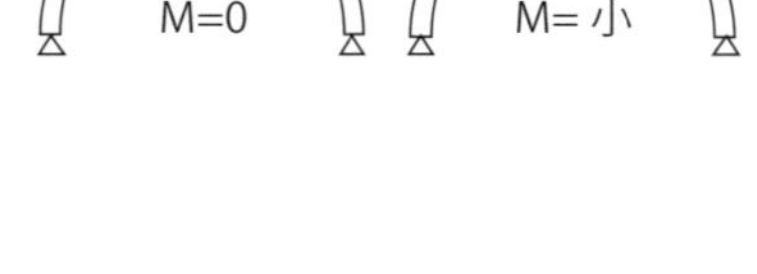

円弧アーチに法線方向荷重が加わると，曲げモーメントが生じず，圧縮力のみが生じる。その圧縮力の大きさは，アーチの単位長さあたりの法線方向荷重 q，アーチの曲率半径 R の時，全ての点で qR となる。

円弧アーチに等分布荷重が加わる場合には，フニクラ形状の放物線と円弧の形状の差に応じて曲げモーメントが発生するが，その大きさは門型ラーメンよりかなり小さくなる。例えば3ピンの円弧アーチの場合，フニクラ形状は両支点部と中央ピンを通る放物線であるから，円弧との形状差はライズ h の1/2の箇所で最大となり，その点の曲げモーメント（最大値）は $M\mathrm{max}=wh^2/8$ となる。

第9章 シェル・空間構造

c) 多角形アーチ

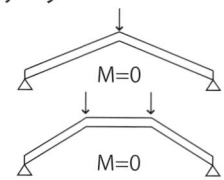

d) ヴォールト, e) 2方向

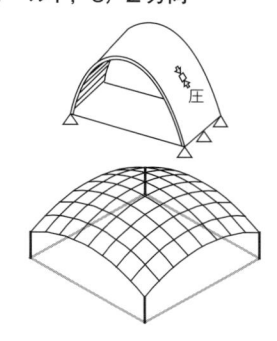

f) EP曲面

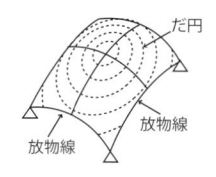

g) ドーム形, 球形

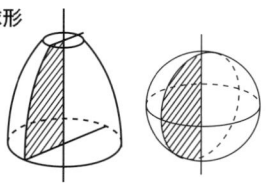

h) 球形シェル

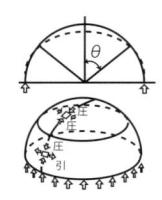

(2) 凹曲面

a) 放物線

集中荷重に対してもフニクラ形状は存在し，2つのピン支点と荷重の作用線を結ぶ山形形状がフニクラ形状となる。このことから，両端ピン支持された山形ラーメンは，「山形アーチ」と呼ばれることがある。集中荷重の数が2つに増えると「台形アーチ」，さらに増えると「多角形アーチ」と呼ばれる。集中荷重の数が増加すると，徐々に放物線アーチに近づいていく。

平面構造を立体構造に変換する方法として「推動」がある。これは基本となる平面構造（母線）を，他の曲線（導線）に沿って平行移動する方法である。アーチを母線，直線を導線とすると，円筒形状が得られ，さらにアーチ方向の両端をピン支持すると，ヴォールトが得られる。

母線と導線を両者共にアーチにすると，「2方向グリッドシェル」が得られる。この場合，2つの代表的な支持方法がある。1つは各アーチの端部を全てピン支持する方法で，もう1つは4隅をピン支持する方法である。後者の場合は，周辺の境界梁を鉛直方向にローラー支持，あるいは境界梁を剛にすることにより，内部アーチの形態抵抗を保持する工夫が必要である。

放物線アーチを母線と導線にして推動させると，EP曲面が得られる。EP曲面とは，Elliptic Paraboloid（楕円放物線）曲面の略で，この曲面を水平面と鉛直面で切断すると，切り口にそれぞれ楕円と放物線が現れる。EP曲面は，ガウス曲率（曲面上の点における最大・最小曲率の積）が正の曲面，すなわちドームの代表的な形状である。この曲面を鉄筋コンクリートなどで連続体を形成すると，EPシェルが得られる。

EP曲面に等分布荷重が加わると，元の平面アーチと同様，圧縮力が支配的に生じる。またEP曲面の支持方法はe)と同様な方法が代表的である。

曲面のもう1つの形成方法に「回転曲面」がある。これは，平面上に任意の曲線を描き，これを同一平面上に設けた直線（回転軸）のまわりに回転させると得られる。曲線の曲率中心が曲線より回転軸側にある場合，ドーム形状が得られる。この場合の特殊な例として「球形シェル」がある。

球形シェルの付加荷重時の応力は，経線方向と緯線方向に分けて示される。例えば半球の球形シェルに等分布荷重が加わった場合，経線方向にはアーチと同様，圧縮力が生じる。一方，緯線方向は，上部では圧縮力が発生するのに対し，下部では引張力（広がろうとする力）が発生する点が特徴である。この応力の変換点は頂点から半開角が45°の位置となる。

(2)の凹曲面は，荷重方向と同一の方向に湾曲した曲面である。荷重が加わると，引張応力が主に生じる。この軸力抵抗系を発揮させるためには，支点部の反力処理が設計上重要な課題となる。

放物線形状の凹形状の架構が水平投影面に対する等分布荷重を受ける場合，架構には曲げモーメントが生じないで引張力のみ生じる。凹曲面の形状と応力性状を表わすために，「サグ」が用いられる。「サグ」とは，両支点部をつなぐ直線と架構の間の距離の内，スパンの1/2の部分の値を表す。スパンがℓ，サグがfの架構に等分布荷重wが加わる場合，水平反力（水平スラスト）Hは$H=w\ell^2/8f$となる。サグが小さくなるほど，水平反力は大きくなる。

b) カテナリー

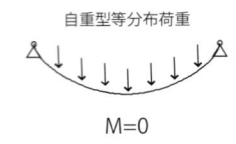

自重型等分布荷重

M=0

c) 半剛性吊屋根

M=小

d) 並列，e) ２方向

f), g), h) 放射

コンプレッションリング
吊りケーブル
テンションリング

コンプレッションリング
曲げ抵抗のある吊材
テンションリング

(3) 凸曲面と凹曲面

a) サスペンアーチ，b) 並列

　カテナリーは懸垂線とも呼ばれ，ロープの両端を持って垂らした形状として知られている。この形状は，部材長あたりの等分布荷重が加わった時の形状で，サグが小さな扁平形状の場合には放物線で良好に近似できる。カテナリーの場合も引張力のみが生じる。

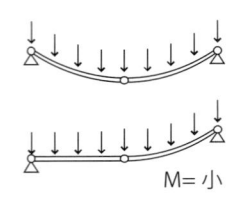

　(1)-a)で述べたように等分布荷重に対するフニクラ形状は放物線である。いいかえれば放物線形状の架構は，等分布荷重下では引張力しか生じないため，非常に小さな断面で大きなスパンの架構が可能となる。しかしこの場合，半載荷のような他の荷重モードに対しては曲げモーメントの発生と共に曲げ変形も生じることになる。これらに対して，剛性の向上や放物線とは異なる形状に対する意匠的要求への対応のために「半剛性吊屋根」が生まれた。この構造は，曲げ剛性を持った部材を用いた吊り形状の構造である。この構造が最初に用いられたのが国立代々木第一体育館であり，その際に３ピン形式が採用された。このことから半剛性吊屋根構造は厳密には３ピン形式の凹形状の曲線梁とされているが，最近では３ピン形式でなくてもこの名称が使われている。

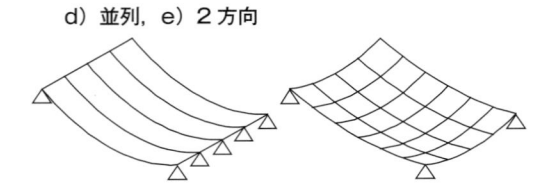

　平面の凹形状（吊形状）の構造を並列配置や交差配置することにより，屋根面が構成できる。前者は，元の平面構造と同様の性状を示すと考えられる。これに対して後者は周辺がピン支持の場合２方向に引張力が伝達すると見なせるが，四隅のみピン支持した場合には外周部の部材を剛な境界梁にする必要がある。

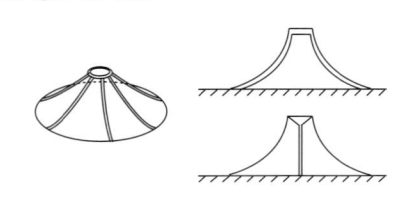

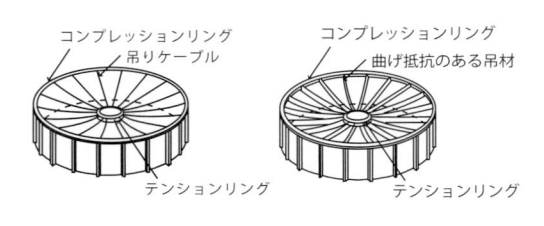

　凹曲線を放射状に配置すると，１本の架構の負担面積は三角形であるため（荷重は三角形分布荷重であるため），フニクラ形状は三次関数となる。
　放射配置で空間を覆うために，中央に設けた支柱と周辺の支点部を凹曲線架構でつなぐ方法がある。この場合，基本架構は不等高支点で支持されることになる。同形態で中央支柱を無くして，ラーメンを形成することも可能であるが，曲げモーメントは発生する。
　周辺に支柱を持つ建築物では，サグ／スパン比が小さな凹曲面が採用されることがある。この時，放射配置の架構をケーブルで構成することも可能である。この場合，外周部にコンプレッションリングを設けて水平反力を処理し，下部構造の負担を軽減する工夫が採用される。ただし，一様でない荷重時の変形を抑えるために，大きな積載荷重の付加やケーブルの代わりの曲げ材の使用などの対策がとられる。

　(1)と(2)の曲面を組み合わせることにより，いろいろな曲面が形成され様々な建築的な要素に対応できるようになる。また，構造的にも利点が生まれる。例えば，(1)のアーチ作用も(2)の吊り作用も，等分布荷重に対して純粋な軸力抵抗が可能であるが，他の荷重モードが加わると，曲げ変形に伴う大きな変形が生じる。これに対して両者を組み合わせると補剛効果が生まれる。

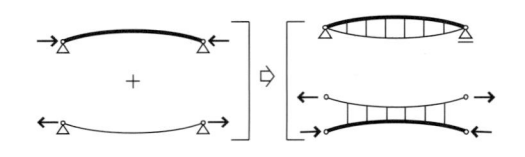

　凸曲面と凹曲面を同じ平面内で組み合わせると，「サスペンアーチ」が形成される。この時，両曲面の変位を同一にするために，両者を数本のストラットなどの短い直線材で結ぶことにより，デプス効果が生まれトラスのように両者の軸力変化により曲げに抵抗する性能が付加される。サスペンアーチには凹凸両曲面の距離によりいろいろな形態の可能性があるが，中でも代表的なものは凸レンズ状の形態である。この場合，アーチ作用の

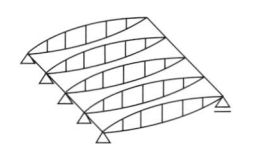

第9章　シェル・空間構造　207

外側に広がろうとする力と，吊り作用の内側に縮まろうとする力がキャンセルされ，単純支持が可能となる。サスペンアーチでは，付加荷重をアーチ方向（凸曲面）と吊り方向（凹曲面）の部材が分担し，前者は圧縮力で，後者は引張力でそれぞれ支点部まで伝達する性状を有する。

平面のサスペンアーチは，並列配置することにより空間を覆う屋根面を形成することができる。

c) 2方向，d) 放射

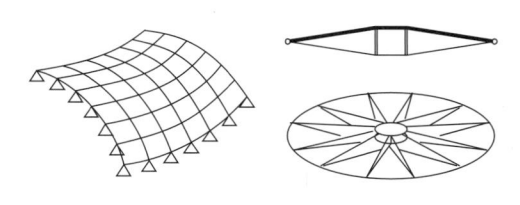

凸と凹の曲面を直交させて，さらにそれぞれを並列に配置させると，アーチ方向と吊り方向が格子状に並んだ鞍形（くらがた）の曲面が形成される。この曲面に上から荷重が加わった場合，アーチ方向には圧縮，吊り方向には引張が，それぞれ生じる。

サスペンアーチを，対称軸を中心に回転させると放射配置の架構が形成される。

e) 一葉双曲面

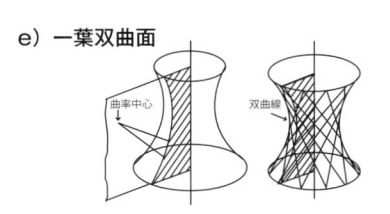

1本の曲線を，曲率中心と逆側にある直線を中心にして回転させると，鼓形（つづみがた）の曲面が得られる。特に基本となる曲線が双曲線の場合「一葉双曲面」と呼ばれる。一葉双曲面は，上下の円形の境界を斜めに結ぶ直線群で形成できるため，部材製作や施工面で利点が多い。

f) HPシェル，くら形シェル

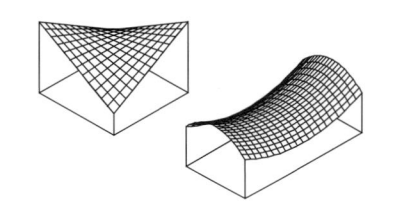

曲率中心が互いに反対側にある曲線を母線と導線にして推動させると，「くら形シェル」が得られる。くら形シェルのガウス曲率は負である。母線と導線が共に放物線の場合，「HPシェル」となる。HPはHyperbolic Paraboloid（双曲放物線面）の略で，水平面の切り口が双曲線，鉛直面の切り口が放物線になることが名前の由来となっている。HPシェルは直線部材を連続的に回転させても形成でき，特に境界部が直線で構成される形状は建築物に適用される場合が多い。

g) ホルン型シェル，h) トーラス

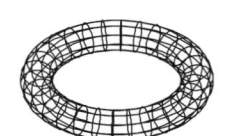

凸と凹の曲面を組み合わせたシェルの1つに，ホルン形シェルがある。中心から外周に至る方向は吊り形状，円周方向が円弧形状であるため，ガウス曲率は負である。ホルン形シェルの下部境界の形状は矩形の場合も可能であるが，曲面を数式で表すことは困難である。

ドーナツ形状をしたトーラスは，円断面をある点を中心にして回転させると得られるが，ガウス曲率（κ）が，正と負の曲面を組み合わせた曲面と捉えることができる。基本となる円形の外側はκが正，内側はκが負となり，前者の一部を切り取りドームに適用した事例が報告されている。

2 **立体抵抗**

シェル・空間構造の形態抵抗に対応する特徴として「立体抵抗」がある。これは，「荷重に対する断面力による抵抗が，立体的に考えないと評価できない」という性状を表したものである。

a) 曲げ材のトラス化，b) スペースフレーム，
c) 複層ドーム

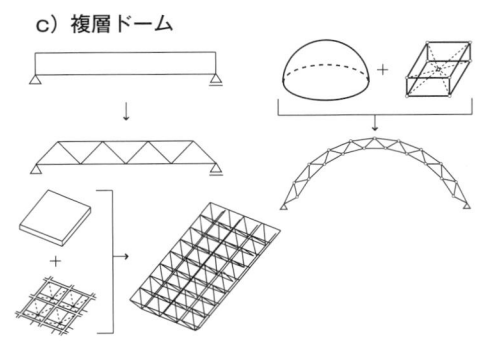

通常の平面トラスは，基本となる梁などの曲げ材を，ラチス状の直線部材で構成したものである。部材には軸力が主に生じるが，曲げ系の構造である。平面トラスはシェル・空間構造には含まれないが，同様の考えを平板に適用した「スペースフレーム（立体トラス）」は空間構造に含まれる。さらに板やシェルなどの連続体に，直線部材で構成された三角錐やピラミッド形などの基本ユニットを組み込んだ構造が「立体トラス」と見なすこともできる。例えば，形態抵抗の代表的なドームに，基本ユニットを組み込むと，「複層ドーム」が得られる。

[構造編] 解説

d) 単層ドーム

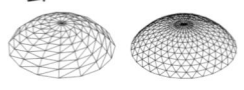

球形シェルを網目状に配置された部材で構成したものが「単層ドーム」である。荷重を受けた場合，元の球形シェルと近似した挙動を示す。

e) 多面体，f) 多面体ドーム

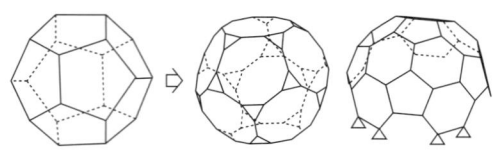

正十二面体　切頂十二面体　切頂二十面体

ドームを平面で構成するため，ドームに内接あるいは外接する多面体を元に考えることが多い。特にドームに近い形状の正十二面体と正二十面体，さらに両者の頂点部の角錐を切り取った切頂十二（二十）面体がよく用いられる。節点に荷重が加わる場合，面には主に面内力が生じるため，折板構造の一種とも考えられる。

g) ロングシェル

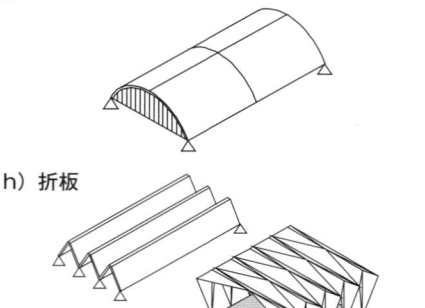

円筒曲面の妻側を単純支持した時，断面が円弧の梁と同様の挙動を示す。同じ円筒形でもアーチ作用を示すヴォールト（図1(1)-d）と全く異なるため，「ロングシェル」という名前が付けられた。断面が山型の場合，折板構造に分類されるため，ロングシェルは折板構造の一種とも見なせる。

h) 折板

折板構造は曲げ材の断面を，薄板を折り曲げたせいを有する断面で置き換えた構造である。この点で曲げ材をトラス・ユニットで置換した立体トラスと類似した構造と捉えることもできる。梁だけではなく，門型ラーメンやアーチを基本にした折板構造もある。

3 テンション構造

膜やケーブルなどの引張力にしか抵抗できない部材（テンション材）を用いた構造が「テンション構造」である。テンション材に圧縮力を生じないようにするために，長期荷重時に初期張力を導入しておくことが通常行なわれる。初期張力が導入されたテンション材は，張力が減少することで圧縮力に抵抗することができる。

（1）ケーブル構造

線状のテンション材は「ストリング」と呼ばれる。「ケーブル」はストリングに使われる代表的な材料である。ケーブルは高強度の細線を多数束ねてより合わせた材料であり，比強度が高いため，軽量で大きなスパンの構造物が可能となる。製作・施工面で部材長の制限がないなどの利点も有する。

a) 吊床式

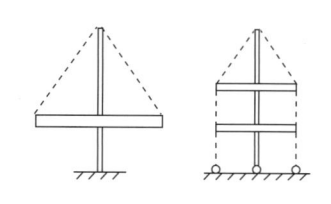

斜張橋のように支柱先端から斜め方向にケーブルを架けて，床の重量を支持した構造は「吊床構造」と呼ばれる。外柱の負担を軽減，あるいはゼロにすることにより，ファサードデザインの自由度の拡大が可能となるが，水平力に対する抵抗要素を別途設ける必要がある。吊屋根形式は積層にしたり，吊材を地盤にアンカーしたりする形式もある。後者の場合，ケーブルの初期張力を自由に設定でき，また曲げ変形に対しての抵抗性能が生まれる。

b) ステイ

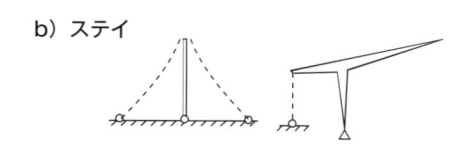

水平力あるいは自重に対して釣合を確保するために設ける直線状のストリングを「ステイ」と称する。不静定次数が低い場合，ケーブル張力の消失は不安定状態に結びつくため，初期張力の設定が設計上の課題となる。

c) ケーブルタワー

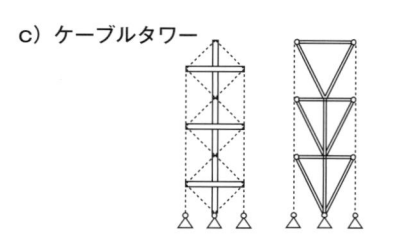

塔状のトラス構造の鉛直材（弦材）あるいは斜材をケーブルに置換した構造は「ケーブルタワー」と呼ばれ，外層の部材断面の縮小が可能となる。この構造の採用の理由は，意匠上のコンセプトが主である。構造面では付加荷重時の張力消失を防ぐための初期張力の設定と剛性の確保が課題となる。

第9章 シェル・空間構造

d) ケーブルトラス, e) ケーブルガーダー, f) ケーブルネット

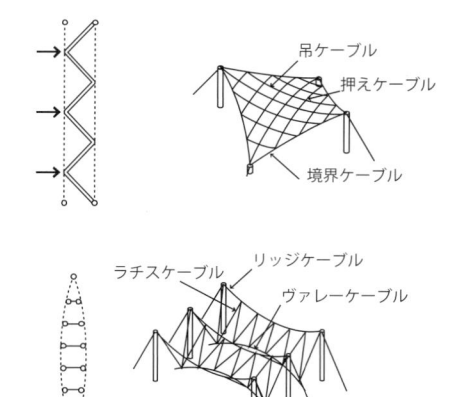

トラス構造の上下弦材をケーブルに置換したものを「ケーブルトラス」, サスペンアーチの弦材を同様に置換したものを「ケーブルガーダー」と呼ぶ。両者共に，付加荷重時に発生する曲げモーメントに対して，弦材の張力の増減に抵抗する点は同じであるが，「ケーブルトラス」は斜材によるせん断抵抗が特徴であり，接合部の両側における張力差に抵抗できるディテール設計が課題である。一方「ケーブルガーダー」は，荷重が吊りケーブルと押えケーブル（サスペンアーチのアーチ方向のケーブル）に分担され，前者の張力減少と後者の張力増加が発生する。設計上の課題は，付加荷重時の張力消失を回避するための，初期張力の設定である。ケーブルガーダーの両ケーブルを平面的に交互に配置して折板状（被型）の屋根を構成した架構もある。この場合，吊りケーブルをリッジケーブル（峰ケーブル），押さえケーブルをヴァレーケーブル（谷ケーブル）と呼ぶこともある。ケーブルガーダーの吊りと押ケーブルを直交させ，それぞれを並列配置すると，HP曲面のケーブルネットが構成される。

g) ケーブルグリッド

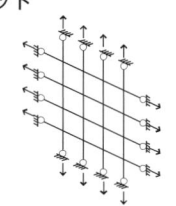

直線ケーブルを格子状に配置すると，「ケーブルグリッド」が得られる。ケーブルネットのサグまたはライズをゼロにした形態と捉えられるが，荷重抵抗挙動は全く異なる。この構造の剛性は，EA（伸び剛性）以外に，初期張力により生み出される幾何剛性が大きく影響する。また荷重と変位の関係は，変位の増加と共に剛性が大きくなるという非線形挙動を示す。

h) ケーブルドーム

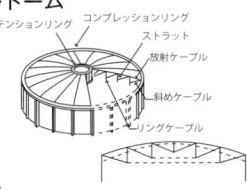

ばらばらに配置された圧縮材をテンション材で結び付けた構造は，テンセグリティと呼ばれる。この考えを用いてドーム状の架構を形成した構造がケーブルドームという。テンセグリティは，形状を形成するために必要な初期張力が一般に大きくなる。

(2) 膜構造

面状のテンション材である膜材を用いた構造が膜構造である。恒久構造物に用いられる膜材は，通常縦糸と横糸からなる織布と，樹脂製のコーティングから構成されている。膜構造においては，想定される荷重下で膜張力がゼロにならないように，あらかじめ初期張力を導入する必要がある。

膜構造は，空気膜構造と張力膜構造（サスペンション膜構造）に大別できる。また膜材料は，軽量で透光性に優れた仕上げ材としても使用される。

a) 一重空気膜

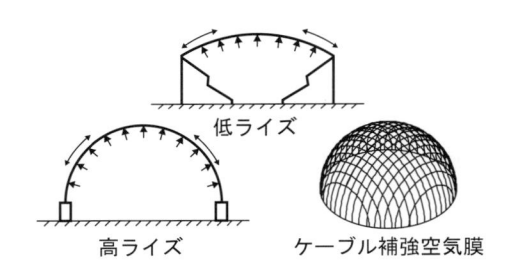

空気の圧力で膜面に張力を与える構造を「空気膜構造」と呼ぶ。内部と外部の空気圧の差は「内圧」と呼ばれる。内圧を自重より大きくすると共に，膜面に張力を与えた構造が「空気支持構造」あるいは「一重空気膜構造」である。この構造の常時内圧は200～300Pa（大気圧の約0.2～0.3%）と比較的小さいことが特徴で，大規模なスタジアムにも使用されている。大規模な屋根面では，膜応力を低減するためにケーブルで補強した構造も用いられている。一重空気膜構造では，常時の内圧を低く設定し，強風時や積雪時には変形や振動を抑制するために，内圧を増加させる制御を行なうことが一般に行われている。

b) エアークッション

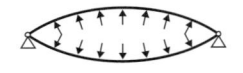

一重空気膜構造の地盤面を下膜に置き換え，規模を小さくしたものがエアークッションである。構造的には，二重空気膜構造でありながら一重空気膜構造に近い性状を有し，比較的低い内圧が設定されることが多い。最大の特徴は，密閉度が高いため，付加荷重による内圧変動が設計上無視できないことが挙げられる。

c) ビーム式空気膜, d) アーチ状空気膜

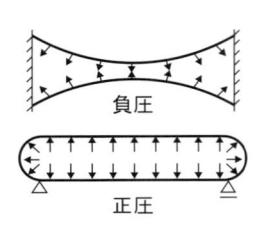

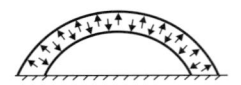

e) HP形張力膜, f) ホルン形張力膜, g) 波形張力膜

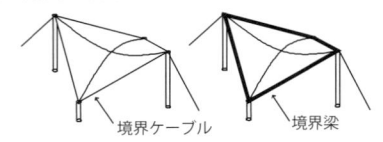

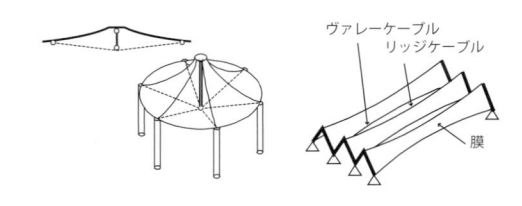

h) 骨組支持式張力膜

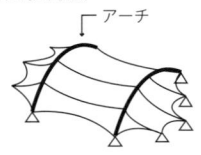

4 ハイブリッド・テンション構造

a) 梁＋線状テンション材式

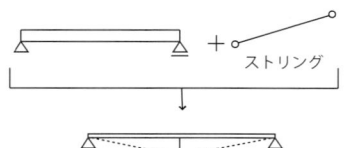

b) 斜張式

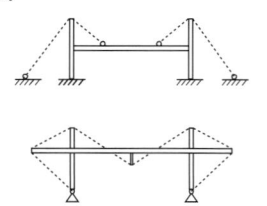

c) 座屈補剛

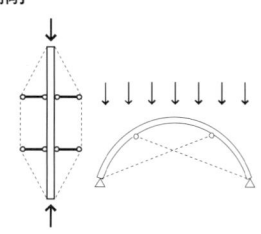

　曲げモーメントが生じる部材をチューブ状の空気膜構造で置き換えた構造を「膨張式空気膜構造」と呼ぶ。梁形状の場合「ビーム式」，アーチ形状の場合「アーチ状」の名称が付けられる。本構造に曲げモーメントが生じると，圧縮側にしわ(Wrinkling)が発生する。しわが発生すると，断面2次モーメントが低下して所定の性能が発揮できなくなるため，あらかじめ内圧を増加させて膜張力を導入させておく必要がある。このため，一般に膨張式空気膜構造の内圧は一重空気膜構造の10倍以上の大きさが必要となる。

　ビーム式空気膜構造の場合，内部の圧力を大気圧より低くした負圧型タイプも可能である。またアーチ状空気膜構造の場合は，曲げモーメントだけでなく，圧縮力や座屈に抵抗できるように内圧を設定する必要がある。

　張力膜構造（サスペンション膜構造）の形状は，ガウス曲率が負，すなわち凸形状と凹形状を組み合わせた形状となる。付加荷重時には，曲率が凹方向（吊り方向）の膜張力の増加と，凸方向（押え方向）の膜張力の減少により，荷重を二方向に伝達する。矩形平面の対角位置の隅点を突き上げ，他の隅点を引き下げると，HP形状の張力膜構造が形成される。同様に平面膜の中央部を突き上げるとホルン形状の張力膜構造が得られる。

　この他，折板状に膜を連ねた波形張力膜が汎用的に実施されている。この場合，上向きの荷重に抵抗するために，谷部には通常ヴァレーケーブルが配置される。

　張力膜構造の境界部は，応力が集中しないように設計する必要がある。代表的なものは，膜端部にケーブルを用いた境界ケーブル方式や，剛な梁やアーチなどを設けた境界梁方式などである。

　膜材が主架構の骨組間に架けられ，受けた力を主架構に伝達するために膜材が機能している場合，「骨組支持式膜構造」と呼ばれる。特に1枚の張力膜構造の規模が小さくなった場合，建築基準法では「骨組膜構造」と定義されている。骨組間の膜構造の性状は，張力膜構造と同様である。

　梁やラーメンなどの曲げモーメントが卓越した架構とストリング（線状のテンション材）を組み合わせた構造形式を「ハイブリッド・テンション構造」と呼ぶ。組み合わせることにより，曲げ材の応力・変形（形状）制御や座屈補剛などの効果が付加され，新しい構造と見なすことが妥当なため，この名称が付けられた。

　大スパンの梁の中間部を吊り上げ，あるいは押し上げることにより，付加荷重時の応力と変形の低減が可能となる。このためのストリングが，支柱頂部から梁中間部に斜めに架けられていることから「斜張」という名称が付けられた。ストリングに導入される初期張力の大きさを，常時に生じる梁の曲げモーメントを最小にすることを目的として定めることが可能である。

　圧縮力が加わる柱の座屈長さを短くするために，束とストリングを配置する方法が有効である。座屈補剛効果は，束の数と長さ，ストリングの剛性によって決まる。束の間隔が座屈長さと必ずしも一致しないこと，圧縮力に対してストリングの軸力が消失すると座屈補剛効果が見込めないこと，に注意すべきである。

　柱以外に，アーチの非対称分岐座屈を抑制するために，ストリングを配置する方法もある。

第 9 章　シェル・空間構造　211

d) 張弦梁，e) 並列張弦梁，
f) 放射状張弦アーチ

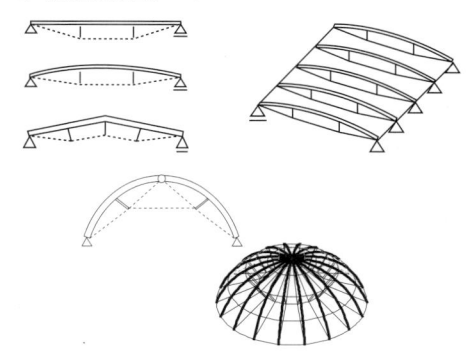

　梁と梁下部のストリングを，数箇所に設置したストラットで結びつけた構造が張弦梁構造である。張弦梁構造の最大の特徴は，ストリングに導入する初期張力による，梁の曲げモーメントの低減と変形（形状）の制御にある。このことにより，梁を軸力抵抗系に近い架構に変換できること，支点を単純支持にできること，などの利点が生じる。これ以外に，付加荷重に対して束位置を支点とした連続梁に似た挙動を示し，曲げモーメントや変位を抑制する効果も生じる。この効果はストリングの伸び剛性と角度に大きく影響される。

　張弦梁の梁とストリングの形状の選択の自由度は高く，いろいろな断面形状が可能である。また平面的にも e) 並列配置や f) 放射配置などの適用例がある。

g) ストリング＋ラーメン

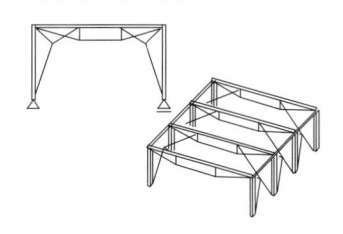

　張弦梁は鉛直荷重に対して力学的合理性に富む構造であるが，これをラーメン構造に組み込み，かつ水平力に対するブレース効果を発揮させるためのストリングを付加した構造が張弦骨組（スケルション）である。ブレーシング・ストリングと張弦梁のストリングに導入される初期張力は梁に対して互いに逆の効果を与えるため，張弦梁より応力・変形（形状）制御の自由度は高くなる。

h) 張弦梁＋膜

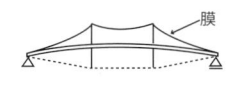

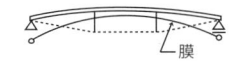

　張弦梁構造を膜と組み合わせると，新しい効果が獲得される。まず，ストリングへの張力導入による梁の突上げ効果と，膜面への張力導入による引下げ効果が，逆方向の効果を与えるため，梁の応力・変形（形状）制御の自由度が拡大する。また，膜のクリープやリラクゼーションに伴う張力の減少に対して，張弦梁構造がバネのように機能して，膜張力の減少の抑制効果も期待できる。

第10章 免震・制振（震）構造

◆免震構造（p.78）

1 免震構造
2 免震部材の分類 
3 基礎免震
4 アイソレーター 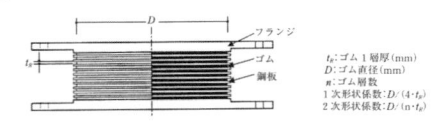
5 中間層免震 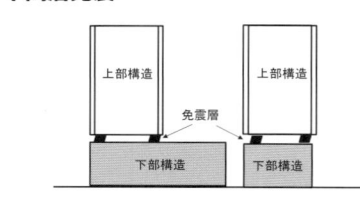
6 柱頭免震 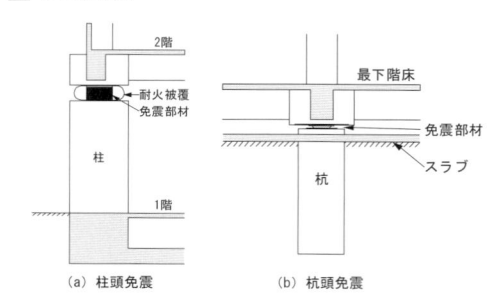
　(a) 柱頭免震　(b) 杭頭免震
7 鋼材ダンパー 
8 オイルダンパー

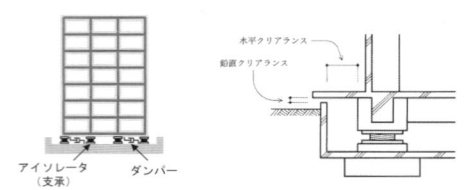

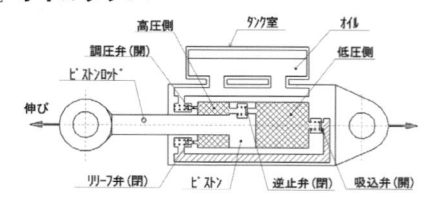

免震構造は，一般的には基礎構造と上部構造の間に免震層を設け（基礎免震），上部構造を地震動の水平成分から絶縁しようとする構造である。地震には大きくゆれる周期帯があり，免震構造は，地震が持つ周期帯より長い周期にすることで，共振を避け，かつ地震入力エネルギーを小さくすることを目的とした構造である。そのため，アイソレータやダンパー等を設置する免震層を設け，その層には安定して建物重量を支持し，大きな水平変形に追従でき，適度に弾性復元力を持つアイソレータと，地震入力エネルギーを吸収するダンパー等の免間層免震」，「柱頭免震」，「杭頭免震」などの構造方式もある。

アイソレータは，「積層ゴム」，「すべり支承」，「転がり支承」に分類することができる。積層ゴムは，薄いゴムと薄い鋼板を交互に積層した構造となっている。アイソレータは鉛直方向にはかたいが，水平方向にはやわらかい特性をもっている。

積層ゴムは，「天然ゴム系積層ゴム」，「高減衰ゴム系積層ゴム」，「プラグ挿入型積層ゴム」に分類される。「天然ゴム系積層ゴム」は，ゴム材料として天然ゴムを用い，主に水平方向の弾性復元力として機能する。「高減衰ゴム系積層ゴム」は，特殊配合されたゴムにより，弾性復元力と地震エネルギー吸収性能を併せ持つ機能を有する。「プラグ挿入型積層ゴム」は，積層ゴムの中に「鉛」などの棒を挿入し，鉛の変形による地震エネルギーを吸収する。

すべり支承は，「弾性すべり支承」，「剛すべり支承」，「曲面すべり支承」に分類されるが，主にすべり摩擦による地震エネルギー吸収を期待する性能であるため，ダンパーとして機能する。そのため，すべり支承は，アイソレータと併用させて利用することが多い。

転がり支承は，「ボールベアリング式転がり支承」，「直動転がり式支承」に分類され，これらは主に建物重量を支持しながら，水平方向に復元力およびダンパー性能を有しない免震部材である。この支承も「積層ゴム」や「すべり支承」と組み合わせて使用される場合が一般的である。

ダンパーは，免震構造の応答変形を設計範囲内とし，振動を早期に収束させることを目的として，減衰能力を付与させる機能である。

ダンパーは，アイソレータと組み合わせて用いられる。アイソレータにダンパー機能を複合させた高減衰ゴム系積層ゴム，プラグ挿入型積層ゴム，弾性すべり支承などがあるが，これらは荷重支持能力を求められるが，ダンパーは荷重支持能力を必要としない。

ダンパーは，「履歴型」，「流体型」，「粘弾性型」に分類される。「履歴型」は，鋼材や鉛材などの塑性変形を利用したものであり，応答変形に依存する。「流体型」は，ピストンシリンダー構造を持ち，流体の乱流抵抗を利用するオイルダンパーと粘性体のせん断変形を利用し，応答速度に依存する。「粘弾性型」は，高減衰系積層ゴムと同様に，特殊配合されたゴムにより地震エネルギーを吸収するダンパーである。

最後に免震構造の設計は，地震のもつ卓越周期帯で共振しないように，アイソレータを用いることで免震建物の周期を調整し，かつダンパー等で適切に地震エネルギー吸収を期待するため，アイソレータとダンパーの性能を適切に組み合わせる必要がある。

第10章　免震・制振(震)構造

◆制振(震)構造 (p.79)

⑨ エネルギー吸収型制震構造

⑩ 同調震動系型制震構造

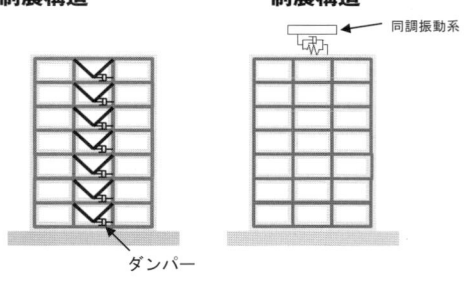

⑪ 制震構造の分類

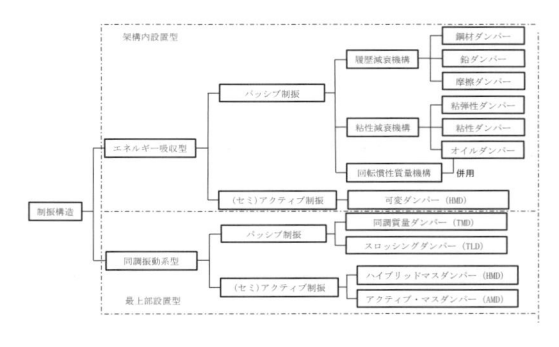

⑫ 制振部材の履歴特性

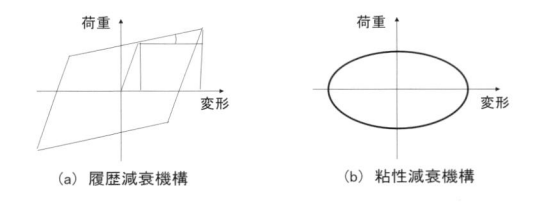

(a) 履歴減衰機構　　(b) 粘性減衰機構

⑬ エネルギー吸収型制振部材の取付方法

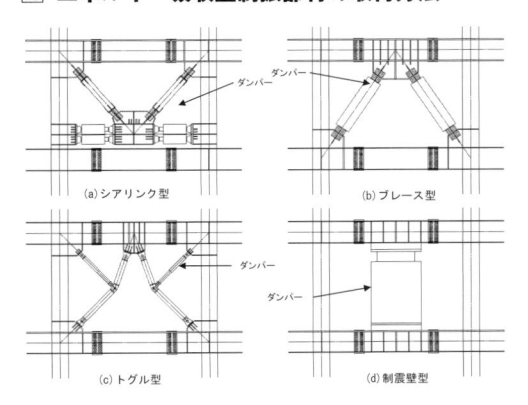

(a) シアリンク型　(b) ブレース型　(c) トグル型　(d) 制震壁型

制振（震）構造は，地震動や風などの動的な外乱のもつ卓越周期と建物の固有周期が一致することで生じる共振を制振ダンパーで小さくする構造である。

制振（震）構造は，「エネルギー吸収型制振構造」と「同調振動系型制振構造」に大きく分類される。「エネルギー吸収型制振構造」は，主に建物の架構内に制振ダンパーを設置して，建物全体で地震エネルギーを吸収する構造である。「同調振動系型制振構造」は，主に建物頂部に質量とばねと減衰材で構成された同調型の制振装置を配置することで，建物の揺れを低減する構造である。ただし，この制振構造は，頂部に設置した制振装置の質量により，応答低減効果が決定されるため，地震動より，風等の外乱を対象としているケースが多い。

制振構造で用いるダンパーは，「パッシブ制振」，「アクティブ制振」，「セミアクティブ制振」，の三つに分類される。「パッシブ制振」は，建物の振動によりダンパー自身でその振動エネルギーを吸収する装置である。大きな振動に対しては性能を発揮するが，小さな振動に対しては十分な性能を期待することは難しい。「アクティブ制振」は，建物の振動をセンサー等により感知し，その振動に適切な減衰性能をコンピュータにより制御する装置である。「セミアクティブ制振」は，パッシブ制振とアクティブ制振の中間に位置し，小さな振動に対してはアクティブ制振となり，大きな振動に対してはパッシブ制振として機能する装置である。

地震動に対する制振方法は，「エネルギー吸収型」が一般的となっている。ここでは，「エネルギー吸収型」で使用されるダンパーの「履歴減衰機構」と「粘性減衰機構」について説明する。「履歴減衰機構」は，鋼材及び鉛等の塑性変形を利用し，摩擦ダンパーはすべり摩擦を利用したダンパーであり，応答変形に依存したダンパーである。「粘性減衰機構」は，ピストンシリンダー構造を持ち，流体の乱流抵抗を利用するオイルダンパーと粘性体のせん断変形を利用し，応答速度に依存する。なお，可変ダンパー等のアクティブ制振も「粘性減衰機構」と同様であり，ダンパーに投入される速度により，適切な減衰性能を調整するダンパーである。「粘弾性型」は，特殊配合されたゴムにより地震エネルギーを吸収するダンパーである。また，回転慣性質量機構を有する制振部材も開発され，建物の架構内で同調振動系を構成し，粘性ダンパー等と併用することで，大きな制振性能を有することができる制振装置もある。

以上のエネルギー吸収型のダンパーは主に架構内に設置され，その設置方法は，「シアリンク型」，「ブレース型」，「トグル型」，「制震壁型」で設置されるケースが多い。特に「シアリンク型」，「ブレース型」，「トグル型」では，取付部材を介して接続する。制震装置を設置する上では，柱・梁接合部にねじれを生じさせないように，柱・梁部材の中心線が交わるにダンパーの減衰力を交差させるように設置する点に，ダンパーの減衰力と取付部材の作用線をあわせることが望ましい。ただし，ダンパーの作用線が一致しない場合には，柱・梁接合部の補強が必要な場合がある。

最後に制振（振）構造の設計は，地震動や風などの動的な外乱のもつ卓越周期と建物の固有周期が一致することで生じる共振を制振ダンパーで小さくする構造であるが，エネルギー吸収型の場合，ダンパーを接続する取付部材の剛性も考慮したうえで，適切なダンパーを設計する必要がある。

引用文献

2 章　地盤・基礎

2.1) 地盤工学会：地盤調査—基本と手引き—，2005
2.2) Tan, T.K：Discussion on："Soil Properties and Their Measurement", Proc. 4 th int. Conf. on Soil Mechanics and Foundation Engineering, Vol.3（1957）
2.3) 提供：畑中宗憲（千葉工業大学）
2.4) 大向直樹：擬似過圧密粘土の圧密特性に関する研究，横浜国立大学博士学位論文，2008
2.5) 野尻明美，藤谷正則：基礎工（1980），総合土木研究所
2.6) 日本道路協会：道路土工擁壁カルバート・仮設構造物工指針（1977），日本道路協会

3 章　木質構造

3.1) 日本建築学会編：建築設計資料集成 10 集　技術（1983），丸善
3.2) LAMINATED TIMBER INSTITUTE OF CANADA：TIMBER DESIGN MANUAL — METRIC EDITION —（1980）

4 章　鉄骨構造

4.1) 藤森盛久：鉄骨の構造設計全改定 2 版，技報堂出版
4.2) 藤森盛久，羽倉弘人，松本芳紀：JSSC Vol.6 No.55（1970），日本鋼構造協会
4.3) 藤森盛久，羽倉弘人：現代建築防災工学（1981），オーム社
4.4) 尾上孝一：図解・鉄骨造建築入門　第 23 版，井上書院

5 章　鉄筋コンクリート構造

5.1) 日本コンクリート工学協会：日本のコンクリート 100 年，2006.5
5.2) 林静雄ほか：はじめて学ぶ鉄筋コンクリート構造（新版），2009.10
5.3) 日本建築学会編：鉄筋コンクリート構造計算規準・同解説（2010），日本建築学会
5.4) 日本建築学会編：建築工事標準仕様書・同解説 JASS5　鉄筋コンクリート工事（2009），日本建築学会

7 章　合成構造

7.1) 成川匡文ほか：原子力発電所建屋の鋼板コンクリート構造化の研究（その 1）研究全体計画，日本建築学会大会学術講演梗概集，1995.8

11 章　屋根

11.1) 内田祥哉：建築構法・第五版（2008），市ヶ谷出版社
11.2) 松下清夫：各種建築構造図説・第 13 版（1973），理工学社
11.3) 安藤邦廣：図説木造建築事典［基礎編］・屋根茅葺（1995），学芸出版
11.4) 斎藤幸男：絵で見る建設図解事典・第 5 巻（1995），建築資料研究社
11.5) 狩野春一：建築防水ハンドブック（1974），建設工業調査会
11.6) 日本建築学会：建築工事標準仕様書・同解説 JASS8 防水工事（2008），丸善

12 章　床

12.1) 尾上孝一：図解・建築材料と納め方（1978），井上書院
12.2) 彰国社編：建築の納まりと施工・床，彰国社

14 章　天井

14.1) 日本建築学会編：構法計画パンフレット 2 —システム天井（1981），彰国社

16 章　建具

16.1) 東京内装材料協同組合：襖考，東京内装材料協同組合
16.2) 井口洋佑：建築構法のしくみ，共立出版
16.3) 日本建築学会編：建築工事標準仕様書・同解説 JASS16 建具工事（2008），日本建築学会
16.4) 山片三郎：建具の知識と意匠（1979），学芸出版

18 章　設備と建築

18.1) 建築技術支援協会　LLB 技術研究会編：設備開発物語，市ヶ谷出版社
18.2) 建築図解事典編集委員会：図解事典　建築のしくみ，彰国社
18.3) ディテール No.161，彰国社
18.4) 一般社団法人日本エレベーター協会：ホームページより

20 章　外構

20.1) 建築総合調査会：積算ポケット手帳外回り工事編，建築資料研究社

21 章　改修構法

21.1) 日本金属屋根協会提供
21.2) 日本建築センター：屋根防水の補修・改修技術（1993）
21.3) 建築・設備維持保全推進協会：BELCA, NEW（2010）
21.4) 建築保全センター：建築改修工事監理指針
21.5) 建築改装協会：ホームページより
21.6) Lixil

写真提供
p.46) W コンフォートタワーズ：戸田建設
p.62) 中国銀行タワー：AStock / Corbis / amanaimages
　　　六本木ヒルズ森タワー：photolibrary
p.70) 東京駅丸の内駅舎：鹿島建設

索　引

あ

アーク　38
アースオーガー　11
アーチ　30, 35, 70
相欠き　20, 27
I形鋼　38
相決り（じゃくり）　86, 91, 97
上げ落し　109
足固め　25
足場板　58
アジャスター　99
網代（あじろ）　97
アスファルトフェルト　17, 88
アスファルト防水　85
アスファルトルーフィング　17, 114
アスファルトルーフコーチング　83
校倉（あぜくら）　28
頭付きスタッド　65
頭繋（あたまつなぎ）　17, 20, 21, 24
圧延形鋼　64
圧縮筋かい　24
圧着グリップ　58
圧密〔沈下〕　7
圧力計　5
当て金継手　39
あばら筋　47, 49, 51, 52, 63, 65, 66
雨押え　89
荒床　17
あり　97
蟻掛け　27
合せ梁　28
アンカー　13
アンカープレート　61
アンカーボルト　17, 24, 26, 27, 28, 29, 45, 65, 67, 114
アングル　93, 101
アングルドア　106
あんこう　82
安定器　99
アンボンドPC鋼材　56, 58, 59

い

EP曲面　77
イギリス積み　70
異形鉄筋　48, 55
いすか継ぎ　96
板　104
板目　16
一面せん断　41, 44
一文字　82
いなご　97
いぶし瓦　33
芋目地　70
入母屋（いりもや）　19, 80
インサート　96

う

ウイングプレート　45
ウインドバリア　95
ウェブ〔プレート〕　36, 39, 65
ウェルポイント　13
浮き床　87
打込杭　12
内倒し　106
内どい　82
腕木　18, 20
埋め木　31
埋込杭　12
裏当て金　38, 39
裏甲（うらこう）　82
裏込め　14
裏定規縁　105
上塗　88
上端筋　49, 52, 53, 54, 65, 75

え

エアタイト　107
ALC〔板〕　108
エキスパンションジョイント　83
液性限界　6
SSG　95, 106
H形鋼　12, 38, 64, 68, 94
HPC構造　68
HPCシェル　77
えび束　92
えり輪　97
L型擁壁　14
エルボ　82
縁側　92
縁甲板　33, 104
鉛直荷重　1, 2, 47
エンドタブ　38
エンドプレート　44

お

応力度　37
大入れ　22, 24
大型パネル　55
大壁　24, 105
大梁　1, 22, 23, 40, 41, 46, 63, 65
大引　17, 25, 33, 86, 114
オープンジョイント　95
屋上　103
押えケーブル　77
押えコンクリート　85
押出し成形セメント板　89, 91, 93
押縁　91
押縁下見　91
押ボタンスイッチ　109
雄コーン　57
追掛け大栓〔継ぎ〕（おっかけだいせんつぎ）　23, 27
落し掛け　97
踊り場　101
鬼瓦　81
帯筋　48, 49, 50, 53, 63, 65, 66, 70, 75
親杭横矢板（おやぐいよこやいた）　14
オランダ積み　70
折置き　21
折返し階段　100
折れ曲がり階段　100

か

カーテンウォール　40, 41, 94
飼木（かいぎ）　20, 24, 97
開先角度　39
開先深さ　39
回転ドア　109
ガイドレール　109
鏡板　97
額縁　88
下弦材　39
花崗岩　90
火災感知装置　109
笠木　82, 83, 101, 103, 117
重ね継手　39
重ね柄　20
かすがい　18, 23, 27, 28, 37, 71, 90, 96
ガスケット　106
火成岩　4
風受トラス　43
風荷重　1
ガセットプレート　17, 39, 43, 45
片流れ屋根　18
片引き　106
片開き　105, 106
片持梁　52
型枠　48, 58, 90, 115
型枠コンクリートブロック　73
合掌　28
カップラー〔シース〕　56, 61
割裂応力　57
可動間仕切　98, 99
角継手　39
金輪〔継ぎ〕　20, 25, 27
カバープレート　93
被り厚さ　48
壁式鉄筋コンクリート構造　54
壁梁　54, 73
鎌錠　109
かまち〔戸〕　92, 104, 106
紙ばり決り（じゃくり）　105
かもい　92
かや負（おい）　82
唐草〔瓦〕　81
ガラス　99, 104, 106
ガラスブロック　93
空積み　90
がりょう　71, 72, 55
側桁〔階段〕（がわげたかいだん）　101
瓦　17
瓦座　81
瓦桟　81
瓦棒葺　81
換気扇　112
間げき比　6
間げき率　6
乾式石張り　90
含水比　6
完全溶込溶接　39
がんぶり瓦　81
岩綿　98

き

キーストンプレート　96
木裏　16
木表　16
木杭　117
木ずり　88
既製コンクリート杭　49
基礎スラブ　49, 63
基礎梁　51, 56
気泡コンクリート　36, 96
脚長　39
キャッチ〔錠〕　110, 111
強化ガラス　109
京呂（きょうろ）　21
局部座屈　36
曲率　36
許容支持力　10
許容地耐力　10

216　索　引

許容沈下量　10
切妻　80
切ばり　13, 14
キングポスト〔トラス〕　19, 35
緊張材　57
緊張用ジャッキ　58

く

クイーンポスト　35
空調〔設備〕　112
空胴プレストレストコンクリートパネル　60
管柱（くだばしら）　17, 23
沓石（くついし）　26
くつずり　85, 89
組子　104
組立　39
グラウト　57, 58
グラスウール　98
グラビティヒンジ　111
クリアランス　38
クリープ　57
繰返し荷重　36
グリッド　61
グリップボルト　99
グリル　109
クリンカータイル　85
グレーチング　116
クレーンガーダー　43
クレセント　111
クローザヒンジ　111

け

軽みぞ形鋼　38
軽量形鋼　39
軽量コンクリート　84
ゲージ　38
ケーシング　11
け込み板　101
化粧合板　89
化粧垂木　92
化粧目地　70, 85
化粧れんが　90
桁（けた）　18, 21
煙感知器　99, 113
けらば　17, 80, 81, 82
弦材　43
源氏ふすま　104
現場打ちコンクリート　72, 73, 55, 75
現場溶接　40

こ

コア　69
鋼管〔コンクリート〕　38, 63, 64, 68
格子戸　104, 117
格子梁　3
合成スラブ　41
合成梁　40, 64
洪積層　4
格天井（ごうてんじょう）　97
鋼板　38
合板型枠　90
降伏荷重　36
格縁（ごうぶち）　97
高力ボルト接合　38, 64
コーキング　106
コードペンダント　113
コーナービード　88

小壁　29
柿葺（こけらぶき）　82
腰折れ　80
腰掛け蟻〔継ぎ〕　20, 27
腰掛け鎌〔継ぎ〕　20, 27
腰壁　29, 46, 52, 75
腰窓　94
腰屋根（こしやね）　80
コッター　114
固定荷重　1
コネクター　40
小はぜ　81
小端立て　30
小梁　1, 40, 41, 54
小梁主筋　63
小舞〔壁〕（こまいかべ）　82, 88
小間返し（こまがえし）　117
込栓（こみせん）　21, 22, 25, 27
小屋組　73
小屋筋かい　18
小屋束　17, 18
小屋貫　19
小屋根　80
小屋梁　17, 18, 20, 21, 96
転び止（ころびどめ）　18, 20, 21, 23, 25, 28
コンクリート　116
コンクリートブロック　93
コンセント　113
コンプレッションリング　77

さ

砕石（さいせき）　116
サイディング　89
在来工法　84
竿　22
竿車知継ぎ（さおしゃちつぎ）　27, 96
さお縁　97, 98
座金　29, 38
座屈　36
ささら桁階段　101
ささら子〔下見〕　91
指鴨居　22, 23
差し筋　65
扠首（さす）　19, 83
サッシ〔バー〕　106, 107, 108
さねはぎ　86, 97
サブビーム　42, 43
桟瓦　81
サンプリングチューブ　5

し

支圧応力　57
シース　56, 57, 61, 114
シートパイル　14
シート防水　83
シーリング〔材〕　60, 95
シーリングライト　113
シェル　77
ジオテキスタイル　14
敷居　92
敷石　117
敷桁　21, 28
敷梁　18
敷目板　97
敷モルタル　61, 85
軸ボルト　28
しころ　80

支持杭　9, 11
支持力係数　10
地震荷重　1
自然堤防　4
下端筋　48, 49, 50, 51, 52, 53, 54, 65, 75
支柱　46, 103, 117
しっくい　81, 88
ジッパーガスケット　95, 106
尻挟み継ぎ（しばさみつぎ）　27
自動ドア　109
地盤改良　9
地袋　92
ジベル〔筋〕　60, 61
四方差し（しほうざし）　23
締固め杭　11
シヤーコッター　55
車知（しゃち）　22
ジャッキ　12, 14, 58
シャッター　109
ジャンクションボックス　87
十字継手　39
集成材　30
自由端　100
じゅうたん　102
充填〔被覆〕形　63
充腹形　64
重枘（じゅうほぞ）　21
重力式擁壁　14
主筋　47, 49, 50, 70, 71, 72
主働土圧　10
受働土圧　10
シュベドラードーム　35
ジョイストスラブ　84
書院　92
ジョイント　115
錠　109
消火設備　113
定規　93
定規縁　104
上弦材　39
障子　105
常時荷重　1
シルト　4, 6
真壁　24, 105
心木（しんぎ）　81
シングルTスラブ　60, 84
心材　104
伸縮目地　83
心線　38
深層混合処理工法　15
真束　28
人研ぎ（じんとぎ）　103

す

吸付桟　92, 101
スイッチ　113
水平荷重　1, 2, 37, 47
スウェー　95
スウェーデン式貫入試験　5
末口　16, 32, 33
スカラップ　38
筋かい　17, 24, 37, 42, 43, 45, 68
スターラップ　51
スタッド　40, 41, 89
スタッドコネクター　41
スチールサッシ　108
スチフナー　39, 44, 45, 66
ステイ　76, 109
捨コンクリート　26, 49

索　引

ストッパー　109
ストラップアンカー　27
ストリンガー　87
砂　4, 6, 8
すのこ　103
スパイラル〔筋〕　50, 57, 58
スパナ　58
スパンドレル　94
スピーカー　99
スプライスプレート　44
スプリットT　44
スプリンクラー〔ヘッド〕　99, 113
スペイン瓦　81
スペースフレーム　76
すべり出し　106
スポット溶接　39
隅瓦　81
隅木　17, 18
隅切り　82
隅肉溶接　39
隅柱　55, 63, 97
隅棟　80
スライディングドア　109
スラグ　38
スラット　109
スラブ　72, 84, 93
スリーブ〔ジョイント, 接合〕　48, 55, 65
スレート　82
寸法勾配　80

せ

せい　71, 72
積載荷重　1
積雪荷重　1
接合金物　114
石こうボード　33, 98
セッティングベース　55
Z形鋼　38
折板　77, 117
セパレーター　48
セラミックブロック　71
せん断破壊　47
せん断変形　8
せん断補強筋　50
せん断力　47
ぜん板　70

そ

送水口　113
添え板　42, 44, 45
側圧　8
底板　49
塑性限界　7
塑性指数　6
そで壁　52
外倒し　106
疎密波　8

た

ターンバックル　38, 42, 45, 98
ダイアフラム　40, 44, 67
耐火被覆　37
太鼓張〔ふすま〕　104
耐震壁　3, 46, 52
耐水合板　86
堆積岩　4
タイトフレーム　42, 82, 117

耐風梁　42
台持ち〔継ぎ〕　21, 27
ダイヤルゲージ　12
太陽熱温水器　112
大理石　90
耐力壁　54, 71, 72, 73, 115
タイル　83
台輪　29, 114
台輪留　27
ダウンライト　113
高窓　106
ダクト　1, 99
竹垣　117
畳　17, 33, 115
畳寄せ　86
縦筋　52, 65, 70, 71, 73, 75
竪軸回転　106
たてどい　82
たてはぜ葺　81
縦羽目　91
谷　80
谷どい　82
ダブルTスラブ　60, 61, 84
太柄（だぼ）　21, 28, 71, 90
玉石　26
垂木（たるき）　17, 18, 20, 21, 28, 32, 33, 81, 117
垂木掛け　19
垂れ壁　46, 51
段丘　4
短冊金物　17, 22, 23, 27
弾性限界　36
断続隅肉溶接　39
断熱材　29, 33, 114

ち

チェッカープレート　84
違棚　92
力板　83
力骨　93
蓄熱　87
地中梁　42
千鳥　22, 38
チャンネル　60, 96, 99
中型パネル　55
柱脚　40
柱頭　40
丁番　110
直階段（ちょくかいだん）　100
直接基礎　10

つ

ツーバイフォー構法　84
通路　103
束　20, 25
束石　17
突合せ継手　39
突付け　86
継手　40
付けいなご　96, 97
付書院　92
つなぎ梁　42, 43, 48, 49, 50, 61, 65
妻壁　80
妻柱　42
吊木　17, 33, 96, 97
吊木受　96, 97
吊りケーブル　76, 77
吊子　81

吊束　28, 92
吊りボルト　42, 96, 98, 99

て

T継手　39
Tバー　96
定着　48
定着具　58
定着長さ　48
手すり　53, 101
手すり子　101, 103
デッキプレート　38, 40, 41, 68, 84, 94
鉄筋コンクリート　56
テラス戸　106, 108
テラゾー〔ブロック〕　85
天井　17
テンションリング　77
天袋　92
天窓　106

と

ドアクローザ　110, 111
戸当り　110
ドアハンガー　109
胴差　17, 22, 23, 24, 29, 114
胴差ボルト　114
胴縁　42, 43, 88, 98, 117
通し柱　17, 23, 32
ドーマー　80
ドーム　80
独立基礎　26, 46
独立フーチング基礎　9
戸車　110
床の間　92
床脇　92
土石流　4
土台　17, 25, 26
土間　84
巴瓦　81
トラス　3, 17, 35, 39, 114
トラス梁　44
ドリフトピン　30, 31
トルシア形高力ボルト　38
ドレーン材　15
ドレンチャー　113

な

中桁階段　101
中掘り工法　11
流れ　80
投掛け梁　18
なげし　91, 92
ナット　57
均しモルタル　83, 85, 88
南京下見　91
軟弱地盤　1

に

2階梁　17
2次シール　95
二重梁　18, 19
二丁掛けタイル　90
二面せん断　40, 44

218　索　引

ぬ

貫（ぬき）　17, 23, 24, 88, 98
布基礎　17, 25, 26, 29

ね

根石　26
根入れ深さ　10
根がらみ　114
捻組み　20
根太（ねだ）　17, 21, 22, 23, 25, 32, 33, 70, 86, 101
根太掛け　25
粘着力　10
粘土　4, 6, 8

の

軒桁（のきげた）　17, 20, 21
軒どい　82
のこぎり　70
野地板　17, 28, 33, 81, 114
のし瓦　81
ノズル　112
のど厚　39
ノブ　111
野縁〔受〕　33, 42, 96, 97, 98
登り淀　81
ノンスリップ　101

は

排水溝　103
ハイテンションボルト　31
はいどい　82
パイプ　109
掃出し窓　106
羽子板ボルト　17, 21, 23, 24, 27, 101
箱錠　111
はしばみ　92
場所打ちコンクリート杭　11
柱　17, 23, 24, 25, 26, 30, 40, 46, 114, 115
柱主筋　63, 65, 70
バスユニット　112
バックアップ材　60, 95
ハット形鋼　38
発砲プラスチック　86
はつり　88
パテ　89, 106
鼻隠（はなかくし）　17, 18, 28, 81
鼻栓　27
鼻母屋（はなもや）　28
ハニカムビーム　39
パネル　94, 109
パネルゾーン　37
幅木　70, 89, 101
破風板　17, 18, 81
はめ殺し　106
腹起し　13, 51
腹筋　49, 51
パラペット　46, 51, 61, 80, 83
梁　21, 30, 39, 115
梁受金物　114
梁つなぎ　114
梁挟み　18
バルコニー　103, 115
ハンガーレール　98, 109, 110
反曲点　58
ハンチ　48
ハンドプレート　63, 66

ひ

ＰＣ鋼棒〔線〕　11, 57
ヒートポンプ　112
火打土台　17, 25
火打梁　17, 18, 21
控え　116
控壁　75
控え壁式擁壁　14
控柱　75, 117
引金物　90
引込み　106
引違い〔窓〕　105, 106
引手　109
引き独鈷（ひきどっこ）　104
ひさし　80
ひじ掛窓　106
非常時荷重　1
非常用照明　99
ビス　99
ひずみ度　37
引掛桟瓦　81
ピッチ　38, 39
引張筋かい　24
引張接合　41
一筋　92
ひび割れ　9, 47
被覆形　63
ピボットヒンジ　110
標準算入試験　5
表土　4
平瓦　81
開き戸　105
平鋼　64
平天井　96
広小舞　81
桧皮葺（ひわだぶき）　82
ヒンジ　35
ピン支承　45
ピンタンブラー　111

ふ

ファスナー　38, 40, 95
ファンコイルユニット　112
Ｖ形グループ　39
フィラー　44
フィンク　35
フィンクトラス　19, 21
フーチング　26
フープ　66
フォームタイ　88, 90
吹付け　98
腹材　39
覆輪目地　70
ふすま　104, 105
付着応力　57
付着割裂　47
フック金物　29
フックボルト　89, 93
筆がえし　92
不同沈下　9
舟底天井　96
部品　116
部分溶込み溶接　39
踏面　101
プライマー　85

ブラインド　99, 107
ブラケット　13, 14, 44, 61, 109, 113
ブラスター　88, 89
プラスチック　106, 109
プラスチックタイル　86
フラッシュ　106, 108
フラッシュ戸　104
プラットフォーム工法　84
フランジ〔プレート〕　36, 39, 66, 71
フランス落し　111
フランス瓦　81
フランス積み　70
フリーアクセスフロア　87
フレア溶接　39
振れ止め　21
ブレース　3, 35, 41, 99
プレート　39
プレキャストコンクリート　68, 94
プレストレストコンクリート〔杭〕　11, 56
プレテンション　57
プレボーリング　11
フロアーヒンジ　109, 111
フロアコンセント　113
フロアダクト　87
フローリング　86, 87
フローリングブロック　86
ブローンアスファルト　85
分数勾配　80
分電盤　113

へ

ベースプレート　42, 43, 45, 63, 65
ベースボードヒーター　112
ペーパードレーン　15
べた基礎　9
へり空き　38
変成岩　4
ペントハウス　80, 83

ほ

ボイドスラブ　84
防煙壁　99
方形　80
防水モルタル　103
方立て方式　94
方づえ　14, 28
飽和度　6
補強コンクリートブロック　72
ポストテンション　57
柄〔差し〕（ほぞさし）　20, 92
ホットロール　106
ボルト〔接合〕　17, 23, 25, 38
本いなご　96
本瓦　81
ポンプ　58

ま

楣〔受け〕（まぐさうけ）　17, 24, 25, 70, 71, 72, 109
曲げ材　36, 77
曲げ破壊　47
曲げ補強筋　54
曲げモーメント　12, 36, 47
摩擦杭　9, 11
摩擦力　12
柾目（まさめ）　16
窓　17, 103

窓台　17, 24, 71, 72
招き　80
マノメーター　58
間柱　24, 89
マリオン　94
丸瓦　81
丸鋼　38
間渡し竹　88
回り階段　100
回り縁　98
マンサード　80
マンホール　116

み

見切り縁　98
水切り　70, 82
溝形鋼　38, 64

む

棟木（むなぎ）　17, 18, 20, 28, 81, 117
棟　80
棟包み　81
無目（むめ）　92

め

目地　70
召合せ　105
目地鉄筋　93
目地モルタル　60
目透かし（めすかし）　97, 117
雌コーン　57
メタルラス　85, 88
目違継ぎ　27
メッシュ　26, 55, 115
免震　87
面戸　92

も

木製建具　104, 105
モザイク　85
元口　16
母屋（もや）　17, 18, 20, 28, 33, 42, 43, 81, 82, 114, 117
モルタル　48, 96, 116

や

やぐら　5
雇いざね　97
雇い枘（やといほぞ）　23
破れ目地　70
山形鋼　38, 64
山留め壁　13, 14
ヤング係数　37

ゆ

有効幅　71
誘導灯　113
有壁ラーメン（ゆうへき）　47
床板　115
床スラブ　40, 46, 53, 54, 63, 65, 72, 73
床束　17, 114
床梁　22, 23, 114
ユニット方式　94

よ

用心鉄筋　49
溶接継手　39
溶接継目　39
溶接棒　38
擁壁　14
横筋　52, 55, 71, 73, 75
横座屈　36, 40
横軸回転　106
横矢板　14
寄せ蟻（よせあり）　20, 27, 92
寄棟　80

ら

ラーメン　3, 37
ラス　17, 81, 88
ラスシート　88
ラスボード　33, 88
ラスモルタル　88
ラチス　39, 63, 64
ラチス材　5, 43, 77
ラチス柱　43
ラチス梁　39
ラバトリーヒンジ　111
ラバトリーラッチ　111
ラム　58
ラメラドーム　35
欄間　92, 105, 106

り

立体トラス　43
リップみぞ形鋼　38
リブ　55
リブプレート　45
リブラス　37, 88
リミットスイッチ　109
粒径加積曲線　6
流動曲線　7
流動指数　7
両開き　105, 106
リンク　109

る

ルート〔間隔〕　39
ルーフィング　33, 81
ルーフドレン　83

れ

レール　89, 109, 110
レ形グループ　39
礫〔層〕（れきそう）　1, 4, 6
レバーハンドル　111
レベル　61
連続壁　14
連続隅肉溶接　39
連続フーチング基礎　9

ろ

ローラー　95
ろく梁　28
ろく屋根　80
ロッキング　95
ロックナット　48, 55

わ

ワーレン　35
ワイヤラス　88
渡り腮（わたりあご）　20, 21, 25, 27
ワッシャー　57
ワッフルスラブ　84
輪なぎ込み　28
わらび　85
割石（わりいし）　85, 90
割栗石（わりぐりいし）　26, 116

構 造 用 教 材

1985年4月1日	改訂第1版第1刷
1995年2月25日	改訂第2版第1刷
2014年3月20日	改訂第3版第1刷
2022年12月5日	第4刷

編集著作人　一般社団法人　日本建築学会
印　刷　所　株式会社　東　京　印　刷
発　行　所　一般社団法人　日本建築学会
　　　　　　108-8414　東京都港区芝5-26-20
　　　　　　電　話・（03）3456-2051
　　　　　　FAX・（03）3456-2058
　　　　　　http://www.aij.or.jp/

発　行　所　丸善出版株式会社
　　　　　　105-0051　東京都千代田区神田神保町2-17
　　　　　　神田神保町ビル
　　　　　　電　話・（03）3512-3256

© 日本建築学会　2014

ISBN978-4-8189-2233-4 C3052